中国社会科学院文库
经济研究系列
The Selected Works of CASS
Economics

中国社会科学院创新工程学术出版资助项目

中国社会科学院文库·经济研究系列
The Selected Works of CASS · Economics

人口老龄化与"中等收入陷阱"

China's Population Aging and the Risk of "Middle Incom Trip"

田雪原 / 主　编

社会科学文献出版社
SOCIAL SCIENCES ACADEMIC PRESS (CHINA)

《中国社会科学院文库》出版说明

《中国社会科学院文库》（全称为《中国社会科学院重点研究课题成果文库》）是中国社会科学院组织出版的系列学术丛书。组织出版《中国社会科学院文库》，是我院进一步加强课题成果管理和学术成果出版的规范化、制度化建设的重要举措。

建院以来，我院广大科研人员坚持以马克思主义为指导，在中国特色社会主义理论和实践的双重探索中做出了重要贡献，在推进马克思主义理论创新、为建设中国特色社会主义提供智力支持和各学科基础建设方面，推出了大量的研究成果，其中每年完成的专著类成果就有三四百种之多。从现在起，我们经过一定的鉴定、结项、评审程序，逐年从中选出一批通过各类别课题研究工作而完成的具有较高学术水平和一定代表性的著作，编入《中国社会科学院文库》集中出版。我们希望这能够从一个侧面展示我院整体科研状况和学术成就，同时为优秀学术成果的面世创造更好的条件。

《中国社会科学院文库》分设马克思主义研究、文学语言研究、历史考古研究、哲学宗教研究、经济研究、法学社会学研究、国际问题研究七个系列，选收范围包括专著、研究报告集、学术资料、古籍整理、译著、工具书等。

中国社会科学院科研局
2006 年 11 月

《人口老龄化与"中等收入陷阱"》编委会

顾　　问　高全立　中国社会科学院副院长
　　　　　陈传书　全国老龄工作委员会办公室常务副主任
　　　　　张世生　中国社会科学院老年科研中心主任

主　　任　田雪原　（以下以姓氏笔画为序）　王胜今　左学金
　　　　　张凯悌　穆怀中

成　　员　（以姓氏笔画为序）
　　　　　于　潇　王胜今　王跃生　左学金　田雪原　张恺悌
　　　　　张展新　柳清瑞　郭　平　穆怀中

摘 要

《人口老龄化与"中等收入陷阱"》专著,从分析人类发展史上一系列"发展陷阱"切入,论述了"中等收入陷阱"是包括中国在内的发展中国家当前面临的风险最大的"发展陷阱"。总结走出或落入该"陷阱"国家正反两方面经验,把握人口年龄结构走向老龄化和步入老龄化以后的社会经济发展,是极其重要的一条。改革开放以来中国经济持续高速增长,目前已跨进中高收入门槛;然而不平衡、不协调、不可持续等矛盾突出,正面临"中收陷阱"考验。我们认为,从当前我国实际出发,跨越"中收陷阱"最为紧要的是,加快转变经济发展方式、化解社会矛盾集中爆发、走城乡统筹发展的城市化道路和兴利除弊地应对人口老龄化挑战。就老龄化挑战而言,一是要抓住老龄化前期带来的机遇,利用还有将近20年人口年龄结构变动"黄金时代"提供的"人口盈利"、"人口红利"加快发展,力争在此期间实现对"中收陷阱"的成功跨越。二是从长期发展观察,必须突破老龄化中后期从属比累进上升困局,需要尽早谋划"以盈抵亏"、"以利补损"良策。三是关注劳动年龄人口的相对高龄化,以增强人力资本积聚对冲劳动力活力的减退,开发和利用好第二次人口红利。四是要把握老龄化过程中劳动力市场供求关系新变化,科学应对工资率上涨和投资效益下降。五是消费主导型经济转变难度很大,必须破解老年消费乏力难题。

针对这些问题,本书从理论与实践的结合上,运用其中由有关作者主持的 2010 年全国老年人口抽样调查、中国家庭结构和代际关系变动调查和中国 20 省、自治区、直辖市新型农村养老保险调查取得的第一手资料,展开论证和分析,阐发了具有创新意义的观点和方法。依据标准消费人理论,构建老年人口有效需求与边际消费倾向模型,阐释 2020 年前后我国老年人口消费倾向的不同变动趋势;具体分析刘易斯第一拐点、第二拐点在我国的时间节点,阐明减少经济发展对劳动力过度依赖、加速资本对劳动力替代的理论依据和现实可行性;老龄化与城市化同步推进,农村老龄问题凸显,实现农村同城镇一样的养老保障全覆盖是关键;面对老龄化与社会转型,阐发如何从制度上保障老年人口财产、平等、丧偶后再婚等权益;实现"保基本、广覆盖、有弹性、可持续"养老保障目标,可按照严格养老金个人账户监管机制、填补养老金空账和适当延长养老金缴费年限"三步走"进行;"新农保"试点已经大面积铺开,运用来自20省区市的最新调查数据进行分析,提出攻克全覆盖难点的决策选择。

Abstract

China's Population Aging and The Risk of "Middle Incom Teip" begins with a discussion on the series of "developmental traps" experienced in human history, and it illustrates that the "middle income trap" is the predominant developmental trap currently encountered by many developing countries including China. It is vital to learn the lessons from the countries either succeeded or trapped in the middle income trap and to grasp the developmental opportunities in the meantime of population aging and thereafter. China's economy has maintained rapid growth ever since implementation of the reform and opening-up policy in 1978. To date, China is enrolling into the group of upper-middle income countries. Yet, China also faces difficulties in balancing and coordinating the socioeconomic development and making it sustainable. The risk of middle income trap is challenging China now as well.

To survive from the risk of middle income trap, it is most important to speed up the transition of economic development mode, dissolve concentrated social contradictions, promote a balanced rural and urban development in urbanization, and to cope with population aging by stressing things ought to be done or undone. As to prepare for population aging, first, it is vital to take advantage of the near-20-years "demographic bonus" at earlier stage of population aging, as resulted from the changing population age structure, to leap forward and succeed from the "middle income trap." Second, it is also important to prepare for the difficulties posed by the accumulative increases in dependence ratio during the late stages of population ageing in the long run, and to plan for a remedy strategy with surplus for deficit before handed. Third, the ageing of working-age population also calls attention, and it is necessary to enhance the accumulation of human capital in order to compensate the declining vitality of ageing labor force. Fourth, it is to comprehend new changes in demand and supply of labor market in the process of population aging, and to cope with increasing wage and declining investment scientifically. Fifth, it is necessary to solve the problem of low consumption of the old, since it is uneasy to transit the economy into a consumption-driven one.

　　Taking into consideration all these real questions, the general report and the seven special reports combine theory and empirical findings, and conduct analysis using first-handed survey data. At various levels, this book provides insightful decision-making options.

绪　论

如果说20世纪是人口爆涨的100年，那么21世纪就是人口老龄化的世纪——这是笔者在比较两个世纪人口变动大势之后，得出的基本结论。基于这样的认识，任何21世纪人口、经济、科技、文化、社会的变动与发展，都不可小视人口老龄化的作用和影响。尤应值得注意的是，当前中国在达到中等收入水平之后，要想实现对"中等收入陷阱"的成功跨越，就不能小视人口老龄化的作用和影响。《人口老龄化与"中等收入陷阱"》，着力阐发人口老龄化为跨越"中等收入陷阱"提供的机遇和挑战，从实际出发并充分吸取国际社会正反两方面的经验，提出相应的决策选择，无疑是影响当前和"十二五"社会经济发展全局的一个重要问题，需要认真研究，提供具有实际应用价值的研究成果。

《人口老龄化与"中等收入陷阱"》由总论和七篇三十章组成。总论从分析人类发展史上一系列"发展陷阱"入手，阐释"中等收入陷阱"是包括中国在内的发展中国家当前面临的最主要的"发展陷阱"。考察国际社会经济发展的历史发现，尽管落入"中等收入陷阱"的国家有着政治的、经济的、社会的、文化的等多方面的原因，但共同的一点是，没有造就或者虽然造就但没有把握好在走向老龄化过程中或老龄化前期，普遍出现的劳动年龄人口占比上升、老少之和从属年龄人口占比下降，即人口年龄结构变动的"黄金时代"，没有抓住这一时代提供的"人口盈利"、"人口红利"加快发展。非但没有加快发展，劳动年龄人口从而劳动力占比上升，反倒助推失业率升高，成为国民经济发展的累赘。因而不能有效地解决在从"贫困陷阱"向中等收入过渡，即经济"起飞"阶段积累起来的经济技术落后、产业结构不合理、贫富两极分化、畸型城市化以及腐败蔓延、社会动荡加剧等问题，最终导致这些矛盾集中爆发，落入"中等收入陷阱"，只能在"陷阱"中挣扎着发展。本专著着重指出，老龄化的作用和影响不是孤立的，而是同人口变动、社会经济发展紧密联系在一起的。从跟不上科技进步、信息化、经济全球化步伐，社会矛盾集中爆发的根源、畸型发展的城市化等视角入手，分析落入"中等收入陷阱"的主客观条件，探索其中的某些规律性，找出值得借鉴的正反两方面的经验。探索中总是感到被一条或明或暗、挥之不去的限制线困绕，这就是人口老龄化走势曲线。在走向和跨越"中等收入陷阱"过程中，必须突破和理顺这条曲线，并且因势利导、兴利却弊，只有这样才能实现变阻力为动力顺利地发展。

总论对世界和中国人口老龄化趋势、特点做出回顾和预测，指出21世纪前半叶中国人口老龄化所具有的特点，一是速度比较快、达到的水平比较高，二是时间上具有阶段和累进性质，三是空间上城乡和地域分布不平衡。将老龄化趋势和这些特点纳入"十二五"和经济社会长远发展战略全局，同时吸取国际社会正反两方面的经验，着力阐发跨越"中等收入陷阱"必须面对和解决的四个理论和实际问题。

其一，转变经济发展方式。提出并阐发了经济发展方式转变三个基本的方面：发展目的的转变——由片面追求GDP增长向以满足人的全面发展需要为宗旨的转变；发展动力的转变——由外需为主向内需为主、内需由固定资产投资为主向消费为主的转变；经济增长模式的转变——由外延式增长为主向内涵式增长为主的转变。从中国实际出发和站在人口老龄化视角，提出加快由高消耗向低消耗、低效率向高效率、低效益向高效益转变的决策选择。

其二，化解社会矛盾集中爆发。分析进入中等收入以后，资源占有和分配不公是各种社会矛盾滋长的土壤，因而是跨越"中等收入陷阱"必须首先要解决的基础性矛盾。结合中国实际，提出调整分配格局、提高劳动收入所占比例；完善公共社会体系、提升资源占有公平性；改革收入分配制度、阻断非市场途径"暴富"之路；改进工资形成和调节机制、提高劳动者话语权；改革税收制度、发挥税收调节功能等建议。此外，就技术进步和劳动就业结构，论证了如何由金字塔形转变到橄榄形；就经济增长和社会保障的关系，论证了如何加速社会保障制度建设；就市场机制和政府职能，论证了如何解决二者界限不清、政府从市场退出；就反腐倡廉和社会稳定，论证了如何规范审批权、退出本属于市场范畴的政府权力等，提出了针对性较强的改革建议。

其三，走统筹城乡发展的城市化道路。总结国际社会正反两方面的经验，着重阐释要想不跌入像拉美那样的"城市化陷阱"，实现对"中等收入陷阱"

的成功跨越，走统筹城乡发展的城市化道路是治本之策。从我国城市化速度驶入快车道、结构步入以大城市为主导的实际出发，提出现阶段统筹城乡发展城市化的基本方略，关键在"三个准确定位"和"三个谋求"：一要准确定位城市化内涵，谋求城市化进程同社会经济发展水平相适应。当前，在加快城市化进程中，要把握好加快的速度和节奏。二要准确定位城市化方针，谋求大、中、小城市和乡村的协调发展。当前要跳出仅就城市自身发展的局限，发挥以城带乡、城乡相互促进和协调发展的功能。三要准确定位农民工地位，将农民工生产和生活纳入城市规划范畴，妥善解决变农民为市民，谋求城市建设新思路。

其四，兴利除弊地应对老龄化挑战。这是本研究的重点，从理论与实践的结合上，做出五个方面的分析和阐释。

一是要科学把握老龄化前期带来的机遇，力争在老龄化严重阶段到来之前实现对"中等收入陷阱"的成功跨越。通过中、日、韩三国比较分析，说明三国都经历过或正在经历40年左右的人口年龄结构变动的"黄金时代"。日本抓住"二战"后出现的这一有利时机，实现对"中等收入陷阱"的跨越；韩国也抓住这一机遇，通过加快发展走出"中等收入陷阱"；中国应该并且一定能够抓住这一战略机遇期，吸取他们成功的做法和经验，推动未来20年国民经济平稳较快地发展，创造人口最多的发展中国家跨越"中等收入陷阱"的成功范例。

二是从长期发展观察，必须妥善应对老年从属比累进上升的挑战。少年人口从属比在经历了2000～2010年的较快下降以后，虽然其后下降的速度有所减慢，但是直到2050年总的趋势还是略有下降的。老年从属比则呈持续累进上升态势，导致老年退休金将于2030年以前越过占国民收入10%和占工资总额29%的"警戒线"，需要早图良策。本报告提出养老金按时足额征收、填补养老金账户空账、管好用好三方面的具体建议：征收养老金，强调基本养老金缴纳的强制性质，企业、单位和个人必须按时足额缴纳。填补养老金账户空账，提出清理空账、呆账、坏账，分清责任，加速处理，运用多种财政手段尽快退还补齐，坚持资金和账面相统一原则。管好养老金，最重要的是依法办事，严肃法纪，不得挪用、侵占；用好养老金，除了要准确无误地发放外，还要按照相关规定参与金融市场活动，在保值基础上增值。

三是在劳动年龄人口变动中，要格外重视劳动年龄人口自身的相对高龄化。认为在总体人口加速走向老龄化过程中，一定程度的劳动年龄人口供给短缺并不可怕，可怕的是劳动年龄人口自身的相对高龄化。预测表明，2000～2050年45～59岁人口占15～59岁人口的比例将升高7.2个百分点，60～64岁人口占15～64岁人口的比例将升高4.8个百分点；总体上45岁以上劳动年龄人口占15～64岁人口的比例将升高12个百分点，由24.46%上升到36.46%。现在45岁以上较高劳动年龄人口组群为1965年以前出生，所受教育要比其后出生人口组群低一截；较高劳动年龄人口组群受教育水平偏低，不利于技术进步和创新能力的提升，对经济发展和跨越"中等收入陷阱"十分不利。破解之法，除发展一般意义上的教育外，一要大力开展职业培训教育，对全体职工进行分期分批、分层次的职业培训，使他们在过渡到劳动年龄人口高龄化阶段时能够跟上技术前进的步伐。二要对现行教育体制进行调整和改革，由追求数量向追求质量转变，追求大而全的综合性大学向综合性与专业性并重转变，改变贪大、趋同的倾向。兼顾综合性与专业性，适当多发展一些专业性强、特色鲜明的高等院校，发挥专业学科比较优势，是破解劳动年龄人口相对高龄化创新能力减弱的明智之举，应放到教育调整和改革的优先位置。

四是要关注劳动力市场供求关系新变化，工资率上涨和投资率下降带来的影响。2010年劳动年龄人口占比74.5%已达峰值，2011年绝对数量10.0亿也已临近峰值，劳动力供求市场正在发生根本性改变。改变的直接后果，是劳动力价格和工资率的上涨。由于过去欠账较多，工资率需要有一个补偿性的较大增长。然而工资率上涨即是劳动要素成本的上升，从而导致总成本上升和利润率下降。总成本增加和利润率摊薄，则导致边际投资效益不断下降。1990年与2010年比较，GDP与固定资产投资之比由4.13∶1下降到1.44∶1，2010年固定资产投资效益仅相当于1990年的34.87%，使催生国民经济增长得心应手的投资的作用削弱许多。

五是消费主导型经济转变难度很大，必须破解老年消费乏力难题。人作为消费主体，消费主导型经济转变不仅同人口数量变动直接相联，而且同人口年龄结构变动息息相关。由于我国传统文化的影响，加上提倡生育一个孩子，独生子女被视为"掌上明珠"，少年组群消费系数偏高；老年组群收入偏低而储蓄率更低，致使老年消费系数也比较高。究其原因，主要是老年人口个人支付的医疗费用占比较高所致。立足于人口年龄结构变动视角寻求扩大消费，无疑首先要提升劳动在一次分配中所占比例，保证工资率稳步较快地增长，夯实劳动年龄人口消费率提升的基础。但是如前所述，劳动年龄人口占比和绝对数量峰值的到来和即将到来，意味着下降和减少的通道已经开启和即将开启，其对消费的长期拉动作用将逐步减弱。随着老年人口占比和绝对数量加速上升，2015年65岁以上老年人口可上升到10.1%、1.39亿，2020年12.5%、1.74亿，2030年17.4%、2.38亿，提高老年人口消费系数权重越来越重要。如何才能将老龄化积累起来的消费潜能挖掘出来、释放出来？本报告提出：一要稳步提高老年收入，起码要守住老年退休金与物价上涨同步这条底线；二要扩大老年社会保障、社会福利、社会救助覆盖面，提升公共服务水准，解除老年消费后顾之忧；三要大力发展和提升老年公寓、托老所等稀缺资源供给，满足老年特别是高龄老年照护、医疗等的特殊需求，发挥对消费的促进作用。

七篇三十章，围绕人口老龄化与"中等收入陷阱"的不同层面展开，在主要相关领域做出深入一步的探讨。

第一篇，人口老龄化与经济增长。在我国走向人口老龄化过程中，"十二五"仍处在人口年龄结构变动"黄金时代"后期，"人口视窗"仍然开启着，还将继续提供相应的"人口盈利"、"人口红利"。如果"十二五"国民经济能以8%左右的速度增长，到2015年GDP将达到589954亿元，人均GDP可达41895元；按目前不变价格汇率计算，则人均GDP可达6771美元，向着走出"中等收入陷阱"迈出一大步。若GDP年均增长6%，则2015年GDP将达到537315亿元，人均39159元，折合6167美元，迈出的步子要小一些。2030年老龄化步入严重阶段以后，"黄金时代"提供的"人口盈利"、"人口红利"消失殆尽，并为"人口亏损"、"人口负债"所取代，老龄化的负面影响将越来越强烈地表现出来。因此，"十二五"能否充分利用人口年龄结构变动"黄金时代"中后期实现经济平稳较快发展，关系到跨越"中等收入陷阱"基础打得是否扎实，其后能否实现成功跨越。"十二五"以后，社会经济发展仍需沿着科学发展主题、转变经济发展方式主线方向推进，实施未雨绸缪、"以盈补亏"、"以利补损"方略。用提高人口素质，以人口素质特别是以教育为核心的人力资本积聚的增强，替代劳动年龄人口数量的减少，逐步完成以质量换数量人口发展战略重点的转移，将科教兴国和可持续发展战略落到实处。

第二篇，人口老龄化与消费。从分析消费演变过程，抽象出"消费陷阱"理念；运用标准消费人理论，依据构建的老年人口有效需求与边际消费倾向模型，阐释人口老龄化与消费需求的关系，指出目前在老龄化程度不高、成年人口标准消费人占比较高情况下,其推动经济发展的正面主导作用;2020年以后老年人口绝对数量和占比大幅度上升,对消费需求的抑制效应将日益显现出来。总体上,我国处在老年人口消费率较低、消费总量却在不断增长过程之中。因此,提高老年人口消费率和消费倾向,缩小老年人口消费的区域差异,发展同老龄化关联度较高的居住、医疗、料理、通信、家庭设备等产业,成为解决人口老龄化与消费矛盾的重点。报告提出了适时调整人口生育政策、完善老年社会保障、大力发展老龄产业、挖掘和释放老年人口消费潜力、构建老年服务网络等对策建议。

第三篇,人口老龄化与劳动就业。人口年龄结构老龄化,是出生率下降和预期寿命延长的结果,由此决定着"十二五"劳动年龄人口数量还会有一个微小的增长,占比已于2010年达到74.5%峰值后转为下降,当前处在劳动年龄人口占比下降、绝对数量微小增长两个节点之间,亦即刘易斯第一拐点与刘易斯第二拐点之间。如此,劳动力供给和需求处于交叉状态,既有大学生就业难,又有"劳工荒"相伴随,劳动力过剩与不足同时存在,总体上呈供给减弱、劳动力成本上升趋势。这一趋势,将导致资本对劳动力的替代,进而减少经济发展对劳动力的过度依赖。政策选择,最主要的是深化劳动力市场改革、提高劳动力利用效率、推迟法定退休年龄三项,积极开发利用以低龄为主的老年人力资源。

第四篇,人口老龄化与城市化。当前我国处在人口城市化S曲线中部加速上升时期,21世纪上半叶将有2亿以上农业劳动力转移到城镇工商业。"十二五"在城市化速度驶入快车道、类型转向以大城市和超大城市为主、发展方式转变到城乡协调发展新形势下,一方面要适当加快城市化步伐,但是不能盲目追求速度和规模,要治理已经出现的城市化虚张,着重解决变进城农民为市民;另一方面,农村要走农业产业化道路,推进新农村建设。总体上,如何实现由注重城市自身发展为主向城乡协调发展为主的转变,走统筹城乡发展的道路是关键。面对农村人口向城镇转移规模不减,农村"三八六一九九部队"(妇女、儿童、老年)问题凸显,农村人口老龄化成为全部人口老龄化问题的重点和难点。实现同城镇一样的养老保障全覆盖,不断提升农村养老水平,提高老年群体城乡协调发展,是城市化健康发展的保证。

第五篇,人口老龄化与社会转型。20世纪80年代以来制度变革所引发的社会转型开始显现,养老模式呈现出传统与现代并存、城乡之间既有差异又有趋同的态势。2010年中国社会科学院人口与劳动经济研究所"中国家庭结构和代际关系变动"调查取得的第一手资料表明,现阶段城乡 65 岁以上老年人口生存状况是:其一,在生活费用来源方面。农业人口中享受退休金者为 5.69%,依靠子女等家庭成员提供养老占 60.77%,依靠自己继续劳动和工作所得收入养老占 25.75%,依靠政府低保占 5.09%;非农业人口中这一比例分别为 75.32%、14.10%、2.56% 和 6.41%。家庭成员赡养和依靠继续劳动自养是农村老年人主要生活来源,城市则以退休金为主,城乡二元养老结构特点突出。其二,在居住方式方面。农村老年人在直系家庭、核心家庭、单人户三种类型家庭生活的比例分别为 60.29%、20.49% 和 14.78%;城市则分别为 49.28%、26.81% 和 20.06%。这表明,农村多数老年人和一个已婚子女共同生活,城市也有近 50% 的老年人与一个已婚子女居住在一起。不过,老年人特别是城镇老年人空巢和独住的增加,也有子女不在同地工作增多的原因。其三,在老年人生活料理方面,多数 80 岁以下低龄老人,生活起居基本能够自理。如果有健全的社区配套服务,他们基本上能够独自生活,不依赖子女照料的时间还会更长一些。受访者中,父母在 65 岁以上去世者占 50% 以上,多数没有给子代带来很大的照料压力。在当今社会转型加速的时代,为了提高老年人生存水平和生活质量,打造跨越"中等收入陷阱"的养老社会保障平台,应大力推进改革。一是适应转型社会需要,推进城乡一体化养老保障体系改革,在城乡二元户籍制度改革上应有新的突破。二是对独生子女父母的养老安排和社会服务需求予以充分关注,政府应建立针对独生子女老年父母的专项基金予以补贴,独生子女父母和计划内生育子女父母奖励扶助政策应全覆盖,水平也应提高。三是谋求建立政府、社会、家庭和个人均应有所贡献和承担的多元养老保障和服务制度。四是从制度上保障老年人的权益,维护老年人的财产、丧偶后再婚以及平等参与经济和社会活动的权益。

第六篇,人口老龄化与养老保障。目前,"碎片化"社会保障体制和机制不适应人口老龄化发展需要,也不利于为顺利跨越"中等收入陷阱"打造安全平台。建立发展社会供养、继续提倡子女供养、适当组织老年劳动自养,实行"三养"结合互相补充的养老保障体系是切合实际的选择。然而随着市场经济改革的深入,人们价值取向的改变,社会供养入不敷出,子女供养危机四伏,需要探索同市场经济相适应的改革。从养老金筹措视角,提出在社会统筹加个人账户框架下,解决"统账"矛盾"三步走"改革:第一步,严格个人账户监管机制,确保不被侵占,寻求法律保护。第二步,运用多种渠道,填补养老金空账,适当提高国家财政划拨和国有银行、上市公司等的划拨力度。第三步，延长养老金缴费年限。目前缴费15年后达到退休年龄即可按时领取养老金，缴费时间太短，应建立合理延长缴费和推迟领取养老金制度。从养老金保值增值视角，提出三项具体政策建议：一为免征养老金储蓄税，投资免征利息税、投资税。二为定向债券发售政策，国家财政按比例发售养老金债券，利息略高于同期国库券。三为物价补贴政策。对社会基本养老保险基金、全国社会保障基金等，按当年CPI指数给予财政补贴。从养老金支出视角，提出要精算和预测退休人口和退休金的增长，建立必要的机制和制度。通过改革，实现"保基本、广覆盖、有弹性、可持续"养老保障目标。

本篇还增加日本老年护理保险、美国老年护理保险、欧洲居家护理政策改革等内容，介绍了这些国家养老护理保险成功的经验、某些做法效益不高的教训，提出立法制度化，使老年护理在法制框架内运行；精心培训护理队伍，保证护理的高质量；同家庭签订护理协议，明确双方的责任；以及养老服务机构多元化，集市场化运作、社会组织参与、家庭积极配合于一体，使老年护理水平不断提高，提出从实际出发，吸取国际社会成功经验的政策建议。

第七篇，中国20省区市农民养老经济条件及养老状况调查。在农村人口占很大比重且老龄化日渐加剧的背景下，中国从2009年9月开始新型农村社会养老保险试点，现正大面积铺开。为了解农民养老经济条件及新农保实施的实际状况，辽宁大学人口课题组对辽宁省、北京市、内蒙古自治区等20个省区市的农民家庭进行了抽样入户问卷调查，获得比较完整的数据并进行了整理分析。这对于完善农村养老保险体系和提高社会保障水平、扩大内需与拉动农村居民消费，以及刺激经济增长与跨越"中等收入陷阱"，很有意义和实证参考价值。调查报告分为五部分：一是农民的基本状况，包括性别与年龄、受教育程度、健康与婚姻、家庭人口结构等。二是农民就业及流动状况，包括经济活动类型、土地生产时间及承包、农民外出务工、农民工社会保障等。三是农民家庭收入与消费状况，包括农民家庭总体状况、农民家庭收入与消费等状况。四是农民家庭老年人口供养状况，包括农民家庭供养老年人口数、农村老年人口生活费用及来源、农村老年人口医疗费用及来源、农民家庭养老的意愿与态度等。五是新型农村社会养老保险的实施状况，包括新农保参保比例及意愿、新农保政策认知、新农保个人账户参保缴费、新农保个人账户财政补贴、新农保政策满意度与信任度、农民对新农保实施的意见和建议等。

《人口老龄化与"中等收入陷阱"》专著,写作分工如下:

绪论、总论,田雪原撰写,并负责各专题的协调和修改、最后定稿。

第一篇,负责人张恺悌,统稿郭平、李晶,撰稿人郭平、李晶、孙陆军、麻凤利、苗文胜、王海涛、伍小兰、张秋霞、魏彦彦、王莉莉、曲嘉瑶、杨晓奇、罗晓晖。

第二篇,负责人王胜今,撰稿人王胜今、于潇、孙猛。

第三篇,负责人左学金,撰稿人左学金、陈国政、孙小雁。

第四篇,负责人,撰稿人王志勇、杨珂、蔡翼飞。

第五篇,负责人王跃生,撰稿人王跃生、伍海霞、王磊。

第六篇,负责人张展新,撰稿人张展新、王桥、林宝。

第七篇,负责人穆怀中,撰稿人穆怀中、王玥、金刚、宋丽敏、闫琳琳。

全书由主编田雪原协调、修改并最后定稿。写作过程中,得到中国社会科学院高全立副院长、全国老龄工作委员会办公室陈传书常务副主任、中国社会科学院老年科研中心张世生主任诸位顾问等的指导和支持。社会科学文献出版社副总编辑周丽、财经与管理图书事业部主任恽薇、责任编辑王玉山先生,中国社会科学院人口与劳动经济研究所副所长徐进先生等,帮助做了许多工作。在此一并致以敬意和表示诚挚的感谢!

田雪原

2013 年元月于文星阁

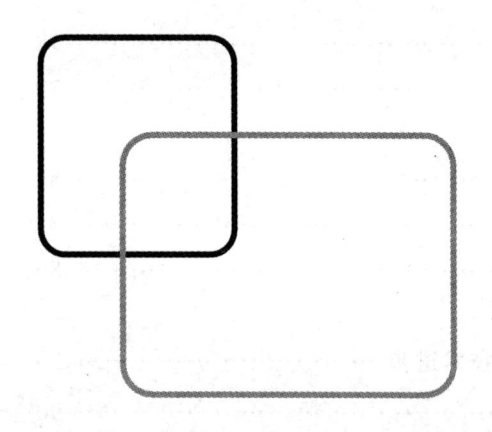

目 录

总 论

第一章 从"低收入陷阱"到"中等收入陷阱" …………………… 3
    第一节 发展"陷阱"论 …………………………………………… 3
    第二节 脱离"低收入陷阱"后的经济"起飞" ………………… 4
    第三节 为何落入"中等收入陷阱" ……………………………… 9

第二章 21世纪人口老龄化趋势 ……………………………………… 17
    第一节 世界人口老龄化趋势 …………………………………… 17
    第二节 中国人口老龄化趋势与特点 …………………………… 18

第三章 "中等收入陷阱"的老龄化视角 …………………………… 31
    第一节 转变经济发展方式 ……………………………………… 32
    第二节 化解社会矛盾集中爆发 ………………………………… 48
    第三节 走统筹城乡发展的城市化道路 ………………………… 57
    第四节 积极应对人口老龄化挑战 ……………………………… 62
    参考文献 …………………………………………………………… 70

第一篇 人口老龄化与经济增长

第一章 老龄化与劳动力供给 ………………………………………… 75
    第一节 "黄金时代"尚未结束 ………………………………… 75

第二节　应对"人口视窗"关闭挑战 …………………………… 78
　　第三节　劳动年龄人口相对高龄化 …………………………… 79

第二章　老龄化与储蓄、投资 ……………………………………… 81
　　第一节　老龄化与储蓄 ………………………………………… 81
　　第二节　老龄化与投资 ………………………………………… 86

第三章　人口老龄化与人力资本积聚、技术进步 ………………… 90
　　第一节　老龄化与人力资本积聚 ……………………………… 90
　　第二节　老龄化与技术进步 …………………………………… 93
　　第三节　老年人力资源开发 …………………………………… 94

第四章　老龄化与经济社会可持续发展 …………………………… 97
　　第一节　老龄化背景下应对"中收陷阱"的国际经验 ……… 97
　　第二节　老龄化与经济社会协调发展 ………………………… 103
　　参考文献 ………………………………………………………… 107

第二篇　人口老龄化与消费

第一章　中等收入阶段的消费状况与特点 ………………………… 111
　　第一节　中等收入阶段的"消费陷阱" ……………………… 111
　　第二节　我国消费状况和问题 ………………………………… 114
　　第三节　消费滞后的原因 ……………………………………… 123
　　第四节　老年人口消费现状和问题 …………………………… 126

第二章　老龄化对消费的影响 ……………………………………… 130
　　第一节　老龄化与消费需求 …………………………………… 130
　　第二节　老龄化与消费函数计量 ……………………………… 137
　　第三节　老龄化与消费关系的区域差异 ……………………… 144

第四节　老龄化与消费结构的关联分析 …………………… 149

第三章　协调老龄化与消费的决策选择 …………………………… 155
参考文献 …………………………………………………………… 157

第三篇　人口老龄化与劳动就业

第一章　人口老龄化对劳动力供给需求和就业的影响 ………… 161
第一节　老龄化对劳动力供给的影响 …………………………… 161
第二节　人口老龄化对劳动力需求的影响 ……………………… 169

第二章　人口老龄化对就业的影响 ………………………………… 174
第一节　人口老龄化对就业影响的不确定性 …………………… 174
第二节　老龄化与老年人口就业 ………………………………… 175
第三节　关于延迟退休年龄的讨论 ……………………………… 176

第三章　结论和政策建议 …………………………………………… 181
第一节　提高劳动力素质，实现劳动力质量对数量的替代 …… 181
第二节　形成和完善全国统一的劳动力市场，提高劳动力资源的
　　　　配置效率 ………………………………………………… 182
第三节　充分利用老年人力资源，实现积极的老龄化 ………… 183
参考文献 …………………………………………………………… 184

第四篇　人口老龄化与城市化

第一章　人口城市化的现状与预测 ………………………………… 187
第一节　城市化变动回顾 ………………………………………… 187
第二节　城市化区域差异 ………………………………………… 188
第三节　城市化与收入差距 ……………………………………… 191

第四节　城市化发展趋势预测 …………………………………… 198

第二章　老龄化与城市化 ………………………………………………… 200
　　第一节　城市化与老龄化的相关性 ……………………………… 200
　　第二节　城市化促进老龄化 ……………………………………… 202

第三章　城市化对农村养老的冲击 …………………………………… 210
　　第一节　老龄化进程的城乡差距 ………………………………… 210
　　第二节　城市化加速农村人口老龄化 …………………………… 216
　　第三节　农村老年家庭的"空巢"问题 ………………………… 218

第四章　跨越"中等收入陷阱"的城市化之路 …………………… 221
　　第一节　人口城市化方针与时俱进 ……………………………… 221
　　第二节　警惕城市化"拉美陷阱" ……………………………… 223
　　第三节　把握好城市化推进的节奏 ……………………………… 227
　　第四节　走统筹城乡发展的城市化道路 ………………………… 231

参考文献 ……………………………………………………………………… 235

第五篇　人口老龄化与社会转型

第一章　中等收入阶段社会转型与老龄化关系 …………………… 242
　　第一节　生育控制推动老龄化水平提升 ………………………… 242
　　第二节　社会变革之下养老模式的多样性 ……………………… 250
　　第三节　城乡二元社会老龄化问题各异 ………………………… 259

第二章　社会转型时期老年人生存状态 …………………………… 263
　　第一节　老年人居住方式既延续传统又有现代趋向 …………… 263
　　第二节　老年亲代对子代经济依赖度降低 ……………………… 270

第三节　家庭成员仍是老年照料的主要承担者 …… 281
第四节　老年人生活方式城乡有别 …… 286

第三章　社会转型时期应对老龄化问题的制度措施 …… 294
第一节　解决老龄化问题的社会视角 …… 294
第二节　解决老龄化问题的家庭视角 …… 297
参考文献 …… 302

第六篇　人口老龄化与养老保障

第一章　改革开放前养老保障制度建设回顾 …… 307
第一节　人口和劳动力城乡分割 …… 307
第二节　城市养老保险制度的建立和演变 …… 308
第三节　城市单位退休制度的国家保障性质 …… 310
第四节　城乡老年人口的社会救助 …… 313

第二章　新时期养老保障改革与发展 …… 315
第一节　城镇职工基本养老保险制度改革 …… 315
第二节　农民工参加基本养老保险 …… 319
第三节　城乡养老保险的突破 …… 323
第四节　养老服务体系建设的初步成就 …… 325

第三章　养老保险和养老服务面临新挑战 …… 327
第一节　城镇养老保险的财务风险 …… 327
第二节　现行养老制度的公平性受到挑战 …… 334
第三节　养老保障体制障碍有待消除 …… 338

第四章　建立可持续的城乡养老保障体系 …… 344
第一节　完善城镇职工养老保险制度 …… 344

第二节　建构城乡统筹社会养老保险体系 …………………… 346
　　第三节　打造多层次养老服务体系 …………………………… 347

第五章　附录：养老服务国际经验介绍 …………………………… 352
　　参考文献 …………………………………………………………… 358

第七篇　中国20省区市农民养老经济条件及养老状况调查报告

第一章　农民的基本状况 ………………………………………… 364
　　第一节　农民的性别与年龄构成 ……………………………… 364
　　第二节　农民受教育程度 ……………………………………… 365
　　第三节　农民的健康与婚姻 …………………………………… 366
　　第四节　农民家庭人口结构 …………………………………… 366

第二章　农民就业及流动状况 …………………………………… 367
　　第一节　农民从事的经济活动类型 …………………………… 367
　　第二节　农民从事农业生产时间及土地承包状况 …………… 367
　　第三节　农民外出务工状况 …………………………………… 368
　　第四节　农民工社会保障状况 ………………………………… 376

第三章　农民家庭收入与消费状况 ……………………………… 379
　　第一节　总体状况 ……………………………………………… 379
　　第二节　农民家庭收入状况 …………………………………… 380
　　第三节　农民家庭消费状况 …………………………………… 384

第四章　农民家庭老年人口供养状况 …………………………… 386
　　第一节　农民家庭供养老年人口数 …………………………… 386
　　第二节　农村老年人口生活费用及来源 ……………………… 386

第三节　农村老年人口医疗费用及来源 ……………………… 387
第四节　农民家庭养老的意愿与态度 ……………………… 388

第五章　新型农村社会养老保险的实施状况 …………………… 390
第一节　新农保参保比例及意愿 …………………………… 390
第二节　新农保政策的认知状况 …………………………… 391
第三节　新农保个人账户参保缴费状况 …………………… 394
第四节　新农保个人账户财政补贴状况 …………………… 397
第五节　新农保政策满意度与信任度 ……………………… 400
第六节　农民对新农保实施的意见与建议 ………………… 403

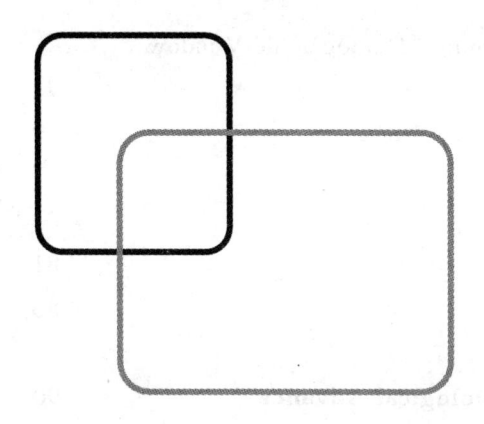

Contents

GENERAL REPORT

1 **From "Low Income Trap" to "Middle Income Trap"** / 3
  1.1 Propositions on Developmental Trap / 3
  1.2 Economic Take-off after "Low Income Trap" / 4
  1.3 Why "Middle Income Trap"? / 9

2 **Population Aging in 21 Century** / 17
  2.1 Worldwide Trends of Population Aging / 17
  2.2 Trend and Feature of Population Aging in China / 18

3 **"Middle Income Trap": from the Perspective of Population Aging** / 31
  3.1 Transition of Economic Development Mode / 32
  3.2 Dissolve Concentrated Social Contradictions / 48
  3.3 Promote a Balanced Rural and Urban Development in Urbanization / 57
  3.4 Cope Actively with the Challenges of Population Aging / 62
  Reference / 70

SPECIAL REPORT 1
POPULATION AGING AND ECONOMIC GROWTH

1 **Population Aging and Labor Force Supply** / 75
  1.1 The "Gold Time" Does Not End Yet / 75

1.2　Cope with the Challenges of Closing "Demographic Window of Opportunity"　　/ 78
　　1.3　Relative Aging of Working-Age Population　　/ 79

2　Aging, Saving and Investment　　/ 81
　　2.1　Aging and Saving　　/ 81
　　2.2　Aging and Investment　　/ 86

3　Aging, Human Capital and Technological Advance　　/ 90
　　3.1　Aging and Human Capital　　/ 90
　　3.2　Aging and Technological Advance　　/ 93
　　3.3　Exploring Human Capital of the Old　　/ 94

4　Aging and Sustainable Socioeconomic Development　　/ 97
　　4.1　International Experiences of Coping with "Middle Income Trap" in the Context of Population Aging　　/ 97
　　4.2　Population Aging and Coordinated Socioeconomic Development　　/ 103
Reference　　/ 107

SPECIAL REPORT 2
POPULATION AGING AND CONSUMPTION

1　Situation and Feature of Consumption Characterizing the Middle Income Stage　　/ 111
　　1.1　"Consumption Trap" during the Middle Income Stage　　/ 111
　　1.2　Situation and Problem of Consumption in China　　/ 114
　　1.3　Causes of Lagged Consumption　　/ 123
　　1.4　Situation and Problem of Consumption among the Old　　/ 126

2　Aging Effect on Consumption　　/ 130
　　2.1　Population Aging and Consumptive Demand　　/ 130
　　2.2　Population Aging and Calculation of Consumption Function　　/ 137
　　2.3　Regional Disparity in the Relationship between Aging and Consumption　　/ 144

2.4 Association Analysis on Aging and Consumption Structure / 149

3 Decision-Making Options toward a Coordinated Aging and
   Consumption / 155
   Reference / 157

SPECIAL REPORT 3
POPULATION AGING AND EMPLOYMENT

1 Impact of Population Aging on the Demand and Supply of
   Labor Force / 161
   1.1 Impact of Population Aging on Labor Force Supply / 161
   1.2 Impact of Population Aging on Labor Force Demand / 169

2 Impact of Population Aging on Employment / 174
   2.1 Uncertainty of the Aging Impact on Employment / 174
   2.2 Population Aging and Employment of the Old / 175
   2.3 Discussion on Postponing the Retirement Age / 176

3 Conclusion and Policy Suggestion / 181
   3.1 Improve Labor Force Quality and Facilitate a Tradeoff between
        Labor Force Quality and Quantity / 181
   3.2 Build, Improve and Perfect a Uniform National Labor Market,
        Improve the Efficiency of Labor Resources Allocation / 182
   3.3 Make Full Use of the Old as Human Resources, and Promote
        an Active Aging / 183
   Reference / 184

SPECIAL REPORT 4
POPULATION AGING AND URBANIZATION

1 Situation and a Prediction of Population Urbanization / 187
   1.1 Review on the Dynamics of Urbanization / 187

1.2 Regional Disparity in Urbanization / 188
1.3 Urbanization and Income Gap / 191
1.4 Prediction on the Trend of Urbanization / 198

2 Population Aging and Urbanization / 200
2.1 Inter-Relationship between Urbanization and Population Aging / 200
2.2 Urbanization Accelerates Population Aging / 202

3 Challenge of Urbanization on Rural System of Old Age Support / 210
3.1 Urban-Rural Difference in Population Aging / 210
3.2 Urbanization Process Accelerates Population Aging in Rural Areas / 216
3.3 Problem of Empty-Nest Family among the Old in Rural Areas / 218

4 Urbanization Strategy to Leap Over the "Middle Income Trap" / 221
4.1 Population Urbanization Strategy to Keep Pace with the Times / 221
4.2 Caution on the "Latin American Trap" in Urbanization / 223
4.3 Plan for the Rhythm of Urbanization / 227
4.4 Coordinate the Urban and Rural Development in Urbanization / 231
Reference / 235

SPECIAL REPORT 5
POPULATION AGING AND SOCIAL TRANSITION

1 Social Transition and Population Aging during the Stage of Middle Income / 242
1.1 Fertility Control Boosts up Population Aging / 242
1.2 Variety of Old Age Support Modes in Social Transition / 250
1.3 Caring Burden for Children when Disabled / 259

2 Living Condition of the Old in the Era of Social Transition / 263
2.1 Traditional and Modern Aspects of the Living Style of the Old / 263
2.2 Declined Economic Dependence of the Old on their Decedents / 270
2.3 Family Member Remains the Major Caring-Giver for the Old / 281

2.4　Life Style of the Old differs between Rural and Urban Areas　　/ 286

3　**Institutional Means to Cope with Population Aging During Social Transition**　　/ 294
　3.1　Solve the Problems Resulted from Population Aging from a Social Perspective　　/ 294
　3.2　Solve the Problems Resulted from Population Aging from a Family Perspective　　/ 297
　Reference　　/ 302

SPECIAL REPORT 6
POPULATION AGING AND ENDOWMENT INSURANCE

1　**Review on the Development of Endowment Insurance System before 1978**　　/ 307
　1.1　Population and Labor Force Segregation between Rural and Urban Areas　　/ 307
　1.2　Establishment and Dynamics of Urban Pension System　　/ 308
　1.3　Insurance Nature of City Units Retirement System　　/ 310
　1.4　Social Assistance for the Old in Urban and Rural Areas　　/ 313

2　**Reform and Development of Endowment Insurance System since 1978**　　/ 315
　2.1　Urban Employee Basic Pension System Reform　　/ 315
　2.2　Covering Peasant Workers in the Basic Pension System　　/ 319
　2.3　Breakthroughs in the Urban and Rural Pension Systems　　/ 323
　2.4　Achievements in Old Age Service System Building　　/ 325

3　**New Challenges to the Pension System and Old Age Service System**　　/ 327
　3.1　Financial Risks of the Urban Pension System　　/ 327
　3.2　Challenges to the Fairness of Current Pension System　　/ 334
　3.3　Institutional Barriers Need to Remove in the Endowment Insurance System　　/ 338

4　**Build a Sustainable Urban and Rural Endowment Insurance System**　　/ 344
　4.1　Improve the Urban Employee Pension System　　/ 344

4.2　Build a Coordinated Social Pension System in Urban and
　　　Rural Areas　　　　　　　　　　　　　　　　　　　　　／346
4.3　Establish a Multifaceted Old Age Service System　　　　／347

5　Appendix: Introduction to International Experiences on
　　Old Age Service Systems　　　　　　　　　　　　　　　　／352
　　Reference　　　　　　　　　　　　　　　　　　　　　　　／358

SPECIAL REPORT 7
SURVEY REPORT ON ECONOMIC CONDITION AND OLD-AGE SUPPORT OF PEASANTS IN 20 PROVINCES

1　Profile of the Peasants　　　　　　　　　　　　　　　　／364
　　1.1　Sex and Age Distribution　　　　　　　　　　　　　／364
　　1.2　Educational Attainment　　　　　　　　　　　　　　／365
　　1.3　Health and Marital Status　　　　　　　　　　　　　／366
　　1.4　Family Structure　　　　　　　　　　　　　　　　　／366

2　Employment and Migration of the Peasants　　　　　　　　／367
　　2.1　Type of Economic Activities　　　　　　　　　　　　／367
　　2.2　Agricultural Production Time and Land Contract　　　／367
　　2.3　Situation of Migration Work　　　　　　　　　　　　／368
　　2.4　Social Insurance of Peasant Workers　　　　　　　　／376

3　Family Income and Consumption of the Peasants　　　　　　／379
　　3.1　General Condition　　　　　　　　　　　　　　　　／379
　　3.2　Family Income　　　　　　　　　　　　　　　　　　／380
　　3.3　Family Consumption　　　　　　　　　　　　　　　／384

4　Old Age Support in Peasants' Family　　　　　　　　　　　／386
　　4.1　Size of Dependent Old Members in the Peasants' Family　／386
　　4.2　Living Costs and Supporting Sources for the Old People in
　　　　Rural Areas　　　　　　　　　　　　　　　　　　　　／386

4.3	Medical Expenses and Supporting Sources for the Old People in Rural Areas	/ 387
4.4	Intension and Attitude on Old Age Family Support for the Peasants	/ 388

5	**Implementation of New Rural Social Pension System**	**/ 390**
5.1	Desire and Coverage of the New Rural Social Pension Insurance	/ 390
5.2	Knowledge of and Attitudes toward the New Rural Social Pension Insurance	/ 391
5.3	Individual Contributions to the Personal Account of New Rural Social Pension Insurance	/ 394
5.4	Financial Subsides in the Personal Account of New Rural Social Pension Insurance	/ 397
5.5	Satisfaction and Trust to the New Rural Social Pension Policy	/ 400
5.6	Peasants' Opinions and Suggestions Regarding the Implementation of New Rural Social Pension System	/ 403

总 论

提　要：落入"中等收入陷阱"国家的一条基本教训，在于没有抓住走向老龄化和老龄化前期人口年龄结构变动"黄金时代"提供的"人口盈利"、"人口红利"加快发展。2010年我国从属比（抚养比）下降到34.2%的最低值，但要回升到50%以上"人口亏损"、"人口负债"期尚有20年时间，应当抓住这一机遇期坚持经济平稳较快地发展，实现对"中等收入陷阱"的成功跨越。预测表明，2025~2030年我国养老金将超过国民收入10%或工资总额29%的"警戒线"，必须进行养老金改革，填补空账、管好用好、保值增值；针对劳动年龄人口的相对高龄化，必须进行教育改革，大力发展职业教育和在岗培训，对冲劳动力活力减退；面对劳动力市场转变和工资率上涨，必须妥善解决要素成本上升，扭转边际投资效益下降趋势；启动消费拉动经济增长，必须提高老年收入、扩大社会保障覆盖面；应对老龄化社会冲击，不仅要大力推进社会转型，还要关注老年婚姻、家庭新变动，解决一半以上老年空巢家庭等特殊需求，推动老年服务产业发展，释放老年人口消费潜力。

关键词：老龄化　中等收入陷阱　"黄金时代"　劳动力市场　投资效益

一个阴影笼罩在新兴市场经济国家上空——"中等收入陷阱"（以下简称"中收陷阱"）。考察第二次世界大战后各类国家发展的历史，只有日本、韩国、新加坡等少数国家得以超越，步入高收入国家行列；绝大多数发展中国家，特别是拉美和亚洲的大批发展中国家，均程度不同地落入"中收陷阱"，在该"陷阱"中挣扎着发展。这是必然的规律还是偶然的巧合？偶然性是相互依存性的一端，相互依存性的另一端叫做必然性。我们必须探讨具有一定必然性的若干因素，果断地切断它们发生作用的链条，才能使其"熄火"，实现对"中收陷阱"的成功跨越。

---

* 作者简介：田雪原，中国社会科学院学部委员，研究员，博士生导师，国家有突出贡献专家，主要研究方向为人口学、人口经济学、老年人口学，发表出版《新时期人口论》、《中国人口政策60年》等专著30部（含主编），《为马寅初先生的新人口论翻案》、《论人口与国民经济可持续发展》等论文500余篇，两部专著和30余篇论文被翻译成英、法、俄、德、日等文出版和发表。

第一章

从"低收入陷阱"到"中等收入陷阱"

第一节 发展"陷阱"论

据科学家考证,人类社会已经有400多万年的历史。在这400多万年的历史长河中,经历过许多"发展陷阱"。远者且不论,第二次世界大战结束以来,笔者以为,经历过或者正在经历的,主要有以下五个"发展陷阱":

"陷阱"之一:"低收入陷阱",亦称"贫困陷阱"。"二战"后,各国把主要精力转移到发展本国经济、改善民生上来。然而,由于一些发展中国家刚刚脱离殖民地、半殖民地统治,社会生产力极端落后,农业不发达,工业化处在资本原始积累阶段,科学技术和管理水平低,相当一部分居民生活在贫困线以下,人均GDP长期停留在1000美元以下水平,称之为"低收入陷阱"或"贫困陷阱"。

"陷阱"之二:"人口陷阱"。按照法国人口学家A.兰德里、美国人口学家F.W.诺特斯坦的人口转变理论,在高出生、高死亡、低增长——高出生、低死亡、高增长——低出生、低死亡、低增长人口转变过程中,随着社会经济的发展,孩子成本—效益的改变,最显著的特点是边际孩子成本上升和效益下降,这为人口转变提供了内在的动力。其中高、低、高阶段,常常表现为人口和劳动力过剩,形成"越穷越生、越生越穷"的不良循环。"二战"后,出现全球性生育高潮,非洲、拉丁美洲、亚洲许多国家生育高潮持续时间很长,社会经济发展处于停顿、半停顿状态。这种同人口高增长相伴的经济发展的停滞不前,称之为"人口陷阱"。

"陷阱"之三:"城市化陷阱"。"二战"结束后,发展中国家大都制定了宏伟的工业化发展目标,城市化以前所未有的速度向前推进。城市规模迅速扩张，一些国家尤其是拉丁美洲和加勒比地区一些国家，推进的速度更快，大大超越工业化和国民经济的承受能力，出现了以超大城市畸形发展为主要特征的畸形城市化，这非但没有起到引领工业化和国民经济发展的作用，反而成为经济发展和社会进步的累赘。

"陷阱"之四："生态陷阱"。加速工业化特别是传统的工业化，造成资源日渐枯竭，环境破坏加剧，废气、废水、固体废物和噪声污染危害日甚，居民的正常生活和健康受到影响，最终又影响到工业和整个国民经济的发展。发达国家从传统工业化到现代化发展的历史表明，它们大都程度不同地经历过"生态陷阱"，走的是先污染、后治理的路子。发展中国家一般处在传统工业化阶段，难以逾越该"陷阱"。不过人们总要"吃一堑、长一智"，吸取发达国家先污染、后治理的教训，设法走上生产发展、生活富裕、生态良好的文明发展之路。联合国也成立了专门的环境与发展委员会并召开了一系列国际会议，发出《宣言》、《行动计划》等倡导可持续发展，力争早日走出"生态陷阱"。

"陷阱"之五："中等收入陷阱"。2006年世界银行在《东亚经济发展报告》中率先提出，并做出一定的阐释。"二战"后，一些新兴市场经济国家在以比较快的速度达到中等收入水平以后，经济"起飞"时期积累的矛盾集中爆发出来，资源占有不合理、收入分配不公、失业率上升、社会秩序动荡等，使社会经济发展长时间陷入停滞状态。只有日本、韩国等少数国家例外，主要依靠先进技术和科学管理，步入高收入国家行列。

上述"五大陷阱"之间有着一定的内在联系，具有某种相互影响和促进的作用。自"贫困陷阱"至"中收陷阱"，"人口陷阱"、"城市化陷阱"、"生态陷阱"等可能相继出现，也可能交叉出现，产生复合效应。如"贫困陷阱"常常伴随"人口陷阱"一起出现，使走出"陷阱"变得异常艰难；"城市化陷阱"、"生态陷阱"助推"中收陷阱"，二者起到为"中收陷阱"开路搭桥的作用。在一定意义上，"中收陷阱"具有综合性质，是人口、城市化、生态诸"陷阱"交叉作用的结果。因此，考察"中收陷阱"要联系到其他诸"陷阱"。本书以《人口老龄化与"中等收入陷阱"》命题，必然涉及老龄化与人口转变、城市化、生态平衡等社会经济发展的方方面面，需要从理论与实践的结合上来阐述。

第二节 脱离"低收入陷阱"后的经济"起飞"

考察"二战"后发展的历史，发现相当多数国家在脱离"低收入陷阱"

之后,经济发展大幅度提速,很快达到中等收入水平。那么,首先的一个问题是:为何这些国家经济能够迅速"起飞"?笔者以为,可从"起飞"的外在条件和内在的动力两个方面做出分析和阐述。

1. "起飞"的外在条件

(1) 相对和平稳定的国际环境。第二次世界大战结束后,局部的摩擦和战争从未间断过。如朝鲜战争是朝鲜与韩国之间的一场战争,但是有美国、中国、苏联等18个国家卷入,从1950年6月25日战争爆发至1953年7月27日《朝鲜半岛军事停战协定》签署,历经3年多时间,是冷战时期介入国家较多、伤亡人数很大的一次大规模战争。又如越南战争,"二战"结束后,越南民主共和国先是进行了长达10年以驱除法国殖民统治为目标的抗法救国战争;后又在1961~1973年,进行了以推翻美国扶持的越南共和国统治为目标的战争,粉碎了美国的"特种战争"、"局部战争"攻势,最后美国不得不从越南撤出;1973~1975年,又进行了推翻南越傀儡政权,实现统一全国的战争。此外,在中东、加勒比、北非、南欧等地区,不同规模、不同级别的局部战争时有发生。区域性的冲突也始终未断,如苏联解体,东欧国家剧变,亚、非、拉一些国家政局动荡不安等。不过从总体和全局上观察,在"二战"结束后的60多年里,这种局部性的冲突和战争,一是规模有限,介入的国家数量较少,没有形成世界性的战争;二是影响有限,除直接参战国之外,介入的国家只出动部分军力、人力和物力,对经济发展影响不是很大;三是多数战争具有打打停停、打谈交替进行的特点,不同于誓言打到最后、一定要分出谁赢谁负的世界大战。因此,"二战"结束以来的60多年,基本上是相对稳定的和平环境,有利于社会经济的发展。

(2) 刺激经济发展的改革收到效果。"二战"后,世界政治格局重新洗牌,先是出现了以苏联为首,包括中国、朝鲜、越南、蒙古、东欧诸国等在内的社会主义阵营。这些国家按照经典社会主义理论,建立了相应的政治制度和经济制度,优先发展重工业的方针得到有力的贯彻,有计划、按比例发展的计划经济一统天下,开启了国家的工业化进程,带动了工业和整个国民经济的发展。然而经过一段较快的发展之后,僵化的计划经济体制成为前进的羁绊,常常陷入"一统就死、一放就乱"的被动局面,最终不得不进行旨在建立市场经济体制的改革。中共十一届三中全会的召开具有划时代的意义,从此中国走上改革开放之路。苏联、东欧,提出五花八门的改革方案,方向是打破计划经济体制,建立市场经济体制。其他一些发展中国家,也纷纷推出力度不等的改革，改革的方向同样是完善和发展市场经济。虽然这些改革取得的绩效有很大差别，但是在推动社会经济发展中的作用是明显的，有些国家则出现历史性的重大转折，由此驶入发展的快车道。

（3）人口年龄结构变动"黄金时代"提供的机遇。"二战"结束后，20世纪五六十年代出现一段带有补偿性的生育高潮（baby boom）。进入70年代以后，则出现生育率的持续下降。1950～2010年世界人口出生率变动如图1所示。①

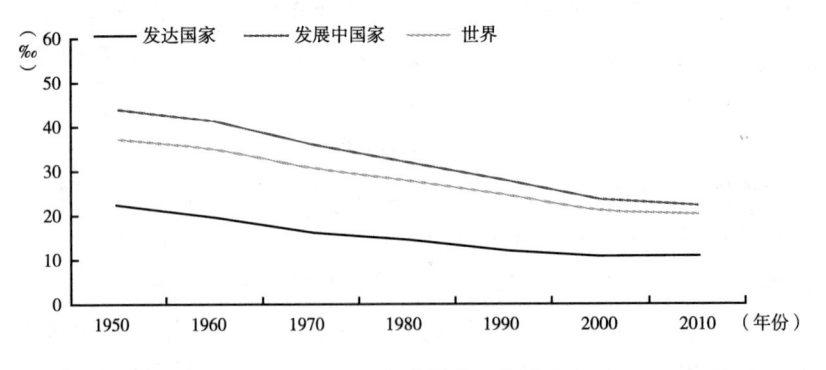

图1　1950～2010年世界人口出生率变动

图1表明，"二战"后至1965年，世界人口出生率始终保持在35‰以上，经历了长达20年的生育高潮。不过发达国家与发展中国家有很大差别，在此期间，发达国家出生率保持在20‰以上，发展中国家保持在40‰以上并且直至1975年还保持在35‰以上，说明发达国家生育高潮水平要低一些、持续的时间要短一些；发展中国家生育水平要高一些、持续的时间要长一些。图1还表明，进入20世纪70年代以后，无论发达国家还是发展中国家，出生率下降的速度均加快了，出生的人数也有程度不等的减少。这就决定了0～14岁少年人口占比的下降，15～64岁劳动年龄人口占比的升高，构筑了一段长达40年左右的人口年龄结构变动的"黄金时代"，为社会经济发展提供了必需的"人口盈利"或"人口红利"、"人口视窗"，成为经济"起飞"的重要人口条件。1950～2010年世界、发达国家、发展中国家15～64岁劳动年龄人口数量、占比变动如图2、图3、图4所示。②

---

① 资料来源：United Nations：*World Population Prospects*，*The 2008 Revision*，pp. 48 - 52，New York 2009。

② 资料来源：United Nations：*World Population Prospects*，*The 2008 Revision*，pp. 48 - 52。

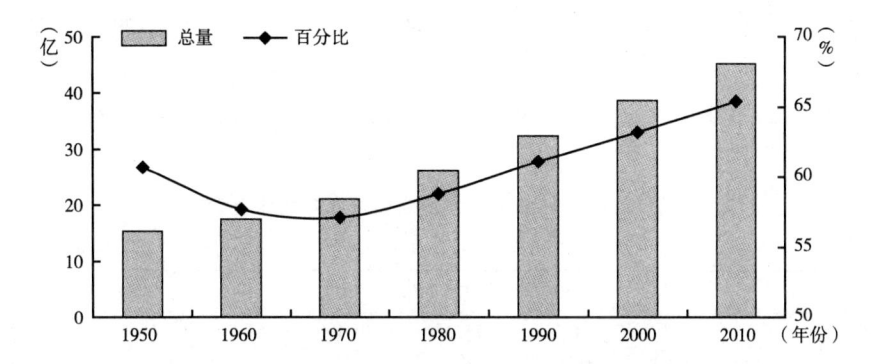

图 2　1950~2010年世界15~64岁劳动年龄人口变动

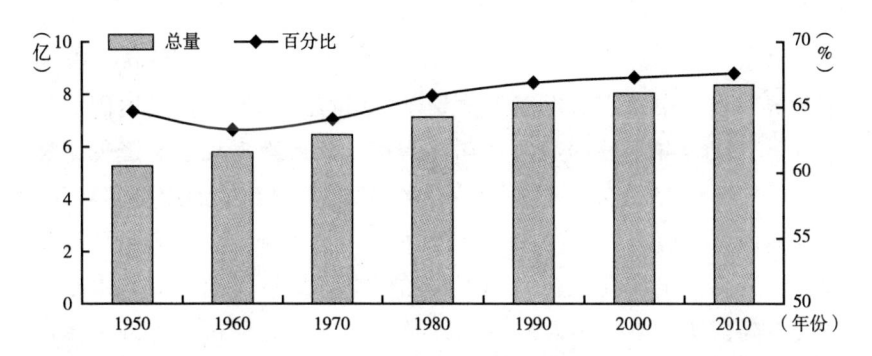

图 3　1950~2010年发达国家15~64岁劳动年龄人口变动

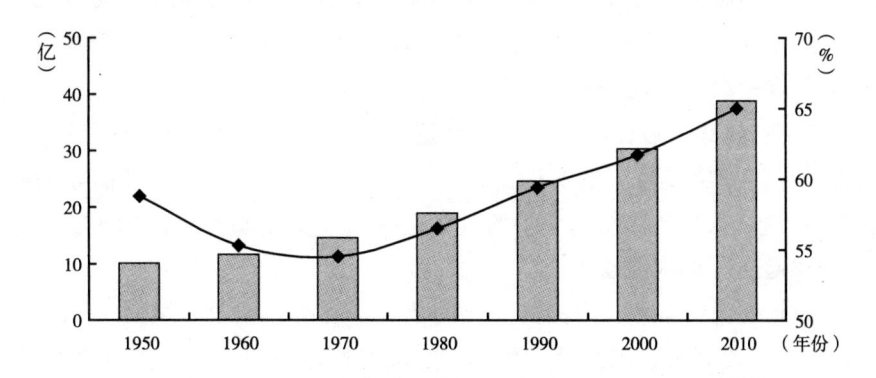

图 4　1950~2010年发展中国家15~64岁劳动年龄人口变动

比较以上三图，无论世界还是发达国家、发展中国家，15~64岁劳动年龄人口绝对数量均有所增长，不过增长的幅度发展中国家要高出发达国家许多。然而主要受生育率变动影响，在20世纪五六十年代生育高潮期间劳动年龄人口占比呈下降趋势,七十年代以来受生育率持续下降影响呈上升趋势,总体上呈 U 型曲线走势。与此相对应的是,从属年龄比 [dependency ratio, $(0\sim14)+65^+/(15\sim64)$],呈倒 U 型曲线走势(参见表1)。①

表1 1950~2010年世界人口从属年龄比变动

单位:%

年 份	1950	1960	1970	1980	1990	2000	2010
世界	64.7	73.3	75.1	70.1	63.7	58.2	52.9
发达国家	51.7	57.0	56.0	51.7	49.5	48.6	47.9
发展中国家	70.1	80.8	83.5	77.0	68.4	62.1	53.8

表1显示,世界和发展中国家从属比以1970年前后为最高,因为"二战"后世界和发展中国家出生率下降始于20世纪70年代;发达国家生育高潮结束较早,1960年前后即迎来从属比峰值,此后则出现逐步降低走势。换句话说,二战结束后发生的一段生育高潮,曾使世界和发展中国家经历30年左右、发达国家经历10多年的劳动年龄人口占比下降、少年和老年被抚养人口之和占比升高,于社会经济发展不利的时期。这一时期过后,由于出生率长期持续下降,从而使少年人口占比以及老少人口之和占比下降,劳动年龄人口占比相对升高,出现"干活人多、老少吃闲饭人少"的人口年龄结构变动的"黄金时代"。"黄金时代"的贡献,一是提供了比较充裕的劳动力,满足经济"起飞"对劳动力增加的需求,并使活劳动成本变得比较低廉,提高了商品的竞争力;二是少年和老年人口之和占比下降,社会总抚养比经历长达40年左右较低的最佳时期,得以利用"黄金时代"提供的"人口盈利"、"人口红利"加快发展。事实证明,"二战"之后新兴市场经济国家的经济"起飞",这个人口年龄结构变动的"黄金时代"发挥了不可替代的作用。

2. "起飞"的内在动力

外因是变化的条件,内因是变化的依据。脱离"低收入陷阱"国家的经济"起飞",无疑内在因素是主要的,起决定性作用的。从生产力角度观察,最主要的一个共同点,是科技进步对经济发展的巨大推动力。"二战"后,以微电子技术为前导的新技术革命,率先在发达国家兴起;而发展中国家则致力于以重化工业为主导的传统工业化,像采矿、冶炼、钢铁、机械、水泥、

---

① 资料来源:United Nations:*World Population Prospects*, *The 2008 Revision*, pp.48-52。

石油、化工、造船、建筑等技术和工艺比较成熟，主要生产流程各国均比较熟悉，只要具备一定的资源、劳动力和资金，便可以发展起来。资源和劳动力是发展中国家的比较优势，而资金可以通过税收、发行债券等手段取得，还可以寻求外援和借贷。于是20世纪下半叶，许多发展中国家呈现城乡点火、处处冒烟的繁忙景象。一座座拦河大坝、跨海大桥横空出世，一条条高等级铁路、公路向远处延伸，一幢幢高楼大厦、车间厂房拔地而起，传统工业化出现前所未有的壮丽场面，带动新兴市场经济国家迅速达到中等收入水平。

第三节 为何落入"中等收入陷阱"

绝大多数发展中国家达到中等收入水平以后，进入经济增长缓慢、社会进步停滞、各种矛盾相继爆发、居民不满情绪高涨的"中收陷阱"阶段。为什么会跌入"中收陷阱"？各国情况不尽相同，具有一定共通性并且起到主导作用的，主要是跟不上科技进步、信息化、经济全球化的步伐，以及社会矛盾集中爆发、畸形发展的城市化和没有利用好老龄化初期人口年龄结构"黄金时代"机遇期等几个方面。

1. 跟不上科技进步、信息化、经济全球化的步伐

（1）以微电子技术为前导的新技术革命。第二次世界大战后，发生了以微电子技术为前导的新的技术革命。包括新能源、新材料、激光技术、宇航技术、海洋工程、生物工程等，以电子计算机的广泛应用为特征的新的技术革命。众所周知，自18世纪中叶产业革命发生后，已经经过五次影响全球发展的技术革命。第一次，以发生在18世纪中叶的产业革命，尤以纺纱机和蒸汽机的发明和使用为标志，开辟了由英国波及法国、西班牙、葡萄牙、德国、美国、日本等和由欧洲波及美洲、亚洲、澳洲等的机器大工业取代手工业的新的时代。第二次，以钢铁工业为主要标志，带动了制造业、建筑业、交通运输业等的发展，加快了全球工业化进程。第三次，以石油、重化工业和电力工业为主要标志，掀起新的技术革命和产业革命。第四次，以汽车工业为主要标志，缩短了生产、生活、交往之间的距离，加快了产业革命全球化进程。第五次，"二战"结束后，发生以微电子技术为主要标志的新技术革命和产业革命。当前由于基因技术、克隆技术、纳米技术等不断取得新的突破，一个以生命科学为主导学科的更新的技术革命时代已经到来。

上述两个半世纪经历的五次技术革命，每一次都形成新的带头产业，极大地推动着社会经济的发展。因此，与新技术革命相伴的是新兴产业革命的迅速扩张，成为引领新一代经济发展的主导产业。任何国家如果不能掌握新的核心技术，便不能建立更不能形成新的主导产业，就要落在时代发展后面，遭受落后挨打的命运。半殖民地、半封建的旧中国，没有经历过完整的资产阶级革命，也没有经历过真正的产业革命，因而遭到帝国主义列强的侵略和欺侮。无数革命志士抛头颅、洒热血，前仆后继、艰苦奋战，始建立独立自主的新中国，开启工业化、现代化新的征程。然而技术进步无止境，如果跟不上每一次新的技术进步的步伐，落后的产业得不到应有的淘汰，产业结构得不到应有的调整，就要落在时代发展的后面，陷入不同类型的"发展陷阱"。

（2）信息化。1963年日本学者Tadao Umesao发表《论信息产业》一文，接着Kamishima在《信息社会中的社会学》一文中首次使用"信息社会"概念，其后的讨论将"信息化"解释为在由工业化向信息化社会过渡中，信息产业逐渐占据主导和支配地位的过程。随着实践的发展，信息化研究的广度和深度不断扩展和深入，提出突破计算机化局限包括计算机化、通信现代化、网络技术现代化涵盖"3C"（Computer，Communication，Control）的信息化；包括交换和传输的数字化、通信和网络管理服务"融合"（Convergence）等在内的"4C"的信息化；以及包括信息环境、从有形信息产品向模拟信息产品转变过程的信息化等。尽管不同学科、不同部门对信息化所下定义有所不同，但是在基本点上则取得越来越多的共识。一是信息技术、信息产业在社会经济发展中的地位和作用不断增强。从事信息生产和服务的信息产业的价值得到确立和提升，成为独立和不可取代的产业，在社会经济发展中起到主导和决定的作用。二是信息资源价值不断增值。意味着在商品生产和劳务中物质财富消耗不断降低，信息劳动所占比例不断升高，信息市场规模不断扩大并成为整个市场经济中越来越重要的市场，最终导致信息资源价值的增值。随着信息化向纵深推进，应用现代电子技术等手段开发利用信息资源，实现信息资源共享，提高社会的智能和潜力，已成为不可阻挡之势。三是信息化迅速提升着工农业物质生产部门和服务业的效率和效益。运用先进的信息技术武装工农业物质生产部门、服务业非物质生产部门、劳动和管理等国民经济和社会发展一切部门，从而使劳动生产率、社会工作效率和效益全面提高。与此相适应，经济增长转向主要依赖人的智力投资和人力资本积聚的增长，产业结构转变到与信息产业密切相关、低耗高效为主的产业上来，实现经济增长方式的根本性转变。

随着信息技术的不断进步，包括信息资源开发、信息产品和设备的生产、信息服务的发展等在内的信息产业迅速发展起来。这就必然打破原有的经济结构和就业结构，从事信息产业劳动的职工人数大量增加、所占比例迅速上升；从事传统产业劳动的职工人数明显减少、所占比例下降许多。可见，信息化大大提升了对人口素质的要求。在农业社会手工工具时代，人的体力就是他们的力量和价值所在，对人的要求主要偏向人口和劳动者的数量方面；始于18世纪中叶产业革命的传统工业化，对人的要求逐渐由数量转向数量与质量并重；"二战"后发生的新技术革命，对人的要求则由数量转向质量方面，越来越取决于人口的质量，取决于人力资本。如果人口质量、人力资本不能得到相应的提高，在信息化社会面前就要落伍，很难避免落入"中收陷阱"。

（3）经济全球化。1985年T.莱维最早提出"全球化"概念，用来说明在过去的20年中国际经济发生的巨大变化，现代技术、资本、商品、市场、服务等在世界投资、生产、消费领域的扩散，已成一种不可阻挡之势。这种扩散趋势产生不对称的国际劳动分工，而围绕生产和市场活动的分工和扩散，公司特别是跨国公司扮演着主要角色。尽管不同学科对"全球化"的定位和解释不尽相同，然而大都承认经济全球化最重要的两大特点。一是自由贸易成为一种趋势，全球性市场正在加速形成。经济全球化以市场经济为基础，世界贸易组织（WTO）作为独立于联合国之外的永久性国际组织，把国际贸易以及与国际贸易相关的各个领域纳入多边贸易体制，削弱甚至消除国家市场关税壁垒保护，使之成为世界市场的主要贸易方式。二是资本在国际间流动速度加快，金融体制接轨成为大势所趋。20世纪90年代以来，一些西方国家竭力倡导资本在国际间自由流动并且出台了相应的政策，使得国际资本在更大的范围和更高的层次上，以更大的流量和更快的流速在国际间流动起来，远远超过商品形式物的流动和劳务形式劳动力流动的增长速度。当前金融市场国际化，不仅放宽了国内金融管制而向国际开放，为不同国家银行、企业或居民进入金融市场从事经营活动提供了各种条件和便利；而且离岸金融市场（境外金融市场）得到迅速发展和提升，在很大意义上实现了资本的自由流动。在现代微电子技术高度发达的情况下，金融衍生工具不断更新换代，容易突破现有不合理管理办法的约束，使国际资本的跨国界交易变得更为便捷，推动着全球金融市场一体化的进程。三是产业转移加速推进，以跨国公司为主体的国际合作体系正在形成。"二战"后，产业升级、调整、扩散和转移的规模空前扩大了，速度更快了，促进了国际间的分工与合作，全球性的生产体系逐渐形成。主要发达国家生产能力转移的比例不断提高，美国跨国公司出口产品中国外再加工占到70%以上，日本、欧盟国家等占比也很高，有效地降低了成本，实现资源的合理配置。这就在世界范围内形成了规模较大的生产体系，使得国际分工由垂直向水平方向发展，跨国公司的全球化战略得以施展。四是国内外经济发展不平衡相互影响，财富分配不均日益扩大。各国经济在生产、交换、分配、消费各个环节的联系日益加强，跨国公司携经济一体化强有力地推进，世界经济发展不平衡越来越明显地暴露出来。主要发达国家力图通过知识产权保护控制高端技术及其产品，在经济全球化、一体化过程中赚取利润；发展中国家则发挥劳动力廉价优势，通过降低成本打入国际市场，取得外汇积累和吸引国际投资，实现快速发展的目的。但是各国情况千差万别，国内经济不平衡是基础，由此引发国际经济不平衡；国际经济不平衡是条件，如果国内不能采取有效措施改变和调整这种不平衡，则有可能导致内外不平衡交互作用的加剧。

2. 社会矛盾集中爆发

脱离"贫困陷阱"后的经济起飞，由于以重化工业为主要驱动力，固定资产投资获得较快增长，煤炭、石油、电力、水泥、钢铁、机械、建筑、铁路、公路、水运、航空、邮电等行业得到优先发展，城市化速度提升，人们生产和生活的空间得以扩展，就业人口大量增加，居民收入大幅度提高。虽然事实上高收入与低收入、城市与乡村、脑力劳动与体力劳动的收入差距在扩大，但是因为总体上都在提高，低收入者忍受了。一些国家推行不同的改革措施，对收入差距的扩大做出某种限制，缓解了不同阶层和阶级的矛盾，没有爆发剧烈的社会冲突，保持了一个相对稳定的社会环境。

达到中等收入水平以后，社会资源占有不公和收入差距的急剧扩大达到比较严峻的地步，容易引发矛盾的集中爆发。《人民论坛》杂志在广泛征询各方面专家意见基础上，举出经济增长回落或停滞、民主乱象、贫富分化、腐败多发、过度城市化、社会公共服务短缺、就业困难、社会动荡、信仰缺失、金融体系脆弱10个方面的矛盾和问题。笔者认为，这10个或更多一些的矛盾和问题不是平列的，而是有主有从、存在着一定的内在关联性的。"经济是基础，政治则是经济的集中表现"这句话，给了我们理顺和分析这些矛盾和问题以必要的方法论。虽然各国在经济"起飞"时期情况各异，但是具有普遍性的一个现象，是"起飞"阶段资源占有不公逐步升级了。在市场经济条件下，竞争不但不可避免，而且是维护经济正常运行必不可少的条件，市场经济要坚持反垄断原则。竞争的结果是优胜劣汰，使资源和财富进一步向大资本集中，造成资源占有不公、财富占有不公、贫富差距拉大趋势。因此，当人们一觉醒来，发现与贫困阶段相比竟有天壤之别：虽然贫困阶段也有贫有富，但是差别并不特别显著，只是吃的肉多一些少一些，住的宽一些窄一些，出行坐公交车、骑自行车或走路的问题；而达到中等收入水平以后，吃的是一般饭菜与高档酒席，住的是普通居民楼与洋房别墅，出行是乘公交车、骑自行车与驾驶奔驰、宝马豪华汽车的差别。虽不能说是天上地下，但是拉开的档次太悬殊，容易滋生仇富心理。如果富者之中居官者所占比例较大并同政治腐败联系在一起，则又会滋生某种仇官心理。要是当政者对此不能采取有效措施调节资源占有和财富分配不公，遇到某种突发事件时，就容易引发不满情绪急速爆发，社会秩序动荡加剧，损害到经济发展的社会环境。特别需要强调的一点是，发展中国家在达到中等收入水平后，社会财富占有一般是金字塔状的。即富有者人口占比较低，财富占比却较高；贫困者人口占比很高，财富占比却很低，人口与财富占比成反比，呈正三角形金字塔状分布。这样的财富占有分布结构，由于低收入者所占比例过高，容易激起不满情绪和引起社会震荡。相反，发达国家财富占有是橄榄型的，最富有者和最贫困者所占比例均比较低，中产阶层所占比例最高，这部分"比上不足、比下有余"的中产人口阶层，希望社会安定，成为社会的稳定器。政府出台的各项政策中，也往往考虑到占人口多数的这部分人的利益，并且运用法律程序使之固定下来。我们可以说，发展中国家陷入"中收陷阱"经济停滞是基础，民主乱象、公共服务短缺、就业困难、社会动荡、信仰缺失等，是经济停滞在政治生活、社会生活中的折射和反映，反过来又会成为摆脱经济停滞的羁绊。

3. 畸形发展的城市化

落入"中收陷阱"的国家，大都首先陷入以大城市畸形发展为主要特征的人口过度城市化"陷阱"。城市化是什么？从人口学角度观察，是农村人口向城镇转移的一种过程，是人口的城乡结构问题；从劳动学角度观察，是就业在一、二、三次产业之间的分布，是就业结构问题；从经济学角度观察，是农业、加工业、服务业等三次产业结构的变动问题；从社会学角度观察，是工业社会取代农业社会的生产和生活方式，用工业文明取代农业文明的问题。

因此，城市化不仅是变农村人口为城镇人口纯人口地理迁移的过程，而且是人口转变、产业结构升级、现代社会文明进步的本质体现，城市化进程要同这种转变、升级和进步的步伐相适应，城市化水平要同社会经济发展水平相适应。如果城市化发展滞后，就会拖经济、社会发展的后腿；相反，如果超前也会造成这样那样的社会问题，二者均不利于人口、经济、社会的协调发展。

同大城市畸形发展关系密切的，是都市圈理论。它源于20世纪中期法国和意大利地理学家和经济学家，尤以戈特曼的"大都市圈"理论和佩鲁的"增长极"理论为代表，该理论提出并论证了超大都市圈成为新的经济增长点的可能性，美、日、英、法等国超大都市圈产值一般占到本国GDP的65%~80%，成为最重要的经济"增长极"，称之为"都市圈"式城市化。该理论诞生之初并未受到太多的关注，因为当时大城市特别是超大城市数量有限，作用也未得到充分的展现。20多年过去后，当世界城市化迅猛异常，超大城市崛起尤为引人瞩目之时，这一理论才在学术界迅速升温并作为"重大轻小"城市化道路的理论依据，获得广泛传播。考察当今世界城市化发展的历史，步入以大城市为主导的城市化或都市圈式城市化，大致有四种类型：一为欧洲文化型，以巴黎、巴塞罗那为代表。这些超大城市发展以欧洲文艺复兴为文化底蕴，以18世纪中叶产业革命的兴起为经济和科技背景，形成既有欧洲民主、平等文化色彩，又有先进科技、产业支撑的都市圈。二为经济集约型，以纽约、东京为代表。即在科技进步和产业结构升级中形成的以制造业、金融业和商业等为支柱产业的超大城市组群，它们具有很强的中心、主导、辐射功能。三为美国中西部散落型，以洛杉矶、盐湖城为代表。它们是在美国西部开发中，随着东部移民向西部迁移而形成的松散型超大城市组群。这三种类型的超大城市，或以特定的文化为凝聚力，或以现代产业、现代科技为核心，走出市场经济和人文理念相结合、城乡之间和城市内部结构比较协调的城市化发展模式，没有因此而产生更大的社会矛盾，有不少值得总结和借鉴的经验。四为拉美畸形，以墨西哥城、里约热内卢、布宜诺斯艾利斯以及印度的孟买、德里（旧德里）等为代表。这些城市主要集中在发展中国家，残留着殖民地、半殖民地的烙印，以拉丁美洲国家最为突出，故称之为"拉美畸形"的城市化。其基本特征可用"三个畸形"并存概括：一是畸形先进与畸形落后并存。一方面，这些大都市拥有先进的科学技术、现代化的产业、高档的住宅和相应的现代化设施；另一方面也存在着原始手工作坊式的生产、缺少最基本公共设施的贫民居住区、被边缘化到城乡结合部的大量贫民窟。

二是畸形富裕与畸形贫困并存。大企业家、银行家、高级职员等收入丰厚，可谓腰缠万贯；而生活贫困特别是生活在贫民窟内的居民，几乎是一贫如洗，相当多的贫民不得不以乞讨为生。三是畸形文明与畸形愚昧并存。教育、卫生、文化等资源主要被少数富人占有，他们的现代文明与发达国家没有什么两样；而穷人却与这些资源无缘，上不起学、看不起病，不能享受这个时代应当享受的文明生活。拉美国家的人口城市化是贫富高度两极分化的城市化，目前10%的富人占到总收入的60%以上，贫困人口占到总人口的40%左右，其中60%以上居住在城市特别是超大城市中。这就形成了城市中大量无业和失业的人口群体，城市失业率超过10%，为全球各洲之冠；社会冲突加剧，治安等社会问题成为影响政局稳定的重要因素；政府财政拮据，城市治理不得不在很大程度上依赖国外援助，造成国家债台高筑；城市公共设施严重不足，交通运输和水、煤气等的供给紧张，环境污染加剧；城区地价大幅度上涨，失业人口和流入的农民纷纷向郊外转移，逐渐形成大面积的"农村包围城市"的贫民区，与现代化的城市中心区形成鲜明的对照。拉美国家人口城市化的畸形发展，不仅没有给城市的健康发展注入活力，也没有给农村和农业经济的发展创造新的生机，而且成为整个城乡经济发展的绊脚石，国家财政的累赘，社会发展的障碍，跌入"中收陷阱"的铺路石。

4. 人口老龄化的双重影响

考察20世纪特别是20世纪后半叶的世界人口转变，年龄结构变动速率加快，21世纪人口老龄化的到来和加深，是必然的趋势。然而由于不同国家人口转变的程度不同，老龄化推进的速度和达到的水平表现出很大的差异。依据联合国提供的数据资料，2010年世界、发达国家、发展中国家人口年龄结构老龄化比较如表2所示。[①]

表2　2010年世界人口年龄结构老龄化状况

单位：%，岁

	0~14	15~64	65+	年龄中位数	预期寿命*
世　界	27.0	65.4	7.6	29.1	67.6
发达国家	26.5	57.6	15.9	39.7	77.1
发展中国家	29.2	65.0	5.8	26.8	65.6

* 为2005~2010年出生时平均预期寿命。

① 资料来源：United Nations：*World Population Prospects*，*The 2008 Revision*，pp. 48-52。

表 2 显示，2010 年世界跨入老年型年龄结构不久，发达国家已达到严重阶段，发展中国家正在向老年型过渡，尚未达到老年型。这与前面表 1 从属比的变动衔接起来，表明发达国家自 20 世纪 60 年代从属比开始下降，80 年代下降到 50% 以下，正式进入人口年龄结构变动的"黄金时代"；世界和发展中国家 20 世纪 70 年代后期开始下降，目前已接近"黄金时代"边缘，从属比已经历 30 多年缓慢持续的下降。因此，多数发展中国家是否能认识和抓住在走向老龄化过程中出现的从属比下降（少数发展中国家已经在老龄化前期出现的人口年龄结构变动的"黄金时代"加快发展），就成为能否走出或跨越"中收陷阱"的关键。日本、韩国等抓住了这一有利时机，经济迅速"起飞"并打下现代产业基础，得以顺利走出"中收陷阱"；绝大多数发展中国家，则没有抓住这一有利时机，沿着传统工业化路子走下来，在经济"起飞"之后难以有所作为，只能在"陷阱"中发展，三四十年走不出来。因此，老龄化的作用是二重的：在走向老龄化阶段和步入老龄化前期，劳动年龄人口占比升高、老少人口之和占比下降，即人口年龄结构变动的"黄金时代"，不仅对于经济"起飞"不可缺少，而且对于"起飞"以后的发展和跨越"中收陷阱"尤为重要，是人口变动提供的最有力的支撑。已有的经验表明，这个支撑大概在 40 年左右。40 年过后到了老龄化后期，其对投资、储蓄、消费、产业结构、技术进步、经济发展等的不利影响，将会以增强的态势表现出来。虽然对于绝大多数发展中国家来说这是明天的事情，但是要认真研究，积极应对，科学决策，广泛吸取超越"中收陷阱"国家的成功经验，做好应对人口老龄化挑战的准备。

第二章

21 世纪人口老龄化趋势

本书命名为《人口老龄化与"中等收入陷阱"》,在阐释"中收陷阱"命题、含义和形成的原因之后,自然要对人口老龄化趋势与预测,做出相应的阐述。

第一节 世界人口老龄化趋势

依据联合国的预测,2000 年与 2025 年、2050 年比较,世界 65 岁以上老年人口比例可由 6.8% 上升到 10.4%、16.2%;年龄中位数可由 26.6 岁上升到 32.8 岁、38.8 岁。分开来看,发达国家 65 岁以上老年人口比例可由 14.4% 上升到 20.8%、26.2%;年龄中位数可由 37.3 岁上升到 43 岁、45.6 岁。发展中国家 65 岁以上老年人口比例可由 5.0% 上升到 8.4%、14.6%;年龄中位数可由 24.1 岁上升到 30.8 岁、37.2 岁。2000~2050 年世界、发达国家、发展中国家人口老龄化趋势参见图 5。[①]

图 5 显示,21 世纪上半叶世界 65 岁以上老年人口比例上升比较快,但是在前 25 年和后 25 年,发达国家和发展中国家有着不同的情况。发达国家前 25 年老年人口比例上升 6.4 个百分点,后 25 年上升 5.4 个百分点,后 25 年比前 25 年减少 1.0 个百分点,老龄化速度趋缓;发展中国家前 25 年上升 3.4 个百分点,后 25 年上升 6.2 个百分点,后 25 年比前 25 年增加 2.8 个百分点,老龄化速度呈加速态势。这表明,到 21 世纪中叶,发达国家人口老龄化已成强弩之末,老年人口比例上升的空间有限;发展中国家老年人口比例上升仍比较迅速,还有相当长的一段上升空间。由于发达国家出生率的下降和出生人数的减少、占世界人口比例的下降,世界人口老龄化趋势主要取决于发展

---

① 资料来源:United Nations:*World Population Prospects*, The 2008 Revision, pp. 48 – 52。

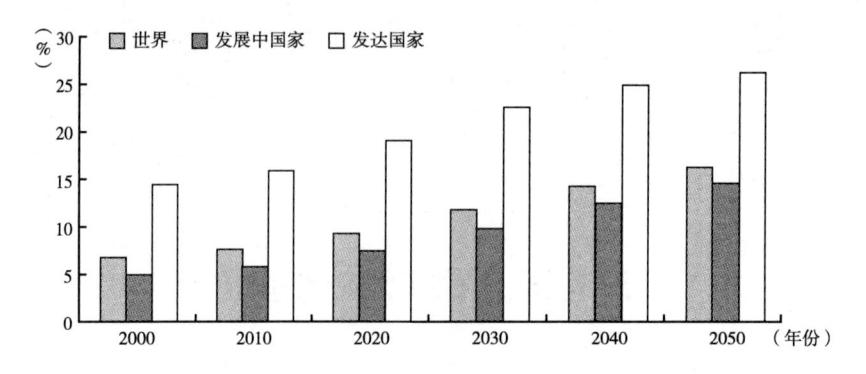

图 5　2000~2050 年世界 65 岁以上老年人口比例变动预测

中国家人口老龄化的进程，致使后 25 年比前 25 年高出 2.2 个百分点。因此，到 2050 年世界 65 岁以上老年人口比例达到 16.2% 时尚未达到峰值，只是以后老龄化加深的速度会有所减慢而已。21 世纪下半叶，发达国家人口老龄化呈基本稳定态势，即使有所升高也十分有限；发展中国家还要继续升高，65 岁以上老年人口比例超过 20% 以后，呈现相对稳定态势。预测说明，20 与 21 世纪之交世界人口步入老年型年龄结构，前 25 年可视为老龄化启动阶段，后 25 年可视为加速推进阶段，而 21 世纪下半叶的 50 年，可视为继续加深并达到相对稳定阶段。也就是说，世界人口年龄结构老龄化从进入到基本稳定，将主要在 21 世纪内完成，21 世纪是人口老龄化的世纪。

第二节　中国人口老龄化趋势与特点

1. 中国人口老龄化趋势

不同人口预测方案下的老龄化差异较大。这里我们取《21 世纪中国人口发展战略研究》中高、中、低三种方案，2000~2050 年人口变动趋势如图 6 所示。[①]

图 6 显示，如以人口零增长为"着陆点"，视高方案为"缓着陆"，中方案为"软着陆"，低方案为"硬着陆"。三种方案生育率假设和总体人口变动趋势是：

高方案"缓着陆"预测。生育率逐步有所回升，达到更替水平后保持相

---

① 参见田雪原等著《21 世纪中国人口发展战略研究》，社会科学文献出版社，2007，第 439~448 页。

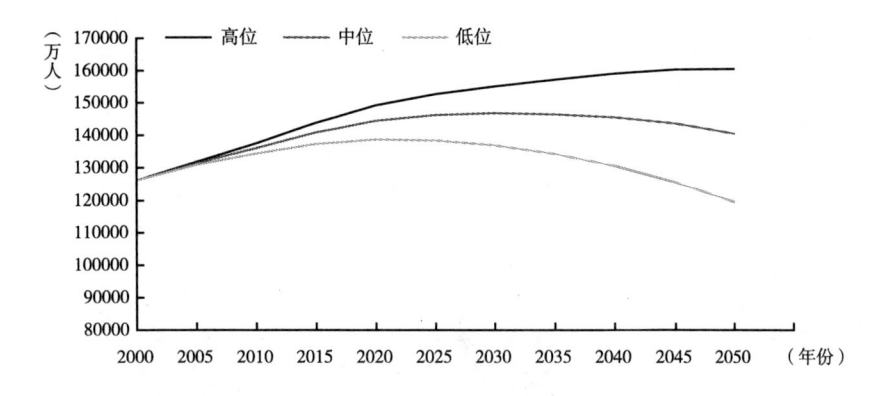

图6 2000~2050年高、中、低三种方案人口预测

对稳定，总和生育率（TFR）假定2000~2005年平均为1.90，2005~2010年为2.00，2010~2020年为2.13，2020~2050年为2.15，则全国人口（未含台湾省、香港和澳门特别行政区，下同）2010年为13.75亿，2020年为14.90亿，2030年为15.48亿，2040年为15.85亿，2050年达到峰值时为16.05亿并呈基本稳定态势。

中方案"软着陆"预测。生育率保持相对稳定，稍有回升后即基本稳定在略高于现在水平波动。总和生育率假定2000~2005年平均为1.75，2005~2010年为1.80，2010~2020年为1.83，2020~2050年为1.80，则2010年全国人口为13.60亿，2020年为14.44亿，2030年达到峰值时为14.65亿；其后转为缓慢下降，2040年可降至14.51亿，2050年可降至14.02亿。如果1.80的总和生育率一直保持下去，2100年全国人口可降至10.24亿。

低方案"硬着陆"预测。生育率在现在基础上略有下降，总和生育率假设2000~2005年平均为1.65，2005~2010年为1.56，2010~2020年为1.44，2020~2050年为1.32，则2010年全国人口为13.43亿，2020年为13.86亿，2021年达到最高峰值时为13.87亿；其后出现逐步减少趋势，2030年可减至13.67亿，2040年减至13.02亿，2050年减至11.92亿。如果1.32的总和生育率一直保持下去，2100年全国人口将减至5.56亿。

上述高、中、低三种方案"着陆"时间和人口规模不同，老龄化也呈现出较大差异（参见图7）。

由于本书以《人口老龄化与"中等收入陷阱"》命题，故需要对人口老龄化及其相关的人口年龄结构变动，做出比较详细的预测和分析，有必要将高、中、低预测的具体年龄结构变动趋势阐述清楚（参见表3、表4、表5）。

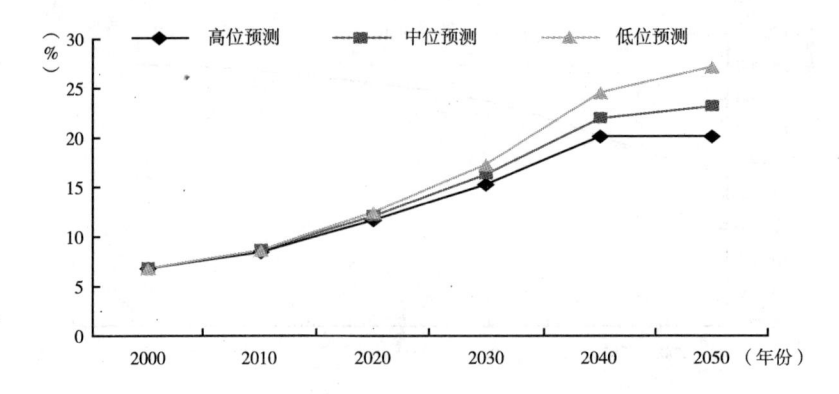

图 7　2000~2050 年 65 岁以上老年人口比例变动预测

表 3　2001~2050 年高方案人口年龄结构老龄化趋势预测

单位：万人

年份	0~14 岁人口			15~64 岁人口			65 岁及以上		
	合计	男	女	合计	男	女	合计	男	女
2001	30389	16034	14355	87878	45192	42686	9092	4267	4825
2002	29700	15699	14001	89362	45934	43428	9432	4436	4996
2003	29013	15361	13652	90820	46660	44160	9763	4604	5159
2004	28345	15026	13319	92300	47413	44887	10029	4727	5302
2005	27605	14642	12963	93822	48193	45629	10322	4870	5452
2006	27056	14343	12713	95151	48887	46264	10624	5015	5609
2007	27010	14304	12707	96033	49351	46682	10891	5140	5751
2008	27005	14314	12691	96938	49798	47140	11129	5249	5880
2009	27143	14383	12759	97713	50191	47522	11397	5374	6023
2010	27477	14539	12939	98301	50504	47797	11688	5508	6180
2011	27884	14725	13159	98807	50783	48025	12016	5659	6357
2012	28422	14983	13438	99152	50970	48182	12397	5838	6558
2013	29042	15284	13758	99400	51108	48293	12801	6029	6772
2014	29749	15636	14113	99464	51140	48324	13300	6270	7030
2015	30208	15849	14359	99681	51267	48414	13874	6544	7331
2016	30571	16012	14559	99965	51437	48528	14429	6799	7630
2017	30913	16164	14749	100079	51518	48561	15113	7119	7995
2018	31220	16298	14922	100131	51566	48566	15823	7450	8372
2019	31478	16408	15071	100096	51567	48530	16591	7811	8780
2020	31663	16479	15184	100026	51544	48483	17385	8190	9195
2021	31762	16508	15254	100059	51573	48485	18080	8515	9564
2022	31771	16492	15279	100078	51592	48486	18802	8858	9944

续表

年份	0~14岁人口			15~64岁人口			65岁及以上		
	合计	男	女	合计	男	女	合计	男	女
2023	31684	16428	15256	100214	51662	48552	19433	9160	10273
2024	31501	16316	15186	100702	51910	48792	19747	9300	10446
2025	31243	16166	15077	101263	52198	49065	20011	9411	10600
2026	30922	15985	14936	102108	52640	49468	20010	9377	10633
2027	30546	15778	14768	102612	52909	49702	20364	9521	10843
2028	30135	15554	14581	102199	52712	49487	21636	10130	11506
2029	29710	15324	14386	101921	52585	49335	22762	10662	12100
2030	29295	15102	14193	101723	52495	49228	23781	11143	12639
2031	28919	14901	14018	101486	52384	49102	24783	11613	13170
2032	28606	14735	13871	101391	52345	49046	25568	11970	13598
2033	28370	14610	13760	100999	52154	48845	26566	12433	14133
2034	28217	14530	13687	100545	51932	48613	27540	12882	14658
2035	28158	14499	13659	99946	51635	48312	28565	13356	15209
2036	28191	14516	13674	99285	51351	47934	29558	13769	15789
2037	28308	14577	13731	98771	51092	47679	30320	14116	16204
2038	28499	14675	13824	98299	50854	47445	30963	14403	16560
2039	28750	14805	13946	97877	50645	47232	31488	14628	16860
2040	29044	14956	14088	97559	50491	47068	31852	14771	17081
2041	29366	15122	14244	97317	50375	46942	32093	14854	17239
2042	29702	15295	14407	97233	50337	46896	32133	14838	17294
2043	30039	15469	14570	97165	50310	46855	32121	14797	17325
2044	30359	15634	14725	97063	50266	46797	32119	14761	17358
2045	30647	15782	14865	96990	50230	46760	32074	14714	17360
2046	30898	15912	14987	96894	50173	46722	32044	14685	17359
2047	31097	16014	15083	96573	50003	46570	32247	14774	17473
2048	31235	16085	15150	96378	49910	46468	32338	14795	17543
2049	31309	16124	15186	96292	49867	46426	32340	14779	17561
2050	31319	16129	15190	96230	49829	46401	32339	14770	17569

表4 2001~2050年中方案人口年龄结构老龄化趋势预测

单位：万人

年份	0~14岁人口			15~64岁人口			65岁及以上		
	合计	男	女	合计	男	女	合计	男	女
2001	30365	16021	14344	87878	45192	42686	9093	4267	4825
2002	29625	15659	13966	89362	45934	43428	9432	4436	4996
2003	28862	15281	13582	90820	46660	44160	9763	4604	5159

续表

年份	0~14 岁人口			15~64 岁人口			65 岁及以上		
	合计	男	女	合计	男	女	合计	男	女
2004	28096	14894	13202	92300	47413	44886	10030	4727	5302
2005	27227	14442	12786	93822	48193	45629	10321	4870	5452
2006	26520	14059	12461	95151	48887	46264	10624	5015	5609
2007	26287	13921	12366	96033	49351	46682	10891	5140	5751
2008	26063	13817	12246	96938	49798	47139	11129	5249	5880
2009	25951	13755	12195	97713	50191	47522	11397	5374	6023
2010	26018	13771	12247	98300	50504	47797	11688	5508	6180
2011	26147	13812	12334	98807	50782	48025	12015	5658	6357
2012	26397	13921	12476	99151	50970	48181	12396	5838	6558
2013	26721	14067	12654	99400	51108	48292	12801	6029	6772
2014	27120	14259	12861	99464	51140	48324	13300	6270	7030
2015	27262	14308	12953	99681	51267	48414	13874	6544	7330
2016	27321	14313	13007	99941	51424	48517	14429	6799	7630
2017	27377	14319	13059	100005	51479	48526	15113	7118	7994
2018	27417	14316	13101	99982	51487	48496	15822	7450	8372
2019	27426	14298	13128	99850	51436	48414	16590	7811	8779
2020	27391	14258	13133	99652	51345	48307	17384	8189	9195
2021	27301	14192	13109	99527	51292	48235	18079	8515	9564
2022	27150	14096	13055	99361	51213	48148	18801	8857	9944
2023	26937	13969	12968	99280	51170	48110	19432	9159	10273
2024	26658	13809	12849	99519	51287	48232	19746	9300	10446
2025	26316	13619	12698	99815	51437	48378	20010	9411	10599
2026	25918	13400	12518	100384	51735	48649	20009	9376	10633
2027	25467	13156	12311	100603	51856	48747	20363	9520	10843
2028	24979	12894	12085	99895	51505	48390	21635	10129	11505
2029	24473	12624	11849	99311	51220	48091	22761	10662	12099
2030	23966	12355	11611	98797	50966	47832	23780	11142	12638
2031	23491	12105	11386	98235	50687	47548	24782	11613	13170
2032	23069	11883	11186	97808	50476	47332	25567	11970	13598
2033	22708	11695	11014	97077	50110	46967	26565	12433	14132
2034	22417	11543	10874	96278	49710	46568	27538	12881	14657
2035	22197	11430	10767	95334	49236	46098	28564	13355	15208
2036	22046	11352	10694	94330	48776	45554	29557	13769	15788
2037	21960	11308	10652	93474	48341	45133	30319	14116	16204
2038	21927	11291	10636	92660	47928	44732	30963	14403	16560
2039	21938	11297	10641	91896	47543	44353	31488	14628	16860
2040	21980	11319	10662	91233	47212	44021	31853	14771	17081

续表

年份	0~14岁人口			15~64岁人口			65岁及以上		
	合计	男	女	合计	男	女	合计	男	女
2041	22041	11350	10691	90641	46916	43725	32093	14854	17239
2042	22113	11387	10726	90200	46695	43505	32133	14839	17294
2043	22186	11425	10761	89764	46479	43285	32122	14797	17325
2044	22252	11459	10793	89279	46239	43040	32120	14762	17358
2045	22302	11485	10817	88804	45995	42808	32075	14715	17360
2046	22330	11499	10830	88289	45724	42565	32045	14686	17360
2047	22324	11497	10827	87530	45329	42201	32248	14775	17473
2048	22280	11474	10806	86878	45002	41876	32340	14796	17543
2049	22194	11430	10764	86314	44713	41601	32342	14780	17561
2050	22068	11365	10703	85752	44419	41333	32341	14771	17570

表5　2001~2050年低方案人口年龄结构老龄化趋势预测

单位：万人

年份	0~14岁人口			15~64岁人口			65岁及以上		
	合计	男	女	合计	男	女	合计	男	女
2001	30340	16008	14332	87878	45192	42686	9092	4267	4825
2002	29538	15613	13925	89362	45934	43428	9432	4436	4996
2003	28676	15182	13494	90820	46660	44160	9763	4604	5159
2004	27775	14724	13051	92300	47414	44886	10039	4727	5302
2005	26739	14184	12555	93822	48193	45629	10322	4870	5452
2006	25836	13699	12138	95151	48887	46264	10624	5015	5609
2007	25382	13445	11937	96033	49351	46682	10891	5140	5751
2008	24911	13210	11701	96938	49798	47140	11129	5249	5880
2009	24524	13006	11519	97713	50191	47522	11397	5374	6023
2010	24289	12863	11426	98301	50504	47797	11688	5508	6180
2011	24093	12735	11358	98807	50783	48025	12016	5659	6357
2012	23994	12662	11333	99152	50970	48182	12397	5838	6558
2013	23943	12612	11330	99401	51108	48293	12801	6030	6772
2014	23941	12596	11344	99465	51141	48324	13300	6270	7030
2015	23657	12424	11232	99682	51268	48414	13875	6544	7331
2016	23305	12217	11088	99918	51412	48506	14430	6799	7630
2017	22980	12026	10954	99920	51434	48487	15114	7119	7995
2018	22671	11844	10827	99800	51390	48410	15823	7450	8373
2019	22365	11666	10700	99534	51269	48265	16592	7812	8780
2020	22059	11488	10571	99170	51091	48079	17386	8190	9196
2021	21735	11303	10432	98852	50936	47916	18080	8516	9565
2022	21390	11109	10280	98466	50742	47724	18803	8858	9945
2023	21018	10903	10115	98140	50570	47570	19434	9160	10274

续表

年份	0~14岁人口			15~64岁人口			65岁及以上		
	合计	男	女	合计	男	女	合计	男	女
2024	20617	10683	9934	98107	50545	47561	19748	9301	10447
2025	20186	10449	9737	98102	50538	47564	20012	9412	10600
2026	19722	10199	9523	98349	50668	47680	20011	9377	10634
2027	19228	9934	9294	98220	50608	47612	20365	9521	10844
2028	18716	9662	9054	97140	50064	47076	21637	10131	11507
2029	18202	9390	8812	96157	49571	46586	22764	10663	12101
2030	17701	9126	8575	95221	49098	46122	23783	11144	12639
2031	17228	8878	8350	94226	48595	45630	24786	11614	13171
2032	16799	8654	8146	93359	48158	45201	25571	11972	13599
2033	16420	8456	7964	92184	47563	44621	26569	12435	14134
2034	16092	8287	7806	90941	46934	44006	27542	12883	14659
2035	15810	8141	7669	89562	46237	43325	28568	13358	15210
2036	15568	8017	7551	88134	45559	42575	29562	13771	15790
2037	15359	7909	7450	86865	44912	41953	30324	14118	16206
2038	15175	7814	7360	85651	44293	41358	30967	14405	16562
2039	15007	7728	7279	84496	43708	40788	31493	14630	16862
2040	14847	7646	7202	83448	43178	40269	31858	14774	17084
2041	14692	7566	7126	82471	42685	39786	32098	14857	17242
2042	14540	7488	7052	81643	42266	39378	32139	14842	17297
2043	14388	7410	6979	80814	41848	38966	32128	14800	17327
2044	14235	7331	6904	79928	41402	38526	32125	14765	17360
2045	14078	7250	6828	79040	40947	38093	32081	14718	17363
2046	13914	7165	6748	78100	40457	37643	32051	14689	17362
2047	13737	7075	6663	76900	39836	37064	32254	14778	17476
2048	13546	6976	6570	75791	39274	36517	32345	14799	17546
2049	13338	6869	6469	74754	38743	36011	32347	14783	17564
2050	13116	6755	6361	73701	38197	35504	32346	14774	17572

对于21世纪上半叶中国人口年龄结构老龄化趋势预测，国内外做出多种方案。虽然趋势相近，但是仍有一定差距。如联合国的中位预测，65岁以上老年人口比例2000年为6.8%，2010年为8.2%，2020年为11.7%，2030年为15.9%，2040年为21.8%，2050年为23.3%。① 该预测2000~2030年接近本书高位预测，2030~2050年与本书中位预测相仿。然而2010年中国第六次人口普查提供的数据显示，总人口为134091万，城镇人口占49.95%，65

---

① 资料来源：United Nations：*World Population Prospects*，*The 2008 Recion*，p.184。

岁以上老年人口为11894万，占总人口的8.9%；2011年人口抽样调查部分数据也已公布，总人口为134735万，城镇人口占51.27%，65岁以上老年人口为12288万，占总人口的9.1%。① 显然，普查和调查提供的这两年65岁以上老年人口比例不仅同联合国中位预测、本书高位预测有着较大差距，高出较多，而且也高出本书中位预测一截，而同本书低位预测不相上下。本书低位预测，2010年总人口为134279万，比"六普"多出188万；城镇人口占49.16%，低0.79个百分点；65岁以上老年人口11688万，少206万；占总人口的8.7%，低0.2个百分点。本书低位预测2011年总人口134916万，比抽样调查多出181万；城镇人口占50.36%，低0.91个百分点；65岁以上老年人口12016万，多出320万；占8.91%，低0.91个百分点。可见，按照2010年全国人口普查和2011年国家统计局公布的总体人口和老年人口比例，只能选择低位预测作为本书老龄化趋势的基础预测数据。尽管学术界对普查和抽样调查数据存有某些异议，需要对数据资料的准确性做出检验和一定程度的调整，但是目前还提不出质疑的科学依据，只能以公布的数据为准。而且在市场经济和社会法制日益健全的情况下，人口登记和调查数据的取得变得越来越困难，准确性随着时间的推移而下降是不争的事实。美国芝加哥大学著名人口学家菲利普·豪泽（Philip Hauser）说：人口预测就是预测，而不是预报。人口预测在于说明在一定条件下人口变动和发展的趋势，假设条件变了，结果会随着改变。因此，按照低位预测判断人口老龄化趋势，至少在未来20年内有比较大的可信度，20年以后其准确性会随着时间的推移而降低。这里的关键，在于国家的生育政策。若生育政策不改变，按照目前的惯性走下去，就是低位预测的结果；若有所改变，实行普遍的"双独生二"和有条件的"单独生二"，以及首先在农村推行"限三生二"的政策，则很可能逼近中位预测。对此，我们只能说，人口预测是滚动式预测，联合国的人口预测每过几年就要作出调整，重新发布新的预测结果。故本报告的老龄化预测，以低位预测为基础，近期的准确性较高；中期需要依据届时的人口变动，特别是生育政策的变动情况作出相应的调整。如此，我们认为，21世纪上半叶中国人口老龄化趋势，应以低位预测为主，后期可适当参考中位预测结果。

2. 中国人口老龄化特点

纵观21世纪上半叶的中国人口老龄化，具有速度比较快和达到的水平比

---

① 资料来源：《中国统计年年鉴2011》，中国统计出版社，2011，第94页；国家统计局2011年统计数据公报。

较高、在时间上体现阶段和累进的性质、在空间上城乡和地区分布不平衡的特点。

（1）老龄化速度比较快和达到的水平比较高。评价人口老龄化水平，主要有60岁或65岁以上老年人口比例、总体人口年龄中位数、60岁或65岁以上老年人口与0~14岁少年人口之比即老少比等指标。显然，未来半个多世纪老年人口的绝对数量已是定数，即2010年20~59岁或25~64岁人口中，逐年减掉每年的年龄别死亡人口余数；但是影响老龄化水平高低的因素，还有出生率和出生人口的数量、死亡率和预期寿命延长的情况等。为了简明起见，这里择取65岁以上老年人口比例变动，说明老龄化的速度和达到的程度。

2000年底中国跨进老年型年龄结构门槛，按照低位预测，2050年65岁以上老年人口比例可上升到27.14%，其后将在这一水平上下波动，老龄化可用"快"和"高"两个字来概括。所谓快，从世纪之交进入老年型到2020年达到12.54%的严重阶段，我们花费20年，世界要花费30多年，发展中国家则要花费40多年的时间。从7%提高到17%，我们要花费30年左右，2030年将达到17.4%；而发达国家作为总体，则经历了20世纪下半叶直至2015年方能达到该水平，耗时为我国1倍以上。日本是一个特例，65岁以上老年人口比例从1970年的7.1%上升到2000年的17.2%，花费30年时间，与我国相当。所谓高，即老龄化达到的水平比较高。2050年65岁以上老年人口比例达到27.14%，届时将比世界16.2%高出10.94个百分点，比发展中国家14.6%高出12.54个百分点，比发达国家26.2%总体水平高出0.94个百分点，仅低于日本37.8%等老龄化水平畸高国家，跻身世界老龄化最高水平国家之列。①

（2）老龄化在时间上具有阶段和累进的性质。这主要是由以往人口出生、死亡自然变动造成的人口年龄结构所决定的。自1949年中华人民共和国成立后，人口的自然变动经历1949~1952年的人口再生产类型转变、1953~1957年的第一次生育高潮、1958~1961年的第一次生育低潮、1962~1973年的第二次生育高潮和1974年以来的第二次生育低潮五个历史阶段。人口的这种变动，形成迄今为止的由年轻型过渡到成年型、再由成年型过渡到老年型的年

---

① 资料来源：国外部分参见 United Nations：*World Population Prospects*，*The 2008 Revision*，pp. 48 – 52。

龄结构，并且已在老年型结构中走过10年多的路程。在这种年龄结构变动形成的年龄结构"金字塔"中，塔身最宽大部分为1962~1973年第二次生育高潮期间出生的人口，扣除死亡的至今尚存3亿左右，这是包括人口老龄化在内人口变动最值得关注的人口组群。这3亿人口组群于1977~1988年进入15岁以上成年人口，其中绝大多数于1980~1991年成长为正常的劳动力，对就业形成巨大的压力；同时也开始了劳动年龄人口所占比例高、老少被抚养人口所占比例低的人口年龄结构变动的"黄金时代"，成为可以获取"人口盈利"的经济发展最佳时期。按照全国城乡妇女年龄别生育率峰值24岁计算，1986~1997年通过生育旺盛期，本该有一个生育高潮出现；但是由于继续加强人口控制和贯彻落实计划生育基本国策，实践中并没有出现持续长达10多年的生育高潮，而仅仅在20世纪80年代中后期有所表现。其对老龄化进程的影响是，在这部分3亿组群人口未过渡到60或65岁之前，人口老龄化不会过于严重；而在这部分庞大人口组群过渡到老年之后，老龄化严重阶段和老龄化高潮期就到来了。这从本源上决定了21世纪上半叶人口老龄化如同人口城市化一样，呈S曲线阶段性推进的特点。具体进程表现为：

第一阶段2000~2020年为S曲线底部，老龄化攀升较缓阶段。65岁以上老年人口比例可由6.96%上升到12.54%，升高5.58个百分点，年平均升高0.28个百分点。

第二阶段2020~2040年为S曲线中部，老龄化加速挺起上升阶段。65岁以上老年人口比例可由12.54%上升到24.48%，升高11.94个百分点，年平均升高0.6个百分点，为第一阶段的2.14倍。

第三阶段2040~2050年为S曲线顶部，老龄化攀升缓慢并呈基本稳定态势。65岁以上老年人口比例可由24.48%上升到27.14%，升高2.66个百分点，年平均升高0.27个百分点，同第一阶段增长速度十分接近。2050年以后，虽然老年人口比例可能还会有所上升，但是上升极其有限，处于圆弧顶徘徊状态。

(3) 老龄化在空间上的城乡和地区分布不平衡。上述老龄化进程中表现出的特点，是就全国总体而言的。然而，由于中国幅员辽阔，地理条件相差很大，经济、科技、社会发展水平参差不齐，更为直接和更重要的是以往人口出生、死亡自然变动差别较大，造成城乡之间、地区之间人口老龄化的明显差异。

其一，老龄化城乡之间的差异。20世纪80年代伊始，中国人口年龄结构跨进到成年型，1982年第三次全国人口普查65岁以上老年人口所占比例达到4.41%，接着开始向老年型过渡。然而这种过渡在城乡之间表现出某种差异：该年普查65岁以上老年人口比例由高至低排序依次为县占5.00%，市占4.68%，镇占4.21%，农村过渡的速度更快一些。1990年"四普"这一趋势延续下来，当年全国65岁以上老年人口比例上升到5.57%，县上升到占5.64%，市上升到占5.53%，镇上升到占5.49%，由高至低排序依旧为县、市、镇，只是差距比"三普"时有所缩小。2000年"五普"提供的数据表明，全国65岁以上老年人口比例上升到占6.96%，县、市、镇之间的差距不但得以延续，而且有所扩大：县上升到占7.74%，市上升到占7.00%，镇上升到占6.25%。1982年、1990年、2000年三次人口普查相比，县、市、镇65岁以上老年人口占比，先是由1.00∶0.94∶0.84缩小到1.00∶0.98∶0.97，然后再扩大到1.00∶0.90∶0.81，县老年人口占比高出市镇的幅度要更大一些。2010年"六普"县、市、镇老年人口比例尚未公布，但是这样的排序得以延续，当无异议。那么，为什么会造成县、市、镇之间老年人口比例差距的扩大呢？基本的原因是流动和迁移人口的持续增加，特别是20世纪90年代中期以后的大量增加。2000年"五普"资料显示，以居住在本地区半年以上计算的全国迁移人口达到144390748人，扣除本县（市）其他街道、镇人口和本市区其他街道、镇人口后，其余92870183人主要为本市区其他乡和外省迁入的农村进入城镇的流动人口。也就是说，这9000多万中的绝大多数为事实上由农村迁入城镇的常住人口。2010年"六普"人户分离人口上升到26139万，较"五普"大幅度增加，目前这一趋势继续延续下来。大量涌入城镇的迁移人口中以年轻劳动力居多，老年人口所占比例很小，少年人口所占比例也不高。但是在迁入城镇并基本定居下来以后，则开始在城镇生育，最终形成农村老年人口比例上升较快，致使农村老龄化程度相对高于城镇的差距扩大。[①] 这种状况同城市化进程密切相关。按照人口自然增长计算，2011年6月28日全国城镇常住人口将首次超过农村，开城乡人口结构历史改变之先河。预测21世纪20年代城镇人口达到60%以后，农村人口向城镇转移的速度将减慢下来，规模将有所缩减，为县、市、镇人口老龄化差距缩小和转变创造条件，预期城镇特别是大城市的人口老龄化速度将会加快。

---

① 资料来源：《中国1982年人口普查资料》，中国统计出版社，1985；《中国1990年人口普查资料》，中国统计出版社，1993；《中国2000年人口普查资料》，中国统计出版社，2002；第六次全国人口普查公报，2011年4月。

其二，老龄化地区之间的差异。上述人口流动和迁移，不仅左右着市、镇、县之间老龄化程度的差异，而且对地区之间的年龄结构老龄化和老龄化向纵深发展产生颇大的影响。一个鲜明的特点是，老年人口占比由原来的东、中、西部由高向低"三大板块"分布，逐步转向中部和西部合二而一，总体上呈"两大板块"分布格局。2005年全国65岁以上老年人口占比为9.07%，高于这一水平的有13个省、自治区、直辖市，由高到低依次为：上海11.96%，重庆10.97%，四川10.92%，江苏10.87%，北京10.81%，浙江10.58%，湖南10.13%，安徽10.09%，山东9.95%，辽宁9.77%，天津9.69%，广西9.55%，湖北9.17%。东部沿海有7个省、直辖市，占53.8%；中部有3个省，占23.1%；西部有3个省、自治区、直辖市，也占23.1%。与"四普"、"五普"比较，中西部已有6个省、自治区、直辖市进入，所占比例有了明显提升。低于全国水平的有18个省、自治区，由高到低依次为：福建8.75%，陕西8.63%，江西8.61%，海南8.54%，河南8.24%，贵州8.20%，河北8.17%，内蒙古7.93%，山西7.71%，吉林7.67%，黑龙江7.60%，云南7.52%，广东7.40%，甘肃7.22%，新疆6.48%，西藏6.16%，青海6.04%，宁夏6.02%。[①] 东部沿海有4个省低于全国水平，占22.2%；中部有5个省，占27.7%；西部有9个省、自治区，占50.0%。2010年第六次人口普查，情况进一步变化：全国65岁以上老年人口占比为8.87%，在这一水平以上有11个省、自治区、直辖市，由高至低依次为重庆11.56%，四川10.95%，江苏10.89%，辽宁10.31%，安徽10.18%，上海10.12%，山东9.84%，湖南9.78%，浙江9.34%，广西9.24%，湖北9.09%。东部沿海有5个省、直辖市，占45.5%，比2005年下降8.3个百分点；中部有3个省，占27.3%，提升4.6个百分点；西部有3个省、自治区、直辖市，占27.3%，提升4.6个百分点。低于全国水平的有20个省、自治区、直辖市，由高到低依次为北京8.71%，贵州8.57%，陕西8.53%，天津8.52%，吉林8.38%，河南8.36%，黑龙江8.32%，河北8.24%，甘肃8.23%，福建7.89%，海南7.80%，云南7.63%，江西7.60%，山西7.58%，内蒙古7.56%；广东6.75%，宁夏6.41，青海6.30%，新疆6.19%，西藏5.09%。[②] 其中东部沿海有6个省、直辖市，占

[①] 资料来源：《中国统计年鉴2006》，中国统计出版社，2006，第109页。
[②] 资料来源：《中国统计年鉴2011》，中国统计出版社，2011，第100页。

30%，比2005年上升7.8个百分点；中部有5个省，占25.0%，下降2.5个百分点；西部有9个省、自治区，占45.0%，下降5.0个百分点。这种情况表明，虽然老龄化区域分布格局没有发生颠覆性变动，东部与中西部"两大板块"仍存在一定的差距；但是这个差距进一步缩小了，东部地区高于全国水平占比下降了，低于全国水平占比上升了；中西部高于全国水平占比上升了，低于全国水平占比下降了。特别是2005年身为冠军的上海市，2010年退居到第六位；原本处在第六位的北京市，跌落到略低于全国水平的第12位；而原本处于第二位、第三位的重庆市、四川省，则跃居全国冠军、亚军。这种具一定震撼力的变动，一方面有中西部人口出生率继续下降，未成年人口占比持续下降的影响，如2010年重庆市出生率下降到9.17‰，四川省下降到8.93‰，分别比全国11.90‰低2.73个千分点和2.97个千分点，进入低出生率前列；另一方面是中西部流动人口长期、持续大举南下东迁，"孔雀东南飞"使更多不能飞走的老年人在原地沉积下来，并使东南地区常住人口中涌入大量中青年人口的结果。

第三章

"中等收入陷阱"的老龄化视角

前面的分析表明,人口老龄化与"中收陷阱"有着较为密切的关系。事有凑巧,中国人口年龄结构步入老年型不久,经济发展达到中等收入水平,这就将跨越"中收陷阱"与老龄化一同提到我们面前,成为未来发展颇为值得关注的问题。

改革开放以来,中国经济发展令世人瞩目。1978~2010年,国内生产总值由3645亿元增加到401202亿元,增长109.1倍,按可比价计算增长20.8倍,1979~2010年年平均增长率达到9.9%,令世人惊叹。在经济高速增长的同时,产业结构发生可喜变化,第一、第二、第三次产业结构由28.2∶47.9∶23.9(1.0∶1.7∶0.8),变动到10.1∶46.8∶43.1(1.0∶4.6∶4.3)[①],标志着工业化的基本完成。如此说来,中国经济发展势头正盛,处于方兴未艾阶段,似乎不存在落入"中收陷阱"的任何风险。然而历史上常常有这样的情况:极其困难的事情,经过艰苦卓绝的努力,最终取得了成功;相反,看起来很容易办到甚至易如反掌的事情,忽视了,麻痹了,结果以失败而告终。从孙(膑)庞(涓)斗智到楚(项羽)汉(刘邦)相争,从三国时期的赤壁之战到二战的珍珠港事件,类似此等强者因为麻痹大意而失算,弱者因为奋发图强而成为胜者的例子,古今中外不胜枚举。因此,要想跨越"中收陷阱",就要正视它,研究它,将可能导致其产生的因素消灭在萌芽状态,阻断通向"中收陷阱"的路径。

纵观多数发展中国家落入"中收陷阱"的原因,主要是跟不上科技进步、信息化、经济全球化的步伐,社会矛盾集中爆发,畸形发展的城市化,人口老龄化的双重影响等关键几条。我们认为,这些问题我国都程度不同地存在

---

① 资料来源:《中国统计年鉴2011》,中国统计出版社,2011,第4~5页。

着，只是存在的性质和表现的方式有所不同而已。如果我们高度重视，认真对待，合理解决，无疑会顺理成章地实现对"中收陷阱"的成功跨越；相反，如果满足于以往取得的成绩，无视这些现实问题的客观存在，不去认真研究并加以解决，那么落入"中收陷阱"的风险就会增大。从我国实际出发，联系人口老龄化背景，跨越"中收陷阱"尤其应当关注和解决好以下四个方面的问题。

第一节 转变经济发展方式

目前对于转变经济发展方式，有的概括为由外延式向内涵式的转变，有的概括为由粗放型向集约型的转变，有的概括为由投资和外需为主向内需消费为主的转变等，可谓见仁见智。我们以为，转变经济发展方式主要是在以下三个方面实现根本性的转变。

1. 发展目的的转变

发展目的的转变，就是要从追求产量、产值增长为主，转变到以满足人的全面发展需要为宗旨上来。社会发展的历史表明，任何时代的经济发展都有着一定的目的性。18世纪中叶产业革命发生后，新兴的资本家阶级追求的是资本的自我增殖，是利润的最大化，国家则把注视的焦点放在了国内生产总值的增长上。这一点不仅为发达国家的实践所证明，而且受到西方发展经济学的推崇，成为指导20世纪社会经济发展的主流理论。新中国成立后，由于首先要解决占全球五分之一人口的温饱问题，遂将经济发展的目的和目标，锁定在钢铁、粮食等工农业主要产品产量的增长上来，这样的发展观一直持续了30多年。改革开放后提出"三步走"发展战略目标，即到2000年国内生产总值比1980年翻两番，21世纪中叶达到中等发达国家水平，发展的目的和目标由过去以产量为主转变到以产值为主上来。这种以产值增长为主要目标的发展观很容易同某些领导者的政绩观联系在一起，形成发展＝GDP增长、发展是硬道理＝GDP增长是硬道理，陷入单纯以GDP的增长来评价发展和政绩的误区，从而掩盖了某些方面社会发展滞后的缺陷，脱离了科学发展轨道。

这样的发展观，不能真正体现民生这个发展的宗旨。改革开放以来国民经济持续高速增长，人民生活获得明显的改善和提高，这是必须肯定的。然而居民生活水平实际提高的速度却赶不上经济增长的速度，这同片面强调经济发展规模和发展速度不无关系。转变经济发展方式，首先要明确发展的目的性,即发展是为了满足人的全面发展的需要。发展是为了满足人的需要,本属天经地义,然而以 GDP 增长为主要目的的发展,满足人的全面发展的需要却常常被忽视或遗忘。以 GDP 增长为主要目的的发展,即使能够满足人的发展的某种需要,也难以满足其他方面的需要,甚至以损害其他方面的需要为代价。如毁林开荒、围湖造田、变牧为农,耕地面积的扩大和粮食产量的增加,是以水土保持和生态环境的破坏为代价的。以高投入、高消耗、低效率、低产出,以及不断扩大外需和增加外汇储备为特征的传统经济发展,经过持续30多年的高速增长之后,石油、天然气等能源,铁矿石等主要原材料供给难以为继,不得不依赖大量进口;同时,二氧化碳、二氧化硫等的排放与日俱增,工业废水和化学生物水污染,工业和生活垃圾固体废物污染,以及城市噪声污染等,均达到相当严重的地步,发展付出的代价到了不可持续的地步。发展为了满足人的全面发展的需要,包括满足人的生理、心理、文化、交往等全面发展的需要,这在温饱问题解决之后,显得尤为重要。我们不能为了满足物质方面的需要而损害精神等其他方面的需要,不能为了追求 GDP 的增长而牺牲环境和健康,削弱社会全面发展和可持续发展的能力。

2. 发展动力的转变

任何社会经济发展,都需要一定的动力,特别是主要的发展动力。从中国实际出发,发展动力的转变就是在内需与外需的关系上,转变到以内需为主上来;在投资与消费的关系上,转变到以消费为主上来;在政府消费与居民消费关系上,转变到以居民消费为主上来。在发展动力问题上,新兴市场经济国家存在某种共同性,也有着明显的差别。以"金砖国家"(BRICS)为例,巴西(B)以内需为主、外需为辅,内需又以消费为主,目前消费需求对 GDP 的贡献率在80%左右。俄罗斯(R)也以内需消费为主,近年来能源出口占比有增长的趋势。印度(I)以内需为主,投资和消费占比均在40%以上,出口贸易占比很低,有些年份还出现负增长。南非(S)以内需为主,当前外资涌入和外贸出口有所增加。相比之下,中国(C)外需所占比例远远高出其他国家,改革开放以来对外贸易货物进出口总额和外贸依存度不断增长,是其他四国不能相比的(参见图8)[①]。

图8显示,1978~2008年中国进出口总额一直是增长的,从206.4亿美

[①] 资料来源:《中国统计年鉴2011》,第220页。

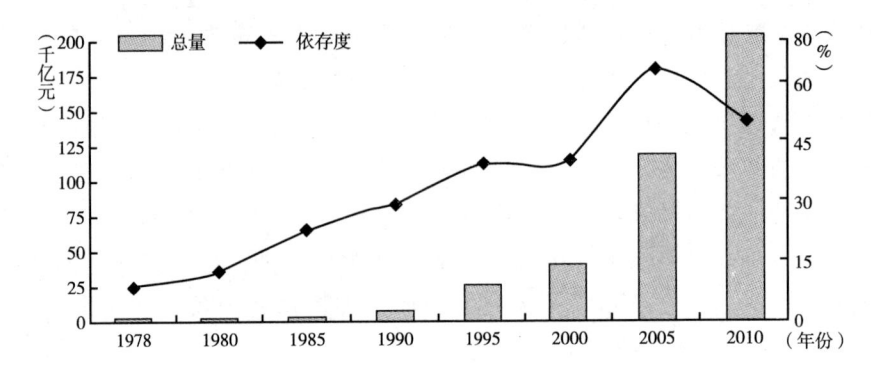

图8　1978~2010年中国外贸总额和外贸依存度变动

元增加到25632.6亿美元，增长123倍。2009年比2008年有所下降，2010年又比2009年增长34.7%，创进出口总额29740.0亿美元新高。在进出口贸易中，自1990年转入出超以来，除1993年为入超特殊情况外，其余均为出超贸易顺差，出口额大于进口额。由1990年出超87.4亿美元，增长到2000年的241.1亿美元，2005年的1020.0亿美元，2008年创出2981.2亿美元新纪录。受世界金融危机和贸易保护主义影响，近两年有所回落，2009年回落至1956.9亿美元，2010年回落至1815.1亿美元。长期贸易出超积累了大量外汇储备，2010年外汇储备升至28473亿美元，稳居世界外汇储备国家首席。进出口贸易主要是出口贸易如此持续地高速增长，提升了对外贸易在经济增长中的依存度，从1978年的9.7%，提升到2000年的40.1%，2005年的62.9%；近年来有所下降，但是直到2010年仍在50.3%高位，成为制约国内生产总值增长的一颗重要砝码。[1]

这种高外贸依赖度存在较大的风险。2008年美国爆发金融危机，欧洲、日本等受其影响而出现经济不景气，大量压缩进口，我国外贸出口陷入困境。2009年出口总额比2008年减少2290.8亿美元，下降16.0%[2]，使当年的经济增长受到一定影响。出口拉动经济增长受限，国内消费拉动又难以启动走强，于是剩下的只有增加投资拉动老办法。于是国家紧急出台增加4万亿元投资刺激经济增长，"保增长"收到比较明显的效果。然而如此巨额投资贷款放下去意味着什么，稍有经济学常识的人心中都很清楚，到2011年不得不实

[1]　资料来源：《中国统计年鉴2011》，第219页。
[2]　资料来源：《中国统计年鉴2011》，第220页。

行稳健的货币政策。实践中,"稳健"实为一定程度从紧的货币政策。面对 CPI 不断创出新高,只好一次又一次地提高银行准备金率和存贷款利率,以求达到有效控制通货膨胀的目的。纵观各国应对金融危机出台的五花八门的政策,均未跳出凯恩斯主义圈子。从美国的量化宽松货币政策到欧盟救助西班牙等信用危机国家,从日本到加拿大、澳大利亚,以及亚洲、拉丁美洲的一些发展中国家,无不祭起凯恩斯主义旗帜,给衰退中的经济注射强心剂。但是注射后的"药物反应"颇为强烈,不得不忍受货币贬值、抑制通胀和出口受阻带来的痛苦。

凯恩斯主义是应对危机的一种短期的"药方",不会也不可能解决根本问题。就当前我国的外贸形势而言,出口货物中相当大一部分来自在华外企和中外合资企业。众所周知,改革开放以来外资企业以惊人的速度增长,2010年底外资登记户数达到 445244 家,投资总额 27059 亿美元,注册资本 15738 亿美元;年实际利用外资,由 1990 年的 34.9 亿美元增加到 2010 年的 1088.21 亿美元,增长 30.2 倍,年平均增长 18.8%。[①] 外资企业迅速扩张,带动国民经济快速增长,吸引相当数量的劳动力就业,受到各级地方政府的青睐,往往被视为领导者最为耀眼的政绩之一。平心而论,在中国改革开放前期既缺乏资金又缺乏技术的情况下,招商引资、外资企业的迅猛发展确实起到起步、引领、助推等不可替代的作用,可谓功不可没。但是在改革开放 30 多年以后,在出口贸易变得更为严峻的形势下,导入型经济增长方式的问题日益明显地暴露出来,外生增长模式向内生增长模式转变显得十分迫切。所谓导入型经济增长模式,即引进外资在华建厂办企业,利用中国廉价劳动力降低生产成本,产品主要面向外贸出口,赚取比较丰厚的利润。现在的情况是:这些外企(包括合资企业)已程度不同地控制了中国的主导产业,如家电、汽车、玻璃业等;程度不同地控制着销售市场,如电脑软件、手机等,甚至形成垄断市场;程度不同地抢占外贸出口市场,利用知识产权和品牌优势提升竞争力,扩大产品出口。有的甚至"标签挂牌"出口,如某本土生产的一条领带挂上金利来或者其他洋品牌,就要交纳若干"标签挂牌费"。从总体上观察,近年来中国外贸出口商品中,外资、合资企业生产的产品占到一半左右,加工制造业占比要超过一半。这就形成以导入型外贸生产为主的模式:外商投资建厂生产——产品主要外贸出口——利润主要流向外商,是资

---

① 资料来源:《中国统计年鉴 2011》,第 219 页。

金和利润新的"两头在外"式企业。这种导入型外贸生产模式的迅速扩张,引起的国际贸易摩擦却甩给了承担贸易顺差的国家层面,近年来中国遭遇的贸易救济调查超过百起,居各国之首。结果是名义外汇储备不断扩大,实际却因为美元贬值而缩水,人民币升值压力不断增大。因此,这样的外需拉动型经济增长,到了需要认真研究和对待的时候了,经济发展的驱动力必须适时转变到内需为主上来。

就内需而言,积累与消费比例关系严重失衡,可以说由来已久、积重难返。积累率"一五"时期为24.2%,"二五"时期为30.8%,1963~1965年国民经济调整时期为22.7%,"三五"时期为26.3%,"四五"时期为33.0%,"五五"时期为33.2%。显然,不同历史时期起伏较大,而以积累率保持在25%~30%经济效益为佳,经济发展速度较快,人民生活也得到比较明显的改善和提高。所以经济学界普遍认为,25%~30%的积累率是比较适当的,是有利于社会经济发展的。粉碎"四人帮"后受到大干快上"洋跃进"影响,1978年积累率上升到36.5%,仅略低于"大跃进"翘尾巴的1959年和1960年的畸高水平。随后进行国民经济调整积累率降了下来,"六五"时期平均为30.8%①。随着改革开放进程和经济发展速度的加快,国民收入的快速增长和储蓄的累进增加,利用外资规模的不断扩大,步入21世纪以后积累率呈现明显"水涨船高"之势,2005年突破40%,2010年更创下48.6%的新高。在积累率屡创新高推动下,全社会固定资产投资占国内生产总值比例,也由1985年的32.3%提高到2010年的69.3%,成为经济增长最强劲的推动力②。

与积累率、投资率不断创下新高相比,消费占比呈连续下降走势。就总体消费绝对数量而言,无疑还是逐年增加了,社会消费品零售总额由1978年的1559亿元增加到2010年的156998亿元,增长99.7倍,按可比价格计算增长18.8倍,年平均增长9.3%③。在总人口增长39.3%的情况下,城镇居民人均消费性支出由405元增加到13471元,年平均增长11.6%,按可比价格计算年平均增长5.5%;农村居民人均消费性支出由138元增加4382元,年平均增长11.4%,按可比价格计算年平均增长6.5%。应当说居民消费增长

---

① 资料来源:《中国统计年鉴1986》,中国统计出版社,1986,第61页。
② 资料来源:依据《中国统计年鉴2011》第4~5页、《中国统计年鉴2006》第26~27页数据计算。
③ 资料来源:依据《中国统计年鉴2011》第4~5页、第297页数据计算。

速度不算慢，而且按可比价格计算农村年平均消费增长率高出城镇1个百分点①。然而就消费占国内生产总值比例而论，却是另一番景象：最终消费性支出占按支出法国内生产总值比例，则由1980年的65.4%下降到2010年的47.4%，30年间降低18个百分点（参见图9）②。

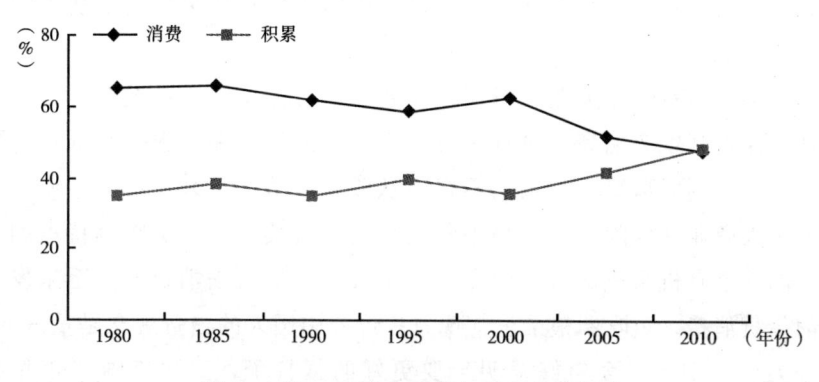

图9 1980～2010年消费与积累占比变动

在消费结构中，特别值得提出的是居民消费与政府消费所占比例的变化。按支出法国内生产总值计算，1978～2010年，居民消费由1759.1亿元增加到133290.9亿元，增长74.8倍，按可比价格计算增长13.1倍；政府消费由480.0亿元增加到53614.4亿元，增长110.7倍，按可比价格计算增长26.5倍。33年间居民消费占最终消费比例由78.6%下降到71.3%，降低7.3个百分点；政府消费由21.4%上升到28.7%，升高7.3个百分点③。如以政府消费为1.0，则政府消费：居民消费变动情况是：1978年为1.0∶3.7，2010年变动到1.0∶2.5，政府消费占比升高颇为显著。因此说消费需求动力不足，实为居民消费动力不足，居民消费占比呈下降趋势。

为什么居民消费增长不快、占比呈下降趋势？主要原因，一曰消费不起。居民消费受支付能力制约，支付能力由收入水平决定，收入增长缓慢直接限制了消费的增长。1978年与2010年比较，城镇居民人均可支配收入由343.4元增加到19109元，按可比价格计算增长8.7倍，年平均增长7.1%；农村居

---

① 资料来源：依据《中国统计年鉴1996》第279页、《中国统计年鉴2011》第297、328页数据计算。
② 资料来源：依据《中国统计年鉴2006》第26～27页、《中国统计年鉴2011》第4～5页数据计算。
③ 资料来源：依据《中国统计年鉴2011》第4～5页、第297页数据计算。

民人均纯收入由133.6元增加到5919元,按可比价格计算增长10.0倍,年平均增长7.5%①。城乡居民收入与人均消费增长比较,城镇收入比消费高出1.6个百分点,农村高出1.0个百分点,体现了收入与消费支出基本持平并略有盈余的传统。多年来,工资率增长缓慢,在一次分配中占比下降,已经严重阻碍消费的增长,阻碍由外需向内需、内需中以投资为主向消费为主的转变。

二曰不敢消费。在失业、医疗、养老等社会保障制度不健全,或者全覆盖的社会保障制度实现尚需时日,或者全覆盖的社会保障水平很低仍需要个人支付一定比例的情况下,人们不得不从收入中节约下来一部分,用以储蓄或投入个人商业性保险。节约是中华民族的传统美德,也是颇具特点的传统文化中的一个有机组成部分。西方人常常发了工资就去消费,甚至未发工资也提前借贷消费,寅吃卯粮是正常现象;传统中国人的消费观念是量入而出,过着今天想着明天,今年好了明年要更好的紧日子,如同年画"年年有鱼(余)"那样,心中才觉得踏实。当然,随着时代的前进,超前贷款消费现象也已出现并有增长的趋势,不过目前为数尚少,占比不高,难成主流。

三曰消费对象缺失。即生产与消费不对称。一些商品生产过剩有余,因供过于求而严重积压;另一些商品或者数量不足,或者品质不高,市场上供不应求。如独生子女父母肯于投资子女教育,然而一些地区上学难仍然存在,要想进入名牌学校则难上加难。又如,随着人口老龄化的加速推进,空巢老人的大量增加,虽然存在着由于收费不合理造成的老年公寓入住率不高问题;但是在总体上,包括老年公寓等在内的公共服务购买困难,则是不容回避的现实。因此,扩大消费需要从供求两方面入手,一方面要提高劳动者在一次分配中所占比重,提高工资率,解决消费购买力提升问题;另一方面要适应市场需求变化,扩大适销对路产品的生产,满足城乡不同人口群体的实际需要。特别是在老龄化加速推进过程中,满足不同老年人口群体的物质和文化需要甚为迫切。

3. 经济增长模式的转变

2005年党的十六届五中全会,将"必须加快转变经济增长方式",作为"十一五"期间保持经济平稳较快发展的一项重要决策,提到全党全国人民面前。2007年党的十七大,将"加快转变经济发展方式、推动产业结构优化升

---

① 资料来源:依据《中国统计年鉴2011》第297页、328页数据计算。

级",作为关系国民经济全局紧迫而重大的战略任务,写进党的全会决定。一时间,"转变经济增长方式"与"转变经济发展方式"引起热议。虽然二者之间只有二字之差,然而从"增长"到"发展"显然是具更深刻的意义,后者比前者包含更深刻的内涵和更广阔的外延。不过也不能将二者割裂起来、分离开来,"增长"与"发展"之间有着内在的必然联系,"增长"是支持"发展"的内核。可以说,经济增长是经济发展的主旋律,经济增长方式的转变,是经济发展方式转变的基础和支柱。

为了便于区分"经济发展方式"与"经济增长方式",同时在实践中"经济增长"也有了比较明确的规范,本报告采用"经济增长模式"而不采用"经济增长方式"。转变经济增长模式,可用由外延式增长为主转变到以内涵式增长为主来概括。所谓外延式增长,就是"铺摊子",是在生产技术、劳动效率、资本有机构成等不变情况下,通过追加生产资料、劳动力等生产要素,扩大生产的规模和提高产品的产量。内涵式扩大再生产,是依靠技术进步、提升生产要素质量、提高劳动生产率来扩大生产规模和能力,是低耗高效的扩大再生产。如此,由外延式增长为主向以内涵式增长为主经济增长模式的转变,主要体现在由高消耗、低效率、低效益向低消耗、高效率、高效益的转变。由于经济发展阶段和体制机制等方面的原因,外延式经济增长模式一直占据着主导的地位,至今尚未真正转变到以内涵式经济增长模式为主上来。确立科学发展主题和转变经济发展方式主线,为加快实现经济增长模式的转变提供了历史的机遇,经济增长模式到了必须转变的时候了。

(1)由高消耗向低消耗转变。首先,要弄清为什么由高消耗向低消耗转变异常困难。这是因为,一是有历史的原因。1949年以前中国是一个落后的农业国,仅有的一点儿工业,也是帝国主义、官僚买办资产阶级强取豪夺的工具,属于殖民地性质的掠夺性生产,是不计能源和原材料消耗、粗放得不能再粗放的经济。新中国成立后对这些旧有的企业成功地进行了技术改造,同时有计划地兴建了一批又一批大型企业,技术构成有了很大的提高;但是在总体上,仍然不可能同先进水平相比,高消耗特征明显。1958年"大跃进",为了支持钢产量翻番"元帅升帐",更是不计成本、不计消耗地"大炼钢铁";20世纪60年代后期至70年代前期又经历"十年浩劫",技术停滞,主要依靠增加劳动者人数进行生产和扩大再生产,导致许多企业"三十年一贯制",高消耗成为一种常态。二是有现实和政策方面的原因。长期以来,在"以钢为纲"、"以粮为纲"方针和政策指导下,追求产量成为计划经济时代主要的动机，能源和原材料消耗自然放在其次。进行市场经济体制改革以来，由于产值的增长常常与各级领导的政绩挂起钩来，政策也向着这种挂钩倾斜，助长了不计消耗、片面追求产值的经济增长观。这种增长观以产值增长快慢、多少论英雄，对于不利于产值增长速度的节能减排举措"不感冒"，常常亮出"红灯"；而对于重复建设、重复生产能够带来更快增长的"铺摊子"一类投资，却情有独钟，大开"绿灯"放行，使高消耗向低消耗的转变受到阻碍。

其次，要把握转变的重点。众所周知，国民经济由三次产业构成，三次产业是依据生产的次数划分的，因而也可以按照生产的次数，划分为第一次产业，主要是农业，有的国家也把采矿业划在其中；第二次产业，以加工制造业为主；第三次产业，除第一次产业、第二次产业以外的所有产业，以服务业为主。国民生产总值（GDP）是三次产业产值的总和，发展的一般规律是：第一次产业呈下降趋势，目前发达国家一产占比和一产就业占比下降到10%以下，有些国家更是下降到5%以下；第二次产业呈先升后降倒U型曲线走势，目前发达国家二产占比和二产就业占比大都下降到30%以下，一些国家更是下降到20%左右；第三次产业呈上升趋势，目前发达国家三产占比和三产就业占比普遍达到70%以上，有些国家达到75%以上[①]。我国是发展中国家，60多年来一直致力于工业化和现代化，三次产业结构已经发生了根本性的变化。改革开放以来随着经济的高速增长，这种变化呈加速推进态势（参见图10）[②]。

图10显示，改革开放30多年来，第一次产业呈江河日下走势，由1978年占GDP的28.2%，下降到2010年占10.1%，下降18.1个百分点。第二次产业20世纪80年代占比有所下降，由1978年占47.9%下降到1990年占41.3%，主要是在工业化前期农业占比下降缓慢，而缺失严重的服务业等第三次产业占比上升迅速，第二次产业占比相对降了下来。进入90年代以后，由于工业化加速，农村人口大举向城镇流动和迁移，农业产值占比进入快速下降阶段，第二次产业占比得到大幅度提升。第三次产业占比则呈不断上升趋势，由1978年占23.9%上升到2010年占43.1%，升高19.2个百分点。但是必须清楚，第一次产业和第二次产业是基础，是创造全部国内生产总值、国民生产总值的基础，第三次产业的发展始终要建立在第一次和第二次产业

---

① 资料来源：《中国统计年鉴2011》，第1046页。
② 资料来源：《中国统计年鉴2011》，第4~5页。

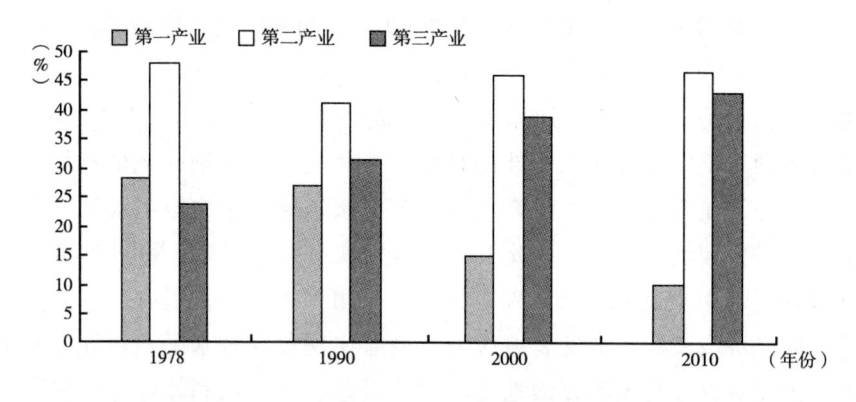

图 10　1978~2010 年三次产业结构变动

发展的基础之上。亦即第一、第二次产业是物质财富的直接生产者，第三次产业是这些物质财富转移和再分配的形态。因此，转变经济增长模式，重点是转变第一次产业和第二次产业的增长模式；在工业化基本实现和农业现代化达到一定程度之后，主要是转变第二次产业的增长模式。

当前中国正处在这样的阶段。转变第二次产业的增长模式，是转变经济增长模式和经济发展方式全局的关键，是由高消耗转变到低消耗的症结所在。关于这一点，只要看一看近年来的统计数据，便可一目了然（参见表6）。①

表 6　1990 年、2000 年、2009 年能源消耗结构

单位：%

年份	农林牧渔水利业	工业	建筑业	交通运输仓储邮政	生活消费	其他行业
1990	4.9	68.5	1.2	4.6	16.0	4.8
2000	2.7	71.3	1.5	7.7	10.9	5.9
2009	2.0	71.5	1.5	7.7	11.0	6.3

表 6 显示，工业能源消耗不仅原本就是能源消耗超级大户，而且 1990~2009 年占比还在继续上升，进入 21 世纪以来更是上升到 71% 以上，工业能源消耗独大的地位还在扩张。降低能耗难，难就难在单位工业产值能源消耗上，降低工业单位产值能源消耗是实现能源消耗转变全局的重点和难点。

---

① 资料来源：依据《中国统计年鉴 2011》第 260 页数据计算。

（2）由低效率向高效率转变。纵观60多年的新中国经济增长，计划经济时期围绕不同阶段提出的产量、产值指标展开，改革开放以后也没有放弃这样的指标，只是少了计划时期那种必须完成的指令性质而已。但它在实质上，仍是各级领导千方百计为之奋斗的目标，力争完成和超额完成的指标。舆论界普遍认为，在当今世界，没有任何一个国家领导人像中国各级领导者那样关心经济增长和经济发展。如此关心经济发展有多重原因，可以举出"发展是硬道理"在中华民族伟大复兴中的突出作用等若干条；但有一点是毋庸置疑的，即经济增长和经济发展被认为是最能体现领导者水平和领导者政绩的地方，因而是万万马虎不得的地方。用什么办法去完成和超额完成提出的目标呢？最直接、最显著、见效最快的办法，就是增加固定资产投资。因为这样的投资，一是建立在现有技术水平基础之上，技术和工艺比较成熟，无须增加新的研发投资。因而建设周期相对较短，可以实现早投资、早投产、早受益。二是建立在市场劳动力供给充足，随时可以招募到足够数量劳动力基础之上。增加投资能够创造出不断增加的就业岗位，满足劳动力就业增长的需求，政绩还体现在为解决人口和劳动力过剩所做出的贡献上。将生产要素物质和人力两方面的资源投入结合起来，既可以较快地收到拉动GDP增长的效果，凸显经济增长政绩；又能够通过扩大就业增加居民家庭收入，突出维护社会稳定的政绩。可见，增加固定资产投资是拉动经济增长、提升就业和社会稳定的最佳选择，如此何乐而不为呢！然而在以重化工业为主导的前工业化阶段，这样的要素投入技术含量不够高，对劳动者科学、教育、文化素质的要求不够高，因而效率不高变得越来越突出。效率不高是由劳动生产率不高决定的。依据统计资料计算，1978~2010年国内生产总值由3645.2亿元增加到401202.0亿元，就业人员由40152万增加到76105万，平均每人创造的GDP由908元增加到52717元（按1978年居民消费不变价格计算为9833元），实际增长9.8倍，年平均增长7.7%。与GDP年平均增长9.9%比较，降低2.2个百分点[①]。因此，要实现由低效率向高效率的转变，必须大力提高劳动生产率，逐步完成由生产要素中物的投资为主，转变到物的投资与人的投资并重，再转变到以人的投资为主；推进由人口优势向人力资源优势的转变，人力资源优势向人力资本优势的转变。

（3）由低效益向高效益转变。传统的外延式扩大再生产一个致命的弱点，

---

① 资料来源：依据《中国统计年鉴2011》第4~5、297页数据计算。

是效益不高。20世纪80年代初提出2000年工农业总产值（后演变为国民生产总值、国内生产总值）比1980年翻两番时，有一个前提条件，即"不断提高经济效益"。可是"翻两番"深入人心，可以说家喻户晓、尽人皆知；"不断提高经济效益"却知之有限，常常被淡化和淡忘。这也难怪，当时"翻两番"已成为突破经济范畴的政治任务、政治指标，各级领导必须确保完成的"硬指标"；"提高经济效益"则是一项不那么紧迫纯属经济范畴的"软指标"，以硬挤软、"欺软怕硬"也就成了顺势而为的事情。结果，"翻两番"提前实现，"不断提高经济效益"却未能如愿以偿。步入21世纪以后，效益不高仍旧是经济发展中的一个令人头痛的问题。一是固定资产交付使用率呈持续下降趋势，表明固定资产投资转换成现实生产能力速度在减慢，周期在拉长。统计资料显示，"九五"期间固定资产交付使用率为77%，"十五"期间下降到66%，"十一五"期间再下降到58%，分别降低11个百分点和8个百分点①。二是固定资产投资与国内生产总值之比呈持续上升趋势，投资效益递减规律作用显现。统计资料显示，1990年固定资产投资与国内生产总值之比为1.0∶4.1，2000年上升到1.0∶3.0，2010年再上升到1.0∶1.4②，表明固定资产投资效益下降速度很快，拉动同样的经济增长率需要付出更多的投资。

造成固定资产投资"一降一升"的原因很多，有投资的方向和产业结构问题，有投资的地域分布和产品结构问题，有人的投资和物的投资匹配问题，有价格变动的作用和影响问题等。立足于人口老龄化视角，尤其值得提出的是劳动力市场的转变，以及生产要素中劳动力价格上涨推动成本上升问题。当前中国的劳动力市场，正在发生由买方市场向卖方市场的转变。前面提到，中国属人口和劳动力过剩的发展中国家，劳动力市场一直由买方主宰着。然而改革开放以来情况发生根本性变化：一方面经济持续高速增长，劳动力市场需求随之增长；另一方面人口转变沿着低出生、低死亡、低增长的路子走下来，同期总和生育率（TFR）由2.75下降到1.66左右，1979～2010年人口年平均增长率为1.0%，其中2001～2010年为0.6%，已连续在低生育水平上走过20年征程。③ 这一高一低，无声地改变着劳动力供给与需求。展望未来，无论生育政策做怎样的调整，低生育水平都将继续下去，人口老龄化将

---

① 依据《中国统计年鉴2011》第180页提供的数据，按术平均数计算。
② 依据《中国统计年鉴2011》第5页数据计算。
③ 资料来源：《中国统计年鉴2011》第5页。总和生育率（TFR）为调整数，参见田雪原、王金营、周广庆著《老龄化：从"人口盈利"到"人口亏损"》，中国经济出版社，2007。

步步加深。在这一过程中，总体人口变动与劳动年龄人口变动有一个短暂的时间差。按照低位预测方案，总体人口可在 2021 年达到 13.87 亿倒 U 型曲线峰值，实现零增长，其后转而呈减少趋势。15～64 岁劳动年龄人口将于 2017 年达到 10.00 亿倒 U 型曲线峰值，实现零增长，先于总体人口 4 年。而劳动年龄人口占总体人口的比例，已于 2010 年上升到 74.5% 的峰值，2011 年微降到占 74.4%，开辟了倒 U 型曲线下降通道（参见图 11）①。

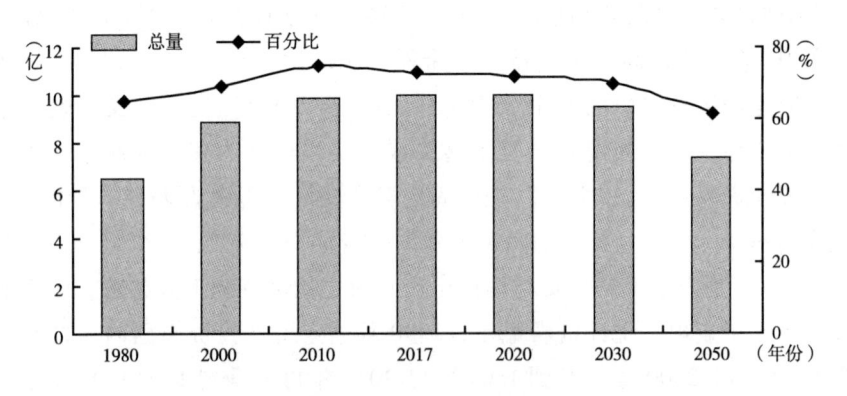

图 11　1980～2050 年 15～64 岁劳动年龄人口变动趋势

劳动年龄人口是劳动力供给的源泉，因而劳动年龄人口变动直接决定着劳动力供给的变动。图 11 显示，中国劳动年龄人口变动可分为三个阶段：第一阶段，2010 年以前为劳动年龄人口不断增长时期。15～64 岁劳动年龄人口由 1980 年的 5.9 亿，增长到 2010 年的 9.99 亿，增加 4.09 亿，增长 69.32%；占总人口比例，由 59.8% 上升到 74.5%（峰值），升高 14.7 个百分点。第二阶段，2010～2017 年 15～64 岁劳动年龄人口变动呈交错状态，占比缓慢下降与绝对数量缓慢增长交错进行。占比 2017 年可下降到 72.4%，比 2010 年峰值降低 2.1 个百分点；数量可增加到 10.00 亿，比 2010 年微增 0.01 亿。第三阶段，2017 年以后为劳动年龄人口下降时期，包括绝对数量的减少和占比的持续下降。2020 年 15～64 岁劳动年龄人口绝对数量可减少至 9.92 亿，2030 年可减少至 9.52 亿，2050 年可减少至 7.37 亿，分别比 2017 年减少 0.08 亿、0.48 亿、2.63 亿；占比将分别下降至 71.54%、69.65%、61.85%，分别比

---

① 资料来源：田雪原等著《21 世纪中国人口发展战略研究》，社会科学文献出版社，2007，第 450～452 页；国家统计局 2011 统计公报，2012。

2017年降低0.86、2.75、10.55个百分点①。

上述劳动年龄人口变动的三个阶段,从供给方面制约着劳动力市场供求关系的改变,制约着劳动力市场阶段性的根本转变。在2010年以前的第一阶段,无论劳动年龄人口绝对数量还是占总人口比例,均呈现增加和上升的趋势,总体上处于劳动力供给大于需求的状态,劳动力市场主要表现为买方市场。不错,近年来珠三角、长三角、京津冀(海三角)甚至中西部等地,曾经发生过这样或那样的"民工荒"、"用工荒"、"劳工荒",笔者概括为"蓝领荒"②。但那主要还是经济结构方面的原因,即传统的以重化工业为主体的工业化,对体力型劳动力的过度追求,而给付的工资又压得很低。随着经济发展和城市化水平的大幅度提升,劳工对劳动强度大且工资被压得很低的就业的不满情绪逐渐滋长,发生选择性就业和"蓝领荒"是不可避免的,合乎规律的发展。但在总体上,并不存在劳动力短缺,短缺是局部的、结构性的。

当前所处的第二阶段(2011~2017年),如前所述,劳动年龄人口绝对数量缓慢增长与占比缓慢下降交错进行,劳动力供大于求、供求平衡、供不应求在不同时间、不同部门、不同地区有不同表现,因而出现劳动力过剩论、劳动力平衡论、劳动力不足论竞相登场并争论不休的景象。笔者以为,在总体上没有把握住劳动年龄人口变动的三个阶段和劳动力市场由供大于求向供求平衡、供不应求转变的阶段性特征,是症结所在。由于认识和判断不同,依据"劳工荒"扩大得出劳动力供不应求,主张"刘易斯拐点已经到来"者有之;认为直到目前为止尚未改变人口和劳动力过剩基本国情,"刘易斯拐点并未到来"者亦有之。学术界和社会各界谈论"刘易斯拐点"者颇多,但是确切的拐点时间却多有回避,只是笼统地讲"到来"或"尚未到来"。笔者以为,不讲"刘易斯拐点"同样可以说清楚中国劳动力变动和劳动力市场转变;不过由于这一说法已经传播开去并产生一定社会影响,如果一定要用"刘易斯拐点"概括的话,也是两个拐点,而不是一个拐点。即可将2010年劳动年龄人口占比达到峰值称之为"刘易斯第一拐点",2017年绝对数量达

---

① 资料来源:2010年及以前为统计数,参见《中国统计年鉴2011》,第94页;其余为预测数,参见田雪原等著《21世纪中国人口发展战略研究》,2007,第451页。

② 笔者以为,"民工荒"原本指进城务工经商农民工发生短缺,如今发生短缺的已不限于农民工群体;"用工荒"则没有指明哪方面的用工,是蓝领还是白领。笔者提出"蓝领荒"命题,在于突破专指农民工群体限制,同时指向以体力型劳动力为主的短缺,表现出蓝领劳工"用工荒"特征。

到峰值称之为"刘易斯第二拐点"。当前处在"刘一拐点"与"刘二拐点"之间，关键是要把握拐点的具体时间、拐点后的变动方向和速度。

把握"刘一拐点"与"刘二拐点"，即劳动年龄人口变动三阶段和劳动力市场转变，对于本书《人口老龄化与"中等收入陷阱"》研究颇具价值。最为紧要的一点是，"拐点"或"转变"会推动工资率和要素成本上行，导致边际投资效益下降和投资力度的减弱，从而影响经济的增长和经济发展。按照市场理论，工资率是市场上劳资双方博弈的结果，取决于劳动力供给和需求的数量与质量。既然当前处在"刘一拐点"与"刘二拐点"之间，即劳动年龄人口数量与占比交错变动的第二阶段；2017年达到"刘二拐点"以后，过渡到以不足为主要特征的第三阶段，那么作为劳动力源泉的劳动年龄人口相对减少（占比）和绝对减少（数量），就是必然的；受劳动力市场供求变动影响，工资率上行也是必然的，并且是必需的。为什么是必需的呢？一是自20世纪90年代以来，工资率上行速度减慢，将近20年积累的欠账较多，需要进行补偿性增长。这点在前面的论述中，已做了阐释。二是立足跨越"中收陷阱"经济发展要增强消费拉动力，除了要调整政府消费与居民消费比例外，根本的一条是增加居民收入，保证工资率持续较快的增长。什么叫较快增长？工资率增长多少合适？众说纷纭，见智见仁。我们认为，工资率较快增长，就是相当于劳动生产率增长速度、同国民收入增长速度相近的增长率。用这一标准衡量，过去30多年工资率显然要落后许多。按可比价格计算，1978~2010年国民收入年平均增长9.9%，城镇居民家庭人均可支配收入年平均增长7.34%，农村居民家庭人均纯收入年平均增长7.30%，分别落后2.56、2.60个百分点[1]。工资增长率与劳动生产率增长比较，虽然差距要小一些，但是也没有改变落后的基本状况。

众所周知，关于工资率的理论，有侧重劳动力供给的生存费用论，有侧重需求的工资基金论，还有其他的一些理论，不过在市场自由竞争条件下，主要取决于供给与需求曲线的具体变动。但是在供求双方均存在垄断的情况下，实际工资率的确定还取决于谈判的力量，哪一方的力量更强一些，工资率便向那一方倾斜。我国工资率由谁确定？实际的情况是，一有计划经济体制延续下来的制度；二有由于劳动力处于过剩状态压力下的影响，工资率的增长长期受到压制。现在情况发生变化：一是随着市场经济体制改革的不断

---

[1] 资料来源：《中国统计年鉴2011》，第4~5、330页。

完善，一个自由竞争的劳动力市场正在形成；二是如前所述，发生了劳动力市场由过剩向平衡、将来再向短缺的转变，工资率上行有了现实的基础。在这种情况下，劳动者开始对单方面工资垄断者说"不"，不仅老板可以对职工"炒鱿鱼"，职工也可以炒老板的"鱿鱼"。展望情势发展，建立同劳动力市场转变相适应的劳动工资体制和机制，提高劳动者的工资话语权，已经提到面前。

在工资率上行呼声颇高形势下，也要注意掌握实际可能上涨的高度。近有传闻："十二五"要实现劳动工资翻番，年平均工资要增长15%[①]，出于"还账"考虑，目前工资率提升快一些是可以理解也是应该的。然而"5年翻番"和年平均增长15%的诱人目标，却没有引起人们太大的兴奋。为什么呢？一是如此之高的目标能否实现，人们还心存疑虑，要由实践做出回答。二是即使能够达到，是名义工资还是实际工资？如果是名义工资，真正提升的是扣除通货膨胀部分，对实际工资能够提高多少，平添了几分物价上涨的担心。笔者赞同工资率提高的速度快一些、提高的幅度大一些；但是要适度，是实际工资而不是名义工资的提高。从劳动力市场供求转变实际出发，当前处在刘易斯第一与第二拐点之间，劳动年龄人口占比缓慢下降和绝对数量缓慢增长尚有6年时间，工资率上行的速度不宜过快，幅度也不宜过大。如果过快和过大，有可能形成通胀带动工资率上行，反过来工资率上行又带动通胀，落入"通胀——工资率上行——通胀"的不良循环之中。这样的工资率上行，不仅不利于抑制通胀和居民实际生活水平的提高，还有可能带来投资效益递减、收入差距加大的副作用，是不可取的和值得警惕的。工资率上行必须遵循与国民收入、劳动生产率基本同步原则，要很好地把握上行的速度和节奏。

提高效益一个不可或缺的方面，是提高经济增长的质量。外延式经济增长模式，往往重投入、轻产出，重数量（产值、产量）、轻质量，重硬件（物质、设备）、轻软件（技术、管理），使基本建设工程质量受到损害。质量不高不仅直接妨碍基本建设工程效益的发挥，而且造成事故频发。一幢幢拔地而起的楼房轰然倒下，一座座新建成的桥梁断裂坍塌，一辆辆刚出厂不久的汽车就要召回工厂调修，道路陷入"修好——挖开——再修好——再挖开"拉锁式循环等。虽然这些"豆腐渣"工程所占比例不一定很高，但也不是个

---

① 参见《人社部：力争工资年增长15%，5年内实现翻番》，www.dzwww.com（大众网）2011-04-19。

别的，影响很坏，危害很大。更为严重的是假冒伪劣产品随处可见，假药、假酒、假食品、假营养品等屡禁不止，冒牌服装、鞋帽、钟表、用具以至于电脑、汽车等屡见不鲜……有人说，除了骗子是真的以外，其余均可找到假的。虽然这话有点儿说过了头，但在一定意义上说明产品质量被损害的程度。在北京，1959年完成的"十大建筑"至今巍然屹立、完好无损；而后来建造的颇有点儿名气的建筑，有的已经破损不全，有的只好推倒重建。每项工程和产品存在的质量问题不尽相同，有着各自的原因；但是重数量、轻质量的指导思想是相同的，外延式经济增长模式是相同的。转变经济增长模式，要将提高质量放在显著位置，倡导向质量要速度，向质量要效益。

第二节 化解社会矛盾集中爆发

前面的分析表明，达到中等收入水平以后各种社会矛盾容易集中爆发，这些矛盾是跨越"中收陷阱"必须密切关注和解决的问题。社会矛盾繁纷复杂，可以说无时不在，无处不有，需要抓住影响发展全局的主要矛盾。从中国实际出发，当前要特别抓住并化解资源占有和分配不公等五个方面的矛盾。

1. 资源占有和分配不公

经济是基础，社会矛盾集中爆发则是基础出了问题在政治和社会层面的集中表现。基于这样的认识，可以说，资源占有和分配不公及其极端表现形式——贫富两极分化，是各种社会矛盾集中爆发的经济根源。为什么会产生资源占有不公呢？按照所有制决定分配关系的传统理论，行业、城乡、地区之间在所有制和资源占有上，原本就存在一定差异，经过改革开放激烈震荡，演变为新的全民所有制国有经济，集体所有制或部分集体所有制经济，以个体法人或公司控股多少为主的股份制经济，中外合资不同的控股经济，外企独资经营等多种所有制经济。无论哪种经济，生产所得和利润自然当由所有者支配和占有，谁经营得好，谁就获得较高的回报，财富积累就快；谁经营不好，回报和财富积累就少，甚至是负回报、财富流失和破产。然而，单纯用所有制变动并不能完全说明近二三十年来的资源占有和财富分配不公，更难以说明贫富两极分化的发生和演进。如国有企业属全民所有制，国有企业发展的成果应回报全民，首先是国有企业职工。而事实去之甚远，国有企业职工劳动报酬并没有与企业发展同步增长，全民收入水平的提高更不能同步。为什么呢？因为国有企业全民所有制要通过经营管理者进行分配，所有权与经营管理权相分离，劳动者的所有权应该得到的权益常常受到侵害，形成分配不公。这在垄断程度较高、公共产品供给缺失、分配规则不健全、官员腐败渗透严重的行业、部门和企业，表现得异常明显。而从体制和机制角度观察，初次分配过于向资本倾斜，二次分配不能加大调整公平的力度；劳动力市场发育不健全，未能形成有效的劳资谈判机制；社会福利制度存在缺陷，许多还受到二元体制影响等都直接导致资源占有的不公平。资源占有不公平是社会财富分配不公的基础，是滋生两极分化的原生土壤，是社会矛盾集中爆发的经济根源和社会基础。跨越"中收陷阱"，必须首先解决资源占有不公及与之相伴的财富分配不公这个带有全局性的问题。

改革开放30多年来，我国资源占有不公和收入差距拉大呈增强的态势。国家统计局给出的数据，同一些文章中提供的数据之间有较大出入，无论个人最低收入与最高收入，城乡之间、行业之间、地区之间的收入差距，都相差较大。但是在总体认识上，都赞同差距在扩大、矛盾到了相当突出的地步的基调。一般认为，10%最高收入人口群体与10%最低收入人口群体之比，已从20世纪90年代以前不到10倍，扩大到目前的20倍以上；按制造业等19类行业之间最高与最低平均工资之比，从1985年的1.8倍扩大到2010年的4.2倍；城镇居民人均可支配收入与农村居民人均纯收入之比，从1978年的2.6倍扩大到2010年的3.2倍[①]。按基尼（GINI）系数0.2以下表示收入平均和公平，0.2~0.3表示合理，0.3~0.4表示差距拉大，0.4~0.5表示差距过大，0.5以上表示差距悬殊衡量，大体上20世纪90年代以前处于合理状态，90年代逐渐拉大，世纪之交迈过0.4警戒线跨入差距过大阶段，当前处在差距过大与差距悬殊阶段之间，有的估计已达到悬殊阶段。但是由于缺乏全面准确的数据而不能确定，总体上有扩大的趋势。[②]

财富占有和收入差距不断扩大，两极分化初见端倪，对其状况要做出实事求是的判断，对其危害要做出深刻的认识和分析。在市场经济改革过程中涌现出一批富有阶层人口，是打破计划经济时期平均主义的一项积极成果，是推行"效率优先、兼顾公平"方针的一项实绩。问题出在哪里？出在"兼顾公平"没有如期兑现，出现了由贫富差距过大引起的一系列矛盾和问题。

---

① 资料来源：《中国统计年鉴1986》，中国统计出版社，1986，第656页；《中国统计年鉴2011》，第10~11页。
② 参见吴宣恭《分配不公的主要矛盾、根源和解决途径》，《经济学动态》2010年第11期；马广海：《贫富差距背景下的社会心态简析》，《东岳论丛》2008年第9期。

就涌现出的一批富有阶层而言，其中多数为通过科技致富、信息致富、勤劳致富的实业家、管理者和科技精英，成为本部门、本行业的佼佼者，为社会经济发展做出了积极的贡献，赢得人们的赞扬和尊敬。不过大潮涌来，泥沙俱下，富有阶层情况相当复杂，对它另一面的来历和影响，也要做出具体的分析。改革初期，打政策"擦边球"暴富者有之；弃官从商，利用原来"势力范围"和居民普遍存在的"官本位"观念影响，迅速成为企业龙头老大、龙头老二者有之；官商勾结，内外勾结，发挥"互通有无"优势，一夜之间暴富起来者有之……由于富有阶层中有脚踏市场经济阳光大道的多数来者，也有踩着羊肠小道的少数来者，还有通过斜门歪道钻入的更少数来者，加上富有阶层个人原本具有的思想、观念、道德、教育、文明等素质差异，致使他们在富有之后的表现不尽相同，甚至大相径庭。阳光大道来者，大都素质较高、智商和智能较高，他们不仅为经济发展做出巨大贡献，而且在精神文明建设中也做出表率，身体力行地推进共同富裕。而来自羊肠小道特别是来自斜门歪道的富有者，很容易将原本就不高的素质表现出来，甚至变本加厉地张扬起来。最主要的，一是将资本追逐高额利润的本性张扬起来，不择手段地制造销售假冒伪劣商品，置广大民众生命安全于不顾；疯狂进行市场投机炒作，采用多种形式集中包括民间资本在内的大量资本，进行房地产炒作，推动房价飙升，助推房地产泡沫，搅乱市场经济秩序，从中渔利。二是将资本人格化的属性张扬起来，放大"钱能通神"、"钱是人的胆"、"财大气粗"理念，依仗"有钱"而恣意妄为、肆无忌惮；更有甚者，凭借钱权交易，目无国法，形成独霸一方的黑势力。三是将资本虚拟的外部形态张扬起来，大做名不符实的宣传报道、虚假广告，张扬江湖骗术、显富夸富之风等。

必须指出，财富分配不公和贫富两极分化的出现，已经影响到经济的持续快速发展和经济发展方式的转变。尤其是，其一，制约着向以内需和消费为主导的经济发展方式的转变。前已论及，保持国民经济持续、快速、健康发展，必须实现由外需为主向以内需为主、内需以投资为主向以消费为主、消费向以居民消费增长为主的转变。然而财富分配不公，相对占比说来贫者愈贫、富者愈富，势必造成贫困人口群体消费增长乏力；而富有人口群体的消费已经达到饱和或基本饱和，同样面临消费增长乏力困局。总体上，可能出现社会财富和收入增长较快，但是却不能有效拉动消费增长，妨碍向以消费需求为主要驱动力的经济发展方式的转变，最终影响到经济的持续高速增长。

其二，制约着经济技术进步和产业结构的调整。由于体制机制，也由于缺少劳资谈判等方面的原因，劳动收入在国民收入初次分配中占比下降，在二次分配中又得不到应有的提升，造成劳动力价格严重偏低现状。长此以往，导致企业扩大再生产在招用劳动力和采用技术进步二者之中，更乐于选择前者，因为前者可以更有效地降低成本，提高利润率。正因如此，由低效率、低效益向高效率、高效益的转变异常艰难，构成企业技术进步的一大障碍。同时，由劳动收入占比下降为主组成的低收入人口群体，使劳动者自身和子女的教育投资受到影响，损害到当代和下一代人口教育素质的提高，自然对技术进步和产业结构转型升级构成损害。

其三，制约着第三次产业的健康发展。教育和收入"双低"的人口群体，很难创造出高效率、高效益，劳动生产率提高缓慢，难以从第一次产业和第二次产业中解放出来，从而限制了第三次产业的发展。同时，收入差距扩大以后，这部分低收入人口群体无力购买债券、基金、股票等金融产品，即使购买数量和占比也极其有限，他们基本上被排斥在金融市场之外，不利于资本市场的建设和发展，不利于以服务经济为主的三次产业结构的调整和升级。

事物无不依照一定的条件向着相反的方向转化，这是辩证唯物主义认识和驾驭事物发展规律一条基本的方法论。如果说改革开放前30年实施"效率优先、兼顾公平"方针，是正确的、行之有效的话，那么30年后在公平受到较多侵害的情况下，就必须进行改革。近年来，对于收入分配改革提出各种建议，政府在这方面也进行了不少改革；但是筛查下来，符合发展方向、可行性和可操作性强的建议和改革并不很多，收效也很有限。针对这种状况，就当前迫切需要进行的改革，提出以下五点建议：

第一，调整分配格局，提高劳动收入所占比例。劳动者收入占GDP比例不断下降，居民收入占国民收入比例持续走低，既是收入差距扩大的表现，也是趋向两极分化的通道。解决的途径，一是提高劳动在一次分配中的比例，合理确定各种生产要素的价格，改变长期以来劳动力价格被压得过低、工资率过低现状；二是在二次分配中，通过税收、社保等的改革，提升劳动者收入所占比例。

第二，完善公共政策体系，提升资源占有的公平性。社会公共资源本属全体社会成员共有，但在实际上，由于受到行业、职业、职务以及城乡二元结构等的人为分割，一些资源则由一部分人口群体垄断，失去了占有的公平性。因此，恢复和重建公共资源的政策体系，特别是低保、养老、医疗、失业、教育等保障性公共服务政策体系，显得尤为迫切。

第三，改革收入分配制度，阻断非市场途径"暴富"之路。造成劳动占比下降、公共体系缺失原因很多，其中之一是政府与市场界定不清。市场经济需要政府调控，但是是间接的调控，借用市场手段的调控。在一次分配中，人、财、物的资源配置，包括各种生产要素的价格，应由市场来运作和完成。二次分配政府责无旁贷，但也不是简单的行政干预，而是通过不断完善市场经济制度和游戏规则，通过价格、税收、补贴等分配政策进行调控。当前改革的方向，是弱化、减少政府功能，直至从一次分配中退出；同时加大二次分配的公平性，政府应在二次分配中发挥更大的作用。

第四，改进工资形成和调整机制，提高劳动者话语权。由于我国属人口和劳动力过剩性质，并且由农业国向工业化国家过渡，劳动年龄人口和劳动力一直处于供过于求状态，工资则主要由企业和其他用人单位确定，致使工资率长期受到压制。现在，劳动年龄人口占比已于2010年达到峰值，以后将缓慢下降；人口城乡结构超过"对半开"，农村剩余劳动力向外转移的规模也达到顶部区域，临近峰值。这表明，总体上已由劳动力供大于求向供求平衡转变，"十三五"以后还要向供不应求转变，到了在工资形成上给劳动者以应有话语权的时候了。在这个问题上，多数学者主张建立和健全劳资双方的谈判机制，进行必要的博弈；也有持反对意见者，认为"中国引入劳资谈判决定工资升幅的机制，有可能会激化劳资之间的矛盾"①。笔者赞同工资谈判机制改革，通过改革建立正常的工资晋升制度；但是需要——至少在开始阶段需要一定的政府参与，发挥政府在劳资谈判中的协调和监督功能。

第五，改革税收制度，发挥税收调节功能。税收是调节不同群体收入和财富的一把利器，运用得当，可以起到立竿见影的作用；运用不当，也可以起到相反的作用。改革开放以来进行了多项税收制度改革，2010年又将个人所得税起征点调高，起到一定的平抑收入差距的作用。笔者以为，首先要树立公民纳税意识。就个人所得税而言，所有有收入者都应纳税，以取得"纳税人"资格和享受相应的权利；税制采取累进办法征收，低收入者可以缴纳很少，高收入者可以缴纳很多，但都是平等的"纳税人"。除个人所得税外，经验证明，征收遗产税、房产税、资源税等，在调节资源、财富占有和分配不公中具有不可替代的作用，应提早谋划，积极筹备，条件成熟时推出相应

---

① 刘桂珍：《独特的中国收入分配模式给世界带来了新的曙光》，《宏观经济研究》2011年9期。

的政策措施。

2. 技术进步和劳动就业

前已论及,发展中国家跟不上技术前进的步伐,产业结构落后,只能充任发达国家产业转移承受角色,这也是落入"中收陷阱"的重要原因。因此,要想跨越"中收陷阱",就要大力推进技术进步,促进产业结构升级,将国民经济建立在现代科学技术基础之上,逐步实现经济、社会、科学技术的现代化。然而一般说来,发展中国家一是原来的技术基础水平较低,产业结构落后,科技进步和实现现代化有许多困难,要经历较长的时间。二是人口再生产大都处于高出生、低死亡、高增长状态,少年人口和劳动年龄人口所占比例较高,增长势头强劲,劳动力就业压力大。众所周知,如果劳动者的技术装备不变,那么新增就业人数与新增固定资产成正比;如果新增固定资产不变,则新增就业人数与劳动者的技术装备成反比。也就是说,用于扩大再生产的一定的投资基金,用来购买劳动力有利于就业的扩大,用来购买劳动者的技术装备、提高劳动生产率,则不利于就业人数的增加,需要审慎地选择和确定二者之间的比例关系。

就我国现实而论,毫无疑问,首先必须坚持科技进步,坚定不移地走现代化发展道路。在人类发展的历史长河中,中华民族曾经做出过卓越的贡献,指南针、火药、造纸、活字印刷"四大发明",不仅为古代文明添光加彩,而且还成为后来工业革命某些技术的前身。但是18世纪中叶工业革命发生后,我们停滞不前,成了落伍者,直至沦为帝国主义列强的殖民地和半殖民地。落后就要挨打,是被历史证明了的残酷现实。要想实现中华民族的伟大复兴,就要实施科教兴国战略,就要尽可能地采用先进技术,发展战略性新兴产业,走在科学技术和高端产业发展的前列。同时也要看到,从一个落后的农业国建设成为先进的工业国,再发展到现代化强国,是一项异常艰巨的伟大事业,技术进步不可能一蹴而就,需要经历低、中、高不同的发展阶段。同时,由于我国幅员辽阔、人口众多、经济和科学技术发展不平衡,更需要立体的技术层次结构。高新技术和新兴产业是排头兵,必须大力发展,充分发挥其引领、主导和带头的作用;然而在整个国民经济中其所占比重却不一定很高,大量的还是中间技术和产业。落后的技术和产业任何时候都不会消失,只是经济、科技、社会越发展其所占比重可能越低而已。结合我国人口变动进入刘易斯第一拐点与第二拐点之间,劳动力供给正在呈现由过剩向平衡转变,2017年以后向不足转变的基本趋势,一方面目前劳动力就业压力仍然较大,绝对数量还有微幅增长，解决就业问题不能只顾及片面发展高新技术产业一头，还必须顾及另一头劳动就业，大力发展劳动密集以及劳动密集与资金密集、技术密集相结合的技术和产业。而且，受地质地理条件、行业和部门等的限制，少数低端技术和产业也有存在的必然性，是高端技术产业和中间技术产业的必要补充。不过，人口压迫生产力——就业压迫技术进步——需要有一定的限度，不能按照100%充分就业要求，只注重劳动密集型产业的发展而妨碍技术进步。总的策略和方针，应是趋利避害、统筹兼顾，在有利于技术进步前提下实现比较充分的就业。困难在于，如何将技术进步和扩大就业统一起来、结合起来，既不能因为强调技术进步而忽视劳动就业，也不能不顾技术进步甚至以牺牲劳动生产率来保证优先就业。国家统计局公布的2010年城镇登记失业率为4.1%[1]，不少意见认为，"登记失业率"是登记的结果，没有登记的便不在其内，故4.1%不足以反映真实的失业状况。不过，多数意见认为，高一点儿也不过5.0%左右，不会更高。众所周知，西方发达国家一般失业率较高，许多国家在10%左右甚至更高，但是并没有成为特别严重的社会问题。为什么呢？主要是因为有比较健全的失业保障制度，失业者领取的失业保险金水平较高。笔者在美国做访问学者期间，曾就此做过调查，大约有1/5的失业者"情愿失业"——即使他们获得重新就业机会，估计能够领取的工资也不会比现在拿到的失业保险金多出多少。失业保障制度完善程度和失业保险金水平高低，是一个国家能够承受的失业率的平衡点，对于调节失业有着特殊的作用。包括失业保险在内的我国社会保障制度正在日益完善，目前城镇失业保险基本达到全覆盖，新农保2012年要求达到全覆盖，社会最低收入保障基本全覆盖。尽管这"三个全覆盖"水平还比较低，但无疑增强了抗拒失业等风险的能力。因此，我们对失业率的认识也不能一成不变，应赋予一定的弹性。无须赘述，笔者并不主张提高失业率，而是阐发随着社会经济的发展和失业保障等社会保障制度的建立和健全，科学合理地确定失业率，增加必要的弹性，以促进技术进步和产业结构升级，加速经济发展方式的转变。

3. 经济增长和社会保障

改革开放以来，在经济获得高速增长的同时，失业、工伤、医疗、养老、计生、低保等社会保障事业取得长足进步，建立了基本的保障制度。但是，

---

[1] 资料来源：《中国统计年鉴2011》，第109页。

无论与社会经济高速增长相比，还是同居民实际需要比较，社会保障明显滞后，既滞后于经济发展，也滞后于人口转变，成为经济发展和社会进步需要突破的障碍之一。在失业保障方面，如前所述，人口转变已在世纪之交由成年型转变到老年型，并且在老年型前期走过12年的路程，助推劳动年龄人口处于由过剩向平衡过渡阶段，就业压力仍较沉重，需要扩大就业规模，实现尽可能比较充分的就业；同时需要增强就业弹性，以便给技术进步腾出一定的空间。在养老保障方面，形势更为严峻。不管选取哪种养老模式，都要扩大社会养老规模和提高社会养老保障水平。当务之急是确保养老基金按制度规定足额缴纳、足额发放和保值、增值。当下拖欠不按规定缴纳养老金者大有人在，非法占用、挪用养老金的案件屡有发生，致使养老金呆账、空账风险加大。如不及时整治，在步入老龄化前期老年人口比例尚不很高的情况下，养老金就出现入不敷出，等到老龄化严重阶段到来时就无计可施了！此外，还有医疗保险、计划生育保险等诸多社会保障问题，矛盾将越来越突出。笔者以为，解决目前经济快速增长与社会保障滞后的矛盾，关键是三条：第一，珍惜当前人口年龄结构"黄金时代"尚未结束的机遇，利用未来20年左右的较高经济增长期，下决心从收入这块"大蛋糕"中，切下一块来提供社会保障事业所需，使社保改革和发育"营养充足"。第二，利用劳动年龄人口过渡到峰值区域，老龄化刚刚步入前期中部，从中国实际出发并博采国际社会之所长，抓紧制定和完善各种社会保障制度，拿出一套比较完整、切实可行、兴利除弊的失业、医疗、养老、计生、伤残、低保等针对性强的政策，并以立法形式确定下来，按法律规范行事。第三，清账补欠。对当前各种社会保险基金进行清理，弄清亏损和亏空的原因，按现行制度清理、偿还和补欠。毕竟现在的空账、坏账、呆账涉及的款项和金额有限，清退、偿还和补交还有计可施，下决心填平补齐还来得及。如果拖下去，问题越积越多，欠债金额越来越大，解决起来就异常困难了。这种情况国际社会不乏先例，从美国次贷危机到欧债危机，教训深刻，当作为前车之鉴。

4. 市场机制和政府职能

什么是市场经济？笔者曾概括为：市场主体法人化，在市场上不分上下级，企业、组织和个人都具有独立的法人资格，平等交易；要素流动市场化，资源配置和人、财、物各种要素的流动，通行的是市场等价交换原则；宏观调控间接化，政府不能像计划经济那样直接指挥市场，而是通过各种市场手段进行间接干预；经济运行法制化，资源配置和生产、交换、分配、消费各种活动，都要遵守市场游戏规则，依法行事。然而，一是由于新中国成立后在高度集中统一的计划经济体制下运行30年，形成一套自上而下的管理和经营的体制机制，政府轻车熟路地习惯于制定年度或五年计划发展的目标、项目、实施方案、监督、验收等办法，形成习惯性思维模式和经济运行模式。二是中国原本是一个落后的农业国，商品经济不发达，新中国成立后经济建设又在计划经济体制下运行，市场经济基础薄弱，市场观念淡薄，加上原有的传统观念的束缚，市场经济体制改革只能"摸着石头过河"。先是提出发展社会主义商品经济，接着提出计划调节与市场调节相结合，最后才落脚到建立社会主义市场经济体制。因此，总体上是计划经济逐步退出、市场经济逐步占领的过程，处在这一过程中的市场经济，成熟程度不够并带有某些计划经济特征，市场与政府界限不清，是难以避免的。但是从根本上说来，市场经济体制下市场就是市场，政府就是政府，主导经济运行的是市场而不是政府。2008年美国爆发金融危机以来，世界主要国家纷纷到凯恩斯主义中寻找药方，加大政府干预力度。即使在这种情况下，政府也要尊重市场机制和市场的主体行为，而不是取代或部分取代市场机制和市场主体行为。规范市场机制和市场主体行为，明确政府干预市场的机制、方法和手段，划清市场机制和政府职能的界限，是下一步深化市场经济体制改革的一项重要任务。

5. 反腐倡廉和社会稳定

反腐败关系到执政党生死存亡，关系到社会长治久安，也关系到国家和整个民族的命运，这是尽人皆知的道理。这里主要从经济发展和跨越"中收陷阱"角度，从体制机制上阐释反腐倡廉中的一个核心问题——政府同市场脱钩和职能转型问题。笔者以为，经过30多年的市场经济体制改革，目前已经基本建立并在逐步完善社会主义市场经济体制。如前所述，这个社会主义市场经济体制还不够完备，最主要的，是应该退出的政府职能还未退出，或者还未退够，表现出很强的政府主导色彩。如果说20世纪90年代国企改革是"民进国退"的话，那么后来特别是近年来发生的一些事情，则有"国进民退"之嫌。突出的表现，是本该由市场决定的事情，却由于种种理由政府出面说了算，掌控审批决定权。如房地产交易，土地、经济适用房审批权在政府部门，一些地方还出台不同的"限购令"，政府扮演了相当程度的主导角色。房改前的福利分房，彰显计划经济特色；但那时，具体到一个单位房源有多少、可分房人数多少、每个职工的"福利得分"多少，都由分房委员会张榜公布，群众复议，三榜定案，相对说来是公平和公正的。现在的房地产交易，什么人能够拿到、以什么样的价格拿到土地，由地方政府主管部门决定；相同质量和相同规格的住房，经适房和商品房在市场上价格却相差悬殊，而经适房购买资格的审定，权力也在政府相关部门。这样，政府相关部门通过掌控土地和经适房审批权，直接干预市场，便在体制和机制上给权钱交易留下空间，腐败滋生就有了土壤。利用审批权等介入和操纵市场，是政府还原计划经济时代主导经济运行的捷径，是容易产生腐败的温床，也是容易引起社会不满和动荡的根源之一。分配中的收入差距的扩大，股市中的违规入市和违规操作，金融保险业中的呆账、滞账、空账等的发生，与政府干预过度或干预不当相关联，客观上给腐败的滋长提供了某种空间。所以，消除当今社会某些人的"仇官"心理和"仇富"情绪，不仅要对广大民众进行思想政治教育，正确看待改革开放特定阶段出现的某些现象，也要一般地从政治上、思想上、组织上反腐败，清除腐败分子，而且要从体制机制上，尤其同经济运行相关联的体制机制上加以解决。政府退出市场从而切断官员滋生腐败的土壤，就是从体制机制上加以解决的一个重要环节，也是一项带有根本性的改革。

第三节 走统筹城乡发展的城市化道路

1. 两种不同的城市化道路

1949年中华人民共和国成立以后，随着工业化的启动，人口城市化的序幕便拉开了。然而受经济发展几起几落影响，20世纪六七十年代的城市化总体上处于徘徊状态，1978年改革开放前夕还停留在50年代末的水平。进入80年代城市化步伐开始加快，80年代至90年代前期，延续积极发展小城镇、适当发展中等城市、严格限制大城市规模"重小轻大"的城市化方针，走的是以"乡村城市化"为主的道路。即大力发展乡镇企业，农民大多离土不离乡，当时在很大程度上解决了农业剩余劳动力的就业问题；农民的收入增加了，生活水平提高了，创造了苏南模式、温州模式等不同类型，"小城镇，大问题"是说小城镇的快速发展，解决了当时农村发展的大问题。然而到了90年代中后期，由于一般乡镇企业处于高消耗、低产出、低效益粗放型经济发展阶段，能源和其他原材料浪费严重，产品质量得不到应有的保证；环境保护意识差，废水、废气、固体废物大量排放，造成某些地区的污染由点源式向面源式扩散，导致环境质量迅速下降；加上相当多的乡镇企业产权不明、经营管理不善等，遂走到难以为继的地步。这时对"小城镇，大问题"的诠释变为：小城镇的膨胀真的成了大问题——面对能源和其他资源的日益短缺，空气、土壤和大面积江河湖海污染的日益严重，如此高耗、低效的乡镇企业再也不能继续下去了，"乡村城市化"走到了尽头。

  在这样的背景下，世纪之交强调发展大城市的"重大轻小"的城市化理论逐渐抬头。该理论源于20世纪中期法国和意大利地理学家和经济学家，尤以戈特曼的"大都市圈"理论和佩鲁的"增长极"理论为代表，提出并论证了像美国东部纽约经济中心圈，中部芝加哥五大湖经济中心圈，日本东京东海道经济中心圈，英国伦敦经济中心圈，法国巴黎经济中心圈。这些由超大城市主导同时吸纳了相当数量的大城市、中等城市组成的城市产业链经济带，一般占到本国GDP的65%~80%，成为最重要的经济"增长极"，称之为"都市圈"式城市化。然而由于该理论被看作是对发达国家经济发展过程中的一种区域性解说，并没有引起更多的注意。20多年过后正当我国"乡村城市化"诸多问题暴露出来、寻求新的城市化道路的时候，这一理论迅速在我国升温并作为"重大轻小"城市化的理论依据，获得广泛传播。在这一理论和思想的指导下，开始了小城镇向中等城市、中等城市向大城市和超大城市的过渡和升级。大城市特别是超大城市一圈又一圈"摊大饼"式地向外扩张，急于圈土地、造草坪、盖高楼、修广场、拓宽道路等，一个个亮丽工程纷纷登场，凸显发展"政绩"效果。结果违法圈占农民土地屡有发生，失地农民大量增加；市区内各种工程尤其是广场、草地一类形象工程大量占地，拆迁户居民得不到应有补偿，引发不少新的矛盾和问题。

  上述两种不同的城市化模式，是特定历史发展阶段的产物，有其产生的必然性并且都曾起到过一定的积极作用。虽然这两种模式表现形式截然不同，但在实质上却有着相同点：都将城市与乡村割裂开来，仅就城市自身的发展推进城市化。"乡村城市化"的重点是在乡村发展小城镇，如前所述，这在20世纪七八十年代曾经起到过不小的作用；但是终因人、财、物资源的浪费，"三废"污染的加剧，技术和管理的滞后而不能使乡村农民变成真正的城市市民，农民、农业、农村"三农"问题不能得到有效解决，难以担当起城市化主力军的重任。片面追求超大城市发展的"重大轻小"的城市化，由于侵害到农民的根本利益，特别是"圈地运动"造成数量相当可观的失地农民，他们种田无地难，进城做工难，同样不能解决"三农"问题。而且，随着城市"摊大饼"式地不断扩大，失地农民越来越多，谁能保证他们不沦为城市中的贫民，城市化不重蹈"拉美陷阱"的覆辙?！因此，将城市发展与农村发展割裂开来，甚至用牺牲农村、农业的发展和农民的利益换取的城市化，不管是"乡村城市化"还是超大城市为主的"都市圈"式城市化，尽管一定时期可能带来一定区域的产值的增长；但是其对土地等资源的破坏，环境污染的加剧，农业劳动力不能顺利转入城镇工商业等人力资源的浪费，总体上付出的代价和成本是昂贵的，同人口与经济可持续发展的要求是背道而驰的，是跨越"中收陷阱"应当扬弃和避免的。

2. 当前的决策选择

总结国际社会正反两方面的经验，要想不跌入像拉美那样的"城市化陷阱"，实现对"中收陷阱"的成功跨越，走包容性统筹城乡发展的城市化道路，不失为治本的方略。从实际出发，当前要走出这样一条道路，尤其要注重以下三个方面的"准确定位"，采取科学的决策选择。

第一，准确定位城市化内涵，谋求城市化同社会经济发展水平相适应的发展。从人口学角度看待城市化，是农村人口向城镇转移的一种过程，是人口的城乡结构问题；从劳动学角度看待城市化，是就业在一、二、三次产业之间的分布，是就业结构问题；从经济学角度看待城市化，是农业、加工业、服务业等三次产业结构变动问题；从社会学角度看待城市化，是工业社会取代农业社会的生产和生活方式，用工业文明、现代文明取代农业文明的问题。因此，城市化绝不仅仅是变农村人口为城镇人口纯人口地理迁移的一种过程，而是人口转变、产业结构升级、现代社会文明进步的本质体现，城市化进程要同这些转变、升级和进步的步调相协调，城市化水平要同社会经济发展水平相适应。如果城市化发展滞后，就会拖累经济、社会、科技和文化的发展；相反，如果超前也会造成这样那样的社会问题，二者均不利于人口、经济、社会的可持续发展。从总体上观察，当前我国矛盾的主导方面，还在于人口的城乡结构落后于三次产业就业结构，三次产业就业结构落后于按产值计算的三次产业结构，因而要适当加快城市化的步伐。不过不能盲目地加快，加快的速度和节奏要同经济、社会发展的速度和水平相协调。而且，总体上滞后不等于每个区域都滞后，对于区域发展而言，是否滞后要做出具体的分析和评价，且不可一说滞后就大干快上，搞高指标式的城市化。

第二，准确定位城市化方针，谋求大、中、小城市和乡村的协调发展。如前所述，20世纪90年代中期以前奉行的是"重小轻大"、以发展小城镇为主导的城市化方针；世纪之交发展大城市呼声日高，逐渐走上"重大轻小"、以发展超大城市为主导的"都市圈"式城市化道路。从我国人口多、耕地少基本国情，幅员辽阔、资源不足且分布不均衡、工业化处于由重化工业向现代工业转型阶段实际出发，笔者赞同21世纪走以大城市为主导的"都市圈"式城市化道路。据测算，同样城市化水平小城镇占地面积大约是大城市的1倍，大城市具有的中心、主导、辐射等功能是中小城镇所不具备的，积聚效应更是中小城镇无法比拟的，目前大珠三角、长三角、海三角（京津冀）三大都市圈面积占不到全国的5%，人口约占12%，GDP已经占到1/3左右；在信息化和经济全球化过程中，大城市在科学、教育、信息、文化方面显示出来的优势，更是多少中小城市相加也无法取代的。不过需要明确，一是我国是世界人口最多的发展中国家，实现人口零增长还要10多年时间，在全面建设小康社会近20年时间里，笔者仍然坚持农村人口"三三制"转移方略：以农业种植业为主体的农村劳动力和人口向城市转移1/3，向包括乡镇企业以及林、牧、渔业转移1/3，农业种植业留下1/3。如能实现这样的人口转移，在目前城镇人口占比超过51%以后，2020年可达60%左右，将顺利超过世界平均水平。当前在加速城市化和"都市圈"式城市化升温情况下，切忌人为炒作的"加速"，一哄而起地打起城市化"升级战"。即使是走以大城市为主导的"都市圈"式城市化道路，也不意味着城市规模越大越好，而是要有大有小，大、中、小城市要有一个合理的布局和结构，谨防感染"大城市病"。当前三大三角洲都市圈式城市化被炒得火热，从发展上看珠三角都市圈最具活力，长三角都市圈最具实力，海三角都市圈最具高科技潜力，可以认定三大三角洲都市圈经济将有一个相当巨大的发展。然而受自然、经济、政治、文化、民族等多种因素的限制，三大三角洲都市圈经济发展再快，也难以达到像纽约、芝加哥、伦敦、巴黎、东京五大都市圈GDP占到全国2/3以上的比例。在全面建成小康社会和21世纪中叶基本实现现代化过程中，中国的区域人口与经济可持续发展格局将是立体层次的：第一层次为三大三角洲超大城市都市圈人口经济区，情况如上述；第二层次为双向"增长极"式经济带，如以济南—青岛为轴心的山东经济带，以沈阳—大连为轴心的辽东经济带，以福州—厦门为轴心的海西经济带，以西安—咸阳为轴心的关中经济带，以重庆—成都为轴心的四川盆地经济带等。第三层次为一个中心城市带动的区域人口经济区，行政与经济相结合是其基本的特征，中西部多数省、自治区以省会城市为中心的城市化，都属于这类人口经济区。这类人口经济区不宜人为地再划分为几个区域，事实上这样的划分并没有多少实际意义。如1996

年7个跨省经济区划分中，将江西划入中部五省区，而实际上江西与河南、湖北、湖南、安徽四省并没有多少人口经济上的往来，而与苏南、上海、浙西、广东等往来却要密切得多。

第三，准确定位农民工地位，谋求城市建设包容性新发展。无论是发达国家还是发展中国家出现的"大城市病"，其原因根本的一条是没有给农民工进城以应有的地位和待遇。当前，"包容性增长"使用频率颇高，有的也有炒作之嫌；但是用在大批农民工进城后的城市化发展，倒是名副其实，真的需要包容性发展，脚踏实地地为进城农民解决生存和发展必须解决的一些根本性问题。

一是给农民工同城市居民一样的地位和权利。目前农民工进城务工经商所受限制有所减少，但是许多城市尤其是大城市和特大城市，设置的一道道门槛还有待拆除。如一些招工限于本市户口，将农民工拒之门外；买房尤其是经济适用房要职工单位出具证明，农民工被排除在外；青少年入学限于本市甚至是本区的常住人口，一些农民工子女的受教育权利被剥夺等。然而居住、劳动就业、上学等是人人应当享有的基本权利，进城务工农民和他们的子女不能享有这些权利，这与统筹城乡发展的城市化方针是背道而驰的。

二是给农民工更多的居住和就业的机会。居住和劳动是农民工进城最基本的两大需求，也是维持劳动力再生产的基本条件。拉美国家"城市化陷阱"的一个最主要的教训，就是农民进城后，由于收入低或者长期失业，租用不起城市一般的住宅，只好强占山头或公共用地，用废旧砖瓦搭建起简易住房，形成缺少安全用水、缺少公共卫生设施、缺少必要的通信设备封闭和半封闭的贫民区，成为高犯罪率甚至成为黑社会窝点，对社会治安构成严重威胁。我们要防止拉美式贫民窟现象发生，就要运用"看不见的手"和"看得见的手"，即市场和政府两种力量、两种机制，帮助农民工解决居住问题。居住同就业密切相关，就业问题解决得好就可以为居住问题的解决创造必要的条件，解决不好就很难保证有稳定的住所。当前尤为突出的是，由于一般农民工文化教育素质较低，没有受过专门的技术训练，一个时期以来城市里在出现有活无人干"民工荒"的同时，也出现有些农民工进城无活可干的尴尬局面。统筹城乡发展的城市化，必须把吸纳农民工就业放在首位，要通过职业培训等形式，尽力为农民工就业多创造一些机会。

三是为农民工来去自由开辟绿色通道。拉美贫民窟形成和扩大一个带有根本性的原因，是农民进城后彻底失去了土地，断了他们的归路。我国城市尤其是大城市的急剧扩张，已经造成不小数量的失地农民，他们成了必须依靠城市为生的准城市市民。因此，在城市化过程中，要尽量少占用农村耕地，进了城的农民也依然要为他们保留一定时间的责任田，一旦他们在城里无法生存下去，还可以打道回府，返回故乡重新种田，保持一定期间内的来去自由。对在城市征用土地过程中失去土地的农民，一要给予合理的补偿，不能采取不等价交换剥夺农民；二要安排好失地农民的就业，要签订劳动就业合同，确保失地农民在城里有较稳定的劳动就业岗位和相对稳定的收入。

四是将农民工生产生活纳入城市规划视野。要想不落入"城市化陷阱"和"中收陷阱"，就要从长计议，将农民工在城市的劳动就业、住房建设、学校教育、文化生活、社区管理等纳入城市建设规划，使进城务工经商农民及其家属享受到同其他市民一样的待遇。政府在组织规划实施时，在力所能及范围内还应向进城农民工及其家属作必要的政策倾斜，使他们分享城市建设的成果，坚定他们融入城市政治生活、经济生活和社会生活的信心，努力提升自己以成为合格的新市民。

第四节 积极应对人口老龄化挑战

"人口老龄化与发展蓝皮书"首卷以《人口老龄化与"中等收入陷阱"报告》（2012）命名，自然怎样抓住和用好人口老龄化过程中提供的机遇，如何应对人口老龄化带来的挑战，是研究和阐述的重点。总报告力图对"中收陷阱"和跨越"中收陷阱"的理论、策略和决策选择，做出比较全面的阐述，并重点给出老龄化在其中的位置和作用。老龄化与经济增长、就业、消费、城市化、养老保障、社会转型七个分报告，各自从相关领域做出交叉研究，从不同视角彰显本皮书主题。总报告最后这一部分"积极应对人口老龄化挑战"，与七个分报告阐述的重点和角度有所不同，紧紧抓住老龄化带来的正面和负面的影响，主要从负面影响中提炼出五个问题，作出概括性阐述，提出应对的决策选择，实是总报告的落脚点。

1. "黄金时代"尚未结束

人口老龄化成因是出生率的下降和预期寿命的延长。然而"下降"和"延长"并不同步，一般情况下，老龄化前期"下降"强于"延长"，老龄化后期"延长"强于"下降"。"下降"与"延长"时间上的这一错位，决定着老龄化前期经历一段人口年龄结构变动的"黄金时代"，提供相应的"人口盈利"、"人口红利"、"人口视窗";后期则转变为"人口亏损"、"人口负债",对经济发展的负面影响逐渐显现出来。时下"机遇与挑战并存"成了一句套话,许多问题的阐述套用这句话,有的实难避免牵强附会之嫌;然而人口老龄化对社会经济发展的作用和影响,用"机遇与挑战并存"概括,却是货真价实的普遍存在,再恰当不过了。如此,在21世纪世界人口加速走向老龄化背景下,无论要跨越"中收陷阱"还是从"中收陷阱"走出来,现实要求是,既要及时把握老龄化前期提供的"黄金时代"机遇期加快发展,也要有效应对老龄化后期出现的"人口亏损"期的负面影响,采取符合本国国情的方针和政策,推动社会经济不断向前发展。

前已述及,老龄化过程中提供的最大的机遇,是人口年龄结构变动的"黄金时代"带来的"人口盈利"、"人口红利"、"人口视窗"。关于这一点,2006年世界银行在东亚经济发展报告中,以日本、韩国、新加坡等在第二次世界大战结束后是怎样发展起来为例,总结出一些有益的经验。然而笔者以为,这些国家二战后的经济"起飞",一条很重要的经验,就是及时抓住人口年龄结构变动"黄金时代"提供的机遇期加速发展。令人惊异的是,中、日、韩三国人口年龄结构变动有着惊人的相似之处,参见图12①。

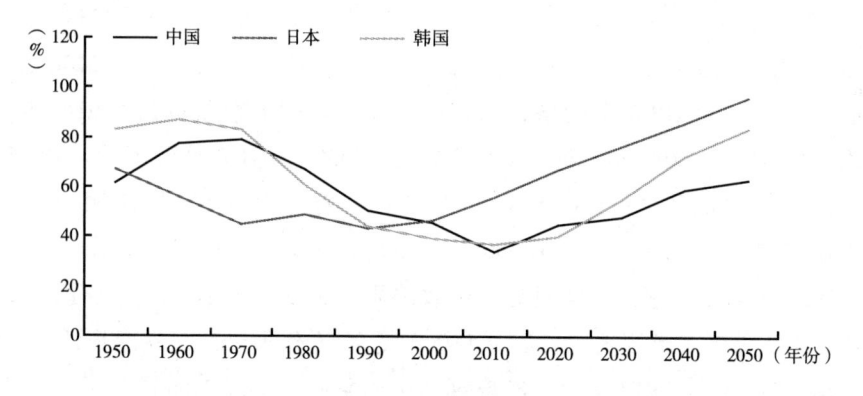

图12 1950~2050年中日韩从属年龄比变动比较

如果划分"黄金时代"的标准定在从属年龄比在0.5以下,中、日、韩三国经历的时间都在40年左右。不过由于三国生育率和出生率下降有先有

---

① 资料来源:日、韩参见 United Nations World Population Prospects The 2008 Revision。中国参见相应年份《中国人口统计年鉴》和《21世纪中国人口发展战略研究》一书中位预测。

后，三国跨入和走出"黄金时代"的时间也有所不同。日本最早进入，1963~2005年从属比保持在0.5以下，"黄金时代"经历42年；韩国1986~2026年从属比将在0.5以下，共经历40年；中国1990~2035年从属比将在0.5以下，经历的时间长达45年。三国比较，日本进入"黄金时代"早于韩国23年，早于中国27年；结束早于韩国21年，早于中国30年。联系三国的社会经济发展，上述三段时间均是经济发展最快的时期，充分展现了人口年龄结构"黄金时代"的魅力。当前，国内外关于中国经济高增长还能持续多久争论不休，从人口年龄结构变动角度观察，可以给出比较明确的答案：大致可以支持到2035年从属年龄比回升至0.5以上之后。即还有20多年的"人口盈利"、"人口红利"，可供提取和利用。

通过对未来经济增长和人口变动预测，可以计量出"黄金时代"对于成功跨越"中收陷阱"的贡献。①高增长预测。以2010年GDP 401202亿元为基期按年平均增长7.0%计算，2020年可达789225亿元；人口138614万，人均GDP可达56937元。再以2010年人民币对美元639：100不变比价计算，人均GDP可达8910美元。2030年GDP总量可达1552525亿元，人均GDP可达113568元，折合17773美元。②中增长预测。GDP年平均增长5.0%，2020年GDP总量可达653516亿元，人均GDP可达47146元，折合7378美元；2030年GDP总量可达1064508亿元，人均可达77869元，折合12186美元。③低增长预测。GDP年平均增长3.0%，2020年GDP总量可达539182亿元，人均GDP可达38898元，折合6087美元；2030年GDP总量可达724615亿元，人均53006元，折合8295美元。① 当前，对"中等收入"上限，有人均GDP 6000美元、8000美元、10000美元不等。如以8000美元/人作为上限标准，2020年高增长预测可实现对"中收陷阱"的成功超越，中增长预测尚有一些差距，低增长预测很大；如以10000美元/人作为标准，高增长预测2023年人均GDP可达10917美元，实现对"中收陷阱"的成功超越；而中增长预测2030年方能达到，推迟7年；低增长预测2037年方能达到，比高增长预测推迟14年，比中增长预测推迟7年。据此，中国要想成功跨越"中收陷阱"，未来国内生产总值年平均增长速度不低于5%，才能在2030年GDP达到10000美元/人。可能有人认为5%的增长率过低，这样的预测与当前的现实

---

① 资料来源：以2010年国内生产总值401202亿元为基期计算，参见《中国统计年鉴2011》，第4~5页。

不贴边儿、不靠谱；然而在经过改革开放 30 多年的持续高速增长之后，未来 20 年仍能保持 5% 的年平均增长率，实为中外发展史上所不多见，不是较低而是较高的增长。如能实现，将成为中华民族伟大复兴的重要里程碑载入史册。

2. 老年从属比持续攀升

图 12 显示，中国从属比变动将从 2010 年刘易斯第一拐点时的 34.2% 最低值，逐步攀升到 2017 年刘易斯第二拐点时的 38.1%，2035 年"黄金时代"结束时的 49.6%；其后攀升速度加快，2040 年可上升到 56.0%，2050 年可上升到 61.7%。从属比这一变动趋势中，2010 年越过最低值以后出现"两快""两慢"特点：2010～2020 年上升较快，2020～2030 年上升较慢，2030～2040 年上升较快，2040～2050 年上升较慢。这是由 0～14 岁少年人口从属比持续下降，由 2010 年的 22.3% 下降到 2025 年的 20.6%，2040 年（2050 年同）的 17.8%；65 岁以上老年从属比持续上升，由 2010 年的 11.8% 上升到 2025 年的 20.4%，2050 年上升到 43.9%，少年和老年人口占比变动的合力所决定的，特别是由老年人口占比上升加速阶段性特点所决定的。21 世纪上半叶少年从属比（0 - 14/15 - 64）、老年从属比（65^+/15 - 64）变动参见图 13。[①]

图 13 2000～2050 年少年和老年从属比变动

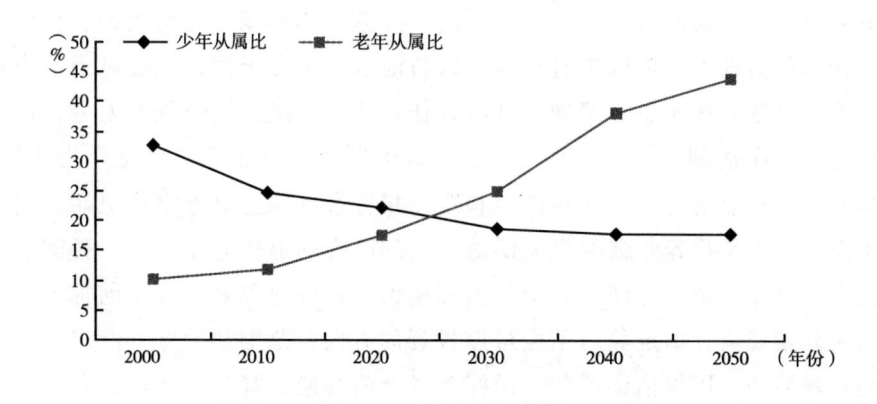

图 13 显示，2025 年少年从属比下降与老年从属比上升同时达到 20.5% 相交叉，此后少年从属比下降趋缓，2030 年以后稳定在 18% 左右；老年从属比

[①] 资料来源：《中国统计年鉴 2011》，第 94 页；田雪原等著《21 世纪中国人口发展战略研究》，社会科学文献出版社，2007，第 450～452 页。

却加速上升，2030 上升到 25.0%，2040 年上升到 38.2%，2050 年上升到 43.9%。老年从属比这种快速上升趋势几乎是不可改变的，因为 2075 年以前 65 岁以上老年人口的绝对数量已是定数，只需要将 2010 年 0~64 岁人口依次减去逐年死亡人口之后，再加上 65 岁以上存活的老年人口数量。由于生育率和未来出生人口数量不会有剧烈的变动，因而对老年从属比变动影响不会很大。因此，2025~2030 年老年退休金将超过国民收入的 10% 或工资总额的 29% 的"警戒线"，面临严峻的财政支付困境。而此时距离 2050 年老龄化和从属比临近峰值尚有 20 多年时间。这 20 多年将是老年从属比攀升最为迅速，因而也是老年退休金风险最高的时段，必须谋求突围之策。

  本报告前面对养老保障曾做出不同角度、不同层面的若干阐述，就养老金保障而言，不外乎保证养老金积累、管好和用好三条。保证养老金积累，就是要保证企业、单位和个人按时、足额缴纳养老保险金，逐步缩小养老金缺口并达到收支平衡。目前这方面的问题较为严重，据报道，去年 15 个省份基本养老保险出现收不抵支，缺口共 679 亿元。[①] 要做到按时足额缴纳，就要进一步完善养老保障制度建设，对于不按时缴纳或缴纳数额不足者，有权依照法律规定进行惩治。必须明确，养老保障是一项社会工程，结构性养老保险中基本养老保险部分是强制性的，必须依法足额缴纳，必要时需强制执行。管好养老金，一要严格养老金"蓄水池"专款专用原则，任何组织、任何个人不得以任何理由为借口擅自动用，以防池水减少和干涸；二要对当前出现的空账、呆账、坏账做出清理，分清责任，严肃法纪，该处分的处分，该退还的退还。在清理基础上，再由中央、地方财政以及企业、单位作出决断，采取必要的补救措施，建立起资金和账面相符合的独立财务运作机制。用好养老金，首先是将养老金准确无误地发放到应得的退休老年手中，目前这方面无大问题。其次要保证养老金保值和增值，在确保养老金安全前提下，按照有关政策规定，确定养老基金可以投资的方向、范围和额度，参与一定的金融市场活动，以保值促增值。做好养老金的征缴、管理和使用，大力推进改革和强化法制建设，是最重要的两条。要总结我们自己的经验，也要积极吸取国际社会成功的经验，取长补短、洋为中用，逐步建立健全与社会经济发展同步，与老年从属比上升相协调的养老保障制度和体系。此外，前面提到的城市房产养老、农村责任田养老等建议，计划生育系统推行的独生子女

---

① 资料来源：参见 2011 年 12 月 22 日《中国社会科学报》。

及计划内生育子女父母奖励扶助制度等,对于应对老年从属比上升挑战都可起到良好的效果,需要在总结经验的基础上加以推广。

3. 劳动年龄人口相对高龄化

虽然中国在越过刘易斯第一、第二拐点之后,劳动力市场将发生根本性转变,完成"供大于求——供求平衡——供不应求"三个发展阶段的转变,然而由于中国劳动力过剩严重,我们并不担心劳动力供给的总体数量短缺。相反,这正给技术进步和劳动生产率的提高腾出了空间,技术进步和劳动生产率的提高则可弥补劳动力的不足。对劳动力供给转变最为担心的,一是劳动年龄人口和劳动力的素质,二是劳动年龄人口和劳动力的相对高龄化,而这二者又有着一定的内在联系。老龄化不仅提升了老年人口在总体人口中的比例,而且劳动年龄人口中相对较高年龄组所占比例也在提升。2000~2050年劳动年龄人口年龄结构变动预测参见图14。①

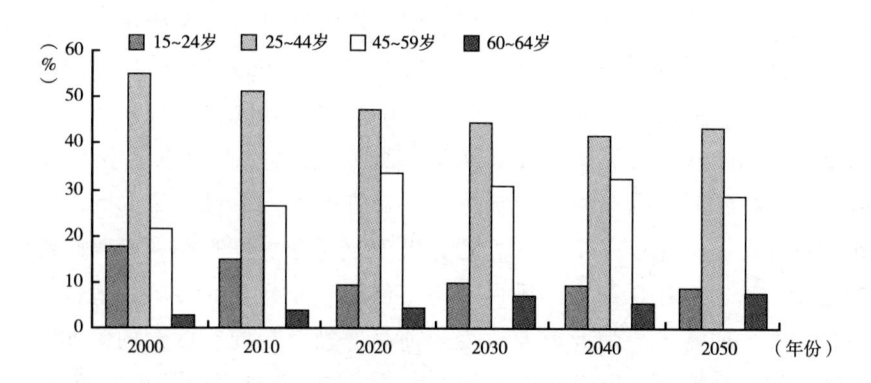

图14 2000~2050年劳动年龄人口年龄结构变动预测

图14表明,15~24岁劳动年龄人口所占比例可由2000年的17.4%,下降到2020年的9.3%,以后则在这一水平上下波动并趋于稳定。25~44岁所占比例可由2000年的55.0%,一直下降到2040年的41.6%,经历40年逐步下降后于2050年微升至43.5%。45~59岁所占比例可由2000年的21.5%,上升到2020年33.5%的峰值,以后呈震荡稍有下降走势,但是到2050年仍比2000年高出7.2个百分点。60~64岁所占比例基本上呈一路上行走势,可由2000年的2.9%上升到2020年的4.7%,2050年的7.7%。总的趋势是:

---

① 参见田雪原、王金营、周广庆著《老龄化:从"人口盈利"到"人口亏损"》,中国经济出版社,2006,第115~116页。

以45岁为界劳动年龄人口分为较低年龄组群与较高年龄组群两部分,较低劳动年龄人口组群所占比例呈下降趋势,较高劳动年龄人口组群呈上升趋势,劳动年龄人口和劳动力年龄结构呈高龄化趋势,是必然的和合乎规律的发展。45岁以上较高劳动年龄人口组群为1965年以前出生人口,这部分人口组群所受教育要比以后出生的人口组群低一截,是不争的事实。由此形成劳动年龄人口相对高龄化且平均所受教育程度较低,同样是一个无法回避的事实。这部分人口组群对未来社会经济发展和跨越"中收陷阱"说来,其影响是显而易见的,也是不容忽视的。破解之法,除发展一般意义上的教育外,一要大力开展职业培训教育,对包括1965年以前出生的老职工在内的全体职工,进行分期分批、分层次的职业培训,结合行业特点有针对性地进行科学知识、技术、工艺和技能的培训,使他们在过渡到劳动年龄人口高龄化阶段后,具有较强的应对和适应能力,跟上技术前进的步伐。二要对现行教育体制进行改革和调整。改革开放以来特别是扩大招生以来教育事业发展很快,一个值得注意的倾向,是向着综合性质的大学、培养通才的方向发展。原来的工、农、林、医及各部门专属的高等院校,大都增加了社会科学院系,成为综合性大学;而原来的师范院校,更顺理成章地演变为综合性质大学。与此同时,中等职业教育发展严重滞后,中学生以考进排名占先、规模宏大的综合性大学作为首选目标。这是一个误区。笔者以为,高等教育的发展要兼顾综合性与专业性,以适应客观存在的国民经济分部门、分行业的要求,适应社会发展对各类人才的需求。为此就要改变当前高等教育趋同、贪大的倾向,在重点发展一批综合性大学的同时,更多地发展一些专业性强、特色鲜明的学校,形成独特的品牌名校。高等教育发展已经到了由追求数量向追求质量转变,追求大而全的综合性大学向综合性与专业性大学并重转变的时候了,调整结构应适时地提到日程上来。

4. 工资率上升和边际投资效益下降

适应老龄化推进过程的劳动力市场转变,目前已经发生由劳动年龄人口和劳动力供大于求向供求平衡的转变,2017年以后还将向供不应求转变,这几乎是不可改变的趋势。劳动力市场这种供求关系的转变,自然制约着劳动力的价格变动,推动工资率的不断上涨。如前所述,长期以来国民收入首次分配中劳动报酬占比偏低,近二三年来才稍有提升,欠账较多,工资率需要有一个补偿性的较大增长,当前正是这样一次机会。不过从经济发展和跨越"中收陷阱"角度观察,工资率上涨即是劳动要素成本的上升,并导致总成本随之上升。而且，随着工资率上涨和劳动者收入水平的提高，增加了消费市场的购买力，又会导致消费品价格和总体商品价格的上涨，助推要素总成本的上升。总成本上升，企业利润摊薄，必然导致边际投资效益下降，使投资对拉动经济增长的作用削弱，既影响到经济发展的速度，也影响到经济发展的质量和结构。工资率上涨和边际投资效益下降的影响叠加起来，使主要依赖投资拉动经济增长的传统发展模式受阻。20世纪90年代以来边际投资效益的下降如图15所示。[①]

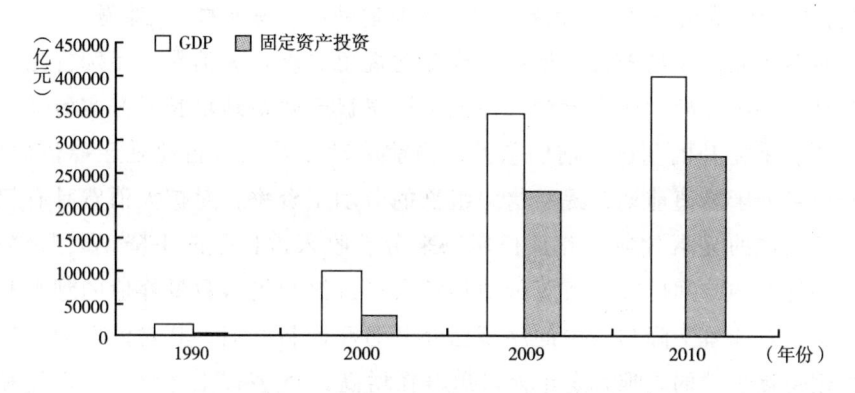

图15 1990~2010年固定资产投资与GDP比较

图15显示，GDP与固定资产投资之比，1990年为4.13∶1.00，2000年变动到3.01∶1.00，2009年变动到1.52∶1.00，2010年变动到1.44∶1.00，固定资产投资与GDP增长之比不断攀升。倒过来说，单位固定资产投资创造的GDP在不断降低：2000年比1990年降低27.1%，2009年比2000年降低49.5%，2010年比2009年降低5.3%。边际固定资产投资效益下降削弱了其对国民经济增长的拉动作用，究其原因，劳动力、原材料等各种要素成本价格上涨是重要原因。因此，工资率上涨是必要的、有益的和必需的，但是上涨的速度和幅度要与劳动生产率的提高相适应、相同步，把握好上涨的幅度和节奏。其他原材料要素成本价格的上涨，要充分运用市场手段加以调节，政府还要运用税收、补贴、金融等市场手段进行调控，以求阻止边际固定投资效益的下降，提升经济发展的速度和质量。

5. 老年人口消费潜力有待挖掘释放

从长远看，主要依赖投资拉动的经济增长难以为继，不断提升消费在"三

[①] 资料来源：依据《中国统计年鉴2011》第4~5页数据计算。

驾马车"中的驱动力是治本之策,也是转变经济发展方式全局的关键和跨越"中收陷阱"必然的选择。人作为消费主体,消费主导型经济转变不仅同人口数量变动直接相关联,而且同人口年龄结构变动息息相关。国际社会一般认为,年龄别消费系数(年龄别人均消费与总人口平均消费之比)以成年人口组群居高,老年次之,少年最低。我国情况比较特殊,由于传统文化影响较深,加上提倡生育一个孩子,独生子女被视为"掌上明珠",少年组群消费系数偏高;老年组群收入偏低而储蓄率更低,致使老年消费系数也比较高。不过,老年消费还是在标准消费组群之下,老年消费乏力是启动消费需求的一大难题。

有鉴于此,立足于人口年龄结构变动视角寻求扩大消费,无疑首先要提升劳动在一次分配中所占比例,保证工资率稳步较快地增长,夯实劳动年龄人口消费率提升的基础。前已叙及,当前劳动年龄人口占比处于峰值后期、绝对数量处于峰值前期,提高这一组群的劳动工资率,对扩大消费具有权重大、见效快的显著效应。并且长期以来劳动收入占比不断下降,欠账较多,工资率提升的空间广阔。然而劳动年龄人口占比和绝对数量峰值的到来和即将到来,意味着下降和减少的序幕已经开启和即将开启,其对消费的长期拉动作用将逐步减弱。唯有老年人口组群在增高,65岁以上老年人口占比和绝对数量可由2010年的8.9%、1.19亿,上升到2015年的10.1%、1.39亿,2030年的17.4%、2.38亿,2050年的27.1%、3.23亿。要想发挥人口老龄化加速推进对扩大消费的积极作用,就要将老龄化积累起来的消费潜能挖掘和释放出来。为此,一要稳步提高老年收入,使老年人口消费有收入增长保障,起码要守住老年退休金增长与物价上涨同步这条底线;二要扩大老年社会保障、社会福利、社会救助覆盖面,提升公共服务水准,使老年人口消费免除后顾之忧;三要大力增加老年公寓、托老所等稀缺资源供给,满足老年特别是高龄老年照护、医疗等的迫切需求,发挥老龄产业对消费的潜在推动作用。提高老年退休金收入水平、扩大和完善社会养老保障体系、发展适合老年需要的公共服务产业,是挖掘和释放老年群体消费潜力的三条主渠道,应当大力发展和不断增强。

参考文献

1.《中华人民共和国国民经济和社会发展第十二个五年规划纲要》,2011年3月17日

《人民日报》。
2. 田雪原等著《21世纪中国人口发展战略研究》，社会科学文献出版社，2007。
3. 田雪原：《"中等收入陷阱"的人口城市化视角》，2011年5月5日《人民日报》。
4. 王一鸣：《调整和转型：后金融危机时期的中国经济发展》，《宏观经济研究》2009年第12期。
5. 吴愈晓：《劳动力市场分割、职业流动与城市劳动者经济地位获得的二元路径模式》，《中国社会科学》2011年第1期。
6. 李子联：《中国经济增长的动力、约束条件与机制突破》，《社会科学》2011年第2期。
7. 王宁：《中国低成本发展模式的演进、困境与超越》，《学术研究》2010年第10期。
8. 左学金：《21世纪中国人口再展望》，《北京大学学报》（哲学社会科学版）2012年第5期。
9. 张恺悌主编《中国城乡老年人社会活动和精神心理状况研究》，中国社会出版社，2009。
10. 孙陆军主编《中国涉老政策文件汇编》，中国社会出版社，2009。
11. 王跃生：《中国当代家庭结构变动分析——立足于社会变革时代的农村》，中国社会科学出版社，2009。
12. 郭志刚：《中国的低生育水平与被忽略的人口风险》，社会科学文献出版社，2012。
13. United Nations：*World Population Prospects The 2008 Revion*，2009.
14. U. S. Department of Commerce Economics and Statistics Administration U. S. Census Bureau，*An Aging World：2001*，Washington，D. C，2001.
15. Carmelo Mesa-Lago（2007），"*Review：Social Security in Latin America：Pension and Health Care Reforms in the Last Quarter Century*"，Latin American Research Review，Vol. 42，No. 2，pp. 181 – 201.

第一篇

人口老龄化与经济增长

提　要：当前处在老龄化前期，需要抓住年龄结构变动"黄金时代"提供的"人口盈利"、"人口红利"推动经济较快增长，并为老龄化后期"人口亏损"、"人口负债"的到来做好相应的准备；利用老龄化加速推进、老年人口累进增长消费需求，在加快老年社会保障体系和制度建设的同时，完成由投资、外贸主导型向消费主导型经济发展方式的转变；客观分析老龄化对储蓄、投资、人力资本、技术进步等的双重影响，吸取国际社会正反两方面的经验，扬长避短，挖掘老年人力资源潜力，发挥老龄化助推跨越"中收陷阱"的积极作用。

关键词：劳动力供给　储蓄投资　人力资本　可持续发展

"成也萧何，败也萧何"，是说汉初封韩信为大将军和后来其被除掉同出于丞相萧何计谋，后比喻事情的成功或失败、好或坏出于同一个人或同一个事物。此类事情不胜枚举，事物无不以一定的条件向着相反的方向转化。30多年来中国经济的高速增长，无疑是改革开放的结果；然而同人口转变的加速进行不无关系，如今已走到人口年龄结构变动"黄金时代"顶部，"人口视窗"关闭的按钮已经启动，20年后将过渡到"人口亏损"、"人口负债"期。我们要抓住"视窗"关闭前这段时间，实现经济平稳较快发展，并为"视窗"关闭后的发展打下基础、做好准备。

---

* 专题报告负责人：张恺悌，中国老龄科学研究中心原主任，研究员，现任中国老龄产业协会副会长。主持"中国城乡老年人口生活状况一次性抽样调查""中国城乡老年人口生活状况追踪抽样调查"等重点课题，发表《中国老龄问题对策研究》（合著）、《中国城乡老年人社会活动和精神心理状况研究》（张恺悌、郭平主编）、《美国养老》（主编）等论著多篇。统稿人张恺悌、郭平、李晶，撰稿人郭平、李晶、苗文胜、王海涛、伍小兰、魏彦彦、王莉莉、曲嘉瑶、杨晓奇、罗晓晖，均系中国老龄科研中心研究人员。

第一章

老龄化与劳动力供给

人口学粗略地将总体人口划分为 0~14 岁少年人口，15~59 或 64 岁成年人口或劳动年龄人口，60 岁或 65 岁以上老年人口三个组成部分。人口作为生产者和消费者的统一，任何一部分都同狭义的经济增长和广义的经济发展相关联。作为消费者，囊括全部人口，哪一个年龄层人口都要消费；作为生产者，少年人口是潜在的生产者，老年人口则是退出劳动岗位的退休人口，唯有成年或劳动年龄人口才是真正的生产者和消费者的统一。因此，研究老龄化过程中的劳动年龄人口变动，从而劳动力供给的变动，对经济增长来说是至关重要的。

劳动年龄人口是劳动力的源泉，80% 以上劳动年龄人口是现实的劳动力。由于劳动年龄人口中有 4%~5% 的残疾等非自立人口，还有相当数量的大中学生在校人口等，故劳动年龄人口与现实生活中的劳动力数量有差别，存在一定的变数。不过占劳动年龄人口总体的比重是相对稳定的，因而劳动年龄人口变动趋势即为劳动力供给变动趋势，也是可以认定并能做出比较准确预测的。

第一节 "黄金时代"尚未结束

关于我国 15~64 岁劳动年龄人口数量和占总人口比例变动，2010 年全国人口普查和 2011 年数字已经公布，与本报告预测基本相同。但考虑到漏报人口中婴儿和儿童可能占比要高一些，预测劳动年龄人口占比比公布数字稍低一点，总的变动趋势大同小异（参见图 1-1）。[①]

[①] 资料来源：2010 年及以前为统计数，参见《中国统计年鉴 2011》，第 94 页；其余为本报告预测数。

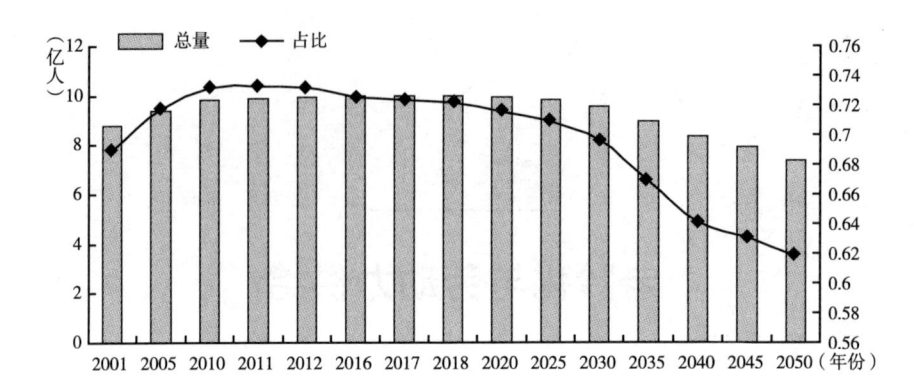

图 1-1　15~64 岁劳动年龄人口变动预测

图 1-1 显示，中国劳动年龄人口变动大致可分为三个阶段：第一阶段 2010 年以前，为劳动年龄人口不断增长时期。15~64 岁劳动年龄人口由 1980 年的 5.9 亿增长到 2010 年的 9.99 亿；占总人口比例由 59.8% 上升到 74.5%（峰值）；第二阶段 2011~2017 年，为劳动年龄人口占比缓慢下降与绝对数量缓慢增长交错进行时期。2017 年占比可下降到 72.4%，绝对数量可增加到 10.00 亿（峰值）。第三阶段 2017 年以后，为劳动年龄人口持续下降时期，包括绝对数量 2020 年可减少至 9.92 亿、2050 年可减少至 7.37 亿；占比 2020 年可降至 71.54%、2050 年可降至 61.85%。

怎样看待上述劳动年龄人口变动的三个阶段？学术界和社会相关各界，存在不同观点。有的认为，劳动力供给不足已经发生并有扩大趋势。他们举出"民工荒"、"用工荒"由长三角、珠三角、京津冀向中部省份和西部地区蔓延，"招工难"和劳动力短缺已成普遍之势。论证中国作为劳动力丰富并且资源相对稀缺的发展中国家，在世界经济贸易中最具优势的仍然是劳动密集型产业，在未来相当长的一段时期内，中国的经济发展仍然需要大量的劳动力，需要采取相应措施，应对劳动力短缺"刘易斯拐点"已经到来后的挑战。另一种观点认为，迄今为止中国仍是世界上人口和劳动年龄人口、劳动力最多的发展中国家，虽然控制人口增长成绩卓著，人口和劳动力过剩在很大程度上得到缓解；但也仅仅是缓解而已，过剩还没有从根本上解决，劳动力市场主要还由买方主宰。过剩是矛盾的主要方面，就业压力仍旧很大。我们认为，当前处于劳动年龄人口变动由过剩向平衡转变的第二阶段，即占比下降伊始和绝对数量增长末期，劳动力供给过剩、供给不足和供求平衡均有可能发生，呈现过渡阶段旧的过剩与新的不足并存特征。过剩无须多言，登记失业率在4%以上,实际还要高一些;与"劳工荒"蔓延同时,大学生就业难长期存在,就业压力不见减轻。对"民工荒"反映的劳动力短缺现象,要做具体分析,更主要的是产业和行业之间的结构性短缺。而且,短缺不仅表现在劳动力数量上,还反映在劳动力质量上,是对重化工业主导粗放型经济对体力型劳动力过度依赖的结果,并非是总需求大于总供给。

立足于劳动力供给足以影响社会经济发展视角,首先需要弄清的是人口年龄结构变动的"黄金时代"何时结束,能否在结束前实现对"中收陷阱"的成功跨越。按照高、中、低三种预测,15~64岁劳动年龄人口占比和绝对数量的具体变动如表1-1所示。

表1-1 2010~2050年劳动年龄人口占比和数量变动预测

单位:%,亿

年份	2010		2020		2030		2040		2050	
高方案	71.5	9.83	67.1	10.0	65.7	10.2	61.6	9.76	60.2	9.62
中方案	72.3	9.83	69.0	9.97	67.4	9.88	62.9	9.12	63.0	8.82
低方案	73.2	9.83	71.5	9.92	69.5	9.52	64.1	8.34	61.9	7.37

上述三种预测中,低位预测2010年15~64岁劳动年龄人口占比和绝对数量同"六普"最为接近。按此预测,劳动年龄人口占比已于2010年达到峰值,其后转而下降,前20年下降的速度较慢,2030年仅比2010年下降3.7个百分点,平均降低0.19个百分点;后20年下降7.6个百分点,年平均降低0.38个百分点。如以从属比0.5以下定义为人口年龄结构变动的"黄金时代",则该低位预测经历和将要经历1990~2035年共达45年时间。考虑到生育政策调整是早一些晚一些的事情,未来生育率和出生率则有向中位预测靠拢的可能,故中位预测劳动年龄人口变动仍具有一定的参考价值。按照中位预测,15~64岁劳动年龄人口占比和绝对数量有同低位预测大致相同的变动趋势,只是占比下降的幅度要小一些,绝对数量减少也要少一些。人口年龄结构变动的"黄金时代"也将相应短一些,可在2030年从属比上升到接近0.5时结束,经历40年时间。高位预测"黄金时代"要更短一些,2020年即可结束,约经历30年时间。由于高位预测同目前人口变动实际相距较远,故不多加赘述。低位至中位预测之间的可能性最大,如此,中国经历和正在经历1990至2030年最长至2035年,长达40~45年的人口年龄结构变动的"黄金时代","人口盈利"、"人口红利"可供提取的时间尚有20多年。也就是

说，虽然"人口视窗"关闭的按钮已经启动，但是到"视窗"完全关闭，还有20多年时间，我们要充分利用这段不可复得的机遇期，实现经济平稳较快地增长。如果经济的年平均增长率达到7%以上，则"黄金时代"结束时，生产总值即可翻两番，人均GDP可达到目前发达国家一般水平，实现对"中收陷阱"的成功跨越。

第二节 应对"人口视窗"关闭挑战

处于劳动力市场由供大于求向供求平衡、供不应求转变的劳动年龄人口变动过渡阶段，要保证经济发展对劳动力数量、质量、结构的全面需求，就要面对当前"人口视窗"关闭按钮已经启动，20多年后行将关闭两种挑战。应对前一种挑战，首要的一条，是要正确认识和对待劳动力的结构性短缺和结构性过剩，想方设法调剂余缺、拾遗补缺。主要是：

一要应对高级技术人员、研发人员和熟练技工的供给短缺。根据人力资源和社会保障部《2012年第一季度部分城市公共就业服务机构市场供求状况分析》提供的数据，技术等级岗位劳动力需求大于供给的现象比较明显，岗位空缺与求职人数的比率均大于1.0，其中高级工程师、技师、高级技师的岗位空缺与求职人员的比率，分别达2.59、2.32和2.18，高端人才短缺严重[①]。

二要应对大学生就业难与新兴产业人才不足并存的矛盾。根据教育部提供的数据，2010年我国大学生毕业人数超过630万，庞大的就业大军在就业市场上找到适合的劳动岗位并非易事。与此同时，产业结构优化升级过程中出现的新兴产业，所需人才却难以得到满足。出现有些用人单位求职者人满为患，有些用人单位却一员难求的矛盾现象。这就需要发挥市场与政府两种机制、两条渠道、两种作用，运用"看不见的手"和"看得见的手"调节劳动力余缺，谋求劳动力与劳动资料不同资源的合理有效配置。

三要应对农业现代化过程中农业劳动力的结构性短缺。改革开放以来，随着经济发展和城市化速度加快，以农村流动人口流向城镇为主的"民工潮"一浪高过一浪，老年人口和女性人口越来越成为农业劳动力的主力军，农业劳动力年龄结构老龄化、性别结构女性化特征越来越明显；同时，由于老年

[①] 参见人力资源和社会保障部《2012年第一季度部分城市公共就业服务机构市场供求状况分析》，http://www.mohrss.gov.cn。

人口受教育程度普遍低于成年人口，一般女性人口普遍低于一般男性人口，农村劳动力受教育程度和技能水平普遍较低，不适应农业现代化发展需要，也变得越来越明显。这种状况严重地阻碍着农村经济的发展、农民生活水平的提高和农业现代化的顺利实施。需要在大力推进科技下乡、文化下乡、人才下乡的同时，调整农村流动人口智力结构，留住和吸引一部分适合农业现代化发展需要的人才。

从长远发展观察，则必须对20多年后"人口视窗"关闭早做准备。最重要的准备，就是国民经济健康、平衡、较快地发展，争取国内生产总值2020年比2010年翻一番，2030年比2020年再翻一番，成功跨过"中收陷阱"，达到一般发达国家水平。为此，就要切实推进经济发展方式转变，一步一个脚印地实现由外延式经济增长向内涵式经济增长的转变。必须认识到，以内涵式经济增长为主导的经济发展方式转变，要求人口生产和再生产也要发生相应的转变，劳动力供给要发生由数量增长为主向质量提高为主的转变。新中国成立60多年来，人口身体素质、教育素质、文明素质有了令世人惊叹的提高，形成推动社会经济发展强有力的人力资本；然而也必须看到，目前总体人口素质还不够高，同现代化发展还不相适应。恰在此时，人口年龄结构老龄化推进到刘易斯第一拐点与第二拐点之间，劳动力供给发生历史性的转变，给以人口质量特别是教育素质的提升换取人口数量的停滞和一定程度的减少提供了空间。人口和劳动力"以质量换数量"，不仅可以满足经济发展、产业结构升级和现代化建设对劳动力的需要，而且提供了更为强劲和持久的新的人力资源动力，以及跨越"中收陷阱"现实的推动力。

第三节 劳动年龄人口相对高龄化

联合国国际劳工组织将劳动年龄人口中45~64岁人口称之为高龄劳动年龄人口，有着一定的现实意义。随着人口老龄化的不断推进，未来我国高龄劳动年龄人口占全部劳动年龄人口比例将不断上升，45岁以下较低劳动年龄人口占比将不断下降，总体上呈现劳动年龄人口逐步走向高龄化趋势。

关于劳动年龄人口相对高龄化，主报告在前面已经做了较多阐释。这里依据联合国提供的预测数据资料画出的图像显示，其与主报告预测非常接近，变动的基本趋势是相同的。总的趋势是：未来45~64岁劳动年龄人口占全部劳动年龄人口的比例不断升高，可由2000年的27.2%升高到2030年的

42.5%，2050年进一步升高到47.5%，几乎占到全部劳动年龄人口的一半，足见问题之严重。绝对人数2030年可增加到峰值，达40779万；此后开始减少，2050年可减少到37527万，成倒U型曲线走势（参见图1-2）。①

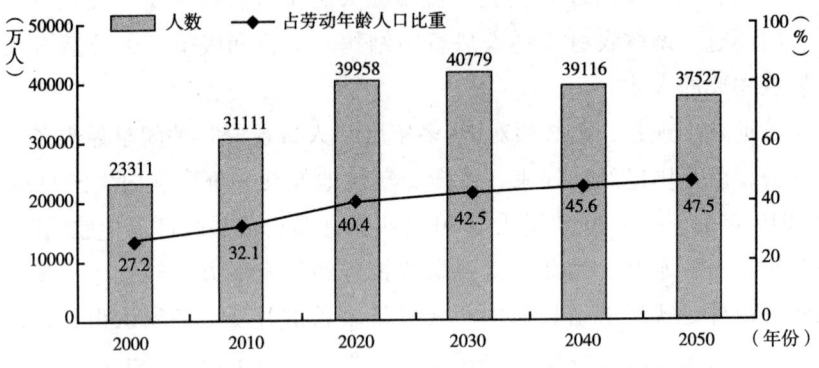

图1-2　2000~2050年45~64岁占比和数量变动预测

---

① 资料来源：United Nations, *World Population Prospects*, *The 2010 Revision*, New york, 2011。

第二章

老龄化与储蓄、投资

有人做过这样的比较和概括：美国人热衷于借贷和消费，中国人偏好储蓄和投资。这话不一定确切，但也绝非空穴来风，看一看中国老年储蓄和投资状况，便可见分晓了。

第一节 老龄化与储蓄

国民储蓄分为居民储蓄、企业储蓄和政府储蓄三类。研究人口老龄化与储蓄变动的关系，主要对象为城乡居民储蓄的变动。居民储蓄是居民收入与消费的余额部分，因而有必要从居民收入与消费切入。

1. 老年人口收入与储蓄

（1）老年人口收入。尽管20世纪90年代以后，出现了一次分配劳动占比下降，二次分配又没有进行有效调节，致使居民收入增长受到影响，拉开了同GDP、劳动生产率增长之间的差距，但是从总体上观察，城乡居民收入还是有了较大幅度的增长。1990～2010年，城镇居民人均可支配收入由1510元增加到19109元，按当年价格增长11.7倍；农村居民人均纯收入由686元增加到5919元，按当年价格增长7.6倍。收入增长是储蓄增长的基础，在储蓄率一定条件下，储蓄余额随着居民收入的增加而增加。同期统计数据显示，城乡居民人均储蓄存款余额由623元增加到22619元，增长35.3倍。[①] 相比之下，城乡居民储蓄增长速度要更快一些，为城镇人均收入增长速度的3.0倍，为农村人均收入增长速度的4.6倍。2010年城乡居民人均储蓄存款余额，相当于城镇居民人均收入的118.4%，相当于农村的382.1%，储蓄率之高，

---

① 资料来源：《中国统计年鉴2011》，第328页。

可见一斑。

老年人口情况怎样呢？中国老龄科学研究中心于 2000 年在全国 20 个省、自治区、直辖市进行的"中国城乡老年人口状况一次性抽样调查"和 2006 年、2010 年开展的"中国城乡老年人口状况追踪调查"收集了较为全面的老年人经济状况方面的数据，反映的老年人口收入变动情况如表 1-2 所示。①

表 1-2 2000~2010 年城乡老年人口平均收入和来源

单位：元

			总收入	从市场挣得收入	退休金/养老金	公共转移收入	家庭转移收入	其他收入
城市	2000	合 计	7392	721	5400	331	648	292
		男 性	9907	1143	7538	388	473	365
		女 性	5031	325	3392	277	813	224
	2005	合 计	11963	890	9077	342	1336	317
		男 性	15397	1351	12047	371	1232	397
		女 性	8773	462	6319	316	1433	242
	2010	合 计	18141	1308	15625	234	651	324
		男 性	22657	1946	19527	271	562	350
		女 性	13947	715	12001	199	733	299
农村	2000	合 计	1651	675	177	60	585	155
		男 性	1910	715	329	81	553	231
		女 性	1405	637	32	40	615	82
	2005	合 计	2722	937	369	131	1042	244
		男 性	3351	1145	556	169	1175	306
		女 性	2114	736	188	94	913	183
	2010	合 计	4722	1540	1154	507	609	913
		男 性	5546	1801	1572	670	579	923
		女 性	3925	1287	750	349	637	902

表 1-2 反映的是进入 21 世纪以来，中国老年人口收入的变动。有三方面比较明显的趋势：

其一，老年人口收入明显提高。2000 年城市老年人口年平均收入为 7392 元，2005 年提高到 11963 元，2010 年进一步提高到 18141 元。2010 年比 2005 年增加 6178 元，增长 0.5 倍；比 2000 年增加 10749 元，增长 1.5 倍。2000 年农村老年人年平均收入为 1651 元，2005 年提高到 2722 元，2010 年进一步提

---

① 2000 年和 2010 年收集的是当年老年人经济状况方面的数据，2006 年收集的是 2005 年老年人经济状况的数据。

高到 4722 元。2010 年比 2005 年增加 2000 元，增长 0.7 倍；比 2000 年增加 3071 元，增长 1.9 倍。这是按当年价格计算的，按可比价格计算增长要低一些；但是城乡老年人口收入的增长是明显的，速度也是比较快的。

其二，老年收入差距在不同老年人口结构上表现出来。一是在老年人口城乡结构上表现出来，城市明显高于农村。尽管近年来城市和农村老年人口收入增长几乎是同步的，但是由于原来的基础不同，城乡老年人收入差距仍有扩大的趋势。2000 年城乡老年人口平均收入差距为 5741 元，2005 年扩大到 9241 元，2010 年扩大为 13419 元，扩大的幅度比较大。要扼制和缩小城乡老年人口收入差距，社会保障、社会福利和社会救助等公共支出和服务，就要适当向农村老年人口倾斜，以使农村老年人口的实际收入提高更快一些。

二是在老年人口性别结构上表现出来，男性收入明显高于女性。2010 年城市男性老年人口年均收入为 22657 元，女性为 13947 元，男性比女性高出 8710 元；农村男性老年人口年均收入为 5546 元，女性为 3925 元，男性比女性高出 1621 元。往回追溯，2005 年城市老年性别收入差距为 6624 元，农村为 1237 元；2000 年城市为 4876 元，农村为 505 元。说明进入 21 世纪以来，老年人口收入性别差距也呈扩大的趋势。

其三，城乡老年人口收入来源迥然不同。退休金是城市老年人口收入的主要来源，农村老年人口的主要收入，则来源于属于市场范畴的劳动收入。2000 年，城市老年退休金占全部收入的 73.1%，2005 年升至 75.9%，2010 年进一步升至 86.1%。退休金收入固定且占比不断升高，是城市老年人口收入来源中最主要的特点。农村老年人口劳动收入占比最高，2000 年占全部收入的 40.9%；近年来有下降的趋势，2005 年下降到 34.4%，2010 年又下降到 32.6%。由于农村老年人口缺乏社会制度性经济保障，大多数没有退休金，家庭转移收入填补进来，成为农村老年人口的另一项主要收入来源。2000 年农村老年人口的家庭转移收入占全部收入的 35.4%，2005 年进一步上升到 38.3%；然而 2010 年却下降到 12.9%，陡降 25.4 个百分点。究其原因，最主要的是 2009 年国家推行新型农村社会养老保险（新农保）试点，试点地区的老年人口每月都能领到国家发放的一定数额的养老金，大大减轻了老年对家庭转移支付的依赖程度。调查显示，2010 年农村老年人口养老金收入占年均收入的比例达到 24.4%，比 2000 年升高 13.7 个百分点，凸显新农保不可低估的作用和功能。

（2）老年人口储蓄。随着经济的发展和老年人口收入水平的提高，城乡老年人口中储蓄占比和储蓄金额，都呈上升趋势。2000年城市老年人口中储蓄比例为26.6%，2010年上升到36.0%，上升9.4个百分点；2010年城市老年人均储蓄金额达到22685元，是2000年的3.2倍。农村老年人口储蓄比例低于城市，2000年14%的农村老年人口储蓄比例，比城市低12.6个百分点。2000~2010年农村老年人口储蓄比例上升近5个百分点，仅相当于同期城市比例上升的50%。2010年农村老年人口平均储蓄金额为2388元，是2000年时的3.5倍。与城市老年人均储蓄金额相比，2000年相差6391元，2010年扩大到20297元，差距拉大许多。在老年人口储蓄性别结构上，无论城市还是农村，男性老年人口的储蓄比例、平均储蓄金额均高于女性。稍有不同的是，城市男性老年人口和女性老年人口储蓄比例之间的差距在缩小，农村则相对固定。

一般认为，人口年龄结构、预防性储蓄、流动性约束，是制约储蓄率变动的决定性因素。就年龄结构变动影响而言，根据生命周期理论，消费与个人生命周期阶段关系密切。人们在年轻时期消费低于收入，成家立业和未来养老保险，均需要一定的储蓄；老年时期则消费高于收入，支付医疗等服务性消费直线上升，储蓄很少甚至是负储蓄。因此，多数学者认为老龄化对储蓄率的影响是负面的，随着老龄化程度的加深储蓄率是逐渐下降的。我国高投资率和高储蓄率长期并存的现象，一个合乎逻辑的解读，是老龄化前期处于人口年龄结构变动的"黄金时代"，有"人口盈利"、"人口红利"可供提取，而且还有将近20年的时间。因此，虽然老龄化具有使储蓄率下降的作用，然而由于尚处在年龄结构"黄金时代"后期，在"黄金时代"结束之前老龄化对储蓄率的下降不会产生大的影响，高投资与高储蓄并存将继续并行较长一段时间。

预防性储蓄增加是影响居民储蓄率较高的一个重要原因。研究表明，近年来我国储蓄率的增加是在其收入占比不断下降的情况下发生的。这就是说，由于居民储蓄倾向上升所导致的储蓄额的增加，远远大于由于居民收入比重降低所导致的储蓄额减少（张军扩等，2011）。中国人民银行2012年第1季度储户问卷调查显示，居民消费意愿维持低位，储蓄存款意愿很高，82.5%的城镇居民倾向于储蓄。[①] 居民储蓄行为中存在着显著的预防性动机，居民会通过增加储蓄来应对未来的不确定风险。自从20世纪90年代中期以来，我

---

① 资料来源：《中国人民银行2012年第1季度储户问卷调查报告》，参见中国人民银行网站：http://www.pbc.gov.cn/publish/diaochatongjisi/126/index.html。

国城乡居民在教育、医疗等方面的支出增长要快于整个消费增长，其在居民消费中的比重不断上升。随着城乡社会养老保障、医疗保障制度的完善，以及公共财政在教育等领域的加大投入，人们的预防性储蓄动机将有削弱的可能。

2. 老年人口消费与储蓄

本书后面对"人口老龄化与消费"有专题的分报告，故这里仅就老年消费与储蓄的关系，做出实证分析。结合国家统计局对消费的分类，本分报告将老年人口消费支出粗略地划分为日常生活（含经常性、非经常性）、家庭转移（含给子女、孙子女、亲属等）、文化娱乐（含书报杂志、影视、戏剧、棋牌等）、人际交往（含红白喜事随份子）、医药费（含看病、住院、买药等）5类。近10年来老年人口消费支出变动参见表1-3。

表1-3显示，进入21世纪以来，老年人口人均消费支出呈稳步增长态势。

表1-3 2000~2010年老年人均消费支出变动

单位：元

			总支出	日常生活	文化娱乐	家庭转移	人际交往	医药费
城市	2000	合计	7187	4551	60	1610	383	583
		男性	8013	4878	84	1922	502	626
		女性	6412	4244	38	1317	270	543
	2005	合计	10028	6439	286	1894	524	885
		男性	10926	7083	307	1981	632	923
		女性	9193	5840	267	1813	424	850
	2010	合计	16983	13398	201	1100	408	1875
		男性	17583	13679	198	1349	443	1914
		女性	16412	13132	204	863	375	1837
农村	2000	合计	1971	1521	11	179	125	135
		男性	2256	1693	5	224	161	172
		女性	1699	1357	16	136	91	99
	2005	合计	2691	2033	49	158	165	287
		男性	3094	2334	66	222	214	259
		女性	2302	1741	32	96	118	314
	2010	合计	4786	3629	16	146	155	840
		男性	5341	4013	20	217	195	896
		女性	4248	3256	13	78	116	785

2000年与2010年比较，城市老年人口总消费支出由7181元增加到16983元，增长1.4倍；农村由1971元增加到4786元，也增长1.4倍。消费支出中增加最多和占比最大的，当属老年人口日常生活消费支出：城市由4551元增加到13398元，增加8847元，增长1.9倍；占比由63.4%提升至78.9%，升高15.5个百分点。农村由1521元增加到3629元，增加2108元，增长1.4倍；占比由77.2%下降至75.8%，略降1.4个百分点。其次是医药费支出的增长，城市由583元增加到1875元，增加1292元，增长2.2倍；占比由8.1%提升至11.0%，升高2.9个百分点。农村由135元增加到840元，增加705元，增长5.2倍；占比由6.8%提升至17.6%，升高10.8个百分点。家庭转移消费支出有所下降，城市由1610元下降到1100元，降低510元；占比由22.4%下降到6.5%，降低15.9个百分点。农村由179元下降到146元，降低33元；占比由9.1%下降到3.1%，降低6.0个百分点。家庭转移消费支出绝对数量和所占比例下行走势，部分地说明了老年人口用于自身消费部分上升的走势，"啃老"有渐行渐远的趋势。

目前老年人口基本生活费用支出和医疗费用支出两项合计占比很高，2010年城市占89.9%，农村占93.4%，说明所余已经不多。即使家庭转移、文化娱乐、人际交往等消费支出占比有所下降，有的甚至绝对数量有所减少，也难以弥补基本生活费用和医疗费用支出上升，从而限制了老年人口储蓄的增长。一些老年人口不得不动用以往的某些储蓄，来补充消费需求不足，这反过来验证了提高老年人口收入是储蓄增长源泉的道理。

第二节　老龄化与投资

1. 老龄化与资本积累

可支配国民收入最终分割为积累基金和消费基金两大部分，在国民收入一定条件下，积累基金和消费基金是此消彼长的关系。关于人口老龄化与资本积累之间的关系，目前专门的权威论述并不多见，多数认为老龄化对资本积累和投资的消极作用是主要的，积极作用是次要的。发达国家特别是瑞典、丹麦、法国、德国等发达国家的经验表明，由于出生率长期持续下降，老年人口占比持续攀升，社会养老保障等压力持续增大，用于老年人口的消费基金随着增大，从而限制了积累基金的增长。为了减缓积累基金下降，采取的主要措施，一是抑制老年消费基金的过快增长，包括减少现有老年人口退休金支出、延长老年人口退休年龄以减少退休金支出两种。最近，希腊、西班牙等欧洲国家应付欧债危机，一个行之有效的办法，就是延长退休年龄，将65岁退休延长至67岁，减少两年退休金支付。二是保持国民经济稳定较快地增长，通过增加国民收入供给保持积累和投资的适当比例，维持积累基金规模。我国人口老龄化加速推进必然导致国家积累基金的减少和老年消费基金的增加，特别是在当前城乡老年福利设施匮乏、社会保障制度不完善背景下，政府必须拿出较大数量财政资金，去满足不断增长的老年人口生存和发展需求，消费基金的增长挤占积累基金规模的扩大是必然要发生的。而且，老年人口的累进增长也会降低个人储蓄和投资的能力，尤其在目前老年人口储蓄水平低、预期收入少、承担风险能力差的情况下。

2. 屡创新高的固定资产投资

上述人口老龄化与资本积累变动，是就一般情况下而言的，并不完全符合我国的实际情况，同21世纪以来在老龄化背景下的实际相去较远。统计数据显示，1991~2010年全社会固定资产投资年平均增长22.6%，其中2001年步入老年型年龄结构以来为23.0%，增长着实强劲。其对GDP增长的贡献率和拉动更是可圈可点，2000年贡献率22.4%，拉动GDP增长1.9个百分点；2005年上升到39.0%、4.4个百分点；2010年进一步上升到54.0%、5.6个百分点，扮演投资、消费、外贸"三大需求"中"独大"角色。[①]造成固定资产投资"独大"，有着经济的、政治的、文化的等多重原因，其中具有基础性质的主要的一条，是国民经济长期、持续、快速的增长，用不断将"蛋糕做大"的办法，满足积累和投资增长的需求。前已叙及，这同人口年龄结构变动老龄化前期"黄金时代"机遇期密切相关，劳动年龄人口占比稳步上升提供的"人口盈利"、"人口红利"、"人口视窗"不断扩大，既提供了充裕的廉价劳动力，又降低了劳动成本，因而提供了相应的资金积累，源源不断地输送给固定资产投资。

人口老龄化加大着老龄产品和老龄服务的需求，要求固定资产投资更多地投到相关的产业和行业。老龄产业横跨三次产业，但是以第三产业为主，要求加大老年人口生活型服务业投资，促进社会保障、社会福利、社会救助业有一个较快的发展。然而一个时期以来的投资结构，却不尽如人意。统计资料显示，2010年按行业分城镇固定资产投资结构中，占比最高的为制造业，

---

① 资料来源：《中国统计年鉴2011》，第5、63页。

占30.9%；其次是房地产业，占23.9%；再次是交通运输、仓储和邮电业，占11.5%；其余占比均在10.0%以下，农、林、牧、渔业第一产业占1.6%；第三产业中，公共管理和社会组织占2.0%，教育占1.5%，租赁和商务服务业占1.0%，卫生、社会保障和社会福利占0.8%；科学研究、技术服务和地质勘察业占0.5%。① 这说明，尽管近年来第一和第三产业投资占比有所上升，但是原来占比过低的状况并没有根本性改变，投资围绕GDP增长打转转的格局没有改变，不断增长的老年人口生存和发展需要的投资，得不到相应的增长。

3. 老龄化投资新需求

面对生产性投资在某些行业内已经形成过剩产能，而社会领域的投资却长期处于相当低的水平，人口老龄化和家庭、社会结构转型迫切需要的投资不能有效增加，投资结构必须进行调整。应加大社会领域的投资，特别应将老年人口社会服务方面的投资作为重点领域，保障老有所养并提高老年人口的生活质量。

家庭是我国老年人照料的基本细胞单位，当前这个细胞单位也面临很大的冲击。中国老龄科研中心2010年调查显示，空巢、独居老年人在显著增加。2010年，城乡空巢老年人口占51.0%，较2006年增加9.7个百分点，较2000年增加12.1个百分点。10年来，城市空巢老年人的比例由42.0%上升到57.4%，农村相对应由37.9%上升到45.9%，增长速度之快、幅度之大实属罕见。空巢老年人口的不断增加，是子女数量减少、居住安排变化、住房市场化和人口流动加速等因素共同作用的结果。保障空巢老年人口特别是独居老年人口日益增长的生活需要，必须在照料、服务和关怀等模式上进行改革和创新。还要注意到，10多年来，城乡生活完全能够自理的老年人口比例下降约2.8个百分点，自理有困难的老年人口占比相对上升，完全失能的老年人口占比基本稳定；然而随着老龄化加速推进和老年人口数量大幅度增加，失能老年人口绝对数量增加许多。2010年，有52.7%的高龄老年人存在不能自理或自理困难的情况，约792万高龄老年人有日常生活照料方面的需求，约295万自报有照料需求的老年人未能得到有效照料。随着人口老龄化进程的进一步加快，老年人口的照料服务需求不断扩大，社会养老服务体系肩负的任务将愈加繁重。对于老年人口特别是对空巢老年人口来说，他们担心需

---

① 资料来源：《中国统计年鉴2011》，第170~173页。

要时无人照料的一个非常重要的原因，是缺乏获得长期、稳定的家庭照料的信心，而社会照料服务又不能填补相应的空缺，形成无人照料真空。如目前养老机构床位总量缺口很大，难以适应未来形势发展的需要。全国老龄办《2010年度中国老龄事业发展统计公报》显示，截至2010年底，全国共有各类老年福利机构39904家，床位314.9万张，收养老年人口242.6万，收养入住率为0.8人/床。2010年第六次人口普查显示，全国60岁及以上老年人口达到1.7765亿，占总人口的比重为13.26%，意味着每千名老年人占有的床位数仅为17.7张。[①] 历史上，我国的养老机构以农村敬老院、城市社会福利院、光荣院为主，主要是解决农村"五保户"老年人、城市"三无"老年人、伤残军人为主的养老。但是随着人口老龄化的快速推进，家庭和社会结构受市场经济影响发生了变化，普通家庭对机构养老的依赖性在增强。床位功能配置不合理的情况比较突出，大多数养老床位服务于自理老人，最需要机构照料的失能老年人反而入住无门。中国老龄科研中心三次调查均显示，老年人对居家照料和社区照料服务的需求巨大，而且农村老年人的需求比城市老年人更为强烈。与需求相比，城乡老年人口居家养老和社区养老的服务项目和服务水平相差很大，需要加强对社区养老服务的资金投入。从发展上观察，多数老年人口的社会养老服务需求要由市场提供，老年养老服务产业具有十分广阔的发展前景，需要有一个较大的发展。

---

① 资料来源：中国老龄科研中心《2010年中国城乡老年人口追踪调查基本数据》。

第三章

人口老龄化与人力资本积聚、技术进步

进入 21 世纪以后，随着信息化、经济全球化步伐加快，人口转变和老龄化加速推进，中国经济的低成本时代宣告结束，过分依赖增加劳动、资本等生产要素投入的增长方式，将被以产业结构升级、加速人力资本形成和科技创新为主要特征的经济发展方式所取代。显然，人口老龄化对人力资本、技术进步的作用和影响具有特殊的意义，关系到经济发展方式转变全局。

第一节 老龄化与人力资本积聚

何为人力资本？可追溯到古典经济学派，亚当·斯密（Adam Smith）在《国民财富的性质和原因》中，就把"社会上一切人民学到的才能"当作资本，劳动者学习的时候，固然要花费一笔费用，但可以得到偿还，赚取利润。20 世纪 60 年代，美国经济学家西奥多·威廉·舒尔茨（Theodore William Schultz）和加里·斯坦利·贝克尔（Gary Stanley Becker）首先创立了比较完整的人力资本理论。这一理论有两个基本的观点，一是在经济增长中，人力资本的作用要远大于物质资本的作用；二是人力资本的核心是提高人口质量，教育投资是人力资本投资的重点。一般地说，人力资本是人所具有的知识、技能、经验和健康的价值，教育是增强人力资本积聚的主要手段。那么，人口老龄化对于人的知识、技能、经验的获取和健康的增进有什么影响，如何通过化消极因素为积极影响提升人力资本积聚的能力，这无疑对于经济增长说来是至关重要的。

发达国家经济发展和人口转变实践表明，人口老龄化多发生于经济比较发达、物质财富和制度准备比较充分的条件下。相比较而言，中国的人口转变主要是在计划生育政策的作用下提早完成的，世纪之交当人口年龄结构步入老年型的时候，社会经济发展水平不够高，人均国民收入只有1000美元。而据世界银行公布的数据，发达国家进入人口老年型年龄结构时，人均国民总收入已达5000美元以上，有的达到10000美元。从这个意义上说，中国是"未富先老"，在收入水平较低情况下便步入老年型。如此，人口老龄化势必对政府的公共财政支出带来巨大冲击，因为政府不得不要着手建立养老保险、医疗保险、最低生活保险等社会保障制度，投入数量可观的社会资金。世界经济合作及发展组织的预测表明，2000~2050年人口老龄化将导致与老年人口相关的社会支出占GDP的比重，由19%上升到26%，其中一半是作为养老金支出的，另一半则主要是医疗卫生等的支出（Dang, antolin & oxley, 2001）。

人口老龄化进程怎样，可对社会养老保障基金变动产生直接的影响。目前中国城镇职工养老保险制度是现收现付制的社会统筹账户（第一支柱）和积累制的个人账户（第二支柱）相结合。对于实行现收现付制的社会统筹账户来说，如果养老金替代率不变，养老保险基金的缴费率（工资税率）与赡养率（退休职工人数与在职职工人数的比率）成正比。这就意味着，如果不改变养老金的替代率，人口老龄化程度越高，则在职职工养老保险基金的缴费率就越高。近5年来的情况如图1-3所示。①

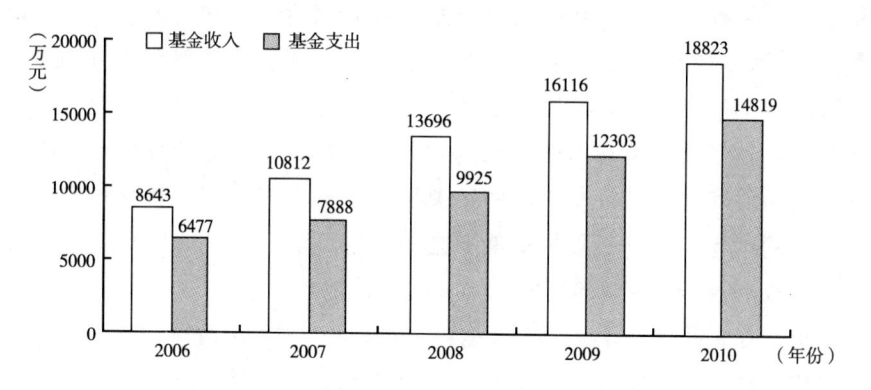

图1-3　2006~2010年社会保险基金收支情况

特别值得提出的是，老龄化对医疗保险支付有直接影响。由于人类生命周期的自然进程，在健康期、带病期、伤残期三个生命周期中，多数老年人

---

① 资料来源：《2010年度人力资源和社会保障事业发展统计公报》。

口进入程度不同的带病期，随着高龄化的推进许多进入生活不能自理的伤残期，不仅医疗费用大增，而且长期护理费用的增加更为可观。这对于国家财政说来，支付压力越来越大，影响到人力资本投资的增长。因此，从长远和发展上看，人口老龄化对人力资本积聚不利，通过增加老年社会公共支出影响总体人口智力投资；也通过影响生产性投资增长，滞缓经济增长而影响教育等人力资本投资。只是要分清老龄化前期与后期有所不同，前期有利因素大于不利因素，后期不利因素大于有利因素，前期要为后期消除不利因素做准备。

应对人口老龄化对人力资本的不利影响，关键在于加大教育投资。教育是人力资本积聚的主要途径，教育投资的主体是家庭和政府。教育投资越多，人力资本积聚的水平就越高，反之人力资本积聚越少。父母对子女的教育投资决策，不管人们是否意识到，始终遵循孩子效用最大化原则，即边际孩子成本要小于该孩子提供给父母家庭的效益。而政府的公共教育支出，则取决于教育产品的外部性及公众对教育政策的偏好，遵循公共效用最大化原则。面对人口老龄化沉重压力，将给予年轻人口的教育财政支出转移到老年人口的社会保障中来，是短视行为，不能用缩减公共教育支出增加老年人口公共支出。我国用世界上比例极低的公共教育支出，承办世界上人口规模最大、门类最齐全的教育。早在1993年颁布的《中国教育改革和发展纲要》中就明确提出："财政性教育经费占国民生产总值的比重，在本世纪末达到4%。"《国家中长期教育改革和发展规划纲要（2010~2020年）》也明确提出要加大教育投入，教育投入是支撑国家长远发展的基础性、战略性投资，是教育事业发展的物质基础，是公共财政的重要职能。然而多年来，教育投资却并未达标。直到"十二五"发展规划重申这一指标，政府领导人表示2012年即要实现教育投资占GDP 4%的目标。

如前所述，我国劳动年龄人口绝对数量将在2017年前后达到峰值，人口年龄结构变动"黄金时代"提供的"人口盈利"、"人口红利"，将逐渐转变为"人口亏损"、"人口负债"。这一宏观人口转变的趋势，是合乎规律的和不可逆转的。提高退休年龄，如同某些发达国家那样，其前提是老年劳动者受教育程度和实际的劳动技能较高，与年轻劳动者没有显著差别；再加上他们的工作经验比较丰富，在劳动力市场上，便具有差不多同等的竞争力。目前我国劳动年龄人口中，年龄越大受教育程度越低；在这种情况下延长退休年龄，高年龄组群的劳动者将会陷入不利的竞争境地，难以收到延长的效果。

可行的办法，是大力提高劳动者的科学、技术和文化水平，既发展全民的义务教育，也发展职业培训教育，使相对较高年龄的劳动年龄人口受到更多的教育，为提高退休年龄创造条件。大力提高较高劳动年龄人口的教育和智能水平，以质量提高换取数量减少，打造人口智力结构变动的"黄金时代"，创造第二次"人口盈利"、"人口红利"，为未来提高退休年龄做好准备，是老龄化背景下增强人力资本积聚的必由之路。

第二节　老龄化与技术进步

作为经济增长的重要因素的技术进步，不同学者研究得出人口老龄化对技术进步具有不同、甚至是截然相反作用的结论。有学者（Canton & Groot & Nahuis，2002）站在既得利益基础上，论证由于老年人口在新技术收益产生之前就已死去，但仍要承担采用新技术牺牲休闲的机会成本，老年人口不心甘情愿这样做，常常对新技术持反对意见。老年人口知识更新速度较慢，创新意识相对较弱，掌握新技术和新科技的能力相对较低，故会在一定程度上给科技创新带来不利的影响，不利于技术进步。另有学者（Alders，2005）认为，出生率下降造成劳动力稀缺，诱导下一代人力资本投资增加。而技术进步依赖于雇员平均人力资本水平，更高的人力资本水平将导致更好的技术被采用，因而有利于技术进步。

长期以来，有利论与不利论争执不下，各自都有一定的道理。从我国实际出发，前已论及，总体上，老龄化前期"黄金时代"提供的机遇有利于经济社会发展，也有利于技术进步；老龄化后期，不利于经济社会发展，也不利于技术进步。不过不能笼统地盖棺定论，前期有利于技术进步中，含有不利因素：主要是劳动年龄人口占比和绝对数量呈上升趋势，就业压力比较大，有时"优先就业"不得不以牺牲劳动生产率为代价，妨碍着技术进步。后期不利于技术进步中，含有有利因素：劳动年龄人口数量供给减少，就业压力减轻，经济社会发展更多求助于劳动生产率的提高和技术进步，成为推动技术进步的元素。人口老龄化妨碍和推动技术进步的例证，到处都可以找到；全部问题的关键，在于把握不利向有利方向转变，以劳动者素质提高换取劳动年龄人口数量减少的机遇，采取兴利除弊的得力措施。一方面，要加大对教育、科技、文化、卫生、环境等的投资力度，提高包括老年人口在内的人口素质，增强人力资本积聚；另一方面，要借助劳动年龄人口占比和绝对数量减少、就业压力减轻机遇，大力提高人口素质，加速推进现代化进程，促进科学技术创新。

第三节 老年人力资源开发

2002年在西班牙马德里召开的第二次老龄问题世界大会通过的《政治宣言》，明确指出"当老龄被视为一种成就时，对高龄群体人力技能、经验和资源的依赖，就自然会被公认为成熟、充分融合及富有人性的社会发展过程中的一种资产"。然而要有这样的认识并转化为行动，还需要一个过程，一个由实践完成转变的过程。

1. 老年人力资源再认识

人口学将老年人口界定为非生产劳动人口，是纯粹在年龄意义上讲的，并非实际上老年人口完全脱离劳动岗位，是完全退休的纯消费者。众所周知，一般发展中国家将老年的起始年龄定在60岁，发达国家定在65岁，主要出于预期寿命不同的考虑。不过，无论界定在60岁以上还是65岁以上，都不意味着老年人口完全脱离生产劳动的纯消费人口。事实上，老年人口中均有相当比例从事力所能及的劳动，对老年人口中存在的人力资源，需要重新认识。2010年中国老年科学研究中心提供的抽样调查数据显示：城镇老年人口仍在工作岗位的占0.6%，再就业占5.7%，参加治安巡逻占7.2%，参加某些义务劳动占13.8%；农村老年人口仍旧从事轻重不等的生产劳动的占46.5%，务工、做生意占8.9%。此外，城镇参加志愿者活动、互助活动和青少年教育活动，占比达一半以上；农村关心集体经济、村务活动等占比很高，多数特别是多数年龄较低组群老年人口，或者仍旧劳动在生产经营第一线，或者参加多种义务劳动、社会公益活动，他们依然是社会人力资源的有机组成部分。也就是说，老年人力资本积聚尚未用尽，应当将他们的潜力尽可能地释放出来。成年人力资本积聚受到普遍关注，那是社会财富创造的主力军；老年人力资本积聚也不应轻视，也不应使这部分资本白白浪费掉，要为其潜能的发挥创造条件。

2. 老年人力资源开发

随着预期寿命的延长和健康的增进，老年人力资源储备在增加。2000年我国人口平均预期寿命男性为69.63岁，女性为73.33岁；预测表明，2050年男性可增加到78.5岁，女性可增加到82.9岁。在此期间，劳动年龄人口占比呈持续下降趋势，老年人口占比和绝对数量呈稳步上升趋势，其中较年轻老年人口大幅度增加，从事劳动的能力将大为增强。这是因为：其一，健康状况大为改善。按照生命周期理论，健康期将不断延长，进入带病期人口占比有缩小的趋势，达到伤残期人口占比也有缩小趋势，提高了老年人口从事劳动的体能。其二，老年人口的教育水平在不断提高。老年人口教育结构呈典型金字塔状，随着年龄增高受教育程度逐步减低。老年人口年龄别死亡率则表明，年龄越高年龄别死亡率越高，存活概率越低，因而随着时间的推移，受教育程度较低的老年人口占比越来越低，受教育程度较高的老年人口占比越来越高，较低年龄组群比较高年龄组群要高出一大截，这不仅为他们自身从事一定的劳动创造了条件，而且作为知识和经验传承的作用，也将得到富有成效的发挥。可见，联合国第二届世界老龄大会把"积极老龄化"作为应对21世纪人口老龄化的政策框架提了出来，强调各国应努力创造条件让老年人回归社会，发挥才能，将老龄化对社会经济的压力转化为促进可持续发展的动力，不是无的放矢。在当今世界人口老龄化最严重的日本，老年人口主要是较年轻一些的老年人口再就业和继续从事力所能及的劳动司空见惯，他们仍在为生产国民财富而自豪。中、日等东方国家老年人口，一向有愿意继续进行一定的生产劳动的习惯，甚至是一种偏好，一种保持健康的良方，我们应当创造条件，提升老年人口创造社会财富的广度和深度，尽最大努力，把老年人口蕴藏的人力资源开发出来、利用起来。

3. 加快老龄产业发展

培育和开发老年人力资源，推动老年人口再就业和从事一定的生产劳动，需要大力发展适合老年人口体力和智力特点的产业，即老龄产业。老龄产业是一个综合的非独立的产业，它包括第一、第二、第三产业中的多个行业，尤以第三产业为主。近年来，我国老龄产业发展取得一定进展，养老服务业、老年住宅业、老年旅游业和老年生活用品业呈现快速增长的势头，特别是养老服务业发展更快。从各地情况来看，养老服务业的服务主体、资金来源、服务对象等出现多元化倾向。投资规模和经营机制不断创新，出现了多种形式的养老服务机构，有效满足了老年人口不同层次的服务需求。截至2010年底，全国共有各类养老服务机构39904个，比上年增加233个；床位314.9万张，比上年增长9.0%；收养老年人口242.6万，比上年末增长6.6%。[1]

---

[1] 资料来源：《2010年中国老龄事业发展统计公报》。

但是，老龄产业的发展与老年人的实际需求差距很大，老龄产业还处在起步阶段。一是老龄产业规模小、层次低，吸纳就业人数有限，技术比较落后。二是养老服务业发展滞后，供需矛盾突出。如当前养老床位总数仅占全国老年人口的1.7%，不仅低于发达国家的5%~7%，也低于一些发展中国家2%~3%的水平。三是老龄产业城乡、地区之间发展不平衡，既存在一床难求的情况，也存在床位闲置的现象。四是资金来源渠道狭窄、资金投入数量不足，致使老龄产业的发展受到很大限制。

加快老龄产业发展，应从以下几方面入手：一是把老龄产业纳入经济社会发展总体规划，列入国家扶持行业目录；完善引导和扶持老龄产业发展的信贷、投资等优惠政策，扶持弱小企业和"瓶颈"企业，壮大老龄产业的规模和力量。二是确定优先发展领域，切实缓解供需矛盾。从目前的实际情况看，优先发展领域应该以老年生活用品业、老年医疗康复和卫生保健用品业，即养老服务业为主。鼓励社会资本进入这些行业，加快这些行业的发展，切实解决目前的供需矛盾。三是确定现阶段的主导支柱产业，发挥主导产业的示范带动作用，带动老龄产业全面发展。目前的主导支柱产业，主要包括居家养老和社区照料服务业、民营养老服务业、老年产品开发、老年旅游产业等。其中，依托社区，大力发展居家养老、社区医疗、社区照顾等服务项目，是当务之急。四是加快制定老年用品质量标准，加强老龄产业市场监督管理，防止假冒伪劣产品流入和充斥市场，打击欺诈行为。注意发挥老龄产业协会和中介组织的积极作用，加强行业自律和规范化管理。

第四章

老龄化与经济社会可持续发展

谋求人口老龄化与经济增长,不仅要注意到老龄化推进与经济的数量增长,而且要关注经济增长的质量和结构,寻求老龄化与经济社会的可持续发展。要想达到这一目的,无疑要总结我们自己的做法和经验,同时也要吸取国际社会正反两方面的经验,努力走出一条协调发展之路。

第一节 老龄化背景下应对"中收陷阱"的国际经验

当前,我国处在改革引向深入还是停滞不前,方向是集中统一还是市场分享的十字路口。着眼于中华民族伟大复兴全局,毫无疑问需要继续深化改革,实现"三步走"发展战略最后一个目标。为此,首先要争取 10 年内最好是 2020 年以前,跨越横在我们面前的"中收陷阱",步入较高收入国家行列。而走好这一步,研究和借鉴国际社会经验有着积极的现实意义。

1. 日本的经验

一般认为,亚洲日本、韩国、新加坡等国,是成功跨越"中收陷阱"的典型,相对说来日本更为典型,需要重点研究。1972 年日本人均 GDP 接近 3000 美元,进入中等收入国家行列。到 1984 年突破 1 万美元,花了大约 12 年时间,其中的重要背景之一,是人口年龄结构加速走向老龄化。1945 年二战结束后,战败的日本一度处于战后极度贫困的混乱状态。经过 15 年左右的恢复和调整,20 世纪 60 年代进入经济高速增长时期。1960 年日本人口 9319 万,65 岁以上老年人口占比 5.7%,年龄中位数 25.5 岁,平均预期寿命不足 68 岁,属于成年型人口中期。1970 年人口增加到 10445 万,65 岁以上老年人口占比 7.0%,年龄中位数 28.9 岁,平均预期寿命超过 70 岁,标志着人口年龄结构步入老年型;此时日本经济步入快速增长期,人均 GDP 已接近中等收入门槛。1963年，日本举办东京奥运会的前一年，人均GDP仅为573美元，是美国2544美元的22.5%，不足四分之一。人均GDP首次突破1000美元是在1966年，迎来国民经济的高速增长；1971年突破2000美元，1973年达到2964美元。人均GDP从1000美元增加到2000美元，用了6年；从2000美元增加到3000美元，只用了3年时间，大大快于西方发达国家（李国庆、丁红卫，2004）。20世纪中期超过10000美元，快速进入发达国家行列。人口老龄化的速度进一步加快，1990年65岁以上老年人口占比提升到12.0%，年龄中位数提升到37.4岁；2000年分别提升到17.2%、41.4岁；2010年分别提升到22.6%、44.7岁，成为当今世界人口老龄化最为严重的国家，也是人均GDP水平很高的国家。[1]

不难看出，日本经济的快速增长，得益于人口老龄化前期年龄结构变动"黄金时代"提供的"人口盈利"、"人口红利"。战后日本经过一段恢复和调整，工业化、人口城市化迅速起步；同时人口出生率不断下降，老龄化前期老年人口占比上升较为缓慢，导致劳动年龄人口占比逐步攀升，出现被抚养的少年和老年人口之和占比下降的有利时机。日本成功地利用了这一不可复得的"黄金时代"加快经济发展，同时人口数量增长受到强有力的抑制，并在战后50多年后实现了人口的负增长。根据日本总务省公布的数据，截至2008年10月1日，日本总人口12769.2万人，比上一年减少7.9万人；2009年进一步减少到12754.7万人，比2008年减少14.5万人。少子高龄化的这一新的变动趋势，必将对日本经济产生新的更为深刻的影响。

如果说，日本迅速达到中等收入水平后，又迅速越过"中收陷阱"达到发达国家较高水平，得益于人口老龄化前期年龄结构变动"黄金时代"提供的"人口盈利"、"人口红利"，那么继续沿着老龄化惯性走下去，加速老龄化的后果必然会表现出来。65岁以上老年人口比例从7%上升到14%所经历的时间，法国为125年，美国为71年，英国为47年，日本仅为24年，这使日本老龄化后期"人口亏损"、"人口负债"凸显，给经济增长蒙上一层阴影，少子高龄化成为日本经济停滞不前的一个重要元素。根据日本总务省的统计资料，2007年日本少年儿童人口和65岁以上老年人口占总人口的比例分别为13.53%和21.49%，老少之和从属年龄比（抚养比）上升到53.89%，"人口盈利"、"人口红利"已为"人口亏损"、"人口负债"所取代，并且面

---

[1] 资料来源：United Nations：*World Population Prospects*，*The 2008 Recision*，p. 292。

临社会负担快速上升的压力。联合国的预测表明，2030年可上升到68.9%，2050年可进一步上升到96.08%，连创"亏损"、"负债"新高，构成对未来日本社会经济发展的严峻挑战。如果不能有效应对，有可能出现停滞和倒退的危险。

总结日本过去成功跨越"中收陷阱"的做法和经验，值得借鉴的地方很多。立足于中国实际，以下三点更具现实意义。

（1）突出发展重点，适时调整产业政策。日本在经历二战后的10年恢复之后，经历了三个不同的发展阶段。1955~1965年实施了以引进技术和投资拉动为主的快速工业化阶段；在此基础上，1966~1975年实施了以消费引领为主的"黄金十年"高速发展阶段；此后在石油危机冲击下，1976~1985年实施了产业结构轻型化和国家经济节能化的新阶段，完成向后工业化的成功转型。可见，日本在发展中前期也曾走过粗放式发展道路，但是在石油危机压力下，向低耗、高效转型卓有成效，实现了产业结构和经济技术结构的转型升级。适时调整产业政策，是转型升级的关键。首先，加大节能技术和高新技术研发，研发取得成果后，再发展节能和"高加工度化"产业；其次，加快"高加工度化"和"知识集约化"产业发展步伐，推动从以资本密集程度高的重、化工业为中心向以知识密集程度高的加工装配工业为中心的产业结构转变，1975年以来又补充增加了对尖端技术支持的政策。1982年第二次石油危机以后，日本政府采取刺激国内需求政策，推行"内需扩大主导型"战略方针；鼓励海外投资，扩大对外贸易；加大社会公共投资，提高国民福利水平。经过这些政策调整，日本经济步入了现代化结构转换期，制造业占比开始走出由上升转而下降的倒U型曲线，第三产业占比则呈现稳步升高态势；外贸出口受到抑制，经济增长方式由主要依赖出口转变为出口和内需扩大并重；国际分工参与方式也有改变，由"加工贸易型"转变为"水平分工型"。产业政策的适时转变，推动了产业结构升级和出口商品结构的优化，日本高附加值工业制成品占出口商品比例大幅度增加。到20世纪80年代中期，日本生产的高精密机械、半导体、机器人等高附加值工业制成品，占世界市场的份额大幅度提升，是主要的生产国和世界市场的供应国。

（2）重视民生，缩小差距。日本之所以能成功跨越"中收陷阱"，除了对产业政策本身的调整外，重视民生、对社会进行综合治理、缩小各阶层的收入差距，以及改变和改善经济发展的社会环境等，也发挥了很大的作用。日本很注意社会均等化发展，主要有战后初期实施的农地改革、解散财阀以及工会组织的普及。正是由于政治民主化改革先行，才使随之而来的高速经济增长创造的巨大财富，得以均等地分配到各个职业阶层。除了实施民主化改革外，日本政府还实施了一系列有利于均等化的社会制度。其中高就业制度与就业保障政策、收入分配的均等化政策、税收调节政策、收入再分配制度与社会保障制度建设等，起了关键的作用。在持续18年的高速增长时期，"终身雇用"等日本式经营制度，促使日本实现了发达国家中最高的就业率。税收调节政策，则有效地起到缩小阶层差距的功效。收入再分配制度和社会保障制度，使弱势群体获得了社会再生的制度援助。构成战后初期最大社会差别的农户与城市工薪家庭的消费支出水平，在1973年发生逆转，消除了不合理的城乡二元结构。从经济增长的实质看，高速增长可以分为两大时期：60年代中期以前是由生产性投资推动的高速增长时期，此后则是由消费增长推动的高速增长时期。社会的均等化影响到政治和社会的稳定，是自民党长期执掌政权的重要社会基础。

战后日本社会均等化发展的首要标志是经济收入差距的缩小，国民收入分配的显著变化就是基尼系数的降低。二战以前，日本的基尼系数很高且不断上升，1895年为0.476，1915年上升到0.597。二战之后，由于经济民主化、收入分配的均等化，基尼系数大幅度降低，1962年下降为0.376，1980年下降为0.337，以后则稍有升高。按照库兹涅茨曲线，在近代经济长期的变动过程中，收入分配一般会先出现一定程度的不平等，然后趋向均等化趋势，日本收入分配走过的轨迹，证实了这样的理论模型。

(3) 发展健全社会保障，调节收入再分配。社会保障政策的健全完善程度是决定国民福利水平的重要因素。1961年，日本就已经实现了"国民皆年金"的目标，国民的养老保险制度得以确立。在社会保障制度中，再分配效果最为显著的是低收入者生活保障和残疾者生活保障。从社会保障支出占GDP的比例可以看出一个国家的保障水平，日本人均社会保障费用持续上涨，社会保障费用占国民收入的比重持续上升。1965年日本社会保障费用占国民收入的比例为5.5%，1970年上升到6.1%，1976年再上升到10.4%（南亮进，1981）。实现了在经济增长和人民生活水平改善的同时，收入和教育、医疗、卫生等公共资源的合理分配，促进了社会的和谐和进步，营造出跨越"中收陷阱"必要的社会环境。

2. 落入"陷阱"国家的教训

二战后仅有为数不多的几个国家和地区成功地跨越了"中收陷阱"，大部分没有迈过这道门槛，长期在"陷阱"中徘徊，尤以拉美和加勒比地区、东南亚地区的一些国家为典型。研究这些国家落入"中收陷阱"的教训，结合中国实际，最值得注意和引以为戒的是"三化"。

其一，过度城市化。以拉丁美洲和加勒比地区的一些国家最为突出，故称之为"拉美畸形"的城市化。依据联合国提供的最新资料，2010年世界人口城市化率为50%，发达国家为75%，发展中国家为45%，最不发达国家为29%。拉美和加勒比地区为80%，不仅高于发展中国家35个百分点，而且高于发达国家5个百分点。人口较多国家的人口城市化率，墨西哥达到78%，巴西达到87%，智利达到89%，阿根廷达到92%，委内瑞拉达到93%。[①] 而且，拉美过度城市化以超大城市的畸形集聚为主要特征，60%以上人口居住在大城市、特大城市。这就形成了城市中大量无业和失业的人口群体，城市失业率超过10%；社会冲突加剧，治安等社会问题成为影响政局稳定的重要因素；政府财政拮据，城市治理不得不在很大程度上依赖国外援助，造成国家债台高筑；城市公共设施严重不足，交通运输和水、煤气等的供给紧张，环境污染加剧；城区地价大幅度上涨，失业人口和流入的农民纷纷向郊外转移，逐渐形成大面积的"农村包围城市"的贫民区，与现代化的城市中心区形成鲜明的对照。拉美国家人口城市化的畸形发展，不仅没有给城市的健康发展注入活力，也没有给农村和农业经济的发展创造新的生机，而成为整个城乡经济发展的绊脚石，国家财政的累赘，社会发展的障碍，跌入"中收陷阱"的铺路石、垫脚石。

中国与拉美国家情况不同，迄今为止中国人口城市化并没有落入"拉美陷阱"，这是一件颇为国际社会称道的了不起的成就。然而仔细研究一下世纪之交转入第二阶段的中国人口城市化，发现情况正在发生变化，如不采取科学的城市化发展战略和得力的措施，落入"拉美陷阱"的危险并不是没有可能。特别是在理论上，存在人口城市化都市圈理论误导；在实践上，存在大城市"摊大饼"式向外延伸的某种风险。以发展源于20世纪中期法国和意大利地理学家和经济学家，尤以戈特曼的"大都市圈"理论和佩鲁的"增长极"理论为代表，提出并论证了由超大城市主导同时吸纳了相当数量的大城市、中等城市组成的城市产业链经济带，一般占到本国GDP的65%~80%，成为最重要的经济"增长极"，称之为"都市圈"式城市化理论。在我国

---

① 资料来源：United Natins：*Urban Population*，*Development and the Environment 2011*。

"乡村城市化"诸多问题暴露出来、寻求新的城市化理论的时候，这一理论迅速传播开来并作为"重大轻小"城市化道路的理论依据，开始了小城镇向中等城市、中等城市向大城市和超大城市的过渡和升级，大城市、超大城市一圈又一圈"摊大饼"式地向外扩张，失地农民大量增加，已经出现大小不等诸如"新疆村"、"浙江村"那样的城中村。虽然这些农民工聚集区与拉美贫民窟有着本质的差别，我们的农民工多是城市市场经济的积极参与者，但是就住房条件、生产性质、卫生状况、本人和子女教育等说来，则有颇大相近之处，有些已发展为具有较大规模的棚户区。还要注意到，城市中一批新生的贫困阶层有可能被边缘化为失地农民的同盟军，使矛盾复杂化，这也必须引起重视和妥善整治。

其二，贫富两极分化。陷入"中收陷阱"的国家，经济和分配主导权常常掌握在几个大的利益集团手中，没有也不可能实行公平、合理、有效的收入分配，贫富差距不断扩大，许多国家两极分化严重。20世纪70年代拉美和加勒比地区人均GDP达到1000美元时，造富运动也随之兴起，涌现出一批富有阶层。更多的人因为涌向城市特别是大城市，没有体面的工作而沦为贫困人口，占比迅速上升，大片贫民窟同大城市中心区高楼大厦同步扩张。人们将这样的发展，常常称之为"有增长无发展"的典型。目前拉美和加勒比地区，大约10%的富人占到总收入的60%以上，贫困人口占到总人口的40%以上，其中60%以上居住和生活在城市特别是超大城市中。这就形成了城市中大量无业和失业的人口群体，城市失业率超过10%。与享受现代文明的城市中心富人区，形成鲜明的对照。2003年拉美和加勒比地区生活在贫困线以下的人口达2.266亿，占比上升到44%以上。对此，智利前总统艾尔文指出：拉丁美洲的情况表明，市场不能解决社会问题。市场推动消费和创造财富，但它不能公平地分配财富（江时学，2004）。市场经济就是市场经济，竞争永远是优胜劣汰，市场的天平永远向着资本雄厚的一方倾斜，结果是贫富差距越拉越大。

其三，社会矛盾固化。所谓矛盾固化，就是矛盾的产生有着深刻的经济基础和社会根源，社会又不能从根本上铲除这种基础和根源，往往都是采取头痛医头、脚痛医脚的办法，使矛盾暂时得到缓解和部分消除。过一段时间旧有的矛盾又重新滋生出来，有的变本加厉地爆发出来，新的调节政策出台后，可能又有所缓解，开始新一轮的矛盾"爆发——缓解"重复。久而久之，社会资源占有不公、贫富差距悬殊、财政危机加剧、民主法治缺失、贪污腐败泛滥、失业率居高不下等矛盾，长期得不到解决，有些则愈演愈烈，直至集中爆发，造成国民经济停滞不前，甚至倒退。在大变革面前，社会矛盾同各种事物发展规律一样，不进则退。如果矛盾不能有效解决，旧有的矛盾就会在新的变革中假途伐虢、趁势而上，成为改革和发展的障碍。

第二节　老龄化与经济社会协调发展

前面重点阐述了日本应对人口老龄化、促进经济较快增长的经验，也分析了拉丁美洲和加勒比地区落入"中收陷阱"的教训，目的在于立足人口老龄化视角，谋求与社会经济可持续发展的思路、经验和决策选择。具体有以下三个方面：

1. 立足老龄化的经济结构调整

前面的分析表明，跨越"中收陷阱"未来 10 年是关键的历史时期。但是并非 10 年一过就万事大吉，因为如若不能实现长期可持续地发展，返回"中收陷阱"也不是完全没有可能，追求的目标应该是老龄化背景下，社会经济的可持续发展。

关于可持续发展，自 1972 年联合国斯德哥尔摩国际环境会议以来，有过多种诠释；我们以为，1987 年联合国人类环境委员会《我们共同的未来》报告，将其定义为"可持续发展是既满足当代人的需要，又不对后代人满足其需要的能力构成危害的发展"，尽管还不能穷尽可持续发展的全部内涵和外延，但是具有高度的概括性、准确性和现实性，不失为一个言简意明的阐发。这一定义从代际关系上阐释可持续发展，体现了以人的全面发展需要为宗旨，发展是为了满足人的全面发展的需要；发展的驱动力，在自然资本、产出（生产）资本、人力资本、社会资本中，可持续发展主要依赖人力资本；人与自然和谐发展，"不对后代人满足其需要的能力构成危害"，必须在节约资源和保护环境前提下进行；人与人之间和谐发展，协调当代不同人口组群、当代与后代不同人口组群之间的关系，公平地分享发展成果。将老龄化、跨越"中收陷阱"纳入可持续发展视野和轨道，发挥在坚持科学发展主题、转变经济发展方式主线中的作用，是首要的一条。前已论及，目前劳动年龄人口占比达到峰值，绝对数量不久即可达到峰值，一方面人口年龄结构变动的"黄金时代"尚未结束，需要进一步在用好、用够"人口盈利"、"人口红利"上下功夫；另一方面由劳动力过剩向平衡、不足过渡的道路已经打通，由劳动密集向资本和技术密集产业转型升级的大门已经开启，要不失时机地启动以人口和劳动力质量换数量、开创以人力资本驱动经济增长为主的新的人口变动的"黄金时代"，由人口和劳动力大国，转变为人力资源和人力资本大国和强国。面对人口老龄化加速推进和经济发展方式转变机遇，老年人口占比不断上升，绝对数量不断增加，意味着老年消费的累进增长，从而为从投资和外贸主导转变到消费主导型经济，提供了持续增长的动力和现实的需求。这两个方面提供的机遇结合起来，使转变经济发展方式变得恰逢其时，人口老龄化的作用不可替代。

2. 立足老龄化的收入分配改革

国际经验证明，经济增长与"中收陷阱"之间，是既有联系又有区别的两个概念，二者不是简单的线性关系，不能指望仅仅通过经济增长就一定能够成功跨过"中收陷阱"。问题出在收入分配上。因为如果收入分配调整不好，则有可能抵消一部分甚至很大一部分经济增长的效果。日本经验中，长期以来执政党比较注重农民和自营业者等社会下层的利益，在社会中尽可能地均等配置各种资源，赢得并保持了较高的国民支持率。均等配置资源并不是平均分配。从微观上看，日本的各个阶层在收入、财产、学历、职业声望上等存在不少差距，收入高者不见得职业声望一定高；但是将各种要素集中起来进行综合评价，总体感觉是这些差异是比较均等的和合理的，因而现行的政策是可行和可以接受的。

如前所述，我国收入分配不合理、收入差距不断扩大，是不争的事实。1988年基尼系数为0.382，1995年上升到0.452，2002年再上升到0.455（南亮进，2008）。据新华社报道，2010年已超过0.5。由于近年来国家统计局不再公布基尼系数，无确切数据可考；但是普遍认为，如果加上城乡二元结构导致的收入和分配差距的扩大，以及城镇个人灰色收入地域宽广，一个时期以来基尼系数呈上升趋势，是可以肯定的。改革开放以来，我国强调效率优先、兼顾公平原则，无疑是正确的和有效的；然而随着改革不断深入和经济迅速发展而来的，是贫富差距的快速拉大，现在已经到了相当可观的地步，不合理、不公平、不平衡、不协调、不可持续突出出来了。在这种情况下，公平被提到首位，近年来加大了公平的实施力度，普遍提高劳动阶层收入，大力提高农民收入水平，个人所得税起征点提高并实行累进税制等，初显收入分配改革成效。不过必须明确，仅从分配上强调公平是不够的，还必须从资源占有和生产源头上实现公平。特别是消除二元结构体制障碍，根除产生社会歧视的根源，保护老年、妇女、儿童等弱势群体等，从上到下制定"一揽子"公平社会政策，方能取得综合效果。

3. 立足老龄化的社会保障体系

在当代，社会保障是经济发展、社会前进的稳定器，跨越"中收陷阱"也离不开这个稳定器。例如，单从人均GDP来看，巴西在整个20世纪90年代的状况都是不错的。问题在于，这一指标掩盖了贫富两极分化、社会保障缺失、失业率居高不下、人口城乡结构失衡等多重矛盾，经济发展处于不稳定、不均衡、不可持续状态。一部分人在改革过程中积聚了大量新的财富，甚至将财产转移到国外；大部分人的生活状况却没有因改革而改善，社会政局长期动荡不安。国家社会保障和社会福利制度改革相对滞后，在20世纪90年代国企私有化改革中，65%~95%的职工没有劳动合同，65%~80%没有参加医疗和养老保险，致使广大职工失业，医疗、养老等没有起码的社会保障。这样的改革，只在一定程度上获得中产阶层的认同和支持，失去了广大社会底层的信任，最终导致社会分化和周期性的社会动荡、政治危机和政府更迭，不能走出"中收陷阱"。类似的例子还可举出一些，说明没有包括养老保障在内的社会保障制度体系，改革就没有稳固的后方，社会就缺少必要的稳定器，就不能实现长期可持续的发展。

改革开放特别是近年以来，我国养老、失业、医疗、伤残、计生等社会保障事业获得较快发展，初步建立起覆盖面较宽的社会保障制度。不过总起来看，一是保障面还不够宽，多数并未实现全覆盖；二是保障水平比较低，即使实现了全覆盖，覆盖物质量不高、含金量低，多数是"被单"而非"被褥"，总体上只相当于低收入国家的平均水平。城乡之间差距明显，从2010年开始推行社保城乡一体化，农村开始实行新型养老保险（新农保）以来，社会保障二元结构体制逐渐被打破，收入差距有望缩小。不管怎样，城乡最低生活保障制度的建立并快速实现全覆盖，社会保障支出在逐年增加，是一个巨大的进步，为建立全方位的社会养老保障体系奠定了基础。

2002年在马德里召开的第二次老龄问题世界大会，提出并出版了《积极老龄化政策框架》，将以往"以需要为基础"改为"以权利为基础"来看待和解决人口老龄化问题。《框架》提出并论证了积极老龄化的三个支柱：健康、参与和保障。根据政策框架文本（WHO，2004）的解释，积极老龄化的主旨是：当人们步入老年的时候，仍然可以最大限度地获得健康、参与和保障的机会，从而提高生命质量。健康是指：当罹患慢性疾病和功能性衰退的风险因素（包括环境的和行为学的）保持在低水平，同时保护性因素保持在高水平的时候，人们就将延年益寿，在进入老年时保持健康，并能够料理自己的生活，而需要昂贵的医学治疗和照料服务的高龄老人就会减少；对于那些确实需要照料的女性和男性，在他们进入老年的时候，应依据其需要和权利得到全方位的卫生和社会服务。参与是指：应该从就业、教育、卫生和社会政策等方面，支持老年人依据基本人权、能力、需求和爱好充分参与社会经济和精神文化活动，通过从事有薪酬和无薪酬的活动继续为社会做贡献。保障是指：应通过制定政策和方案，尊重和维护老年人在社会、金融和物质等方面的需要和权利；当年长者失去自我供养和自我保护能力时，应确保他们得到保护、尊严和照顾；应支持家庭和社区在照料年长者方面所付出的努力。

在我国，健康老龄化得到普遍认同。2003年10月，中共十六届三中全会提出"五个统筹"的科学发展观：统筹城乡发展、统筹区域发展、统筹经济社会发展、统筹人与自然和谐发展、统筹国内发展和对外开放。"五个统筹"的科学发展观，为统筹老龄事业与我国经济社会发展指明了方向。2006年制定的《中国老龄事业发展"十一五"规划》，把"坚持科学发展观，按照'五个统筹'的要求，兼顾当前与长远，把解决当前老龄问题和应对人口老龄化挑战结合起来，促进老龄事业与经济社会协调发展"，作为指导老龄事业发展的基本原则。在这一基本原则的指导下，"十一五"时期老年健康、参与、保障均取得显著成绩。"十二五"提出"使经济更加发展、民主更加健全、科教更加进步、文化更加繁荣、社会更加和谐、人民生活更加殷实"的目标和任务。立足于人口老龄化和可持续发展视角，建立健全老年社会保障体系自然也包含在其中。2011年2月全国老龄工作委员会在北京召开第十三次全体会议，明确当前和今后一个时期老龄工作的重点是推进"六个体系"建设。2011年9月《中国老龄事业发展"十二五"规划》发布，对"六个体系"即老龄战略规划体系、社会养老保障体系、老年健康支持体系、老龄服务体系、老年宜居环境体系、老年群众工作体系作出阐发。除了宏观上的阐发外，针对当前社会保障中的具体问题，提出了明确的要求。如老年医疗卫生保健，提请对高龄、空巢、患病老年人的心理健康状况予以特别关注，倡导老年健康教育、增强老年心理健康意识、发挥家庭成员精神关爱和心理支持的作用；加强老龄服务，除了发展居家养老服务、社区照料服务和机构养老服务外，提出应优先发展护理康复服务、加强老年护理院和康复医疗机构的建设，探索建立老年人长期护理制度和发展长期护理保险等。首次提出"建立以城市社区为基础的老年人管理与服务体系"目标,并将农村社区为老年服务也列入议事日程。建立和健全包括城乡为老年服务在内的全方位老年社会保障体系,有效提升老有所养、老有所医、老有所乐质量,同时发挥老有所学、老有所为潜能。这是跨越"中收陷阱"和实现老龄化与可持续发展的一项长期性战略任务。完成这一战略任务,要克服经济发展水平不高、老年人力资本积聚厚重不够、现有老年社会保障制度不健全以及经济、政治体制机制方面等种种障碍,还要吸取国际社会正反两方面的经验。方向已经指明,道路已经开通。只要沿着正确的方向不断改革前进,就会跨越"中收陷阱",并逐步走上与经济、社会、资源、环境相协调的可持续发展之路。

参考文献

1. 田雪原、王金营、周广庆:《老龄化:从"人口盈利"到"人口亏损"》,中国经济出版社,2006。
2. 蔡昉、王美艳:《'未富先老'与劳动力短缺》,《开放导报》2006 年第 1 期。
3. 张恺悌、郭平:《中国人口老龄化与老年人状况蓝皮书》,社会科学出版社,2010 年 1 月。
4. 邬沧萍、杜鹏等:《中国人口老龄化:变化与挑战》,中国人口出版社,2006。
5. 姚静、李爽:《中国人口老龄化的特点、成因及对策分析》,《人文地理》第 15 卷,2000 年 10 月。
6. 田雪原等:《21 世纪中国人口发展战略研究》,社会科学文献出版社,2007。
7. 刘士杰:《人口转变对经济增长的影响机制——基于人口红利理论框架的深入分析》,南开大学(博士论文)。
8. 王一鸣:《"中等收入陷阱"的国际比较和原因分析》,《现代人才》2011 年第 2 期。
9. 尹豪:《韩国人口老龄化与老年人社会保障》,《人口学刊》2000 年第 5 期。
10. 袁蓓、郭熙保:《人口老龄化对经济增长影响研究评述》,《经济学动态》2009 年第 11 期。
11. 郑秉文:《"中等收入陷阱"与中国发展道路——基于国际经验教训的视角》,《中国人口科学》2011 年第 1 期。
12. Alders, P. (2005), *Human capital growth and destruction: the effect of fertility on skill obsolescence*, Economic Modelling 22: 503–520.
13. Barrientos, A. & M. Gorman & A. Heslop (2003), *Old Age poverty in developing*

countries: contribution and dependence in later life, *World Development* 31 (1): 555 – 570.
14. Canton, E. J. F. & H. L. F. de Groot & R. Nahuis (2002), *Vested interests, Population ageing and technology adoption*, European Journal of Political Economy 18: 631 – 652.
15. Guest, R. S. (2007), *Innovation in macroeconomic modeling of population ageing*, Economic Modelling 24: 101 – 119.
16. Skirbekk, V. (2004) *Age and individual productivity: A literature survey*, Vienna Yearbook of Population Research.
17. The World Bank, Robust Recovery, Rising Risks, World Bank East Asia and Pacific Economic Update 2010, Volume 2. Washington, DC. November 2010, p. 27.
18. Thai Than Dang&Pablo Antolin&Hoard Oxley, 2001, Fiscal Implications of Ageing: Projections of Age-Related Spending, OECD Economics Department Working Paper305, OECD Economics Department
19. 北京大学中国国民经济核算与经济增长研究中心:《2011 中国经济增长报告——克服中等收入陷阱的关键在于转变发展方式》,中国发展出版社,2011。
20. 经济合作与发展组织(OECD)的最新报告:《中国公共支出面临的挑战——通往更有效和公平之路》(Challenges for China's Public Spending: Toward Greater Effectiveness and Equity)。
21. 巴里·诺顿:《中国经济:转型与增长》,上海人民出版社,2010。
22. 蔡昉、王德文:《中国经济增长可持续性与劳动贡献》,《经济研究》1999 年第 10 期。
23. 常修泽:《论以人的发展为导向的经济发展方式转变》,《上海大学学报》(社会科学版) 2010 年第 17 卷第 3 期。
24. 范金:《日本人均 GDP 超万美元前后的经济转型》,《群众》2011 年第 1 期。
25. 侯建明、周英华:《日本人口老龄化对经济发展的影响》,《现代日本经济》2010 年第 4 期。
26. 江时学:《阿根廷危机反思》,社会科学文献出版社,2004。
27. 〔日〕南亮进:《经济发展的转折点:日本经验》,社会科学文献出版社,2008。
28. 宋士云:《1992~2006 年中国社会保障支出水平研究》,《中国人口科学》2008 年第 3 期。
29. 苏振兴:《拉美国家现代化进程研究》,社会科学文献出版社,2006。
30. 王丰、安德鲁·梅森:《中国经济转型过程中的人口因素》,《21 世纪中国人口与经济发展》,社会科学文献出版社,2006。
31. 叶旭军、李鲁、日下幸则:《日本的人口老化进程与相关的医疗保健制度》,《卫生经济研究》2002 年第 6 期。
32. 张明:《中国的高储蓄——特征事实与部门分析》,中国金融出版社,2009。

第二篇

人口老龄化与消费

提　要： 本篇在"中收陷阱"理论基础上，提出"消费陷阱"概念并做出论证。对中国消费现状与消费不足的成因做出系统分析。以标准消费人理论阐释人口老龄化与消费需求的关系，估算并分析了近年来老年人口消费规模支出变动；阐述老龄化对边际消费倾向和有效消费需求的影响；依据建立的消费模型，进一步分析老龄化对消费影响的区域差异；利用灰色关联分析方法，阐发老龄化的快速推进对消费结构的影响。在此基础上，立足跨越"中收陷阱"实证研究视角，提出缓解人口老龄化压力、应对"消费陷阱"、实现消费主导型经济发展方式转变的政策思路和决策选择。

关键词： "中收陷阱"　人口老龄化　标准消费人　"消费陷阱"　消费主导型经济

本篇结构分为三个部分，阐发人口老龄化与消费的关系，即中等收入阶段的消费状况与特点、人口老龄化对消费的影响，以及协调人口老龄化对消费影响的思考与对策选择。

---

* 作者简介：王胜今，吉林大学党委常务副书记兼副校长、教授、博士生导师，中国人口学会副会长、中国人口老龄化与经济社会发展研究中心主任，主要研究方向：区域人口资源与环境、区域经济发展等；于潇，吉林大学东北亚研究院副院长、教授、博士生导师，主要研究方向：人口与经济发展、人口迁移、区域经济合作等。孙猛，吉林大学东北亚研究院博士研究生，主要研究方向：人口与经济发展、资源与环境经济学。

第一章

中等收入阶段的消费状况与特点

消费是经济增长"三驾马车"中，持续性最强的推动力。中等收入发展阶段面临的经济增长困境，主要表现为经济增长需求动力不足，尤其是消费需求动力不足，因为一切需要的最终调节者是消费者的需要①。中国已经步入中等收入发展阶段，跨越"中收陷阱"和老龄化加速推进带来的双重压力，如何刺激消费、扩大内需、启动老年消费，是需要解决的首要问题。这个问题解决得好，既可以有效释放消费对经济增长的巨大推动力，又有利于中等收入阶段诸多经济社会矛盾的有效解决。

第一节 中等收入阶段的"消费陷阱"

2006年世界银行提出"中收陷阱"后，曾对此做出阐释；最近的概括是：深陷"中等收入陷阱"的这些国家作为商品生产者始终挣扎在大规模和低成本的生产性竞争之中，不能提升价值链并开拓以知识创新产品和服务为主的高成长市场（World Bank，2010）。怎样从偏重规模和低成本的"生产性竞争"，转变为以提升价值链、知识创新和服务为主的"高成长市场"？对于走进中等收入的国家说来，一方面要注意解决前期发展过程中累积起来的矛盾，扫除社会经济发展的障碍；另一方面要培育新的市场需求，开辟新产品和服务市场。消费作为生产、交换、分配、消费社会再生产的最终环节，不仅标志着再生产过程的最终实现，而且是创造新的再生产动力，维系再生产得以进行的真正的推动力。

消费与投资失衡所引起的内需不足，是导致处于中等收入阶段国家经济

---

① 参见马歇尔《经济学原理》（上册），商务印书馆，1981，第111页。

发展停滞或回落的最主要原因之一。进入中等收入发展阶段以后，建立扩大内需的长效机制，促进经济增长向依靠消费、投资和出口协调拉动转变，是一个国家实现经济可持续发展并跨越"中收陷阱"的关键。迅速跨入中等收入发展阶段的国家大都是依靠其资源禀赋的低成本优势，使得出口成为经济增长的主要推动力量。这一发展路径也加大了经济发展的对外依赖程度，容易受国际市场波动的影响，发展也是不可持续的。进入中等收入阶段以后，经济发展受到资源环境的约束越来越严重，而劳动成本又在不断上升，经济的持续增长受到越来越大的挑战。"中等收入陷阱"的衡量标准是无法跨越人均收入12000美元上限，不管经济体所表现出的各种具体矛盾形式如何，它们都直接或间接地阻碍了经济的进一步增长，限制了人均收入水平的提高。从经济增长理论来看，哈罗德—多马模型和新古典经济增长模型都强调了资本积累对经济增长的绝对重要作用，而并没有考虑消费对经济增长的拉动作用。实际上，对于众多处于中等收入发展阶段的国家而言，面临的最严重的困难并不是资本积累，而是寻求更大的产品需求市场，发动扩大内需的经济增长引擎。

"中收陷阱"问题涉及宏观经济的诸多方面，从经济增长与扩大内需角度的相互促进作用来看，我们认为，中等收入阶段的国家还面临着掉入"消费陷阱"的风险。所谓中等收入阶段的"消费陷阱"，实际上是指经济体主要依靠体外循环，而内部的消费与经济增长互动机制失灵，从而导致经济体陷入一种消费低迷、增长乏力的恶性循环之中。这一传导机制首先由消费开始。由于长期忽视对国内消费市场的刺激和挖掘，导致国内消费持续低迷，从而使得消费对经济增长的拉动力量不足，经济增长迟缓。经济的缓慢增长或者停滞，使得人均收入的增加也比较缓慢。同时由于长期不合理的收入分配制度引起的贫富差距不断扩大，以及人们对经济的预期等因素，进一步抑制了国内消费需求。持续低迷的消费需求则又反过来进一步限制了经济增长潜力的发挥，使得总体经济发展水平处于回落或停滞的状态。从"中收陷阱"经济体的总体特点来看，导致消费需求不足的原因有很多，其中经济发展战略上对国内消费需求的忽视和收入分配不公，以及由此引起的贫富差距扩大，是最重要的原因。

发展中国家的起步阶段，经济发展战略选择以出口导向型经济为主，从而形成了经济发展对外依存度高和国内消费需求不足的制度性原因。从步入中等收入阶段国家的经济发展路径来考察，由于这些国家在资源禀赋方面一般都具有较强的优势，生产要素的成本较低，劳动密集型和资源密集型产品在国际市场上具有明显的比较优势。根据新古典贸易理论中的 H-O 模型，正是国家之间的资源禀赋差异导致了国际贸易和国际分工。国内谋求发展的迫切压力、国际竞争中的比较优势，促使大部分国家选择出口导向型经济的发展战略，经济获得了突飞猛进的发展，并以较快的速度跨入了中等收入发展阶段。但是，伴随着国际市场竞争和国内工资成本上升的压力，低成本优势的出口导向型经济进一步扩大面临着产业升级和结构调整的困境。而长期以来对国内消费市场的忽视也造成了内需的不足，尤其是消费的严重低迷，这就使得中等收入国家的经济发展陷入回落或停滞状态。以劳动和资源密集型产品为主的出口导向型经济，对处于低收入阶段国家的经济迅速崛起发挥了重要的作用，但是步入到中等收入发展阶段以后，国内需求不足对经济发展的瓶颈制约开始显现。如果不适时地转变经济发展战略，以消费为主的内需不足与经济增长之间的相互制约，将使得经济发展陷入一种内需低迷、经济增长乏力的恶性循环之中。国际经验证明，适时调整经济发展战略，使经济增长的动力结构转型，是跨越"中收陷阱"、走上经济可持续发展的成功路径。韩国在不到 20 年的时间里就成功地跨越了"中收陷阱"，其中最重要的就是经济发展战略的适时调整，将经济发展的动力支撑由出口为主转向消费为主。这使得韩国在经济发展水平不断攀升的同时，消费水平和消费结构稳定在较高和适宜水平，进而提升了产业结构和经济发展的动力结构（仪明金等，2011）。

收入分配不公平所导致的贫富差距过大，是造成消费不足的另一个重要原因。从经济增长的动力系统来看，收入分配不公平和两极分化是中等收入阶段"消费陷阱"形成的主要原因。收入差距的不断扩大，从微观层面影响了人们的消费心理和消费预期，限制了消费潜力的发挥，消费需求对经济增长的动力作用无法释放，经济发展难免要陷入回落或停滞的困境之中。这种恶性循环的发展模式以"拉美陷阱"为典型代表。所谓"拉美陷阱"主要是指分配不公，进而引起两极分化的社会、动荡不安的城市和毫不守信的承诺等（George 等，2004）。经济学中的消费理论认为，高收入者具有较低的消费倾向，低收入者具有较高的消费倾向。根据边际消费倾向递减规律，同样一笔收入由低收入者花费要比由高收入者花费产生更高的消费数量，这就体现了收入差距扩大对消费所产生的影响。此外，人均收入水平的缓慢增长也降低了人们对未来经济增长乐观程度的预期，规避风险的心理也会使人们相应地改变消费和储蓄的比例。可以看出，收入差距扩大限制了消费潜力的发挥，消费对经济增长的拉动力量不足导致经济增长缓慢，经济发展的持续低迷影响了人们的预期，使得人们规避风险提高储蓄比例，从而又进一步限制了消费规模的扩大。此外，贫富差距悬殊也导致了国内消费结构的畸形，主要体现为恩格尔系数居高不下，发展性、享受性和服务性消费比例偏低并增长缓慢，也严重制约了国内消费市场的发育。因此，提高收入分配的公平性、缩小贫富差距，避免拉美式的"增长性贫困"，实现"包容性增长"，是从根源上实现跨越中等收入阶段"消费陷阱"的重要举措。国际上成功跨越"中收陷阱"的国家和地区，如日本和亚洲"四小龙"等，收入分配普遍比较公平，与拉美国家形成了鲜明对比。2005年日本和韩国的基尼系数分别为0.25和0.32，而巴西和巴拉圭则依然居高不下，分别为0.59和0.58（World Bank，2005）。

第二节 我国消费状况和问题

中国改革开放30多年来，经济获得飞速发展，国民经济面貌和结构发生了深刻的变化。经济发展充分利用了资源禀赋优势，以出口导向型经济为主的发展模式促进了中国经济的迅速崛起；随后政府加大了国内的投资力度，从而使得经济增长动力的投资引擎发挥了巨大作用，并使得经济发展连续多年保持了较高的增长率。这就造成了经济的快速增长主要是依靠出口和国内投资拉动的基本格局。在成功抵御全球金融危机影响的过程中，2009年财政拨款4万亿投资绝大部分用于国内基础设施建设等方面，彰显投资拉动立竿见影的效果。在这种情况下，消费所占比重持续下降，出现消费瓶颈约束。过度依赖出口和投资，不仅使得经济发展的稳定性较差，容易受国外经济波动的影响；而且也会造成国内收入差距悬殊、有增长无发展，甚至国强民弱的结果。近年来，中国经济表现出明显的消费不足[①]，消费对经济发展的动力作用没有得到有效发挥。尽快构建扩大内需的长效机制，促进经济增长向依靠消费、投资和出口协调拉动转变，既是"十二五"规划中提出的重要经济发展战略，也是经济可持续发展的必然选择。发动消费促进经济增长引擎，

---

① 现代经济学意义上的消费不足，是指居民有购买能力的消费需求相对于生产供给的不足，即指消费低于生产，消费需求小于产品供给。

必须了解当前的消费状况和变化趋势,才能找到解决问题的有效途径,其中最终消费率、居民消费倾向和恩格尔系数等值得特别关注。

1. 最终消费率

最终消费率是在用支出法核算国内生产总值(GDP)的过程中来定义的,是指最终消费与 GDP 之间的比值。最终消费率包括居民消费率和政府消费率,通常居民消费占最终消费的比例在 80% 以上,因此,居民消费率是决定最终消费率高低的主要指标。相比之下,我国最终消费率变动,最明显的表现在以下三个方面:

(1)消费率低于世界平均水平

最终消费率的高低,反映着一个国家经济发展依靠内部推动的程度,体现着经济发展的稳健性和可持续性。与世界其他国家相比,中国的最终消费率严重偏低。

2008 年不同收入水平国家的最终消费率比较如表 2-1 所示。[①]

表 2-1 2008 年不同收入国家最终消费率比较

国家或地区	人均GDP(MYM)	居民消费率(%)	政府消费率(%)	最终消费率(%)
中 国	2940	34	14	48
低收入国家	523	76	10	86
中等收入国家	3251	55	14	69
中等偏下收入国家	2073	49	13	62
中等偏上收入国家	7852	60	15	75
高收入国家	39687	62	18	80
世 界	8654	61	17	78

2008 年中国最终消费率为 48%,不仅低于高收入国家,而且低于低收入、中等收入国家,比世界 78% 的平均水平低 30 个百分点。在不同收入类型国家中,以中下等和中等收入国家的最终消费率为最低和次低,但也分别高出中国 14 个百分点和 21 个百分点。高收入国家高出 32 个百分点,低收入国家由于绝大部分国民收入都要用来满足全体人口的基本生活需要,故有 86% 相当高的最终消费率。低收入——中等收入——高收入"马鞍形"的最终消

---

① 资料来源:世界银行《世界发展指标(2010)》,网址 http://www.worldbank.org/data。

费率，中等收入国家偏低的一个合乎逻辑的阐释是：与低收入国家相比，满足基本生活需要无须付出更多的消费资金；与高收入国家相比，要发展就要增加积累和外贸所得，从而挤占了消费。毫无疑问，中国具备一般发展中国家最终消费率不高的"通病"；同时还具有自己特殊的"病史"，这有政治的、经济的、文化的多方面原因。正因如此，解决这个"顽症"，才变得难上加难。

中国最终消费率偏低，低就低在居民消费率过低上。最终消费率由居民消费率与政府消费率构成。2008年中国14%的政府消费率，与中等收入国家持平，高于中下收入和低收入国家，接近中上收入国家水平；仅比世界低3个百分点，比发达国家低4个百分点。居民消费却是另一番情景：34%的居民消费率，由低至高，依次低于中下收入国家15个百分点、中等收入国家21个百分点、中上收入国家26个百分点、高收入国家28个百分点、低收入国家42个百分点。居民消费在最终消费中所占的比重，中国为70.8%，世界平均为78.2%，低收入国家、中等收入国家和高收入国家分别为88.4%、79.7%和77.5%，均比中国高出许多。

在与不同国家的比较中，也反映出类似的情况（参见图2-1）。①

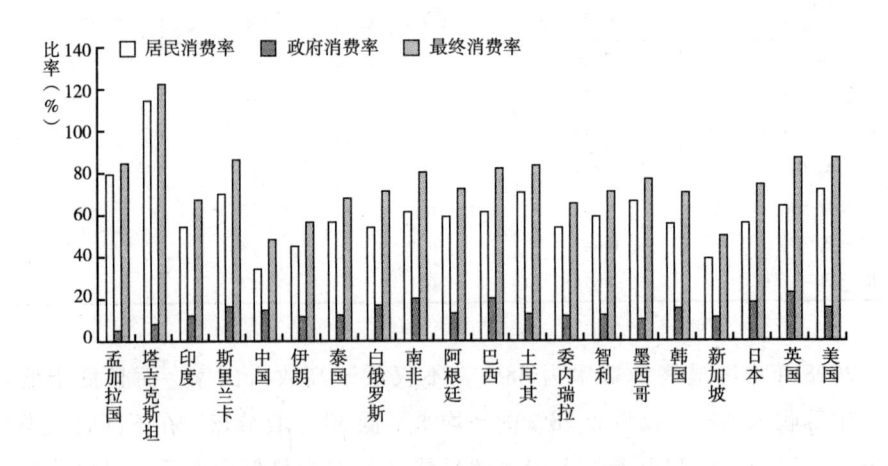

图2-1 2008年中国与世界不同国家的消费率比较

图2-1显示，孟加拉国和塔吉克斯坦属于低收入国家，2008年人均GDP不到1000美元，但是两国的居民消费率和最终消费率均高于中国；在中等收

---

① 资料来源：世界银行《世界发展指标（2010）》，网址 http://www.worldbank.org/data。

入国家中,伊朗的最终消费率为56%,印度为66%,居民消费在最终消费中所占的比例分别为80.4%和81.8%,均高于中国很多;在高收入组国家中,新加坡的最终消费率处于50%的低水平,这与其特殊的经济发展模式有关,但是其居民消费率和居民消费在最终消费中的占比仍高于中国。

(2) 消费率持续走低

改革开放以来,经济增长的"三驾马车"中,外贸出口率先做出重要贡献,而后来则主要以投资拉动为主。国内经济长期在"高投资、高增长"发展战略指导下,消费始终处于较低水平,潜力没有得到有效释放(参见图2-2)。①

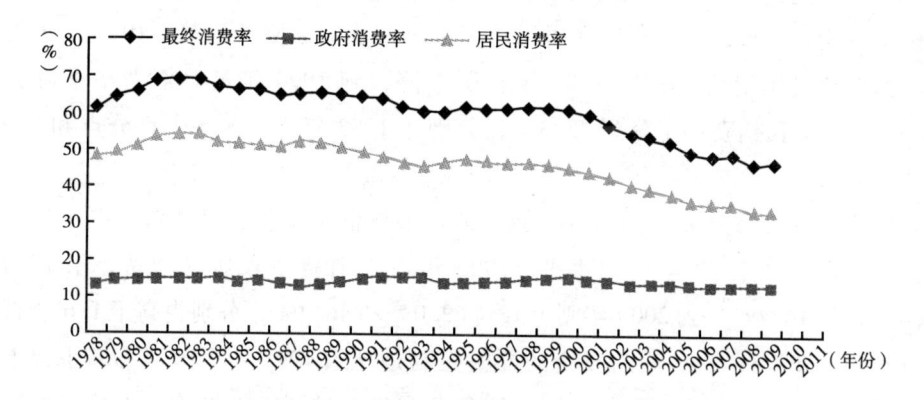

图2-2 1978~2011年中国消费率结构变动

图2-2显示,自1978年以来,最终消费率和居民消费率变动,总体上表现出下降的趋势,只是这种下降不是直线式下降,而是在有升有降波动中形成的轨迹。可大致划分成四个阶段:

第一阶段为1978~1982年。这一阶段虽然只包括4年时间,但是消费率却因为经济调整而出现一定程度的上升趋势。1978年中国最终消费率和居民消费率分别为62.4%和48.3%,到1982年则分别上升到69.8%和54.5%,达到历史的最高水平。消费率的上升主要是由于我国重新审视了重积累、轻消费,重生产、轻生活的经济运行模式,认识到改革开放前轻消费对国民经济发展的不利影响,通过截长补短的调整,增加工资、提高农产品价格等,补偿了城乡居民生活消费的历史欠账,投资与消费比例调整到比较适宜水平。

---

① 资料来源:国家统计局《中国统计年鉴2011》、《中华人民共和国2011年国民经济和社会发展统计公报》,网址:http://www.stats.gov.cn/。

这样的调整不但没有阻碍经济发展的步伐，相反却由于启动消费发展动力，居民生活水平有所提高，有效地促进了经济的发展，调整、改革、充实、提高取得积极效果。

第二阶段为1983~1994年。第一阶段调整取得成效，经济形势有很大好转。同时由于自1980年开始国家正式提倡一对夫妇生育一个孩子，生育率和出生率呈现长期持续的下降，总抚养比持续下降，1990年社会抚养比下降到0.5以下，迎来人口年龄结构变动的"黄金时代"，提供了丰厚的"人口盈利"、"人口红利"。劳动密集以及劳动密集与技术密集相结合的产业快速发展，比较优势促进出口大幅度增长；积累和外汇储备增加，为投资率增长提供了可能，导致最终消费率和居民消费率出现不断下降的趋势。1983年最终消费率和居民消费率均比1982年有所下降，到1994年最终消费率下降到60.7%，居民消费率下降到45.3%，分别比1983年降低8.5个百分点和8.9个百分点。[①]

第三阶段为1995~2000年。这一阶段最终消费率和居民消费率有小幅回升，不过仍低于80年代的水平。1995年最终消费率和居民消费率分别为60.4%和46.7%，到2000年则上升到62.0%和46.2%，分别提高了1.6个百分点和0.5个百分点。[②] 对投资的严格控制是导致1995年中国消费率小幅上升的主要原因，而这一阶段亚洲经济危机和相对过剩经济提前到来的双重压力，也使得扩大内需显得异常重要，终使最终消费率和居民消费率出现一定程度的回升。

第四阶段为2001年至今。这一阶段的典型特征是，最终消费率和居民消费率双双呈现单边下跌走势。2001年最终消费率和居民消费率分别为61.0%和45.1%，到2011年分别下降到47.3%和33.6%的最低水平，下降幅度均超过10%。[③] 这一阶段消费率的加速下降，主要是因为经济增长对出口推动依赖程度提高，国内则主要依靠投资来推动，结果造成国民经济处于"过热"或"过热"边缘状态。值得一提的是，在最终消费率和居民消费率处于总体

---

① 资料来源：国家统计局《中国统计年鉴2011》，网址：http://www.stats.gov.cn/tjsj/ndsj/2011/indexch.htm。

② 资料来源：国家统计局《中国统计年鉴2011》，网址：http://www.stats.gov.cn/tjsj/ndsj/2011/indexch.htm。

③ 资料来源：国家统计局《中国统计年鉴2011》、《中华人民共和国2011年国民经济和社会发展统计公报》，网址：http://www.stats.gov.cn/。

下降趋势中，政府消费率却稳中有升，使居民消费率下降变得更为突出。

（3）消费增长落后于经济增长

改革开放以来，中国经济创造了足以令世人惊叹的高增长率，GDP 年平均增长接近 10%。尤其在亚洲金融危机、美国次贷危机、欧洲债务危机中，中国经济仍旧保持着快速增长的势头，委实难能可贵。其中固定资产投资的贡献最大，外贸出口居其次；至于消费，贡献率呈下降走势，大大落后于经济的增长（参见图 2-3）。①

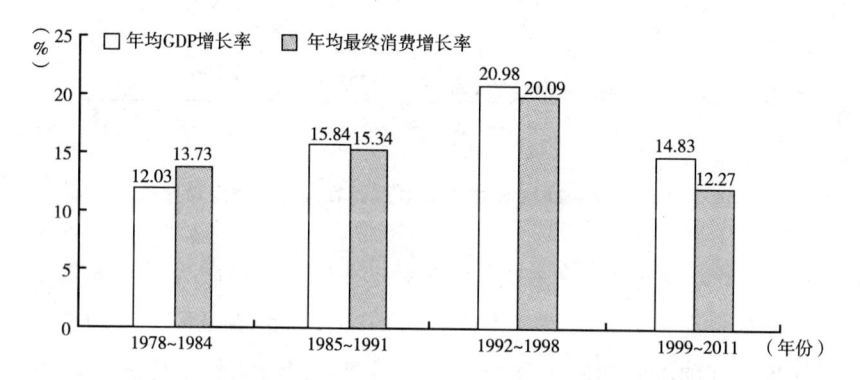

图 2-3 1978～2011 年 GDP 与最终消费增长率增长比较

从图 2-3 可以看出，改革开放初期经济政策转变初见成效，促使最终消费率获得较快的增长速度，年均增长率明显高于 GDP 年均增长率，达 1.7 个百分点。此后，由于强调比较优势，重投入、轻产出，重速度、轻效益的粗放型发展方式凸显，投资和外贸更受重视，消费需求增长放缓。1985～1991 年，最终消费年平均增长率低于 GDP 年平均增长率 0.5 个百分点；1992～1998 年，低 0.89 个百分点；1999～2011 年，低 2.56 个百分点。虽然经济总量在不断扩大，最终消费支出总额也在不断增长，但是最终消费支出的增长速度明显滞后于 GDP 增长速度。总体来看，1978～2011 年平均每年滞后 1 个百分点。

2. 居民消费倾向

最终消费和居民消费滞后于经济发展，同居民的消费构成和消费倾向不无关系。而居民的消费构成和消费倾向，取决于经济发展水平、收入水平和

---

① 资料来源：国家统计局《中国统计年鉴 2011》、《中华人民共和国 2011 年国民经济和社会发展统计公报》，网址：http://www.stats.gov.cn/。

收入分配制度。改革开放以来我国城乡居民人均可支配收入与人均消费支出的比较如图2-4所示。①

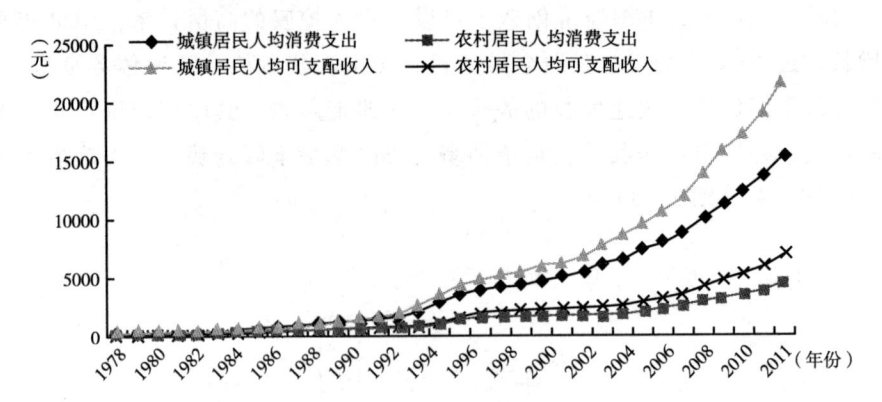

图2-4 1978~2011年中国城乡居民收入与消费变动比较

从图2-4可以看出,改革开放30多年来城乡居民收入水平和消费能力都获得显著的提高,但是人均可支配收入的增长速度明显快于人均消费支出的增长速度,并随着时间的推移呈扩大的趋势。按当年价格计算,1978年中国城乡居民的人均可支配收入分别为343.4元和133.6元,到2011年则分别增加到21810.0元和6977.0元,分别提高了近60倍和50倍,年均增长速度分别为13.4%和12.7%。1978年城乡居民的人均消费支出分别为312.5元和113.6元,到2011年分别增加到15267.0元和4535.1元,年均增长速度分别为12.51%和11.82%。收入与消费比较,人均消费增长低于收入增长0.89个百分点和0.91个百分点。城乡居民之间的收入差距和消费差距呈扩大趋势,分别从1978年的209.8元和198.9元、相差10.9元,扩大到2011年的14833元和10732元、相差4101元。

进一步了解城乡居民的消费变动,还需要研究消费倾向的发展趋势。改革开放以来我国城乡居民消费倾向变动情况如图2-5所示。②

根据凯恩斯的绝对收入消费理论,衡量居民消费随收入变化的指标,主要有边际消费倾向(MPC)和平均消费倾向(APC)。边际消费倾向,是指居

---

① 资料来源:国家统计局《中国统计年鉴2011》、《中华人民共和国2011年国民经济和社会发展统计公报》,网址:http://www.stats.gov.cn/。

② 资料来源:国家统计局《中国统计年鉴2011》、《中华人民共和国2011年国民经济和社会发展统计公报》,网址:http://www.stats.gov.cn/。

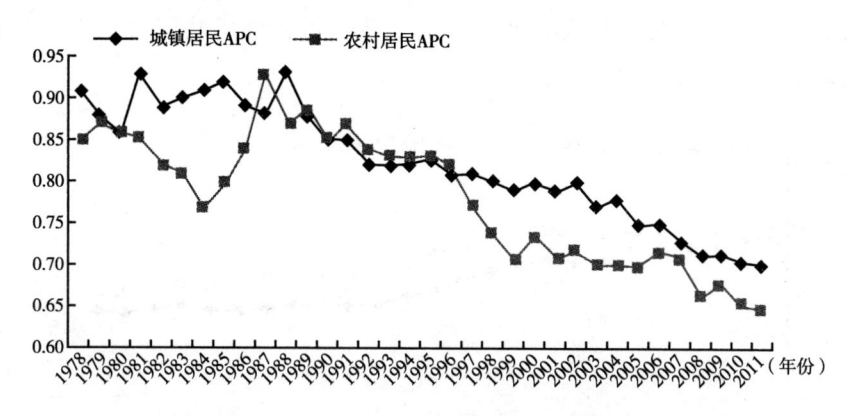

图 2-5 1978~2011年中国城乡居民平均消费倾向的变化

民可支配收入每增加一单位消费支出的变化情况；平均消费倾向，是指居民消费支出在可支配收入中所占的比重。在不知道居民消费函数的情况下，我们可以通过中国统计数据计算出 APC 的数值，反映出微观层次上居民消费倾向的变化。从图 2-5 可以看出，1978 年中国城镇居民和农村居民的平均消费倾向分别为 0.91 和 0.85，随后两者均处于波动变化之中，但是除了个别年份出现较大程度反弹以外，总体上均呈现下降的趋势。1990~1995 年，农村居民平均消费倾向略高于城镇居民，其他年份均显著低于城镇居民平均消费倾向。到 2011 年，城镇居民和农村居民的平均消费倾向分别降低到了 0.70 和 0.65 的水平，差距也逐渐缩小。但是，居民消费倾向的持续降低无疑限制了消费水平的扩大，并导致了国内消费的严重不足。究其原因，主要是住房、教育、医疗和养老成本高昂，国家在这些方面提供的保障机制还远远不够，由于谨慎性动机和预防性动机的原因，使得大部分居民选择了高储蓄应对，从而降低了消费能力。

3. 恩格尔系数

消费结构是指人们用于各项生活消费的支出比例，包括食品、衣着、居住、家庭设备以及服务、交通和通信、文教娱乐、金融服务和保险服务等的支出比例。一般可划分为生存性消费、发展性消费和享受性消费三类。影响消费结构变动的因素中，收入因素的影响是最重要的。因为随着收入水平的不断提高，人们会向更高层次的消费类型转变，而收入差距扩大则会限制整体消费结构的调整速度，从而导致国民经济中总体消费水平增长缓慢，消费对经济增长拉动的潜力得不到有效的发挥。在研究消费结构变化和发展趋势时，恩格尔系数常常被提及，通过食品消费所占比例反映消费水平的变动。我国改革开放以来恩格尔系数变动参见图 2-6。①

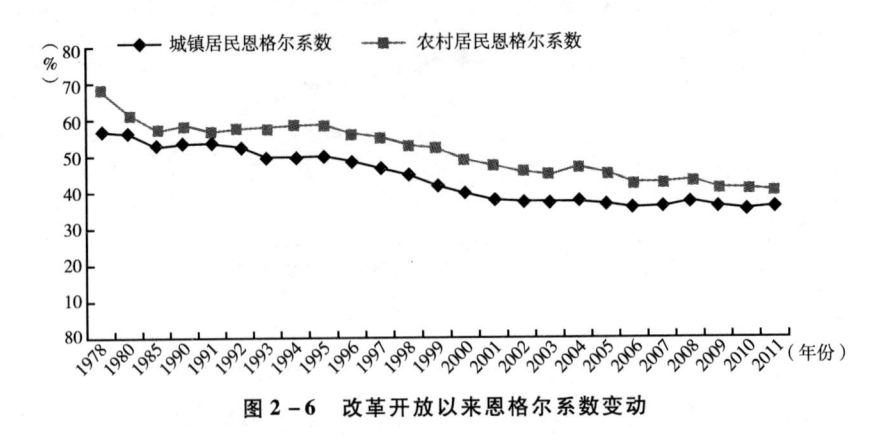

图 2-6　改革开放以来恩格尔系数变动

改革开放初期，由于经济发展水平较低，恩格尔系数处于较高水平，城乡居民日常生活中的食品支出占据了一半以上。1978 年城镇居民恩格尔系数为 57.50%，农村为 67.70%，城乡之间相差 10.2 个百分点。伴随着经济的快速发展，人均收入水平也在不断提高，人们的消费结构也逐渐得到了调整，城乡居民恩格尔系数处于不断下降的趋势。到 2011 年则分别下降到 36.30% 和 40.40%，差距缩小到 4.1 个百分点。一般情况下，恩格尔系数处于 50% ~ 60% 之间时，居民消费以生存性消费为主；在 40% ~ 50% 之间时，居民消费中的发展性、享受性商品和服务开始逐渐增多；当恩格尔系数下降到 30% ~ 40% 之间时，居民消费开始以发展性、享受性消费为主。从 2011 年中国的恩格尔系数来看，城镇居民消费已经进入以发展性、享受性消费为主的阶段，而农村居民则处于发展性、享受性商品和服务逐渐增多的阶段。

图 2-7 描述了 2010 年中国城乡居民消费结构现状。② 可以看出，在城乡居民消费结构中，食品支出依然是最主要的消费支出，在消费结构中其占比最高。居住、医疗保健、交通和通信、文教娱乐占比也比较高，城镇居民分

---

① 资料来源：国家统计局《中国统计年鉴 2011》、《中华人民共和国 2011 年国民经济和社会发展统计公报》，网址：http://www.stats.gov.cn/。
② 资料来源：国家统计局《中国统计年鉴 2011》，网址：http://www.stats.gov.cn/tjsj/ndsj/2011/indexch.htm。

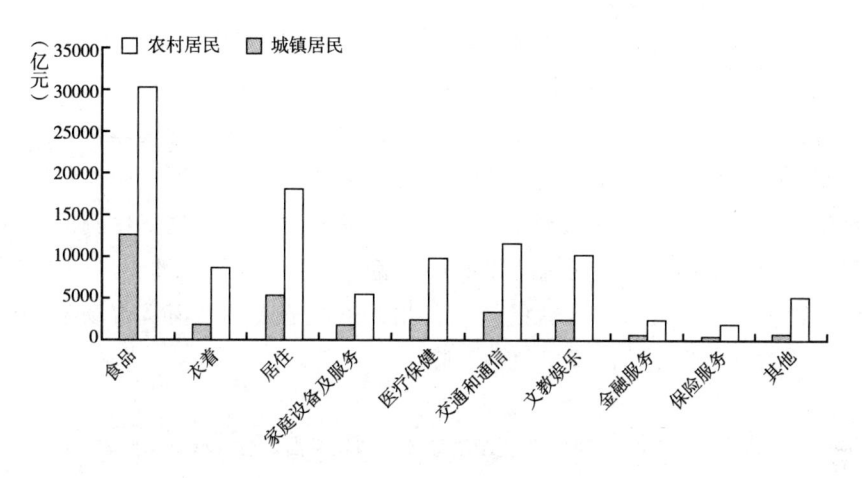

图 2-7 2010 年城乡居民消费结构比较

别占 17.52%、9.61%、11.20%、9.80%，农村居民分别占 17.05%、8.17%、10.02%、8.47%。其中居住消费占较高的比重，反映了近年来房价畸形上涨造成的影响；医疗保健的较大开支，则反映了医疗保障水平较低。在总体上，城乡居民消费支出差距较大，从一个方面反映出城乡差距扩大的情况。

第三节 消费滞后的原因

中国消费滞后或动力不足，有同其他国家相似的原因，也有不尽相同的特殊性，需要从理论与实践的结合上，做出具体的分析。

1. 居民购买力水平较低

居民购买力强弱直接决定着消费能力大小，居民购买力则由收入水平决定。购买力既受收入水平绝对值的影响，也受收入分配结构的影响（谭顺，2011）。虽然我国已经步入中等收入国家行列，但是与发达国家甚至与许多发展中国家相比，居民人均收入依然处于较低水平。除了受收入水平制约外，还受到国民收入分配结构的影响，包括国与民之间、民与民之间收入分配结构的影响。

（1）国与民之间收入分配不合理

在国民收入分配和再分配过程中，政府在总收入中所占的比重越来越大，而居民收入所占比重持续降低，从而导致了居民消费能力的不足（方福前，

2009)。进入 21 世纪以来，国家财政收入和居民消费增长情况参见表 2-2。①

表 2-2 显示，2000 年全国财政收入占国民收入的比重为 13.56%，2011年上升到 22.00%，升高 8.44 个百分点。财政收入增长速度也非常快，最低的 2009 年为 11.72%，最高的 2007 年为 32.40%。相比之下，居民收入增长速度偏低，使购买力受到限制，居民最终消费动力不足。过高比例的财政收入增加了投资的底气，投资过旺使消费市场供求关系和结构性矛盾变得突出，即使一部分收入无法形成有效的消费支出，这又造成国内消费市场某些产品严重生产过剩，催生边际投资效益下降。

表 2-2　2000~2011 年全国财政收入与城乡居民收入增长率比较

单位：%

年份	财政收入在国民收入中的比重	财政收入增长率	城镇居民人均可支配收入增长率	农村居民人均纯收入增长率
2000	13.56	17.05	7.28	1.95
2001	15.03	22.33	9.23	5.01
2002	15.69	15.36	12.29	4.61
2003	15.89	14.87	9.99	5.92
2004	16.42	21.60	11.21	11.98
2005	16.91	19.90	11.37	10.85
2006	17.44	22.47	12.07	10.20
2007	19.31	32.40	17.23	15.43
2008	19.48	19.50	14.47	14.98
2009	19.86	11.72	8.83	8.25
2010	20.71	21.30	11.27	14.86
2011	22.00	24.84	14.13	17.87

(2) 收入差距拉大

理论和实践均已证明，高收入阶层的消费倾向较低，因为他们的生存、发展、享受的需要已经得到满足；低收入阶层的消费倾向较高，因为他们的生存需要尚未得到满足，发展和享受需要更相去甚远。因此，贫富差距拉大，国民收入流向高收入阶层越多，最终形成的消费支出总量就会越少，提升消费就要抑制贫富两极分化。不幸的是，一个时期以来我国收入差距不断

---

① 资料来源：国家统计局《中国统计年鉴 2011》、《中华人民共和国 2011 年国民经济和社会发展统计公报》，网址：http://www.stats.gov.cn/。

拉大，贫富分化有加强的趋势。如基尼系数是常用的一项反映收入差距的指标。目前，我国统计部门已不再公布这一指标，理由之一，是一些灰色收入难以计算，公布出来与实际存在较大偏差。然而一些学者从不同渠道获取的信息表明，近年基尼系数不断升高是不争的事实。2001 年和 2004 年，基尼系数已经达到了 0.45 和 0.47，超过了 0.40 的国际警戒线水平（刘惯超，2010）。

城乡居民收入差距，也呈扩大的趋势。表 2-2 表明，城镇居民人均可支配收入的增长速度明显快于农村居民，2000~2011 年城镇居民人均可支配收入的平均增长速度为 11.62%，农村居民人均纯收入的平均增长速度为 10.16%，两者相差 1.5 个百分点。收入增长速度的差别使得城乡居民的收入差距不断拉大，2000 年城乡居民人均收入差距为 4026.6 元，到 2011 年差距进一步扩大到 14833 元，而且这种差距还有持续扩大的趋势。目前中国城镇消费市场渐趋饱和，商品消费市场逐渐向农村扩展，但是城乡居民收入差距扩大导致了消费升级转换的链条脱节，城镇居民消费升级留下的空间不能由农村居民的消费扩张所填补，从而进一步加剧了中国消费不足（王立平、王宪明，2004）。

2. 消费倾向降低

消费倾向反映的是居民消费支出与收入之间的比例关系。影响消费倾向的因素很多，既有主观因素中的各种支出动机，也有客观因素中的收入、利息率等，在诸多因素中起决定性作用的是收入水平的高低。中国居民消费倾向，总体上呈现下行的趋势，成为引发消费需求动力不足的一个重要原因。结合消费者的主观心理，以及当前中国经济社会发展的特殊性，降低居民消费倾向进而引发消费不足，主要在以下两个方面：

(1) 政策制度不完善，影响消费预期

社会主义市场经济条件下，我国采用的是多种分配体制并存的分配制度，这种收入分配渠道和形式的多样化，难以对未来的收入做出准确预期，必然会对居民的消费倾向造成影响。现有分配制度的不合理、社会福利制度的不完善、相关政策的时滞性和落实不到位等，会使得居民对未来抱有不确定性预期，使之对消费支出采取谨慎的态度。正是当前相关政策和制度的不健全、不完善，使得居民过于担忧未来的需求而减少当前的消费支出。如果说收入水平不高限制了消费，那么社会保障水平不高则使人们不敢消费，二者相辅相成，阻碍着消费需求的扩大。

(2) 远期消费支出挤占近期消费支出，导致居民消费倾向降低

对大多数中国居民而言，住房、医疗和教育等均属于刚性消费支出，而近年来这三方面支出的消费价格持续攀升，使得中国居民面临较重的支出负担。住房、医疗和教育支出成本高昂，一方面会造成远期消费支出挤占即期消费支出，另一方面也会使一次性消费支出挤占日常消费支出，明显地抑制了消费者的即期消费倾向（骆竹梅、吴文旭，2005）。而养老保障制度的不健全和保障水平较低，居民为了老年阶段的消费增加储蓄，会挤占现实的消费支出，降低消费倾向。

第四节　老年人口消费现状和问题

1. 老年人口消费特征

老年人口消费与其他年龄人口消费相比，具有某些明显的特征。按照前面满足生存、发展、享受三方面的消费需要，无疑满足老年人口生存需要居于首位；发展需要不能完全排斥在外，但是"活到老、学到老"与其说是发展需要，还不如说更主要是满足心理和文化的需要；享受需要随着年龄的增高而增值，老年作为人生的最后阶段更应该多享受一些人生乐趣。从老年人口需求实际出发，满足老年人口生理、心理、交往、文化等方面的需求，随着年龄的增高呈现不同的态势。满足老年人口衣、食、住、行等生理方面的需求，总的趋势不是数量上的扩张，而是质量的提高和适宜的结构；满足老年人口的心理需求需要提升，因为老年人口退休变成纯消费者以后，由过去我为社会变为社会为我，角色的转换使老年心理健康问题突出出来，需要增强社会心理健康咨询和服务；满足老年人口在交往和文化方面的需求，有着一定的特殊性，需要打破孤独感以及与社会渐行渐远的现实，拓展包括文化在内的老年交往空间，以使老年人口晚年过得有尊严和有意义。老年人口这样的消费状况和特点，直接决定着老年消费市场的客观存在和发展的趋势，影响着消费的规模和结构。

老年人口消费规模、质量和结构，必然随着人口老龄化的推进而发展。本书预测显示，未来20年我国65岁及以上人口将以3.7%的速度递增，80岁及以上的人口以5.0%的速度递增，必须正视老年消费市场巨大增长的潜力。要使这一巨大市场潜力不断得到释放，一方面要提高老年人口收入水平，起码要保证与CPI同步增长；另一方面要积极推动养老社会保障改革，在推进

"全覆盖"养老社会保障的同时，提高保障水平，提升老年人口消费能力；还要提升老年社会福利和社会救助水平，如北京市出台80周岁以上老人每月获得100元高龄老人津贴；浙江省也出台了相应的政策文件，为高龄老人提供一定的补贴。又如，开办老年人口书画、舞蹈、音乐等培训班，建立社区老年卫生院、进行老年人口免费体检等，对满足老年人口的消费需求起到不可替代的作用，有效地拉动了老年消费的增长。

老年消费市场具备一定的刚性，除了本人和社会的支出外，还有一部分来自子女对父母的购买支出。在中国的文化传统中，孝文化作为儒家思想的核心源远流长，所谓"百善孝为先"、"老吾老，以及人之老"理念经久不衰是也。尽管随着市场经济的发展以及家庭结构的小型化，老年人在家庭中的地位有所下降，传统的家庭赡养模式受到冲击，敬老、爱老、养老的传统道德观念有所淡化；但是孝文化依然根基牢固、魅力不减、难以动摇。子女敬老、爱老、养老体现在许多方面，亲自扶持父母、祖父母等生活起居，进行生活照料是最直接的形式；因为工作时间、精力等限制不能直接照料者，通过直接向老年提供经济资助增加老年收入，通过市场转化为老年人需求的各种产品和服务，都可起到扩大老年人口消费的作用。

2. 老年消费存在的问题

伴随着中国人口老龄化的快速发展，老年人消费不足的问题越来越明显地表现出来。主要表现在三个方面：一是养老保障体制不健全，提供的养老设施、养老服务和养老护理等不能满足迅速膨胀的老年人口需求；二是养老标准较低，与老年人口收入较低、购买力较低相一致，不能将自身的更多需求转化为有效需求。三是老龄市场发育不健全，适合老年人口消费需要的产品和服务，供给与需求之间常常存在很大缺口。加强社会养老保障制度建设和完善服务，是面临的一项长期而艰巨的任务。而提高老年人收入是当前首先要解决的问题，这不仅能够有效减轻家庭养老负担，而且还可以充分地启动老年消费，使得老年消费成为中等收入阶段促进经济发展的新的动力。

伴随着中国养老保障体制的不断完善，以及老年人收入水平的提高，我国老龄消费市场的需求将会逐渐扩大。重点鼓励和扶持老龄产业，发展适合老年人消费的产品和服务，既是国家培育新的经济增长点的战略举措，同时也是企业创新和发展的重要方向与有效出路。未来的中国老龄消费市场将面临着巨大的缺口，填补这种需求缺口需要中国养老保障体制的发展和完善，同时也给企业带来了巨大的商机。

(1) 养老服务和照料护理供需存在缺口

社区居家养老产业缺口巨大。我国传统的养老方式是家庭养老。随着市场经济的运行和发展，出现了家庭结构的小型化、代际分离的现象，使空巢家庭逐渐增多，传统的家庭赡养模式的适用性下降。社区居家养老服务就是在社区建立一个社会化的养老服务体系，为居住在家中的老年人提供生活照料、康复护理等上门服务。推行社区居家养老服务是家庭养老和机构养老的新的结合点，可以有效地缓解地方政府的财政负担，避免采用单一性的福利化老龄事业发展模式。目前我国的社区居家养老服务在部分大中型城市初步启动，但从发展状况和覆盖面来看，远远滞后于老年人口的需求。

(2) 相关的保险市场开发相对滞后

国外针对老年人的保险产业发展较为完备，主要包括长期护理保险业和商业养老保险业。长期护理是为患有慢性生理疾病、失能和感知紊乱（老年痴呆症）的人提供长期和广泛的康复和支持性服务。长期护理保险则是对被保险人住进护理中心等护理机构而发生的费用的津贴型保险。这种保障制度在美国等发达国家早已施行，并在解决长期护理困难、缓解老龄化给社会带来的保障压力等方面具有显著作用。我国相关的医疗和保险行业的发展缓慢，一方面，护理业的发展与老龄化的进程不相适应，护理人才的数量和质量存在着巨大的缺口；另一方面，相关养老保险的险种较为单一，需要拓展为集医护、保健、病残扶持为一体的多险种的综合性保险。

(3) 老年房地产业发展落后

对于一些老年人而言，住宅的意义不仅仅是普通的居住场所。老年人居家时间较长，对周围环境和邻里关系的要求也相对较高，需要相对完善的社区服务和健身设施等配套设施。还有一些老人希望同子女居住地距离更近一些，满足与子女享受天伦之乐的心理需求。因此，部分拥有较多退休金和养老保障的老人，选择在子女的居住地附近购买住宅，或在环境宜居、适宜养老的地方重新购买住宅。这将是未来房地产业的巨大潜在市场。除上述希望重新购置住房的老年人以外，目前我国的养老院和老年公寓的设置也不能满足社会养老需求，仅 1.8% 的老年人能够在社会设施中养老。据估计，未来全国将有 420 万老年人进入老年公寓或老年住宅安度晚年，需要建造 8 万~10 万所老年公寓和住宅。

(4) 医疗设备短缺严重

随着老年人生理功能的逐渐衰退，他们患有疾病的概率将大大增加，因此医疗需求是老年人迫切的基本需求，这也将成为我国医疗设备产业的新的曙光。对比国外医疗市场的发展经验，以美国为例，二战后婴儿潮时期出生的美国人在进入老年期后，极大地推动了美国医疗器械市场的发展，使医疗器械市场的份额迅速增加。在日本、新加坡等老龄化程度较为严重的国家，老年人对药品和医疗器械产品的需求也在不断攀升。我国老年人中比较普遍地存在着慢性非传染性疾病（如肿瘤、高血压、心血管疾病、糖尿病、肝病、脑血管疾病等），还有一些疾病（如老年痴呆）和意外伤害，这些疾病的医疗设备和器械领域的需求将迅速增加。发达国家的医疗设备和器械产业与制药业的产值大体相当，目前我国前者仅是后者的 1/5 左右。

（5）老年旅游、教育、娱乐业有待进一步开发

目前我国每年老年人旅游的人数，大约占到旅游总人数的 20%。一方面，旅游是休闲最佳的方式，老年人旅游不仅可以欣赏山川之秀美，人文内涵之多样，而且还是强身健体、放飞心情、排解孤独最好的方法，增进与社会、人文的联络和感情；另一方面，老年人的闲暇时间比较多，可以填补我国旅游淡季市场的空当，为旅游事业发展和旅游景区的经济发展提供相应的机遇。要实现老有所养、老有所医、老有所教、老有所学、老有所为、老有所乐"六个老有所"，除了要继续解决好老有所养这个最根本的问题之外，解决其他"老有所"，积极发展老年教育、文化、娱乐事业，使老年人享受丰富多彩的晚年生活，营造一个良好的包容老人、尊重老人、为老人服务的社会氛围和社会文化，应成为长期不懈的追求目标。应当说，在这方面我国有许多创造。如各地举办的各种类型的老年大学，电视台"夕阳红"经常展示反映老年生活的优秀作品，新闻出版部门创办老年报刊和出版老年图书、音像等制品。各地举办的老年戏剧、音乐、歌舞、诗歌、服装模特表演、读书会、报告会等文化活动，在促进文化大发展、大繁荣中，起到了很好的作用。当前存在的问题是，对老年人口文化事业认识和支持不够，多数停留在自发阶段。

第二章

老龄化对消费的影响

前面的分析表明，人口老龄化与消费特别是与居民消费之间关系密切。面对21世纪中国加速走向老龄化的实际，需要回答：究竟老龄化是限制消费还是促进消费，是实现消费主导型经济转变的助推因素，还是消极因素，如何发挥老龄化在跨越"中收陷阱"的积极作用？笔者通过人口老龄化与消费需求、居民消费倾向、最优消费水平、消费结构等，阐发寻求扬长避短的思路。

第一节 老龄化与消费需求

1. 人口老龄化与标准消费人

考察社会消费水平受消费人口规模影响时，应当注意到人口结构的变动，不同年龄结构的人口，对消费品和服务数量、质量、结构的需求有所不同（参见图2-8）。[①]

图2-8显示了美国、加拿大、匈牙利和法国，不同年龄组人口消费水平指数的变动。大体上随着年龄的增长消费指数变动呈现三个阶段：少儿时期消费指数以较快的速度提升，进入劳动年龄阶段消费指数比较稳定或稳中略有下降，进入老年阶段消费指数趋于下降或降中趋稳。如此，基于老年人和儿童的消费水平低于劳动年龄人口这一前提，便将处于劳动年龄人口，定义为标准消费人。然后依据不同年龄人口的消费水平指数，换算成统一的标准消费人口。假设一个15~64岁的成年人为一个标准消费人，并将其消费水平作为一个标准消费人的消费水平。儿童人口的平均消费水平相当于标准消费人的 α

[①] 资料来源：李建民：《老年人消费需求影响因素分析及我国老年人消费需求增长预测》，《人口与经济》2001年第5期，第14页。

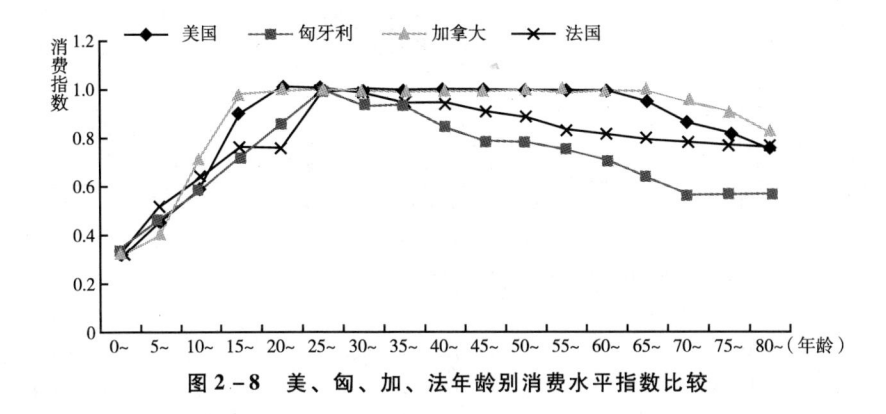

图 2-8 美、匈、加、法年龄别消费水平指数比较

倍,称为儿童消费系数;老年人口的平均消费水平相当于标准消费人的 β 倍,称为老年消费系数。那么,标准消费人口规模的计算公式可以表示为:

$$SCP = \alpha ch + L + \beta aged$$

其中,SCP 表示标准消费人口规模,Ch 表示少儿人口规模,L 表示劳动年龄人口规模,Aged 表示老年人口规模。

如果能够知道儿童和老年人的消费系数,我们便可以估计出总人口折算后的标准消费人口规模,并能够分析出人口年龄结构的变化对标准消费人口规模的影响,进而可以了解到社会总消费规模的变化。因为在标准消费人的人均消费水平保持稳定的条件下,标准消费人口的规模在一定程度上决定了社会总消费需求的增长变化。由于各个国家的社会、经济条件和文化传统等方面的差别,儿童和老年人与劳动年龄人口的消费差别是不同的;即使在同一个国家内部由于收入水平的差别,老年人口与劳动年龄人口在不同时期的消费差别,也有所不同。按照图 2-8 国际社会年龄别消费指数的变动,中国儿童和老年人口的消费水平指数要低于劳动年龄人口。因此,在标准消费人口的具体计算过程中,根据国内外学者的不同研究,我们设计了两套方案对中国的标准消费人口规模进行估算。分别为方案 Ⅰ:儿童消费系数和老年消费系数均取 0.7;方案 Ⅱ:儿童消费系数取 0.6,老年消费系数取 0.8。[①] 不同方案下的中国标准消费人规模的详细计算结果如表 2-3 和图 2-9 所示。[②]

---

① 参见:G. J. Steinitz (ed.), Demographic Causes and Economic Consequences of population Aging, UN Economic Commission of Europe and UN population Fund, New York, 1992。

② 资料来源:国家统计局《中国统计年鉴 2011》、《中华人民共和国 2011 年国民经济和社会发展统计公报》,网址:http://www.stats.gov.cn/。

表 2-3 不同方案下的中国标准消费人规模

单位：万人

年份	人口			方案 I		方案 II	
	0~14	15~64	65+	总规模	老年人	总规模	老年人
1990	31659	76306	6368	102925	4458	100396	5094
1995	32218	81393	7510	109203	5257	106732	6008
2000	29012	88910	8821	115393	6175	113374	7057
2005	26504	94197	10055	119788	7039	118143	8044
2009	24659	97484	11307	122660	7915	121325	9076
2010	22259	99938	11894	123845	8326	122809	9519
2011	22231	100243	12261	124387	8583	123390	9809

1990年，中国总人口为11.43亿，其中65岁及以上的老年人口规模为6368万，老龄化率为5.57%；到2011年，中国总人口增加到13.47亿，65岁及以上老年人口规模扩大到1.23亿，比1990年净增加了5932万，老龄化率几乎以每年增加0.2个百分点的速度持续提升。目前水平为9.10%，而且还将以更快的速度走向持续老龄化。按照方案 I，1990年中国儿童人口约折合为2.22亿个标准消费人，老年人口约折合为4458万个标准消费人，全国标准消费人口规模约为10.29亿。2011年，中国儿童人口所折合的标准消费人口规模减少到1.56亿，老年人口所折合的标准消费人口规模增加到8583万，全国标准消费人口规模扩大到12.44亿。按照方案 II，中国1990年的儿童和老年人口折合标准消费人后分别约为1.90亿和5094万，全国标准消费人口规模为10.04亿；到2011年，儿童人口折合的标准消费人口减少5656万，而老年人口折合的标准消费人口规模则增加4715万，全国标准消费人口规模则扩大到12.34亿。以图来表示，参见图2-9。①

图2-9反映了在两种估计方案下，中国1990~2011年儿童和老年人口所折合的标准消费人口规模变动趋势。现阶段中国标准消费人口规模的扩大，首先是由于劳动年龄人口的缓慢增长，其次取决于儿童人口减少和老年人口增加相互影响后的结果。从图中可以看出，中国人口老龄化的快速推进使得老年人口折算成标准消费人口的规模逐渐扩大，而儿童人口折算后的规模则逐渐减少。1990~2011年间的大部分年份，老年人口折算成标准消费人口后

---

① 资料来源：根据历年《中国人口统计年鉴》和《中华人民共和国2011年国民经济和社会发展统计公报》相关数据计算整理绘制。

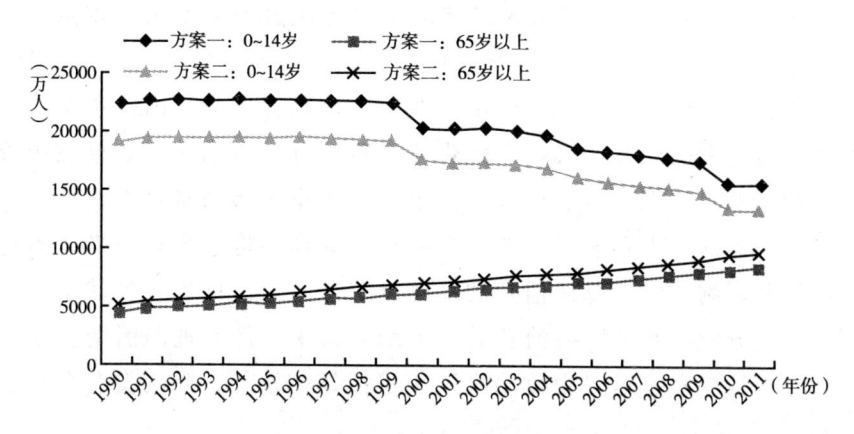

图 2-9 不同消费标准人折合方案下的消费人口规模变动

的规模增加量均大于儿童人口折算后的减少量，在中国还没有走出"人口红利"时期内的人口老龄化，进一步提高了全国的标准消费人口规模。究其原因，从人口结构变化来看，主要有以下几点：第一，出生率下降对中国儿童人口规模的扩大作用下降；第二，儿童进入劳动年龄阶段的人口规模大于出生的儿童人口规模；第三，目前进入老龄化阶段的人口规模小于进入劳动年龄阶段的人口规模。因此，目前的人口年龄结构变化虽然表现为老龄化，但是老龄化程度的加深更多地来源于儿童人口比重的下降，同时，过去高出生率时期出生的人口大规模转变成劳动年龄人口。此外，两种方案下所采用的儿童和老年消费系数的差别，也对标准消费人口的规模产生一定影响。表现在图 2-9 中，就是儿童和老年人口折算成标准消费人口后的规模差距发生了变化，即方案Ⅰ的差距大于方案Ⅱ。这说明，如果老年人的消费水平高于儿童的消费水平，那么伴随着老龄化程度的加深将会扩大标准消费人口的规模，并进而增加潜在的消费需求总量。

根据预测，2030 年中国标准消费人口将达到最大规模的 13.22 亿。随后，劳动年龄人口进一步减少，老龄化程度进一步加快，标准消费人口规模进入缓慢减少过程。2030 年以后的标准消费人口规模的缓慢减少，主要有三点原因。第一，2030 年以后中国儿童人口规模开始保持稳定，占总人口的比重也几乎维持在 15.5% 左右的水平上；第二，老年人口规模逐步增大，比重逐步升高；第三，劳动年龄人口开始缓慢减少，儿童人口转移到劳动年龄人口的绝对规模小于劳动年龄人口转移到老年人口的绝对规模。如此，我们看到标准消费人口规模，随着人口老龄化加速推进而减少的趋势。

上述论证表明，虽然当前人口年龄结构已越过刘易斯第一拐点，不久还将越过刘易斯第二拐点，"黄金时代"提供的"人口盈利"、"人口红利"开始减少；但是标准消费人口的规模在短期内仍在扩大，国内消费市场拥有的潜力是巨大的。未来人口老龄化速度将会进一步加快，如果在中等收入阶段能够顺利扩大内需、提升消费水平特别是老年消费水平，那么标准消费人口规模的扩大和居民消费水平的日益提高，将会逐渐熨平老龄化对消费的不利影响，保持总体消费的适度增长。因此，将适时启动老年消费与调节收入分配、刺激国内消费需求等结合起来，是实现向消费主导型经济发展方式转变和跨越"中收陷阱"不可或缺的选择，影响发展全局的决策选择。

2. 老年人口消费支出估算

根据标准消费人方法，可以进一步估算出 1990~2011 年中国老年人的消费支出规模，以及在居民总消费支出中所占的比重。通过分析老年消费支出的规模及其变化趋势，可以为当前中国经济发展在刺激消费、扩大内需方面提供一定的政策参考，并为老年产业的发展提供依据。为了比较老年人口消费水平的差异性，我们依然采用前面两种不同方案进行估算和分析。方案Ⅰ如表 2-4 所示，方案Ⅱ如表 2-5 所示。①

表 2-4 是按照方案Ⅰ标准，即儿童和老年人口消费系数均取 0.7 计算的，则 1990 年中国标准消费人口规模为 10.29 亿，到 2011 年则扩大到 12.44 亿，增长 20.85%。这说明伴随着当前中国人口由成年向老年转变的人口老龄化过程，中国标准消费人口规模是在不断扩大的。通过计算历年的标准消费人消费水平，我们便可以估算出中国历年老年人口消费的规模及在居民总消费中所占的比重，并可以看出各自的变化趋势。按照方案Ⅰ的标准估算，1990 年老年人口消费规模为 409.3 亿元，2011 年扩大到 1.09 万亿元，增长了约 25 倍；而老年人消费在居民消费中所占的比重，则由 1990 年的 4.33% 增加到 2011 年的 6.90%，提高了 2.57 个百分点。由此可以看出，在当前中国人口老龄化快速发展的过程中，无论是老年人消费规模还是其在居民消费中所占的比重，均表现出较快增长的趋势。

---

① 资料来源：根据历年《中国人口统计年鉴》和《中华人民共和国 2011 年国民经济和社会发展统计公报》相关数据计算整理。

表 2-4 按方案 I 估算的标准消费人规模和结构

年份	标准消费人规模（万人）	标准消费人消费水平（元）	老年人消费规模（亿元）	老年人消费比重（%）
1990	102925	918.2	409.3	4.33
1991	104105	1030.7	499.7	4.66
1992	105324	1234.3	614.5	4.73
1993	106689	1538.3	784.9	4.78
1994	107864	2025.2	1080.6	4.95
1995	109203	2597.9	1365.7	4.81
1996	110346	3077.2	1687.3	4.97
1997	111573	3309.2	1872.8	5.07
1998	112634	3482.9	2037.9	5.19
1999	113597	3690.3	2241.9	5.35
2000	115393	3973.8	2453.7	5.35
2001	116294	4251.0	2696.6	5.45
2002	117008	4534.5	2976.4	5.61
2003	117752	4895.9	3321.6	5.76
2004	118647	5496.9	3792.8	5.82
2005	119788	6065.1	4268.9	5.88
2006	120534	6811.6	4967.9	6.05
2007	121240	7886.0	5871.3	6.14
2008	121965	9067.7	6954.2	6.29
2009	122660	9875.2	7816.2	6.45
2010	123845	10762.7	8960.8	6.72
2011	124387	12740.9	10935.0	6.90

表 2-5 是按照方案 II 的标准，即儿童消费系数取 0.6、老年消费系数取 0.8 做出的。结果表明，1990~2011 年，中国标准消费人口规模由 10.04 亿元增加到 12.34 亿元，增长 20.90%，而老年人消费规模则由 479.6 亿元增加到 1.26 万亿元，增长了 25 倍，老年人消费比重由 5.07% 增加到 7.95%，提高 2.88 个百分点。可以看出，无论老年人口的消费规模还是消费比重，方案 II 的估算结果均比方案 I 有较大幅度的提高。这主要是因为老年人口消费系数提高了，即使仅由 0.7 提高到 0.8，对推动老年人口消费水平和占比的提高，也起到了举足轻重的作用。

表 2-5 按方案 II 估算的标准消费人规模和结构

年份	标准消费人规模（万人）	标准消费人消费水平（元）	老年人消费规模（亿元）	老年人消费比重（%）
1990	100396	941.4	479.6	5.07
1991	101588	1056.3	585.3	5.45
1992	102801	1264.6	719.5	5.53
1993	104200	1575.1	918.4	5.60
1994	105389	2072.7	1263.9	5.79
1995	106732	2658.0	1596.9	5.63
1996	107898	3147.0	1972.1	5.81
1997	109172	3382.0	2187.5	5.92
1998	110264	3557.8	2379.2	6.06
1999	111270	3767.4	2615.8	6.24
2000	113374	4044.5	2854.2	6.22
2001	114328	4324.0	3134.8	6.34
2002	115068	4610.9	3458.9	6.52
2003	115865	4975.6	3857.9	6.69
2004	116838	5582.0	4401.7	6.75
2005	118143	6149.5	4946.7	6.81
2006	118980	6900.6	5751.8	7.01
2007	119738	7984.9	6794.2	7.11
2008	120544	9174.6	8041.3	7.27
2009	121325	9983.9	9031.1	7.46
2010	122809	10853.5	10327.4	7.75
2011	123390	12843.8	12598.2	7.95

这说明了提高老年消费系数对居民总体消费需求扩大的巨大潜力。从西方国家老龄产业的发展状况来看，日本的"银色市场"在 20 世纪 80 年代已占消费市场的 13%，到 2000 年增加为 24%；美国早在 1985 年老龄消费市场的份额就达到 8000 亿美元。中国 2011 年老年消费仅占 7.95%，远远低于日本和美国 20 世纪 80 年代的水平。因此，如果说当前居民消费需求不足，那么老年消费需求不足尤为突出。

表 2-6[①]表明，2009 年全国老年人口中，以离退休金和养老金为主要生活来源比重为 26.08%，城市高达 70.86%，远高于镇 24.59% 和农村 4.84%。

---

① 资料来源：根据《中国人口和就业统计年鉴 2010》相关数据计算整理。

家庭成员供养的老年人口比重为42.35%，农村高达51.31%，镇为46.85%，城市为20.41%。在市场经济体制已经基本形成的情况下，家庭成员供养所占比重如此之高，不仅抑制了老年人口消费需求的扩大，而且也降低了成年人的消费水平，使得消费主导型发展方式的转变举步维艰。因此，刺激消费、扩大内需以促进经济增长，其政策着眼点不仅要放在调整收入分配制度、缩小收入分配差距上，而且要放在社会养老保障制度改革、扩大养老保障覆盖面、提高养老保障水平和大力发展老年产业上，把启动老年消费做实、做活。

表2－6 2009年老年人收入来源构成

单位：%

收入来源	全国	城市	镇	农村
劳动收入	25.55	4.14	21.04	37.71
离退休金和养老金	26.08	70.86	24.59	4.84
最低生活保障金	3.55	2.42	4.44	3.76
家庭成员供养	42.35	20.41	46.85	51.31
其他	2.47	2.17	3.08	2.38

第二节 老龄化与消费函数计量

标准消费人口规模增大，意味着潜在消费需求的扩大。但是要使其转化为有效消费需求，还必须有相应的收入作为支撑。为了分析人口老龄化对全体居民有效消费需求和消费倾向的影响，有必要将人口年龄结构引入到消费函数中，做出进一步的计量分析。

1. 模型选取与数据来源

（1）模型设定

根据凯恩斯的绝对收入消费理论，社会的有效消费需求取决于两个方面：一是收入水平，二是消费倾向。有效消费需求是指具有支付能力的消费需求，因此收入水平是有效消费需求的首要决定因素。为了进一步考察人口年龄结构变动对消费的影响，我们将标准消费人作为表征人口年龄结构的一个综合指标引入到消费函数中，进而建立人均消费函数模型和总量消费函数模型。

设总人口为 P，ch、l、$aged$ 分别表示儿童人口、劳动年龄人口、老年人口

在总人口中所占的比重,那么,前文中的标准消费人口估算方程可以表示为如下形式:

$$SCP = P(\alpha \times ch + l + \beta \times aged)$$

令 C 代表居民消费总额,则 $sc = \dfrac{C}{SCP}$ 表示标准消费人的消费水平;Y 代表国内生产总值(GDP),$y = \dfrac{GDP}{P}$ 表示人均收入水平。则可通过上述指标建立标准消费人的消费函数。这样既避免了直接引入人口年龄结构给建模带来的不确定性和复杂性,同时又能够显著减小方程的误差。标准消费人的消费模型如下式:

$$sc_t = e + dy_t + u_t$$

可以看出,标准消费人消费函数模型中,人均收入水平变量 y 是影响标准消费人消费水平的唯一变量,年龄结构不再是标准消费人消费水平的主要影响因素。将模型两边同时乘以标准消费人口规模,便可以得到总消费函数模型。

$$C_t = (eP_t + dY_t) \times \dfrac{SCP_t}{P_t} + v_t$$

$$C_t = (eP_t + dY_t)(\alpha \times ch_t + l_t + \beta \times aged_t) + v_t$$

将总量消费函数两端对收入求导数,可以得到全社会居民的边际消费倾向,如下式所示:

$$\dfrac{\partial C_t}{\partial Y_t} = d(\alpha \times ch_t + l_t + \beta \times aged_t)$$

从上式可以看出,全社会居民边际消费倾向的主要影响因素包括:标准消费人的边际消费倾向、儿童人口比重、劳动年龄人口比重、老年人口比重、儿童消费系数和老年消费系数。据此可以将社会总边际消费倾向分为三个部分,即儿童边际消费倾向、劳动年龄人口边际消费倾向和老年边际消费倾向。三个年龄段人口的边际消费倾向都同它们在总人口中所占的比重有关。儿童和老年人口的边际消费倾向与各自的消费系数有关,消费系数增大则会提高边际消费倾向。

需要指出的是,人口老龄化过程意味着老年人口的规模和所占的比重都会显著的提高,因此老年人与成年人消费心理和消费行为的差别,对全社会居民消费倾向有着不容忽视的影响。老年人的消费倾向是指当收入水平或价格水平发生变化时，其消费需求的变化。老年人口消费需求和消费倾向，具有三个明显的特点：一是由于老年人未来收入增长来源有限，因此现期收入对老年人消费倾向的影响程度非常大，而预期收入的影响非常小；二是由于老年人处于生命的最后阶段，因此对生存需求层次的消费在总需求消费中所占的比重要高于成年人，这意味着老年人的消费需求总弹性要小于成年人，消费倾向也会低于成年人；三是由于老年人年轻时所处的时代在收入水平、消费内容和消费环境等方面都要落后于当前，而老年人在艰苦时代养成的节俭习惯在一生中都会影响着老年人的消费行为，因此老年人的消费行为要比成年人或年轻人更节俭。

至此，我们便建立了中国标准消费人消费函数模型和总消费函数模型，并间接地将人口年龄结构变量引入到模型之中，为进一步分析中国历年来有效消费需求和边际消费倾向的变化，提供了理论基础，也便于对相关消费变量的未来变化做出预测和分析。

（2）数据说明

本文中的国内生产总值（GDP）、消费数据来源于《中国统计年鉴2011》，而人口年龄结构数据来自 1990～2010 年的《中国人口统计年鉴》和《中国人口和就业统计年鉴》，2011 年的数据来自《中华人民共和国 2011 年国民经济和社会发展统计公报》。因为儿童消费系数和老年消费系数均被包含在消费函数模型之中，所以我们只采用按照前文方案Ⅱ估算得到的标准消费人数据，不再考虑方案Ⅰ。在建立模型过程中，我们采用王金营、付秀彬（2006）的做法，重新对中国的消费函数模型进行估计，并对其进行系统分析和扩展运用。

2. 模型检验与结果分析

根据中国 1990～2011 年的人口、消费和国民收入数据，对前文中提出的标准消费人消费模型进行回归检验。结果如下式：

$$sc = 961.227 + 0.349y$$
$$\binom{7.865}{0.000} \quad \binom{42.674}{0.000}$$

从上述回归结果可以看出，模型参数的 t 检验结果均具有较高的显著水平，实际显著度都接近于 0，所以模型参数具有统计意义，同时也具有较强的实际经济意义。回归模型的整体检验指标为 $R^2 = 0.995$、$F =$

1821.067($Sig = 0.000$)、$D.W. = 0.270$，方程整体通过了 F 检验，且具有较高的显著度，方程的拟合优度也较高，因此回归模型具有较显著的统计意义和实际意义。但是，模型结果显示的 $D.W.$ 统计量较小，接近于0，查表可知模型的干扰项存在严重的序列正相关。采用广义差分法校正后的模型回归结果为：

$$sc = 235.598 + 0.318y$$
$$\begin{pmatrix} 4.495 \\ 0.000 \end{pmatrix} \begin{pmatrix} 22.925 \\ 0.000 \end{pmatrix}$$

可以看出，校正后模型的参数检验结果依然具有较高的显著水平，回归模型的整体检验指标为 $R^2 = 0.981$、$F = 525.550$($Sig = 0.000$)、$D.W. = 2.655$，方程总体通过了 F 检验，且具有较高的拟合优度，而且校正后的模型不存在序列相关。因此，该模型高度拟合了中国标准消费人消费水平和人均收入水平之间的关系，用于分析和预测是适当的。

中国标准消费人消费函数模型的建立，使我们知道了中国标准消费人的自主消费量和边际消费倾向，即 $e = 235.598$、$d = 0.318$，于是便可以进一步推导出中国的总量消费函数模型。根据前文推导出的中国居民总体边际消费倾向的计算公式，将标准消费人的边际消费倾向、儿童消费系数和老年消费系数代入公式，便可以得到新的表达式：

$$\frac{\partial C_t}{\partial Y_t} = 0.3180 - 0.1272 ch_t - 0.0636 aged_t$$

式中，儿童人口比重和老年人口比重是影响居民总体边际消费倾向的两个最主要变量，随着儿童人口比重和老年人口比重的提高，总体边际消费倾向会逐渐下降，这也进一步体现了不同年龄段人口之间消费倾向的差异。通过上面的式子我们可以计算出中国 1990~2011 年的总体边际消费倾向，结果如表 2-7 所示。[①]

由表 2-7 可以看出，伴随着中国人口老龄化的发展进程，居民总体边际消费倾向表现出缓慢升高的态势，从 1990 年的 27.92% 升高到 2011 年的 29.12%。总体边际消费倾向的缓慢升高，表明老年人口比重的上升与儿童人口比重的下降同时发生，只是儿童人口比重下降的速度要快于老年人口比重

---

① 资料来源：根据历年《中国人口统计年鉴》数据，利用本文消费模型计算得到。

表2-7 1990~2011年中国总体边际消费倾向估算结果

单位：%

年份	$C'_t(Y_t)$	年份	$C'_t(Y_t)$
1990	27.92	2001	28.49
1991	27.89	2002	28.49
1992	27.90	2003	28.51
1993	27.96	2004	28.58
1994	27.96	2005	28.73
1995	28.02	2006	28.78
1996	28.03	2007	28.82
1997	28.08	2008	28.86
1998	28.10	2009	28.91
1999	28.13	2010	29.12
2000	28.45	2011	29.12

上升的速度，二者相抵，形成居民总体边际消费倾向缓慢升高的趋势。另外，由于我们假定了在区间内标准消费人的边际消费倾向保持稳定，因此随着人口年龄结构逐渐老龄化，居民的总体边际消费倾向应该会出现递减的趋势。此时的递减主要是由不同年龄段人口的消费倾向差异造成的，而当前居民总体边际消费倾向的缓慢升高，则主要是由人口老龄化阶段性推进的特点所决定的。

3. 有效消费需求与边际消费倾向预测

本文建立的中国消费模型，只要知道国内生产总值及人口年龄结构的预测数据，便可以通过模型计算出中国未来居民的有效消费需求及边际消费倾向。中国人口年龄结构变化数据，我们采用中国社会科学院中方案下的人口预测数据，而国内生产总值数据采用时间序列数据外推预测得到。对中国1990~2011年的国内生产总值时间序列数据进行多种回归模型拟合，经过综合比较分析后发现，多项式回归模型对国内生产总值的时间序列数据拟合效果最高，且预测误差最小。多项式回归方程如下式所示。

$$Y = 17067.246t - 1685.966t^2 + 85.631t^3$$
$$\begin{pmatrix}13.027\\0.000\end{pmatrix}\begin{pmatrix}-8.496\\0.000\end{pmatrix}\begin{pmatrix}11.942\\0.000\end{pmatrix}$$
$$R^2 = 0.999, F = 3343.786(Sig = 0.000)$$

方程参数 t 检验结果的实际显著度均接近于0，方程总体拟合效果非常好，拟合优度达到 0.999，且整体通过了 F 检验。因此，认为国内生产总值的时间序列数据与三次方曲线的变化趋势较吻合，采用此种时序数据变化趋势进行预测能够达到较好的效果。在方程中 Y 表示国内生产总值，$t = 1, 2, 3, \cdots$ 表示时间，由此便可以预测得到中国未来的国内生产总值。

将预测的中国未来年份人口数据和国内生产总值数据代入本消费模型，计算得到未来有效消费需求总量及居民总体边际消费倾向。预测结果如表 2-8 所示。

表 2-8 对中国国内生产总值增长的预测，是按照现有增长速度进行的时间趋势外推的结果。预测的主要目的，在于分析现有分配体制下所形成的消费与经济发展水平之间的关系，居民有效消费需求总量及边际消费倾向随着经济发展和人口年龄结构老龄化所呈现出的发展变动趋势，并非在具体数据本身。按此预测，GDP 可由 2012 年的 54.25 万亿元，增加到 2050 年的 1420.41 万亿元，年平均增长达 9.28%，略低于改革开放以来的增长速度。2012 年居民有效消费需求为 18.26 万亿元，到 2050 年增加到 403.82 万亿元，年均增长速度为 8.70%，低于国内生产总值增长速度 0.58 个百分点。从宏观经济中的居民消费率来看，2010 年为 35.22%，2050 年可下降到 28.43%，下降 6.79 个百分点。居民消费率的持续下降说明，如果中等收入阶段的经济社会矛盾得不到较好解决，即使经济保持现有的增长速度，居民的消费率也不能得到相应的提高。

表 2-8 未来居民有效消费需求及边际消费倾向预测

年份	Y_t（万亿元）	P_t（亿人）	ch_t（%）	$aged_t$（%）	C_t（万亿元）	$C'_t(Y_t)$（%）
2012	54.25	13.79	19.14	8.99	18.26	28.70
2015	71.10	13.99	19.39	9.51	23.08	28.64
2020	145.99	14.44	18.97	12.04	44.45	28.53
2025	242.46	14.61	18.01	13.69	72.05	28.55
2030	376.74	14.65	16.35	16.23	110.58	28.60
2035	555.25	14.61	15.19	19.55	161.26	28.53
2040	784.42	14.51	15.15	21.96	225.46	28.39
2045	1070.66	14.32	15.58	22.40	305.80	28.30
2050	1420.41	14.02	15.74	23.07	403.82	28.24

图 2-10 显示，未来居民的边际消费倾向将经历缓慢下降——小幅度反弹——持续下降三个阶段。虽然各个阶段边际消费倾向的变化幅度不大，但

是变动的轨迹清楚地反映了人口老龄化阶段性进程的影响。在 2010~2023 年第一个下降阶段，边际消费倾向由 28.73% 下降到 28.51%，主要是儿童人口比重出现一定程度的上升，因而总体居民边际消费倾向出现一定程度的下降；随后边际消费倾向由 2023 年的 28.51% 提高到 2027 年的 28.61%，主要是儿童人口比重又经历一段短暂的下降所致。其后经历五六年的相对稳定，居民消费倾向出现徘徊震荡走势，直至 2033 年以后出现较明显的下降，2050 年将下降到 28.24%。这一阶段儿童人口比重相对趋于稳定，边际消费倾向不断下降，是老年人口比重不断升高的结果。

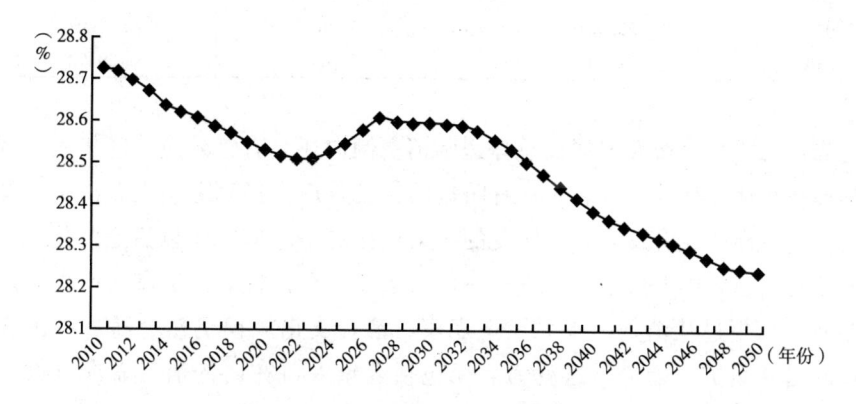

图 2-10　未来居民边际消费倾向变动预测

图 2-10 表明，未来居民消费倾向有升有降，总的趋势是下降的。然而，一是下降的幅度很小，在 28.24%~28.73% 之间；二是升高和下降均为速度指标，并不代表居民消费水平和消费的绝对数量变动。事实上，随着经济的不断发展和人民收入水平的不断提高，消费需求和社会购买力是持续增长的。也就是说，人口老龄化只是限制了消费需求总量的增长速度，并不是老年人口和总体人口消费的绝对数量。标准消费人消费水平和老年人口消费规模变动预测参见表 2-9。

2012 年中国老年人消费规模将达到 1.45 万亿元，在居民总消费中所占的比重也将上升到 7.94%。2010~2020 年，老年人消费规模将扩大 3.37 倍，2020~2030 年将再扩大 2.34 倍，2030~2040 年将再扩大 1.78 倍，2040~2050 年将再扩大 0.89 倍，2050 年将达到 83.67 万亿元。老年人口消费占居民总消费比重，可由 2010 年的 7.59%，上升到 2050 年的 20.72%，升高 13.13 个百分点，年平均升高 0.33 个百分点。

表 2-9　未来老年人消费规模和比重变动预测

年份	标准消费人消费水平（万元）	老年人消费规模（万亿元）	老年人消费比重（％）
2012	1.46	1.45	7.94
2015	1.83	1.94	8.42
2020	3.42	4.76	10.70
2025	5.47	8.76	12.16
2030	8.36	15.91	14.39
2035	12.26	28.02	17.38
2040	17.36	44.23	19.62
2045	23.92	61.38	20.07
2050	32.34	83.67	20.72

当前，人口老龄化对居民总体边际消费倾向还具有正效应，老年人消费水平的提高对社会有效消费需求具有明显的拉动效应，提高老年人口消费率是实现向消费主导型经济发展方式转变的决策选择之一。2020 年以后老龄化进入加速发展阶段，老年人口绝对数量和占比大幅度上升，将对消费需求产生一定的抑制效应。不过从消费需求总量上观察，消费支出规模仍然会随着国民收入的不断增长呈扩大趋势。这就为启动包括老年人口在内的消费需求提供了机遇，只是在不同阶段老年人口消费规模和占比不同，出台鼓励消费政策的着眼点、重点有所不同而已。没有区别就没有政策。把握人口老龄化进程中的阶段性特征，不同阶段对老年消费和居民总体消费的不同影响，才能在中等收入阶段将消费潜能尽可能地释放出来，发挥对经济增长的推动作用。

第三节　老龄化与消费关系的区域差异

1. 老龄化与消费的区域差别视角

本书总论已对人口老龄化区域不平衡做出分析，这里将老龄化与居民消费区域分布不平衡放到一起，阐释对经济社会发展和跨越"中收陷阱"的影响，有着明显的现实意义。对照东部、中部、西部人口老龄化和居民消费率演变，发现某些带有规律性的现象（参见图 2-11、图 2-12）。[1]

图 2-11、图 2-12 说明，东、中、西部人口老龄化与居民消费率呈现一

---

[1] 资料来源：国家统计局《中国统计年鉴 2011》，网址：http://www.stats.gov.cn/tjsj/ndsj/2011/indexch.htm。

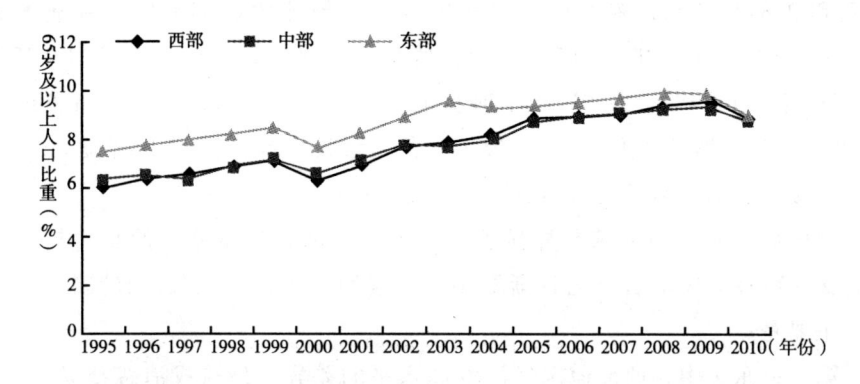

图 2-11 1995~2010年东、中、西部65岁以上人口比例变动

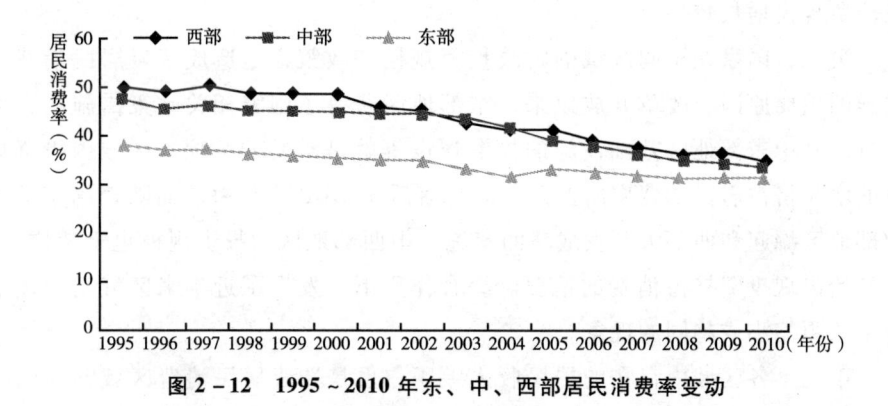

图 2-12 1995~2010年东、中、西部居民消费率变动

定带有规律性的变动。基本的趋势是：65岁以上老年人口比例越高，居民消费率越低；反之老年人口比例越低，居民消费率越高。如此，形成自西向东总的走势：人口老龄化逐渐升高，居民消费率逐渐降低。只是近年来人口老龄化中西部趋于接近，西部还略高出中部；居民消费率由高至低自西向东倾斜曲线比较清晰。1995年，东、中、西部地区的居民消费率分别为38.14%、47.62%和50.28%。时序内各地区的居民消费率都表现出明显的下降趋势，其中东部地区的下降速度要慢于中西部地区。到2010年，东部地区的居民消费率为31.67%，中部地区为33.78%，西部地区为34.85%，区域间的居民消费率差距缩小许多。从居民消费支出规模来看，东部地区远远高于中西部地区，而中西部地区之间的差距则比较小。1995年居民消费支出规模分别为：东部地区为1.2万亿元，中部地区为0.7万亿元，西部地区为0.5万亿元；到2010年，东、中、西部地区的居民消费总额分别增长到7.9万亿元、3.6万

亿元和 2.8 万亿元，东部地区的居民消费规模比中西部地区之和还要大。1995~2010 年东、中、西部居民消费规模年均增长率分别为 14.30%、12.12% 和 11.54%，均慢于各地区国内生产总值 15.83%、14.90% 和 14.08% 的年均增长速度。"三大板块"消费增长均落后于 GDP 增长，全国消费增长缓慢、消费需求动力不足，自然在所难免。

中国居民消费的区域差异显著，既体现在消费规模差距的日益扩大上，同时又表现在居民消费率的日渐缩小上。这种二律背反现象，有其特殊的原因。主要是：

第一，东、中、西部地区经济发展水平的差异，是造成消费差异的主要原因。改革开放使东部地区迅速发展繁荣起来，居民生活水平提高较快，居民消费规模增长较快。

第二，国家在不同区域的财政投资规模和政策，是造成区域居民消费率差异的重要原因。改革开放以来，东部地区获得了国家相关政策措施的大力支持，其中东部地区基础设施的投资建设等就是重要的一项，区域内投资规模的增长挤占居民消费率的上升空间，落后于 GDP 增长率。而随着国家促进中部地区崛起和西部大开发战略的实施，中西部地区的投资规模也迅速增大，也开始出现投资挤占消费的情况。综合作用下，发生了近年来区域间居民消费率差距缩小或趋同的现象。

第三，各区域内存在的居民收入差距，也是造成居民消费区域差异的一个原因。这主要是由于较富裕的群体一般具有较低的消费倾向，而贫困阶层的消费倾向则较高，收入差距的持续扩大将不利于居民整体消费规模的增长。

第四，人口老龄化的区域差异，是造成居民消费区域差异的外部原因。东部地区的老龄化程度高于中西部地区，在目前养老保障制度不健全、保障水平较低的情况下，老年人口规模的快速扩张，前已叙及，会促使居民总体消费倾向下降。同时，家庭养老负担的日益加重，也产生部分老年人口消费被挤出效应，从而限制了标准消费人消费水平的提高和总体消费支出规模的扩大。

2. 老龄化与消费关系的区域差异分析

为了进一步分析中国人口老龄化的区域差异对居民消费的影响，清晰且定量地看到人口年龄结构对消费影响的区域差异性，笔者依然采用前面的研究方法，假定标准消费人的边际消费倾向保持不变，通过建立消费函数模型来分析人口老龄化对居民消费倾向和总体有效消费需求的影响。如前所述，老年消费系数对居民边际消费倾向具有正效应，老年人口比重则具有负效应，综合影响效应取决于老年人口和儿童人口比重的对比。因此，为了突出老龄化对提高居民消费水平的积极效应，此处依然选取儿童消费系数为0.6，老年消费系数为0.8，利用区域人口、国民收入和消费数据拟合得到不同标准消费人消费模型，如下式：

东部地区：

$$sc = 393.429 + 0.336y$$
$$\binom{5.551}{0.000} \binom{111.868}{0.000}$$
$$R^2 = 0.999, F = 12514.506(Sig = 0.000), D.W. = 2.390$$

中部地区：

$$sc = 1460.229 + 0.310y$$
$$\binom{16.886}{0.000} \binom{43.129}{0.000}$$
$$R^2 = 0.996, F = 1860.099(Sig = 0.000), D.W. = 2.118$$

西部地区：

$$sc = 730.251 + 0.361y$$
$$\binom{13.881}{0.000} \binom{71.970}{0.000}$$
$$R^2 = 0.999, F = 5179.617(Sig = 0.000), D.W. = 1.430$$

可以看出，东、中、西部地区的回归方程均通过了检验，回归参数和方程总体也都具有显著的统计意义和实际经济意义。该模型较好拟合了不同地区的标准消费人消费水平和人均收入的关系，可以用于分析和预测。由前面边际消费倾向的计算公式，可以进一步将其化简成下式：

$$\frac{\partial C}{\partial Y} = d - d(1-\alpha)ch - d(1-\beta)aged$$

对上式求导，可以得到人口老龄化率对消费倾向的边际贡献为$-d(1-\beta)$，儿童人口比重对消费倾向的边际贡献为$-d(1-\alpha)$，二者均表现为负效应。儿童和老年消费系数则有助于降低这种负效应，对居民边际消费倾向表现为正效应。根据上述回归结果，可以求出不同区域居民边际消费倾向的计算公式为：

东部地区：

$$\frac{\partial C_t}{\partial Y_t} = 0.336(1 - 0.4ch_t - 0.2aged_t)$$

中部地区：

$$\frac{\partial C_t}{\partial Y_t} = 0.310(1 - 0.4ch_t - 0.2aged_t)$$

西部地区：

$$\frac{\partial C_t}{\partial Y_t} = 0.361(1 - 0.4ch_t - 0.2aged_t)$$

标准消费人边际消费倾向在区域间也存在显著差异，其中东部地区为0.336，中部地区为0.310，西部地区为0.361。东部经济发达地区的标准消费人边际消费倾向低于欠发达的西部地区，而中部地区处于最低的水平。一般而言，经济发达地区居民的边际消费倾向要低于欠发达地区；但是中国经济发展区域差距的特殊性，使得中部地区居民的边际消费倾向处于最低水平；而且，区域内部收入差距的持续扩大，也是产生这种现象的重要原因（参见图2-13）。

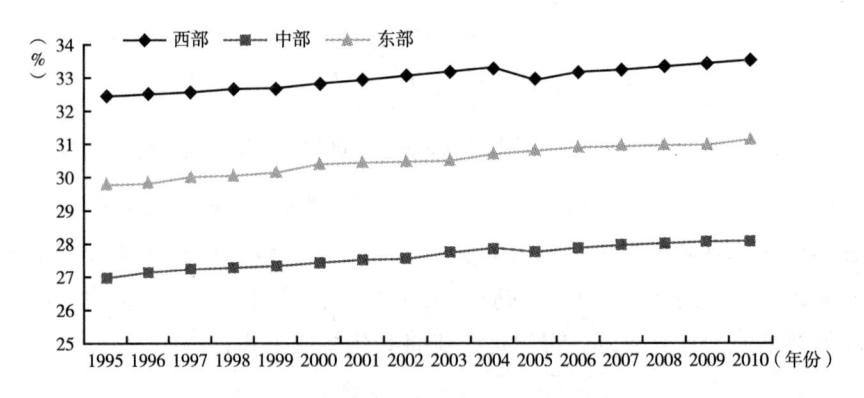

图2-13 区域居民边际消费倾向变动比较

图2-13显示，标准消费人边际消费倾向的区域差异，决定了居民总体边际消费倾向的区域差异：西部地区高于东部地区，中部地区处于最低水平。1995年，东、中、西部地区居民总体边际消费倾向，分别为29.79%、27.00%和32.47%；2010年分别提升至31.15%、28.11%和33.53%，呈现缓慢递增的趋势，彼此差距变动不大。老年人口消费规模区域差异变动情况

如表 2-10 所示。①

表 2-10 表明，在老年消费系数相同的情况下，经济发展水平的区域差异和人口老龄化水平的区域差异，也使得东、中、西部地区之间老年人消费规模存在较大的差距，并且有扩大的趋势。1995 年，东部地区老年消费规模为 748.37 亿元，中部地区为 491.94 亿元，西部地区为 281.92 亿元，中西部地区的规模总和比东部地区多 25.5 亿元。到了 2010 年，东部地区老年消费规模比中西部地区总和竟高出 1172 亿元。究其原因，一方面是中国经济发展水平的区域差距持续扩大，另一方面则是由于东部地区的老龄化水平高于中西部地区，老年人口规模较中西部地区更为庞大所致。

表 2-10 东、中、西部老年人口消费规模比较

单位：亿元

年份	西部	中部	东部
1995	281.92	491.94	748.37
1998	424.33	739.77	1113.39
2001	513.94	841.08	1502.31
2004	821.22	1190.99	2488.16
2007	1514.00	1893.91	4494.01
2010	2244.75	2736.23	6152.74

第四节 老龄化与消费结构的关联分析

当前中国人口老龄化的特殊发展进程，不仅影响居民消费需求总量，而且也影响到总体消费需求结构。由于老年人口自主消费较强、较成熟的消费观、对商品和服务质量的较高要求、对休闲和服务消费需求较高等特点，使得大多数学者针对当前中国人口老龄化加剧实际，主张大力发展老龄产业。但是，许多研究仍然只是停留在定性分析上，对于居民总体消费结构中哪些产业与老龄化高度相关，哪些产业相关程度较弱，没有运用数学模型给出准确的定量分析结论。本部分通过灰色系统预测中的关联度计算方法，利用中国

---

① 资料来源：国家统计局《中国统计年鉴 2011》，网址：http://www.stats.gov.cn/tjsj/ndsj/2011/indexch.htm。

人口年龄结构和居民消费结构数据,给出人口老龄化对消费结构影响的定量分析。

1. 关于灰色关联分析

灰色关联理论分析,是根据序列曲线几何形状的相似程度来判断其联系是否紧密。曲线越接近,相应序列之间关联度就越大,反之则越小。序列曲线几何形状相似程度,显示成数值的形式为关联度矩阵。灰色关联分析能够弥补采用数理统计方法做系统分析所导致的缺憾,它对样本量的大小和样本有无规律都同样适用,而且计算量小,十分方便,更不会出现量化结果与定性分析结果不符的情况[①]。

定义系统特征行为序列为 $Y_i = [y_i(1), y_i(2), \cdots, y_i(n)], i = 1, 2, \cdots s$,系统相关因素行为序列为 $X_j = [x_j(1), x_j(2), \cdots, x_j(n)], j = 1, 2, \cdots m$,灰色关联分析就是研究系统特征行为序列与系统相关因素行为序列之间的关联程度。具体分析思路包括以下几个步骤:

(1)求系统行为的均值像序列。令其为:

$$Y'_i = \frac{Y_i}{\bar{Y}_i} = [y'_i(1), y'_i(2), \cdots, y'_i(n)]$$

$$X'_j = \frac{X_j}{\bar{X}_j} = [x'_j(1), x'_j(2), \cdots, x'_j(n)]$$

(2)求系统行为的差序列。记为:

$$\Delta_{ij}(k) = |y'_i(k) - x'_j(k)|$$

$$\Delta_i = [\Delta_{ij}(1), \Delta_{ij}(2), \cdots, \Delta_{ij}(n)]$$

(3)求两极最大差与最小差。记为:

$$M = \max\{\Delta_{ij}(k)\}, m = \min\{\Delta_{ij}(k)\}$$

(4)求关联系数。记为:

$$\gamma_{ij}(k) = \frac{m + \xi M}{\Delta_{ij}(k) + \xi M}, \xi \in (0, 1)$$

(5)计算关联度。记为:

$$\gamma_{ij} = \frac{1}{n}\sum_{k=1}^{n}\gamma_{ij}(k)$$

---

① 参见刘思峰等《灰色系统理论及其应用》,科学出版社,2010年5月,第62~104页。

(6) 求关联矩阵。记为：

$$R = \begin{pmatrix} \gamma_{11} & \cdots & \gamma_{1m} \\ \vdots & \ddots & \vdots \\ \gamma_{s1} & \cdots & \gamma_{sm} \end{pmatrix}$$

其中，关联度 $\gamma_{ij} \in (0,1)$，越接近1说明系统特征行为序列与系统相关因素行为序列之间的相关性越大，越接近0则说明二者之间的相关性越小。

2. 数据选取及来源

根据《中国统计年鉴2010》城乡居民消费结构数据，中国居民消费品主要分为以下10大类：食品、衣着、居住、家庭设备及服务、医疗保健、交通和通信、文教娱乐、金融服务、保险服务、其他。本文选取2004～2009年间的居民消费结构支出数据，并换算成各类消费品的支出比重数据，具体如表2-11所示。①

表2-11 2004～2009年居民消费支出构成变动

单位：%

年份	2004	2005	2006	2007	2008	2009
食品	36.25	34.73	32.23	32.67	33.59	32.10
衣着	7.30	7.64	7.73	7.84	7.72	7.80
居住	15.02	15.63	17.82	17.49	17.78	17.40
家庭设备及服务	4.59	4.56	4.56	4.81	4.89	5.15
医疗保健	8.07	8.40	8.12	8.08	8.56	9.27
交通和通信	9.49	10.06	10.48	10.78	10.05	10.92
文教娱乐	11.81	11.41	11.01	10.44	9.43	9.49
金融服务	2.90	2.97	2.07	2.21	2.39	2.04
保险服务	1.81	1.90	1.33	1.57	1.55	1.54
其他	2.77	2.71	4.65	4.10	4.04	4.29

按照0～14岁、15～64岁、65岁及以上，即少年、成年、老年三个基本的人口年龄构成组，我国2004～2009年人口年龄结构变动如表2-12所示。②

---

① 资料来源：国家统计局《中国统计年鉴2011》，网址：http://www.stats.gov.cn/tjsj/ndsj/2011/indexch.htm.

② 资料来源：国家统计局《中国统计年鉴2011》，网址：http://www.stats.gov.cn/tjsj/ndsj/2011/indexch.htm.

表 2-12 2004~2009 年人口年龄结构变动

单位：%

年 份	0~14 岁	15~64 岁	65 岁及以上
2004	21.21	70.68	8.11
2005	22.75	68.35	8.90
2006	21.31	69.69	9.00
2007	20.72	70.17	9.12
2008	19.95	70.71	9.34
2009	19.32	71.06	9.62

3. 结果分析与讨论

根据上述的灰色关联分析方法，我们定义中国人口年龄结构为系统特征行为序列，即 Y_1、Y_2、Y_3 分别代表儿童人口比重、劳动力人口比重和老年人口比重的时间序列；定义中国居民消费结构为系统相关因素行为序列，即 X_1、X_2、X_3、X_4、X_5、X_6、X_7、X_8、X_9、X_{10} 分别代表食品、衣着、居住、家庭设备及服务、医疗保健、交通和通信、文教娱乐、金融服务、保险服务、其他的时间序列。于是可以计算得到关联度矩阵：

$$\begin{pmatrix} 0.8186 & 0.7878 & 0.6864 & 0.7260 & 0.7313 & 0.7651 & 0.8557 & 0.6557 & 0.7725 & 0.4939 \\ 0.7837 & 0.8999 & 0.7414 & 0.8345 & 0.8031 & 0.8038 & 0.6525 & 0.5336 & 0.6183 & 0.4798 \\ 0.7014 & 0.8662 & 0.8275 & 0.8697 & 0.8253 & 0.8690 & 0.6101 & 0.4952 & 0.5568 & 0.5584 \end{pmatrix}$$

从计算结果可以看出，中国 65 岁及以上老年人口与食品、衣着、文教娱乐、金融服务和保险服务消费的关联度，要小于少年和成年人口；65 岁及以上老年人口与居住、家庭设备及服务、医疗保健、交通和通信消费的关联度，要大于少年和成年人口。分析如下：

（1）老龄化与食品、衣着消费的关联度

由于老年人处于生命的最后阶段，其新陈代谢降低、消化功能减弱，生理状况显著差于其他年龄段的人口，这导致老年人每天摄入的食物总量相对较少。而当前我国的食品市场专门针对老年人生产的食品种类很少，缺乏对老年人食品开发和生产的专门厂家。同时，我国食品市场专门针对老年人的食品种类也很少，缺少专门的老年人食品开发和生产的厂家。因此，老年人生理状况的老化和当前中国老年食品市场的落后，决定了食品类消费对老龄化关联度不够高。中国服装市场也存在着与食品市场同样的问题，针对老年人的服装不仅数量少，而且花色品种单调、尺码不全、设计单一，抑制了老年的消费需求。

（2）老龄化与文教娱乐、金融保险服务消费的关联度

老年人退休以后便失去了以前在工作时所承担的社会角色，生活圈子的变化会使老年人心里产生强烈的不适应，而利用闲暇时间阅读书报杂志、外出旅游、积极参与文娱活动等，既可以调整老年人的不适心理，也能够丰富老年人的养老生活。但是我国文教娱乐的消费品类适合老年人的较少，书报杂志等类别的消费虽然适合老年消费，但是它更是面向大众消费群体的，而外出旅游成本较高，仅适合较高收入的老年群体。适合老年人文教娱乐消费的场所、品类等相对较少，导致了随着中国人口老龄化的加剧，文教娱乐用品及服务的消费增长缓慢，与劳动年龄人口保持相当，明显低于儿童人口文教娱乐的消费。

当前，老年人口投资股票有相当一部分，但是从总体上观察，数量仍很有限，老龄化与投资、储蓄、保险等的关联度较低。相反，少年和成年人口与金融保险服务消费的关联度，要高出老年人口一截。

（3）老龄化与居住、家庭设备及服务消费的关联度

在我国，由于自20世纪80年代伊始国家大力提倡一对夫妇生育一个孩子，随着市场经济发展和人们价值观的某些改变，老年人不与子女住在一起的越来越多，目前空巢家庭占到一半以上，随着人口老龄化的推进和老年人口规模的扩大，对促进居住、家庭设备消费作用逐渐显露出来。即使有近一半老年人口与子女同住一起，随着家庭小型化趋势不间断地进行，也会扩大家庭对住房、设备、服务的需求。与成年人口相比，老年人生理机能逐渐老化，日常生活中更需要他人的照料，提高了与居住、家庭设备、服务等的关联度。

（4）老龄化与医疗保健、交通和通信消费的关联度

在健康期、带病期、伤残期生命周期的不同阶段中，虽然各阶段都有一定数量的少年、成年、老年人口身在其中，但是老年人口带病期所占比重较高，伤残期占比更高。还要注意到老龄化过程中越来越严重的高龄化倾向——即80岁以上"老老人口"占65岁以上老年人口比例不断升高，其中伤残比例高于其他任何人口。因此，老龄化对健康的需求最为强烈，对医疗保健和个人用品服务产品的需求最高。

老年人口带病率、伤残率较高，自然活动和出行倍感不便，需要借助各种交通工具和尽量周全的服务。同时老年人口有比较充裕的闲暇时间，他们外出旅游希望选择定点式、休假式旅游方式，对交通工具也有安全、舒适、

生活服务功能较全等要求。在现代通信手段发达情况下，老年人口尤其是高龄老年人口，无论居家还是外出活动和旅游，都需要保持同子女、社区服务机构等的联系和沟通，从而提高了对交通、通信工具产品的消费需求，提升了老龄化与医疗保健、交通通信消费的关联度。

第三章
协调老龄化与消费的决策选择

以上的论述表明,人口年龄结构老化对消费总量和消费结构,有着不同的关联度和影响。在我国跨越"中收陷阱",寻求人口与经济、社会、资源、环境可持续发展,在经济发展方式实现由投资、外贸主导型向消费主导型转变过程中,发挥老龄化对消费的促进作用和减缓其不利的影响,实现老龄化与消费的协调发展,有着值得进一步研究的现实意义。从实际出发,提出以下宏观决策选择:

第一,适时调整人口生育政策。大力控制人口增长、实行计划生育是我国的一项基本国策,当前仍要继续贯彻落实。然而,如前主报告人口发展战略"三步走"所述,当前已走到第二步,即控制人口数量、提高人口素质、调整人口结构三者结合的人口发展战略,目前已进展到由"控制"为主转变到"提高"和"调整"为主的阶段,年龄结构调整重要性凸显。亦即生育率、出生率下降要受到人口年龄结构变动,特别是老龄化进程制约。如今,提倡一对夫妇生育一个孩子过去 32 年,已超越当初这一政策提出控制一代人生育率初衷。为了不使人口老龄化过于严重,把老龄化对消费的负面影响限制在一定范围之内,人口生育政策必须进行合理的调整,而且越晚调整越被动,尽早调整相对主动一些。

第二,完善老年社会保障制度。老年社会保障是社会保障制度建设的一个重要组成部分,人口老龄化的加速推进,向老年社会保障制度的全面性和有效性提出了挑战。建立健全完善的社会养老保障体系和制度,是提高老年人口消费潜力的基础,这点下面还将论及。当前主要的任务,一是要进一步扩大社会养老保障覆盖面,逐步消除城乡"二元养老保障"体制,使全体老年人口均可得到基本生活保障,实现人人都能老有所养。二是要加强法制化建设和管理。目前社会保障法治不健全,已经影响到制度的正常运行,养老金统筹等不能完全实现。三是要继续探索基金管理、运营的有效途径。针对养老保险基金的特殊性,一方面要实行单独管理,确定独立的专门管理机构;另一方面需要在健全的基金运营管理机制和监督机制下,通过参与一定的资本市场,确保其保值和增值。四是要适当提高养老金标准。养老金水平低,不仅意味着老年人口消费力贫弱,而且有失社会的公平性。养老金标准的确定,应该遵循经济增长、财务平衡、收益和福利原则。过低的养老金标准,短期内可能有利于经济的增长;长期延续下去,则限制了老年人口消费的提高,最终损害到经济的发展和社会的进步。

第三,挖掘和释放老年人口消费潜力。上面的阐释,尤其是老龄化与居住、家庭设备及服务消费的关联度较高,老龄化与医疗保健、交通通信消费的关联度较高的阐释,为挖掘和释放老年人口的消费需求潜力指出了方向和重点。那么怎样才能释放出老年人口的消费潜力呢?最直接的,莫过于提高老年人口收入,增加老年退休金等,有效提高老年人口的支付能力。然而在现行老年退休制度下,大幅度增加老年退休金阻力很大,起码应保持与CPI同步增长。最现实有效的办法,是大力提高最低保障水平,建立完善老年社会福利和社会救助机制等。而且,老年社会保障、社会福利、社会救助水平提高了,消费的后顾之忧解除了,老年收入才能更多地转化为现实的消费。

第四,大力发展老龄产业。所谓老龄产业,是指适合老年人口生存、发展、享受需要,主要是老年人口消费需要的产品生产和经营的企业。老龄产业涉及国民经济第一、第二、第三次产业,不过重点是第三次产业,包括金融保险业、医疗、卫生、保健、照料、护理、心理健康、心理咨询等。目前这些产业中,个别地方、个别产业存在供过于求问题;但在总体上,处于供不应求是明摆着的事实。有些处于一床难求(住院)、一室难求(养老院、老年之家、老年公寓)、一员难求(保姆),急需加快这些产业的发展。在老龄产业发展初期,政府的扶持和指导不可或缺。政府在引导老龄产业发展的过程中,应借鉴其他国家的先进经验,制定老龄产业未来发展的规划蓝图。一是要注重对老龄产业的扶持,提供相关税收、价格等优惠政策;二是要加强老龄产业的市场运作,除了一部分公益产业以外,鼓励民间资本积极参与,按照市场原则规范运营,提高民间资本参与老龄产业的积极性,为政府减负;三是要制定相关的行业标准,加强政府相关部门的指导和监督,引导老龄产业健康发展。

第五,构建老年服务网络。信息化和经济全球化,是当今世界发展最重要的两大趋势。推动信息化和信息产业发展,则是扩大消费、促进经济增长最具活力的战略举措,扩大老年人口消费需求不能忘记老年信息需求,不能将老年人口排斥在现代信息化和网络发展之外。众所周知,在老年人的精神生活中,孤独感、抑郁症甚至老年自杀等发生率要比成年和少年人口高出许多,究其原因,与老年人的生活状况和社会网络狭窄有很大关系。建立老年人口的社会支持网络,可以开拓他们的视野,使他们重新融入社会的经济生活、政治生活、文化生活之中;也可以通过网络同亲属、同事、朋友、邻居甚至从未相识之士,进行思想交流;还可以参与单位、社区组织的各种活动,特别是利用计算机、手机、对讲机等现代信息工具,通过无线网络保持老年人口同家庭、亲属、社区组织等的必要联系,这些已经成为老年人口晚年生活中的一个组成部分,应当全力支持和大力发展。

参考文献

1. 郑秉文:《"中等收入陷阱"与中国发展道路——基于国际经验教训的视角》,《中国人口科学》2011年第1期,第2~15页。
2. World Bank. Robust Recovery, Rising Risks, World Bank East Asia and Pacific Economic Update 2010, Volume 2 [R]. Washington, DC. November 2010: pp. 27.
3. 孙赫:《"中等收入陷阱"对我国外贸影响及启示》,《现代商贸工业》2011年第4期,第109~110页。
4. 仪明金、郭得力、王铁山:《跨越"中等收入陷阱"的国际经验及启示》,《经济纵横》2011年第3期,第57~60页。
5. 蔡昉:《中国经济如何跨越"低中等收入陷阱"?》,《中国社会科学院研究生院学报》2008年第1期,第13~18页。
6. George J. Gilroy and Eric Higginbotham. The Latin Americanization of China? Current History [J]. September. Volume 103. Issue: 674. Philadelphia. PA 19127, USA. pp. 256 – 261.
7. World Bank. World Development 2006: Equity and Development [R]. Washington D. C: The World Bank and Oxford University Press, 2005.
8. 谭顺、程东杰:《当前中国消费不足的四种基本形态——兼论消费不足的具体成因》,《经济问题探索》2011年第1期,第33~37页。
9. 方福前:《中国居民消费需求不足原因研究——基于中国城乡分省数据》,《中国社会科学》2009年第2期,第68~82页。
10. 刘慎超:《是什么抑制了中国的消费需求》,《经济学家》2010年第11期,第

21~27页。

11. 王立平、王宪明：《从农村居民消费看我国消费不足的成因及趋势》，《经济论坛》2004年第12期，第16~17页。

12. 骆竹梅、吴文旭：《有效供给不足抑制中国消费需求——从长短期消费函数看消费不足的问题》，《经济与管理》2005年第8期，第5~9页。

13. 李建民：《老年人消费需求影响因素分析及我国老年人消费需求增长预测》，《人口与经济》2001年第5期，第10~16页。

14. 王金营、付秀彬：《考虑人口年龄结构变动的中国消费函数计量分析——兼论中国人口老龄化对消费的影响》，《人口研究》2006年第1期，第29~36页。

15. 李洪心、高威：《中国人口老龄化对消费结构影响的灰色关联度分析》，《人口与发展》2008年第6期，第67~72页。

第三篇

人口老龄化与劳动就业

提　要： 本报告重点分析了人口老龄化对劳动力供给和需求，以及对就业的影响。受老龄化影响劳动年龄人口数量将逐步下降，将减少劳动力总供给和提高劳动力成本。老龄化将通过不同渠道影响劳动力的需求，劳动力稀缺性和成本的增加将导致资本对劳动力的替代，从而在一定程度上减少对劳动力的需求。老龄化对就业的影响将取决于劳动力供求关系的相对变化。适应这种变化，应该深化劳动力市场改革、提高劳动力利用效率、推迟法定退休年龄等，促进积极的老龄化。

关键词： 老龄化　劳动力供给　劳动力需求　就业

---

* 本报告负责人和撰稿人：左学金，上海社会科学院原常务副院长、研究员，现任上海社科院经济研究所所长。主持国家哲学社会科学规划办重大课题"我国21世纪人口老龄化和经济社会对策研究"等，发表《21世纪中国人口再展望》，*The long-term impact on the Chinese economy of an aging population*，主编《建设创新驱动的世界城市——上海十二五发展规划思路研究》等。撰稿人：陈国政、孙小雁，均系上海社会科学院经济研究所研究人员。

第一章

人口老龄化对劳动力供给需求和就业的影响

未来我国人口总量变化和人口老龄化，将对劳动力供需关系和就业产生长期和深刻的影响。

第一节 老龄化对劳动力供给的影响

1. 劳动年龄人口总量将逐步下降

劳动力供给（经济活动人口总量）等于劳动年龄人口乘以劳动参与率，所以劳动年龄人口是劳动力供给的人口学基础。

根据课题组关于中国人口的低方案预测，我国劳动年龄人口将在2017年达到9.99亿峰值后开始下降，并在2030年后加速下降。到2050年，劳动年龄人口将减少到7.37亿，比2017年减少2.62亿，年平均减少793万多人。减少的数量和下降的速度，都相当快（参见图3-1）。[①]

以上讨论的是我国未来劳动年龄人口的变化情况。实际上，在劳动年龄人口中，有相当一部分人并没有进入（或退出了）劳动力市场，他们既没有工作也没有积极地寻找工作。这些人包括15岁以上的在校学生、65岁以下的退休人员、由于伤病残疾不能工作的人以及自愿选择不工作的人。经济活动人口（包括就业人口与失业人口）与劳动年龄人口的比率即为劳动参与率。一些研究（如蔡昉、王美艳，2004）发现，改革开放以来我国城镇劳动参与率有下降趋势。[②] 根据《中

[①] 资料来源：参见本报告低方案人口预测，以下凡未注明来源处，均引自该预测。
[②] 蔡昉、王美艳：《中国城镇劳动参与率的变化及其政策含义》，《中国社会科学》2004年第4期。

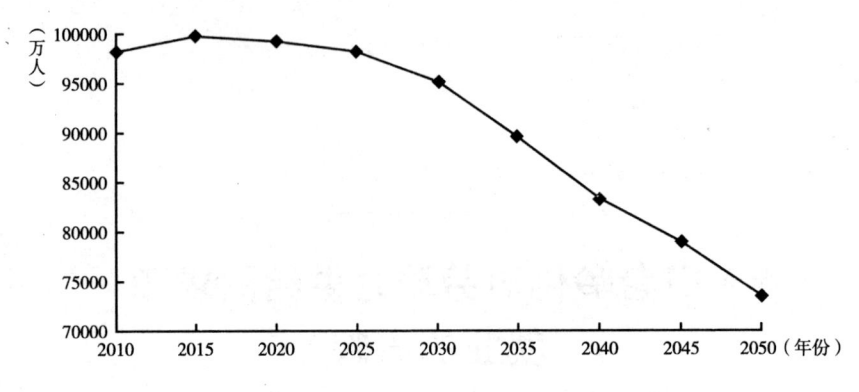

图 3-1 2010~2050 年劳动年龄人口变动趋势

《国统计年鉴》提供的劳动年龄人口和就业总量数据,我们得以对我国的劳动参与率作出粗略的估计。由于我国城镇登记失业较低,农村没有失业统计,所以城乡就业与经济活动人口的差别不大。这样估算的劳动参与率在 1990~2010 年的 20 年中,从 0.85 下降到 0.76。劳动参与率的下降与我国青年受教育年限的延长,以及 65 岁以前退休人员数量的增长有关(参见表 3-1)。①

表 3-1 1990~2010 年部分年份人口劳动参与率变动

年份	劳动年龄人口(万人)	总就业(万人)	劳动参与率(%)
1990	76306	64749	85
2000	88910	72085	81
2005	94197	74647	79
2010	99938	76105	76

我国总人口占世界总人口的比例将不断下降。与此相类似,我国劳动年龄人口占世界劳动年龄人口的比例也将不断下降。根据表 3-2 列示的关于中国的两个预测,在 2010~2050 年期间,中国劳动年龄人口占世界劳动年龄人口的比例将由大约 21.5% 下降到 13.4%;印度则将由 17.5% 上升为 19.4%,印度的劳动年龄人口在数量上大约是我国的 1.5 倍。预测还表明,到 2050 年我国人口的老龄化率大约是印度的 2 倍,所以在发展劳动密集型产业方面,印度将比中国具有更大的比较优势。②

---

① 资料来源:国家统计局《中国统计年鉴 2011》,中国统计出版社,2011,第 94、110 页。
② 中国预测 1 数据取自课题组低方案预测;中国预测 2 和其他国家数据,取自联合国《世界人口前景展望(2010 年修正版)》中方案预测。

表 3-2 2010~2050 年中国和部分国家劳动年龄人口占世界劳动年龄人口比例变动

年份	世界劳动年龄人口(万人)	中国预测 1 (%)	中国预测 2 (%)	印度 (%)	巴西 (%)	俄罗斯 (%)	美国 (%)
2010	452485	21.72	21.45	17.45	2.91	2.28	4.59
2015	480441	20.75	20.73	17.92	2.91	2.08	4.41
2020	503178	19.71	19.65	18.34	2.91	1.89	4.29
2025	524860	18.69	18.70	18.70	2.85	1.74	4.16
2030	543804	17.51	17.65	19.02	2.77	1.63	4.06
2035	558567	16.03	16.29	19.30	2.69	1.57	4.04
2040	570703	14.62	15.04	19.48	2.61	1.48	4.05
2045	581897	13.58	14.25	19.47	2.50	1.39	4.08
2050	588781	12.52	13.42	19.41	2.38	1.29	4.11

如上所述，在 2017 年以后的几十年中，伴随着我国人口老龄化的加速推进，劳动年龄人口数量及其占总人口的比例将不断下降。这意味着我国劳动力供给能力下降、劳动力稀缺性增加和劳动力成本上升。

2. 劳动力稀缺性增加和工资率增长

人口老龄化和劳动力的稀缺性上升，将通过两个途径推动劳动力成本的上升。一方面是工资率的较快增长，另一方面是就业人口负担的社会保障费用的较快增长。我们先来讨论人口老龄化对劳动力稀缺性和工资率的影响。

假设劳动力需求没有发生变化，劳动力稀缺性的增加必将引起劳动力价格（工资）的上升。工资的上升还会带动与工资相关的税费上升，尤其是养老、医疗、失业等社会保险费的上升，从而导致使用劳动力的成本大幅度提升。

在改革开放以来的 30 多年中，我国经济尤其是第二、第三产业高速增长，也带动了第二、第三产业就业的较快增长。在很长一段时间内，我国作为一个发展中国家，农业部门以隐性就业的形式容纳了数量巨大的富余劳动力或非农产业后备军。所以农业部门可以源源不断地释放产业后备军来满足非农产业新增劳动力的需求。由于这些产业后备军在农业部门就业的边际收入很低，所以他们进入非农产业并不会提高这些部门的工资率，于是在我国就形成了刘易斯模型所假设的"劳动力无限供给"的情况，即非农产业部门对劳动力的需求不断增加，但是由于产业后备军的存在，可使劳动力的工资水平维持不变（表现为水平的劳动供给曲线）。但是当人口变化使农业部门的富余劳动力（尤其是 45 岁以下的中青年劳动力）数量逐步减少，或者说劳动力的稀缺性增加后，非农产业新增劳动力需求就会推动工资的增长（表现为向上倾斜的劳动供给曲线）。在中国，2002 年在广东首次出现了企业"招工难"的情况，人们将这种情况称之为"民工荒"。

表 3-3 列示了 1990～2010 年部分年份城镇职工和农民工平均工资增长情况。我们可以看到，2004 年以来我国农民工的工资不断增长，但是与城镇职工工资始终保持两位数增长的情况不同，农民工工资的增长率有较大波动。2004年农民工从较低的工资增长率（2.7%）开始不断上涨，但在 2008～2009 年期间，受到全球金融危机的较大影响，2009 年我国农民工工资增长率为 5.75%，仅仅是当年城镇职工工资增长率（11.58%）的一半左右；当年我国沿海地区的制造业受外需萎缩的影响，有数以千万计的农民工失去在沿海地区的工作，悄无声息地返回家乡。农民工在沿海地区的"弹性"就业，为我国沿海和城镇地区顺利应对全球金融危机冲击做出了重要贡献。如果没有农民工的弹性就业的缓冲作用，全球金融危机对我国城镇职工就业和工资的冲击会大得多。2010 年农民工工资增长率回升到 19.3% 的较高水平。该表还列示了我国农民工工资与城镇职工工资之比。可以看到，2005 年以后这个比率基本稳定在 0.56 上下，在一定程度上说明城乡二元结构的格局没有发生显著变化。另外，该表列示的是名义工资的增长情况，如果扣除通货膨胀因素，尤其是在物价上涨较快的年份如 2010 年，实际工资的增长要明显低于名义工资的增长。[①]

表 3-3 1990～2010 年部分年份城镇职工工资和农民工工资增长比较

年份	城镇职工平均工资（元/年）	城镇职工平均工资年增长率（%）	农民工平均工资（元/年）	农民工平均工资年增长率（%）	农民工工资与城镇职工工资之比
1990	2140				
2000	9333	15.87			
2003	13969	14.39	9372		0.67
2004	15920	13.97	9624	2.69	0.60
2005	18200	14.32	10260	6.61	0.56
2006	20856	14.59	11436	11.46	0.55
2007	24721	18.53	14460	26.44	0.58

[①] 资料来源：1. 城镇职工平均工资：2000～2010 年来源于《中国统计年鉴 2011》，P123；1990 年来源于《中国统计年鉴 2008》，P148。2. 农民工平均工资：来源于国家统计局《2011 年我国农民工调查监测报告》P4、农业部农村经济研究中心《农民工工资收入问题分析》P3，以及中国人民银行《2009 年中国区域金融运行报告》P6。

续表

年份	城镇职工平均工资（元/年）	城镇职工平均工资年增长率（%）	农民工平均工资（元/年）	农民工平均工资年增长率（%）	农民工工资与城镇职工工资之比
2008	28898	16.90	16080	11.20	0.56
2009	32244	11.58	17004	5.75	0.53
2010	36539	13.32	20280	19.27	0.56

我国劳动年龄人口的数量将于2017年左右开始负增长，并且这种负增长将长期持续下去。随着我国劳动力稀缺性的增加，城镇职工和农民工工资增长的趋势也将长期持续下去。表3-3的数据向我们传达的另一个重要信息是，工资增长的实际路径不但受劳动力供给的影响，也受到劳动力需求变动，如全球金融危机引起的劳动力需求变动的影响，工资的最终决定是劳动力供需平衡的结果。

3. 支持比下降和社会保障负担

劳动力成本不但包括工资报酬，还包括企业缴纳的各类社会保险费。企业缴纳的社会保险费一般是税前列支，但并未包括在工资总额内。所以从企业的角度来看，社会保险费是劳动力成本的一个重要组成部分。经过20世纪90年代以来的不断改革，我国已经形成了分别覆盖城镇就业人员（包括非正规就业人员和农民工）、城镇（非就业）居民以及农村居民等三类人员的社会保险体制。社会保险包括基本养老保险、基本医疗保险、失业保险、工伤保险和生育保险等项目，其中城镇基本养老保险和基本医疗保险涉及的参保人数和资金规模最大。

人口老龄化对企业和职工个人社会保障负担影响的一个直接度量，是"潜在支持比"（Potential Support Ratio）的变化。"潜在支持比"是15~64岁劳动年龄人口与65岁及以上老年人口的比率，或者说得更直白一些，是有几个劳动年龄人口支持1位老年人。伴随人口老龄化进程，人口的潜在支持比会不断下降。例如根据历次普查数据计算，我国人口的潜在支持比已从1982年普查的12.53降为2010年普查的8.41，下降了近三分之一。但是未来潜在支持比的下降将更加严重。例如根据上述课题组的低方案预测，中国人口的潜在支持比将由2010年的8.41持续下降为2030年的4.00，并在2050年进一步降为2.28。或者说，2050年的支持比仅仅略高于2010年的四分之一，如图3-2所示。

以上所讨论的"潜在支持比"，是15~64岁劳动年龄人口与65岁及以上

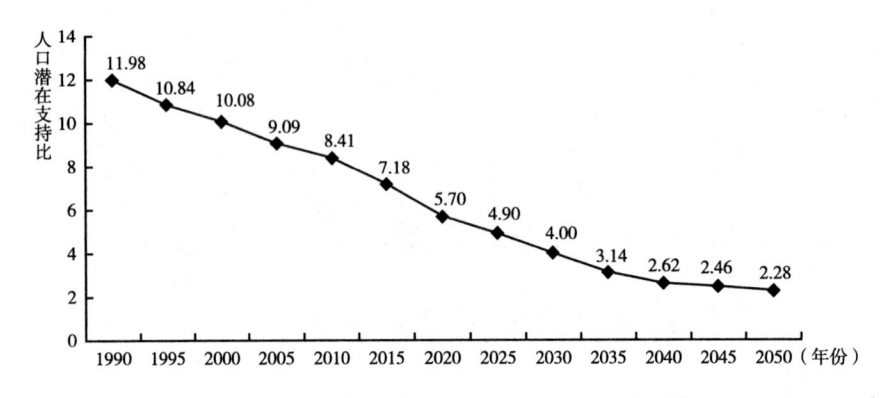

图 3-2　1990~2050 年中国人口潜在支持比变动趋势

老年人口的比率。如表 3-1 所示，2010 年我国劳动年龄人口中只有 76% 是经济活动人口，其中城镇劳动年龄人口的劳动参与率要比农村低得多。对于养老保险基金来说，"支持比"的更精确的度量是缴费职工与退休人员的比率。显然，养老保险基金的支持比要比上述潜在支持比低得多。例如根据我国人力资源和社会保障部发布的《2011 年人力资源和社会保障事业发展统计公报》，2011 年年末全国参加城镇基本养老保险人数为 28391 万人，其中参保职工 21565 万人，参保离退休人员 6826 万人，以参保职工与离退休人员的比率来度量的养老保险基金的支持比为 3.16。显然，在城镇就业人口中，正规就业参保率较高，而各类非正规就业，尤其是生活服务业的就业人员，以及在正规部门工作但却不属于用工单位编制的人员，如农民工和派遣制人员等，参保率仍然较低。根据上述《公报》提供的数据，2011 年年末全国农民工总量为 25278 万人，其中外出农民工数量为 15863 万。相比之下，截止到 2011 年年末参加基本养老保险的农民工人数为 4140 万人，不足农民工总量的六分之一和略超过外出农民工总量的四分之一。我国从 2011 年 7 月 1 日开始实施《社会保险法》，尽管该法律要求各地农民工加入城镇基本养老保险，但是当年参加城镇基本养老保险的农民工仅仅新增 856 万人。

从现收现付的"社会统筹"账户来说，由现收现付的收支平衡条件，可以得到：

$$替代率 = 缴费率 \times 支持比$$

式中，替代率是平均养老金与社会平均工资的比率，缴费率是养老保险缴费占工资的百分比，支持比是缴费职工与退休人员的比率。如果在职职工的缴费率是20%，支持比是3（即3个在职职工支持1位退休人员），全部缴费都用于发放退休人员的养老金，则退休人员的养老金相当于在职职工平均工资的60%（20%×3）。

人口老龄化意味着基本养老保险的支持比下降。要保持养老保险基金的收支平衡，只能提高缴费率或降低替代率，或两者的结合；但无论是提高缴费率还是降低替代率，都是比较困难的抉择。当然，还有一个选择，就是增加公共财政对基本养老保险的补贴。不过这样会加大公共财政的支付压力和财务风险。具体来说，假设若干年后城镇基本养老保险的支持比下降一半，即下降为1.58，则养老保险基金面临的选择为：（1）将城镇参保职工的缴费率提高一倍；（2）将退休人员的养老金减少一半；（3）要求财政补助养老金支出的一半；（4）以上各项的部分措施的混合。显然，应对人口老龄化和支持比下降对基本养老保险的影响将是一个非常棘手的难题。

这里我们不妨看一下我们的近邻日本的情况。日本由于长期的低生育率，从2006年开始进入人口负增长。根据日本国立社会保障和人口问题研究所高桥重乡（Takahashi，2012）的预测，按照日本的总和生育率低、中、高三个方案，即总和生育率从目前的1.39逐步变化并长期稳定在1.12、1.35和1.60的水平上，那么到21世纪末，日本人口总量将从2010年的1.28亿相应地下降到2110年的3086.7万、4286.0万和5921.4万，分别为2010年的24.1%、33.5%和46.2%。[①] 目前日本65岁及以上老年人口占总人口的比例达23%，在21世纪中叶后可高达40%以上。2011年度日本社会保障相关支出高达108万亿日元，占日本GDP的22.3%，财政收不抵支，国债占GDP的比重已达220%以上，经济增长陷入长期停滞。[②] 人口老龄化、支持比下降意味着劳动年龄人口的社会保障负担将不断加重，所以代际福利平衡问题也凸现出来。由于日本劳动年龄人口的社会保障负担越来越重，日本年轻人参加社会保障的终生收益将低于他们的终生缴费，所以很多日本年轻人不再缴纳

---

① 高桥重乡 Takahashi, Shigesato. "*Super Aging in Japan.*" Presentation handout, Feb 21, 2012年2月访问日本厚生劳动省劳动与社会保障研究所提供接待材料。

② 日本厚生劳动省："社会保障—税一体改革方案说明资料"，打印材料，2012年2月访问日本厚生劳动省劳动与社会保障研究所提供接待材料。为了减少社会保障相关支出的赤字，日本政府提出相关改革方案，包括将消费税由目前的5%提高到10%等，该方案计划于2012年3月提交日本国会，争取在6月获得通过。

国民年金。这又使日本社会保障的财务困难变得更加严重。

日本面临这样的局面,实际上除了削减老年人社会保障福利或增税外,并无其他良策。日本国会众参两院已分别于2012年6月26日和8月10日通过了消费税增税案。按照该法案,日本政府将于2014年4月和2015年10月分别把消费税由现行的5%提高到8%和10%。但是对于数额巨大的社会保障亏空来说,这个法案生效后也只能是杯水车薪,不能从根本上帮助日本社会保障与公共财政走出债务的泥潭。

4. 老龄化与就业压力

人口老龄化意味着劳动年龄人口(以及劳动力的总供给)的增长速度下降甚至绝对数量下降,以及占人口总量的百分比下降。我们常用的一个假设是,其他条件不变,新增劳动力人数的下降将减轻中国的就业压力,改善中国劳动力供过于求的情况。

这个假设在当前中国似乎还是成立的。一些研究认为,由于20世纪70年代开始的生育率下降而为中国经济增长带来的人口学红利正在逐步消退,中国劳动力的供求关系正在发生重大变化:曾经长期适用于中国的刘易斯模型关于劳动力无限供给的假设,正在向劳动力有限剩余转变,[①] 刘易斯拐点正在或已经到来。自2002年珠三角地区首次出现民工荒以来,沿海地区部分企业"招工难"和包括农民工在内的各类工人工资的快速上涨,为中国劳动力稀缺程度的增加提供了实证支持。有人将中国近年劳动力成本的上升归咎于"劳动合同法"和"社会保险法"的先后实施。实际上,部分地区出现劳动力短缺和劳动力成本上升的情况,远发生在劳动合同法和社会保险法实施之前。劳动力供求关系发生向着有利于卖方市场的转变,是我国劳动力稀缺性增加和劳动力成本上升的人口学基础。

但是,老龄化对就业的影响可能比上述讨论要复杂得多。一个重要问题是,人口老龄化不但会影响劳动力的供给,同时还会影响整个经济的消费和投资需求,并进而影响对劳动力的需求。因此,人口老龄化同时影响到劳动力的供给与需求,关于供给与需求如何变化,进而如何影响就业,这是一个非常复杂的问题,特别是在经济全球化的背景下,将面临更加复杂的因素,需要做出进一步的讨论。

---

① 参见蔡昉《中国经济面临的转折及其对发展和改革的挑战》,《中国社会科学》2007年第3期。

第二节 老龄化对劳动力需求的影响

我们在上面分析了人口老龄化导致劳动年龄人口和经济活动人口的减少，从而会提高劳动力的成本，其中包括劳动力的工资，也包括由就业人口负担的社会保障相关税费成本。人口老龄化不但会引起劳动力供给的变化，还会引起对劳动力需求的变化。

1. 老龄化和资本对劳动的替代

人口老龄化意味着劳动力相对于资本变得更加稀缺，从而会促使资本对劳动力的替代，即在经济活动中多用资本来替代（减少）劳动力的投入，所以这样会减少对劳动力的需求。从相关数据可以看到，我国第二、第三产业就业增长率与产出（增加值）增长率的比率，即就业增长弹性，总体上呈下降趋势。在1990～2000年期间，第二产业的就业增长弹性从0.62下降到0.06，而第三产业的就业增长弹性从0.77下降到0.30。2000年以后，第三产业的就业增长弹性继续下降，而第二产业的就业增长弹性有所上升。这可能是由于中国加入世界贸易组织（WTO）后，对中国劳动密集制造业产品的出口需求增加，刺激了中国沿海劳动密集制造业的高速增长和制造业就业增长弹性的提高（参见图3-3）。[①]

但是人口老龄化和劳动力成本的提高，会逐步削弱我国廉价劳动力资源丰富的比较优势，中国劳动密集型制造业的大量出口需求中的一部分，将逐步转移到其他劳动力成本更加低廉的发展中国家，如印度、孟加拉国、越南和南非等。还有一部分附加值较高的制造业可能会回归发达国家，从而减少对中国制造业的出口需求和相应的投资需求。另外，劳动力成本的上升也会加快我国经济活动中资本对劳动的替代。

例如一个具有代表性的报道说，富士康计划使用大量机器人来替代工人，三年后富士康将使用100万台机器人，与它在中国雇用的工人的数量相当[②]。对于流水线上比较程序化的工作来说，用机器人来替代人工将是相对比较容易的。对于一个追求利润最大化的企业来说，当劳动力的边际收益（边际收入减去边际成本）低于资本的边际收益时，就会发生用资本替代工人的投资

[①] 资料来源：《中国统计年鉴2011》，第51、112页。

[②] 孙燕飚、王羚：《富士康：三年内用100万机器人代替工人》，《第一财经日报》2011年8月1日。

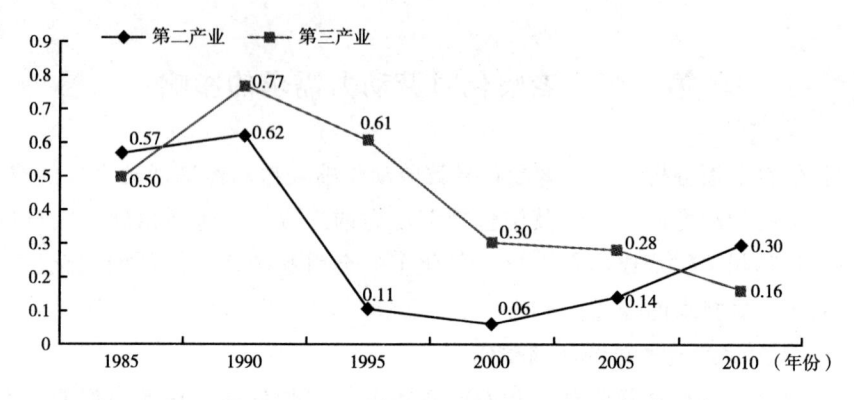

图 3-3 1985~2010 年第二和第三产业就业增长弹性

行为。由于我国人口老龄化和劳动力成本上升是一个长期趋势，资本替代劳动也将是一个漫长的过程，也是产业结构调整和产业升级的过程。

但是如果说第二产业资本替代劳动相对比较容易的话，服务业部门的工作，尤其是那些看似简单但却难以程序化的服务工作，如餐馆的招待、老年人护理院的护工等，用资本替代劳动却不是一件容易的事。可以预料，第三产业资本替代劳动的进程会比制造业慢得多，所以第三产业就业在全部就业中的比例还会不断上升。但是一般第三产业的劳动生产率提升较慢，因此会对经济增长的速度产生不利影响。所以未来需要加大对人力资本的投入，提高第三产业劳动力的素质和加快发展附加值较高的服务业，如研发和营销活动、电子商务、工业设计和文化创意产业等，助推其向高端服务业转变。

2. 少子老龄化对部门需求的影响

显然，人口年龄结构的变化会引起对不同部门产品的需求的变化，从而会影响不同部门的劳动力需求和就业的变化。一般来说，人口老龄化与青少年人口在总人口中的比例下降（即"少子化"）是同时进行的，所以会减少对正规学校教育的需求，但可能会增加对业余教育的需求。另外，由于老年人口对医疗卫生服务和长期护理需求要比其他人口高得多，所以，人口老龄化将推动医疗保健服务及其上下游产业以及长期护理服务迅速发展，并增加这些部门对劳动的需求。此外，老年人有较多的闲暇时间，随着老年人口（尤其是城镇老年人口）收入水平的提高，老年人对文化休闲、旅游度假等服务的需求也会较快增长。茅锐、徐建炜利用 2002~2009 年城镇住户调查数据，研究中国人口年龄结构与消费支出结构的关系，发现青少年在教育文化娱乐和衣着方面支出较高，中年人在家庭设备用品及服务、交通和通信消费方面以及居住方面支出较高,而老年人在医疗方面支出较高。他们利用 2015~2050 年的人口预测数据,探讨未来人口老龄化对消费支出的影响,发现大部分类型的消费支出比重的变化比较平稳,而医疗服务消费的比重会出现迅速上升。①

表 3-4 列示了 1990~2010 年中国家庭消费支出结构的变化。表中用于食品的支出从 1990 年的 54.25% 下降到 2010 年的 35.67%,同期用于医疗保健的支出从 2.01% 增长到 6.47%,用于交通和通信的支出从 1.20% 增长到 14.73%。这些变化是人均收入提高与人口老龄化等因素共同作用的结果,与上述研究结论基本吻合②。

表 3-4 1990~2010 年我国城镇居民家庭消费性支出结构变化

单位:%

支出项目	1990	1995	2000	2005	2010
食品	54.25	50.09	39.18	36.69	35.67
衣着	13.36	13.55	10.01	10.08	10.72
居住	6.98	8.02	10.01	10.18	9.89
家庭设备用品及服务	10.14	7.44	8.79	5.62	6.74
医疗保健	2.01	3.11	6.36	7.56	6.47
交通和通信	1.20	5.18	7.9	12.55	14.73
教育文化娱乐服务	11.12	9.36	12.56	13.82	12.08
其他商品和服务	0.94	3.25	5.17	3.50	3.71

3. 少子老龄化对学校教育的影响

1953 年第一次人口普查和 1964 年第二次人口普查时,0~14 岁少儿人口占总人口的比例分别高达 36.28% 和 40.69%,2000 年第五次人口普查时下降为 22.89%,2010 年全国第六次人口普查时进一步下降为 16.6%,比 1964 年降低 24.09 个百分点。少儿人口快速下降的一个直接后果,是中小学学校数、在校学生数和教职工数的不断萎缩。

根据历年《中国统计年鉴》提供的统计数据,1965 年全国小学学校数为

---

① 茅锐、徐建炜:《中国的人口转型与居民消费结构》,中国社会科学院经济学部主办,中国社会科学院人口与劳动经济研究所承办的"人口红利与社会经济发展国际研讨会"交流论文,2012 年 8 月 20 日。
② 资料来源:《中国统计年鉴》2011,p.334;《中国统计年鉴》2006,p.350;《中国统计年鉴》2001,p.306;《中国统计年鉴》1996,p.284;《中国统计年鉴》1991,p.280。

168.19万所，1997年减少到62.88万所，2011年减少到24.12万所。1978年我国有初中11.31万所，1997年减少到6.62万所，2011年更是减少到5.41万所。固然近年来小学学校数的减少与农村义务教育阶段的"撤点并校"政策有一定关系，但在校学生数量的大幅下降是更直接的原因。1975年我国有小学生15094.1万人，1997年降为13995.4万人，2011年更降为9926.4万人。初中在校生数2003年达6618.4万，此后持续下降，2011年降为5066.8万。初中在校学生数下降比较平缓，在很大程度上是由于小学升初中的升学率的提高。近年来高考报名人数，也开始出现了逐年下降的情况。可以预见，少子化的趋势将长期继续下去，并将对中小学教育和高等教育的需求以及相关部门的就业产生影响。

4. 老龄化对医疗卫生需求的影响

人口老龄化将增加基本医疗保险的费用支出。相关统计表明，老年人口的医疗费用是中青年人口的3~5倍，老龄化的加速推进必然推动医疗总费用的上升。全国医疗卫生总费用，从1990年的747亿元增长到2000年的4586.6亿元，2010年进一步增长到19980.4亿元。医疗卫生总费用占GDP的比例，也从1980年的3.17%增加到2010年的4.98%，今后随着人口老龄化水平的逐步提升，医疗卫生总费用将不断升高。

人口老龄化特别是高龄化（80岁以上老年人口占总人口百分比）的累进增长，使医疗护理费用上升迅速，因为高龄老人中生活不能自理占比高，需要长期护理的比例也高。例如根据中国老龄科学研究中心2010年全国城乡老年人口状况追踪调查提供的数据资料，52.7%的高龄老年人存在不能自理或自理困难，约792万高龄老年人有日常生活照料方面的需求，约295万自报有照料需求的老年人未能得到有效满足。我国尚未出台长期护理保险，目前老年人长期护理成本的一部分通过"以医补护"，间接地由基本医疗保险负担。不管未来是否出台长期护理保险，长期护理都将是家庭和社会的沉重负担。①

经济合作与发展组织（OECD）的数据表明，亚洲国家在健康方面的人均支出略高于500美元，而OECD国家在健康方面的人均支出超过3000美元。平均而言，亚洲国家健康方面支出的比例超过GDP的4%，而OECD国家则超过9%。可以预料，人口老龄化与医疗卫生需求的相应增长，将推动医疗卫

---

① 张恺悌：《我国老年人日常生活自理能力状况变化与长期照料护理需求——基于中国城乡老年人口状况追踪调查数据分析》，2012年9月10日上海社科院主办的老年长期照护国际研讨会交流论文。

生和长期护理的就业不断增长。

5. 老龄化对房地产业的影响

人口老龄化将对城乡住房需求产生影响。一般来说，一对夫妇在养育子女阶段需要较大的住房，但是当子女成年独立生活后，尤其是当夫妇进入老年以后，他们需要更多的生活和医疗服务，而对于住房空间的要求会减小。依据发达国家的情况来看，购房住宅的人群主要是中青年人，老年人一般会通过住宅的买卖来减少住房面积，以减少物业运营（空调、清扫、剪草等）的成本和更加接近商业、医疗和其他各类服务设施。日本的人口总量自2006年开始下降，日本和东京的房地产自1990年以来已长期不振。目前我国房地产市场投资需求过度，房价相对于收入的比率过高，一些城市的房屋空置率过高，而住宅的租售比（住宅出租的年租金与房价的比率）过低。未来我国人口老龄化的快速增进，难以支持房地产价格持续走高。

人口老龄化、人口总量负增长和人口在城乡之间、不同地区之间的再分布，会对区域性的房地产需求产生很大影响。据日本总务省《国势调查报告》和国土交通省国土计划局估计，日本三大都市圈人口占总人口的比例，将由2005年的50.2%增加到2050年的56.7%；相应地，三大都市圈以外地区的人口占总人口的比例，将由49.8%下降到2050年的43.3%。① 我们有理由认为，我国人口从农村向城市、从中西部地区向东部地区的集聚，还会继续下去。

一个相关的问题是，人口负增长和人口向部分城市地区的集聚，会加快我国（尤其是中西部地区）部分村落、乡镇甚至城市逐步萧条乃至废弃的进程。目前已有一些村落和资源性城市出现这样的趋势，今后这种趋势将变得越来越明显。前述日本国土交通省国土计划局的研究还发现，在2005~2050年期间，日本将有21.6%的区域变成无人居住区，20.4%的区域减少75%以上人口，24.4%的区域减少50%~75%人口，而仅有1.9%的区域的人口会增加。这一发展趋势应该引起我们的重视。在制定我国基础设施建设、新农村建设和各类城市建设的长期规划时，应该充分考虑到未来人口变动的趋势，避免今天硬件建设的投资，由于缺少对未来人口变动的前瞻性预测而造成不必要的浪费。

---

① 转引自日本国立社会保障与人口问题研究所资料，2012年2月访问日本厚生劳动省劳动与社会保障研究所提供接待材料。

第二章

人口老龄化对就业的影响

第一节 人口老龄化对就业影响的不确定性

通常认为，人口增长速度下来了，就业率就上去了。上面的分析说明，人口增长速度下降和人口老龄化确实可以降低劳动力供给的增长甚至导致劳动力供给的负增长，但是动态来看，劳动力稀缺性的增加会提高劳动力成本，促使资本对劳动力的替代，降低对劳动力的需求。所以在老龄化降低劳动力供给的同时，也会降低对劳动力的需求。结果对就业的影响并不是决定性的。

左学金和杨晓萍根据经济合作与发展组织（OECD）国家的相关统计对人口老龄化与就业率进行相关分析，发现两者并没有确定的相关关系。[①] 实际上欧洲和日本人口增长率最低甚至已经出现负增长，是人口老龄化最严重的两个地区，但是人口老龄化并没有帮助这两个地区实现较高的就业率。日本近一半的年轻人从非正规就业开始进入劳动力市场，如果当他们在30岁时还未转入正规就业，则他们可能终生只能从事非正规部门的工作，及至退休时只能领取微薄的养老金。[②] 欧洲的人口老龄化与欧洲的金融财政危机混合，更是对就业产生了空前的冲击。经合组织2012年7月公布的就业数据表明，欧元区18岁以上年轻人失业率高达22.6%。其中，意大利年轻人失业率超过35%，爱尔兰年轻人失业率超过30%，法国年轻人失业率创两年新高；西班

[①] 左学金、杨晓萍：《人口老龄化对中国经济的长期影响》，载曾毅、李玲、顾宝昌、林毅夫主编《21世纪中国人口与经济发展》，社会科学文献出版社，2006年8月。

[②] 参见 Noriyuki Takayama and Kousuke Shiraishi, "Does a bad start lead to a bad finish in Japan," working paper, March 2012．

牙和希腊的年轻人失业率已经超过53%，只有葡萄牙的失业率有所下降，从37.6%下降到36.4%，但仍然处于高位。

第二节 老龄化与老年人口就业

中国老年人口就业情况存在明显的城乡二元结构：农村地区老年人就业比例高，而城镇地区老年人就业比例低。城镇基本养老保险的法定退休年龄较早，一般为女性55周岁，男性60周岁，而一些繁重体力劳动者还要提早5年退休。此外，政府机关和国有企事业单位也常常通过提前退休（或"待退休"）来减少多余的冗员。目前城镇的实际退休年龄平均不到53岁。在人口老龄化加速的背景下，推迟法定退休年龄势在必行。但是对于推迟法定退休年龄还缺少社会共识和相应的配套鼓励政策。

1. 老龄人口就业现状

在城乡分割二元结构情况下，一般讲就业是指城镇而言，将农业劳动排斥在外。这里为了比较研究方便起见，也将农业劳动列为就业范畴。如此，老龄人口就业二元结构是明显的特点。在农村地区，特别是一些边远的山区，由于农业劳作技术构成低，老龄人口就业比例较高，特别是一些青壮年劳动人口从农村到东部一些大城市打工后，剩下的是一些老龄劳动人口和留守的儿童，这些老龄人口只要能够行动，就会一直劳动下去，不存在退休不退休问题。即使有的农村实行了农民退休政策，这些农民就算到领取退休工资的时候，也会继续从事力所能及的劳动。一方面是较低的退休工资不足以维持他们的日常生活，另一方面是他们已经习惯于劳作，把劳作看作生命继续的一种形式。

根据国家人口调查资料，县以下农村老年人口就业率31%左右，市为15%左右，镇为11%左右。县以下男性老年人口中53%左右从事农、牧、渔业生产。城市老年人口离退休人员再就业率为18%左右，城镇老龄人口再就业率为13%左右。城市男性老龄人口比女性老年人口再就业率要高。农村老龄人口主要从事农、牧、渔业生产，而城镇老龄人口多为原来单位返聘或者受雇于其他企事业单位。从事创业的老龄人口较少，但是近年来，个人、私营、股份部分城镇离退休老人发挥所长、自筹资金、自负盈亏，从事创业活动，主要涉及商业、服务业以及科研、设计、培训、开发等行业。根据抽样调查资料，我国市镇老年人口离退休人员再就业的以生产工厂工人、专业人员、办事人员三类为主,三者合计占 57% 左右。

2. 老龄人口就业政策

我国现行退休政策源于 20 世纪 50 年代。1951 年颁发的《劳动保险条例》中规定：男职工的退休年龄为 60 周岁，女职工为 50 周岁。1955 年国务院颁发的《关于国家机关工作人员退休暂行办法》中把女干部的退休年龄从 50 岁提高到 55 周岁。后来，又对一些特殊情况做了规定：比如高级知识分子中的少数高级专家可延长 5~10 年退休。个别行业或单位根据具体情况可延长退休年龄，因此不同行业和不同职业的退休年龄存在较大差异。

从 1951 年颁发《劳动保险条例》到今天，已经过去了 60 多年。我国的养老保险制度已经经历了重大变革，人口期望寿命也从当时的 40 岁左右延长到了目前的 74 岁，但是我国的法定退休年龄并未做过大的调整。在我国人口老龄化进程加快的背景下，现行的法定退休年龄必将使我国的城镇基本养老保险基金难以为继。

在人口老龄化的发达国家中，通过延迟法定退休（或领取养老金）年龄来缓解公共养老保险金负担是一种比较普遍的做法。1990~2007 年，经合组织中有 18 个国家都不同程度地提高了公共养老金领取的法定年龄。同时提供给老龄人口更多的培训机会，让他们掌握新技能，以适应新的工作提高退休年龄。

为了应对人口老龄化的挑战，一些地区开始了探索延迟退休年龄的试点。如 2010 年 9 月，上海市人力资源和社会保障局颁布了《上海市关于各类企业人才施行柔性退休的规定》，允许企业中具有专业技术职务资格人员，具有技师、高级技师证书的技能人员和企业需要的其他人员，在单位和个人双方协商同意的基础上，延迟办理申领基本养老金手续。延迟退休年龄的上限，一般男性不超过 65 岁，女性不超过 60 岁。这里称之为"柔性"退休规定，是强调目前上海市进行的试点是有条件的、基于单位和个人双方自愿的，而不是强制性地延迟退休年龄。不过从试点一年多来的实际实行情况看，上海符合条件的单位和个人参加柔性延迟退休年龄的积极性并不高。

第三节 关于延迟退休年龄的讨论

1. 延迟退休年龄势在必行

实际上，目前我国公众对于延迟退休年龄问题还存在较大疑虑。2012 年

6月5日，人社部官员就热点问题集中回答网友提问时明确表示，推迟退休年龄已是一种必然趋势，该部将适时提出弹性延迟领取基本养老金年龄的政策建议。这在全国上下引起轩然大波。人民网发起了一个关于弹性延迟领取养老金年龄的网上投票调查，截至2012年6月18日，共有230万人投票，反对票高达94.8%。有220多万人投票选择了"反对，不利于年轻人就业"这一项，只有2%左右的投票选择了"支持，平均寿命延长，养老金缺口大"。这个结果表明，我国要延迟退休年龄，还有相当多的工作要做。

我们认为，延迟领取基本养老金年龄势在必行。但是要延迟退休年龄，需要研究出台鼓励延迟领取基本养老金年龄的配套政策，以取得公众的更多支持。

如上所述，我国现行的基本养老保险，实行的是现收现付的社会统筹与实行积累制的个人账户相结合的模式。现收现付，就是在职职工缴费，退休人员领取。积累制就是职工个人的缴费存入自己的个人账户，缴费与缴费的增值部分归个人退休后领取。目前全国各地企业一般按（在职职工）工资总额的20%向社会统筹缴费，职工个人按本人工资的8%向个人账户缴费。实际上，现在个人账户存在大量空账，即社会统筹部分入不敷出，不得不挪用个人账户里的钱来发养老金。

个人账户空账，对社会养老保险的可持续性来说是很大的财务风险。所以在2005年中央从东北三省开始做实个人账户的试点，此后向全国推广。但到目前为止，做实个人账户很困难。做实个人账户的前提是社会统筹账户可以收支平衡甚至有所结余，实际上现在统筹账户普遍收不抵支，所以拿不出钱来做实个人账户。另外，根据目前基本养老保险基金的管理办法，由各地地方政府管理的个人账户的资金，与社会统筹余额一样，只能在国有商业银行专户存储。由于存款的利率较低，有些年份甚至低于消费者物价指数，所以地方政府也缺少做实个人账户的积极性。

根据我国人力资源和社会保障部尹蔚民部长在2012年全国两会期间披露的信息，2011年全国养老金收入大约为1.3万亿元，支出约为1.2万亿元，收支平衡，略有结余，从全国层面看不存在养老金缺口的问题。但2011年财政对职工养老金的补助大约为1800多亿元，如果扣除财政补助，有13个省份有缺口。①

---

① 参见人保部：《养老金投资运营办法正研究论证》，2012年3月8日《证券时报》。

从上述情况可以看到，第一，我国基本养老金基金的个人账户还在继续做空。2011年养老金收入1.3万亿元，如不计财政补贴，养老金缴费收入约为1.1万亿元。在养老金缴费收入中，个人账户与社会统筹的比例是8:20，所以约有3000亿元应属个人账户，按照原来的制度设计，这部分不应用来发放养老金。实际上，2011年我国养老金，即使加上财政补贴收入，也仅结余1000亿元左右，表明个人账户仍然在做空。第二，现在我国65岁及以上老年人口占总人口的比重仅达9.1%，人口老龄化才露出冰山一角，但我国基本养老保险已有13个省市收不抵支，在21世纪中叶以后65岁以上老年人口比例将上升到接近30%，公共财政补贴养老金的负担前景堪忧。所以，延迟领取养老金年龄势在必行，否则我国未来的劳动年龄人口将难以支持越来越多的退休人员和他们的养老金费用，养老保险基金和公共财政将难以为继。

2. 完善为延迟退休年龄提供更多支持的配套政策

如上所述，延迟退休年龄的问题非常复杂，牵涉到职工和企业双方的积极性。激励双方的积极性还需要更多的配套政策。如果缺少配套政策的支持，双方都没有积极性，延迟退休年龄的政策就很难落实。

首先，要鼓励企业雇佣延迟退休的老年职工，妥善解决老年职工的工资待遇。不少企业特别是国有企业，年龄是决定工资的一个重要因素，工龄越长工资越高。但一个职工对企业的收入的贡献即"边际生产率"，并非随年龄不断提高。一般来说，体力劳动者的贡献可能在30~40岁左右达到峰值，创造性的脑力劳动者可能在50岁左右达到峰值，此后的贡献会有所下降。如果老年职工的工资随年龄不断提高，在大多数情况下，企业雇佣老年职工的边际成本会大于该职工创造的边际收入，从而对企业的利润会产生负面影响。在这种情况下，企业会缺少雇佣延迟退休的老年职工的积极性。为了解决这个问题，要研究老年职工的工资标准如何决定，可以考虑不增加延迟退休职工工资的办法。

其次，还可采取措施减少企业雇佣老年职工的其他相关成本。例如，如果企业雇佣延迟退休的老年职工，可以允许企业免缴该职工的社会统筹养老金（一般为工资总额的20%，上海为工资总额的22%），甚至企业可免缴住房公积金（工资总额的7%），但延迟退休的职工须继续向其养老金个人账户缴费。这样对于相关企业来说，可以减少企业养老保险缴费，从而降低企业雇佣延迟退休职工的用人成本。对于延迟退休的职工来说，可以继续获得在职职工的劳动报酬，同时可以继续积累自己的个人养老金。对于基本养老保险基金来说，可以减少养老金发放，有利于养老保险基金的财务可持续性。当然，这里只是举个例子，想强调的是从政府的角度要有政策来鼓励企业雇佣延迟退休的职工，要有政策来鼓励职工个人延迟退休。

再次，要保持退休人员养老金与在职职工工资的适当比例（替代率）。替代率过低固然不可取，但是如果替代率过高，养老金接近工资水平，就会降低老年职工延迟退休年龄的积极性。当然，在降低社会基本养老保险的缴费率和替代率的同时，建设多层次的养老保险体制尤为重要。政府管理的基本养老金实行现收现付，比较强调公平，但是只提供最基本的保障。在基本养老金之外，还应有其他的养老保险的手段来补充，比如职业年金或企业年金、个人养老储蓄等。这些第二、第三支柱的养老保险，一般属于个人账户，没有不同个人之间的再分配功能，退休早不会多得，退休晚也不会少拿，所以有人会愿意继续工作，来更多地积累自己的私人养老金。而目前我国由于没有形成多层次的养老保险制度，全部依赖公共养老金的给付，个人也就缺乏积极性通过延迟退休来积累自己的养老金了。

当然，延迟法定退休年龄的前提是要经过深入的调研和辩论，充分听取社会各界的意见，对不同意见展开充分的讨论甚至辩论，最终需要在全国人大这样的立法机构来达成共识和做出决定，而不是政府部门一个简单的行政规定。

3. 消除对延迟退休年龄的误解

（1）养老保险资金缺口是历史旧账，应该由财政补偿

有一种观点认为，目前存在的养老保险资金缺口很大程度上是一种历史旧账，要补这个缺口，不应把希望寄托在延迟领取养老金的年龄上，而是在目前财政有盈余的情况下，通过财政转移支付来偿还历史债务。实际上，认为现在的养老金缺口全部是由历史旧账造成的这种说法，可能并不准确。如果纯粹是历史欠账，由于这些年财政转移支付一直不断地在填补，基本养老金的"隐性债务"，与10年、20年前相比应该是越来越小了。但实际上，从20世纪90年代开始到现在，不同的研究结果都表明，养老保险隐性债务的规模在不断增大，这就很难说现在存在的养老保险资金缺口是历史债务，有很多债务就是制度设计和当前操作过程中产生出来的，如退休年龄过早就会不断地产生出新的债务。

如果靠财政来转移支付，从长期来看，就会产生代际福利平衡的问题。我们一说到财政转移支付，就好像认为财政的钱是天上掉下来的；实际上，

财政的钱并非天上掉下来的，归根到底是由现在就业的劳动年龄人口缴纳的，这个钱也是有限度的。劳动年龄人口相对老年人口占比将越来越小，即支持比越来越小，无论是缴纳养老保险还是纳税，劳动年龄人口的负担将越来越重。如果一味强调由财政转移支付，长此以往，是难以为继的。

(2) 延迟退休年龄，将会影响青年人就业

其实这是一个误解。如果退休早有利于青年人就业，那么按照这个逻辑，让所有职工很早（如40岁）就退休，工作岗位应该马上就空缺出来，就能解决青年人的就业问题了。但实际上，工作岗位不会多出来。因为，40岁就退休并领取养老金，企业缴纳基本养老基金的负担就会很重，基本养老金不够发放就需要财政来转移支付，企业的税负就会很重，这就使得企业不能更好地发展，也就不能创造更多的就业机会。现在很多小微企业生存比较困难，在很大程度上与目前的商务环境有关，其中包括税负过重。如果企业的税费负担过重，就会影响企业的发展甚至生存，当然就不能创造更多的就业岗位。所以，过早的法定退休年龄非但不能为年轻人就业留出空间，反而会阻碍就业机会的创造。

还要考虑到，如果40岁就退休领取养老金，很多人拿了养老金照样可以再就业。而且这些人在劳动力市场的竞争力会比较强，因为企业不用再替他们缴纳社会保险，所以他们如果愿意工作照样可以占用工作岗位。此外，年轻人的工作岗位和老年人的工作岗位不一定是相互替代的。门房夜里值班的很少是年轻人，餐馆里端盘子的很少是老年人，老年人干的活可能年轻人不愿意干，年轻人干的活可能老年人干不了。一些企业和事业工作性质和种类的年龄特征，决定着延迟退休年龄并不必然会对青年人就业岗位造成很大挤压。

4. 增加中老年劳动年龄人口的人力资本投资

要推迟退休金支付年限和劳动退休年龄，就要保证较高劳动年龄人口具有较强的劳动能力，提升他们的人力资本积聚，这就要不断提高中老年人口的科学文化水平、工作技能和身体素质，重视中老年劳动年龄人口拥有的经验和技能，充分发挥他们的作用。目标是：因为延长退休年龄而继续留在劳动岗位上的高龄劳动者，不是企业或其他劳动部门的负担和累赘，而是继续创造财富的劳动者，是推动社会经济发展的一支重要力量。

第三章

结论和政策建议

第一节 提高劳动力素质,实现劳动力质量对数量的替代

随着人口老龄化进程的加快,劳动力作为最重要的生产要素,劳动力的总量供给和结构变化都会对产业结构的优化升级产生重要影响,从而影响整个社会经济的发展。劳动力的教育和训练的水平、高技术和技能的掌握至关重要。有较高质量的劳动力供给,才能发展技术集约程度较高的产业。

在产业结构优化升级的过程中,劳动者需要不断更新知识和提高劳动技能。这是因为,一方面,在社会经济发展的过程中,随着产业结构调整而来的产业结构升级优化将淘汰一些原有的工作岗位,同时创造出新的职业岗位,劳动者需要提升自身素质以适应工作岗位的变化。另一方面,伴随着社会的发展和技术的进步,产业结构优化升级带来的职业岗位变化对人们的工作技能提出了更高要求。提高劳动者素质关键是要采取切实措施培育适合产业发展需要的各类人才。一是要夯实高等教育在培育人才中的基础作用。今后要按照经济产业结构战略性调整对人才的要求,深化高等教育体制改革,加强高等教育与经济社会的紧密结合,调整学科和专业结构,创新人才培养模式,使教育培养适应人才需求结构。二是要高度重视职业教育在教育结构中培育人才的重要性。我国的职业教育体系包括职业学校教育和职业培训,目的是培养应用人才和具有一定文化水平和专业知识技能的劳动者,与普通教育和成人教育相比较,职业教育侧重于实践技能和实际工作能力的培养。三是要充分发挥继续教育在人才结构调整优化中的作用。继续教育通过改进受训者的知识、技能、态度,从而达到开发受训者的潜能,提高组织效能的目的。

它既是对以前所接受的教育的补充和完善,可以克服知识老化的弊端,同时又以学习新理论、新知识、新技术、新方法和补充、扩展、深化更新知识为主,注重提高人的综合素质和理解力,不断开发人的潜力和创造力,不断修正受教育者的思维方式,从而提高劳动力素质以满足产业结构优化升级的需要。

第二节 形成和完善全国统一的劳动力市场,提高劳动力资源的配置效率

人口老龄化对未来的劳动力供给形成压力,劳动力市场的供求关系也会随之变化,影响我国在国内和国际市场竞争中的比较优势。事实上,我国尚未充分挖掘现存的劳动力数量潜力,劳动力由于受到户籍制度、社会保障制度等的限制而不能在城乡间、区域间自由流动,没有形成统一的劳动力市场,劳动力的实际供给总量被现存的制度障碍打了折扣。

1958年我国开始实行的户籍管理制度,严格限制了劳动力在城乡间的自由流动,形成了城乡二元分割的劳动力市场,城乡劳动力只能在各自的市场进行配置,扭曲了劳动力的配置价格,降低了劳动力资源的配置效率。因此,首先必须要积极推进户籍制度改革,健全和完善农村人口向城市转移的各项政策法规,保障公民迁徙和居住的自由,实行以居住地划分城镇人口和农村人口、以职业划分农业人口和非农业人口的户籍登记制度,以身份证管理制度代替户籍管理制度,使全体公民在户口身份上完全平等。

其次,我国目前的社会保障体制,是一个针对不同人群设计的制度分割的体制。将参保人群分割为城镇职工、城镇居民、农村居民、进城农民工(具体办法尚在讨论中)以及失地农民(部分城市自行建立)。在城镇职工中,还可细分为政府机关、事业单位和企业职工。而且每一个社会保险类别在实施过程中,又按属地原则分割为上千个不同的风险池。这种制度分割与建立全国城乡统一的劳动力市场的目标相悖,对发展全国城乡统一的劳动力市场、改善劳动力的空间流动和社会流动,都是一种阻碍,阻碍着劳动力的自由流动,不利于农民工市民化和加快城市化进程。[①]

社保体制的进一步改革应将不同类别的社保体制逐步整合起来,在基础

---

① 参见左学金《社保去碎片化》,《中国改革》2010年第1、2期合刊,第86~87页。

层面形成全国统筹的国民保障体制。首先,需要提高养老保险的社会统筹水平。提高社会养老保险统筹水平的一个很大的障碍,是目前城镇职工养老保险的强制缴费率过高。这使许多劳动密集型的企业,尤其是中小企业,以及在各类企业就业的农民工和非正规就业人员难以跨越。这也是目前不得不在城镇职工养老保险之外,陆续建立其他各类养老保险的主要原因。多年以来,虽然一直强调提高社会养老保险基金的统筹层次,强调制定全国统一的社会保险关系转续办法,但是实际进展却比较缓慢,其中的一个重要原因是社会养老保险的强制缴费率过高。如果大大降低社会养老保险的强制缴费率(例如降低到仅由企业缴纳12%,或由企业与职工共缴纳12%),提高社会统筹层次,那么最终实现全国统筹就会容易得多。

再次,青年人具有较高的迁移倾向,他们是农村—城市移民的主体。人口逐步老龄化意味着年轻人即移民的主要来源减少,将减缓城市化进程。而我国新增城市人口中,越来越多的由农村迁移到城市的人口由于各种制度障碍不能成为"市民"。新增城市人口中"非户籍"或"非市民"人口所占比例越来越大。城镇人口占总人口的46.6%,非农业户口占总人口的33%,剩下的这些人口占14%,根据估计,这样的人口大概有1.82亿人,相当于总体户籍人口的30%左右。① 方向是:改革户籍制度,完善社会保障体制,推进农民工市民化,更有效地利用有限的劳动力资源,让劳动力在城乡间自由流动,充分发挥市场配置资源的基础性作用,形成全国统一的劳动力市场。

第三节 充分利用老年人力资源,实现积极的老龄化

人口老龄化是21世纪我国人口变动的长期趋势。要减轻人口老龄化对劳动力供给、劳动力成本和经济发展的不利影响,需要重视并充分利用老年人口作为人力资源的作用,实现积极的老龄化。人民生活的不断改善和提高,健康的增进和期望寿命的延长,以及老年教育的成功推进,增加了老年人力资源积累,为充分利用提供了可能。这就需要为老年人口中具备劳动能力的组群,创造再就业机会和再就业的适当岗位,并为此建立和制定相应的激励机制和政策。

---

① 左学金:《浅度城市化损害城市化品质》,2010年7月15日《社会科学报》。

参考文献

1. 《中国统计年鉴》（1991~2011），中国统计出版社，1991~2011。
2. 蔡昉、王美艳：《中国城镇劳动参与率的变化及其政策含义》，《中国社会科学》2004年第4期。
3. 蔡昉：《中国经济面临的转折及其对发展和改革的挑战》，《中国社会科学》2007年第3期。
4. 王德文、蔡昉、高文书：《全球化与中国国内劳动力流动：新趋势与政策含义》，《开放导报》2005年第4期。
5. 茅锐、徐建炜：《中国的人口转型与居民消费结构》，中国社会科学院经济学部主办，中国社科院人口与劳动经济研究所承办的"人口红利与社会经济发展国际研讨会"交流论文。
6. 张恺悌：《我国老年人日常生活自理能力状况变化与长期照料护理需求——基于中国城乡老年人口状况追踪调查数据分析》，2012年9月10日，老年长期照护国际研讨会。
7. 左学金、杨晓萍：《人口老龄化对中国经济的长期影响》载曾毅、李玲、顾宝昌、林毅夫主编《21世纪中国人口与经济发展》，社会科学文献出版社，2006年8月。
8. 左学金：《社保去碎片化》，载《中国改革》2010年第1、2期合刊。
9. 左学金：《浅度城市化损害城市化品质》，2010年7月15日《社会科学报》。
10. 郭志刚：《重新认识中国的人口形势》，《国际经济评论》2012年第1期。
11. Takahashi, Shigesato. "*Super Aging in Japan.*" Presentation handout, Feb 21, 2012.
12. 日本厚生劳动省：《社会保障—税一体改革方案说明资料》，交流材料，2012。
13. Noriyuki Takayama and Kousuke Shiraishi, "*Does a bad start lead to a bad finish in Japan,*" working paper，2012年3月在上海社科院的演讲报告。
14. 人保部：《养老金投资运营办法正研究论证》，2012年3月8日《证券时报》。

第四篇

人口老龄化与城市化

提　要：我国人口城市化经历曲折的发展历程，目前总体上处于城市化快速推进阶段。人口城市化推进的速度、质量和分布，同"十二五"规划和未来社会经济发展关系至为密切，与跨越"中等收入陷阱"紧密相连。城市化加快了人口老龄化进程，农村尤为显著，农村留守老人、空巢老人的照料服务严重缺失。根本之策在于坚持统筹城乡发展的城市化，满足进城农民在就业、居住、社会保障等方面的需求，变农民为市民。

关键词：中等收入陷阱　城市化　产业结构　养老保障　农民工融入

---

* 作者王智勇，副研究员，中国社科院人口与劳动经济研究所，人口资源环境经济学研究室；杨舸，助理研究员，中国社科院人口与劳动经济研究所，人口资源环境经济学研究室；蔡翼飞，助理研究员，中国社科院人口与劳动经济研究所。

第一章

人口城市化的现状与预测

第一节 城市化变动回顾

中国有城市的历史非常悠久，5000多年前就已出现最早的城市。但是，农耕社会的城市与现代社会的城市有天壤之别，谈不上城市化。而且，1840年鸦片战争后，中国一步步沦为半殖民地、半封建社会，经济衰退，民不聊生，城市凋敝。到1949年新中国成立时，全国只有86个城市，城镇人口比例只有10.6%；而当时世界的平均城市化水平已达29%，欧美等发达国家更超过60%。因此，中国城市化进程从新中国成立后才真正开始。60多年的城市化道路，经历不少起伏和挫折，可大致划分为三个阶段（参见图4-1）。

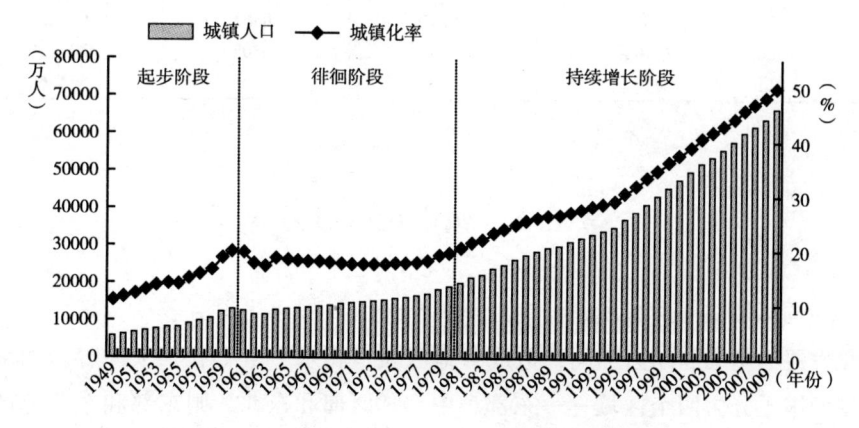

图4-1 1949~2010年人口城市化发展三阶段

图4-1显示，新中国人口城市化三阶段比较明显。1949~1960年为第一阶段，也是起步和发展较快阶段。经过三年经济恢复和"一五"期间(1953~1957年)以156项重点工程为龙头的大规模建设，工业得到迅速发展，原有的城市得到恢复，新城镇不断涌现，致使城市化率由10.6%提高到1960年的19.7%，年均增长0.83个百分点。

1961~1980年为第二阶段，即徘徊阶段。1959年后，因经济发展战略失误、自然灾害严重以及国际形势紧张，中国的工业化和城市化进程受阻，1963年城市化率跌到16.8%，比1960年下降2.9个百分点；1966年又进入十年"文化大革命"，国民经济走到崩溃的边缘，城市化陷入基本停滞状态。直到1980年始回升至19.14%，还比1960年下降了0.56个百分点。

1981~2011年为第三阶段，即持续高速增长阶段。2010年人口城市化率上升到51.3%，城镇常住人口首次超过农村，也由落后于世界总体水平到略有超出，可谓中国人口城市化发展史上的一个里程碑。毫无疑问，这主要得益于改革开放带来的工业化的巨大增长，整个国民经济的持续快速发展；也得益于市场经济体制改革的成功，城乡二元体制大门的被打开。60多年三阶段人口城市化具体变动，如图4-1所示。①

表4-1 各阶段中国城市化速度比较

起止年份	阶段特征	城市化率变化(%)	城市化率年平均增加幅度(%)	年平均新增城镇人口(万人)
1949~1960	起步阶段	9.10	0.83	664.36
1961~1980	徘徊阶段	-0.56	-0.03	303.35
1981~2011	持续增长阶段	30.56	1.02	1594.60

第二节 城市化区域差异

中国区域之间资源禀赋、自然环境和经济发展水平差异较大，区域之间城市化发展的基础和动力不同，造成各地区城市化水平也存在很大差异。如果将中国的国土分为四个区域——东部、中部、西部和东北，则东部和东北地区的

---

① 资料来源：《中国统计年鉴1986》，第91页；《中国统计摘要2012》，中国统计出版社，2012，第41页。

城市化水平显著高于中西部地区。2009 年，城市化率排名前十位的省区中有六个属于东部地区，东北地区的省份有两个。分省区来看，四个直辖市和广东、辽宁的城市化率均超过 60%；城市化率超过 55% 的省有浙江、江苏和黑龙江；中部地区的省份中，山西和湖北相对较高，城市化率超过 45%；西部地区多数省份城市化率不高，西藏和贵州城市化率甚至低于 30%。由此可见，中国省际城市化水平存在着梯度差，自东向西依次降低（参见图 4-2）。①

从城市化率的增加速度来看，中国省际之间城市化率提高速度不尽相同，参见表 4-2。② 有些省市正在经历高速城市化，如江苏、重庆的城市化率年均提高 1.5 个百分点以上，有些省正在经历快速城市化，如河北、内蒙古、浙江、安徽、江西省区城市化率年均提高 1.0~1.5 个百分点。而一些最贫困的西部省区，由于经济增长乏力，产业聚集不足，导致城市化率年均提高幅度不足 0.5 个百分点。总体上，中国城市化率与世界提高最快的国家相比毫不逊色。例如，日本 1950~1977 年城市化水平从 37% 提高到 76%，年均升高

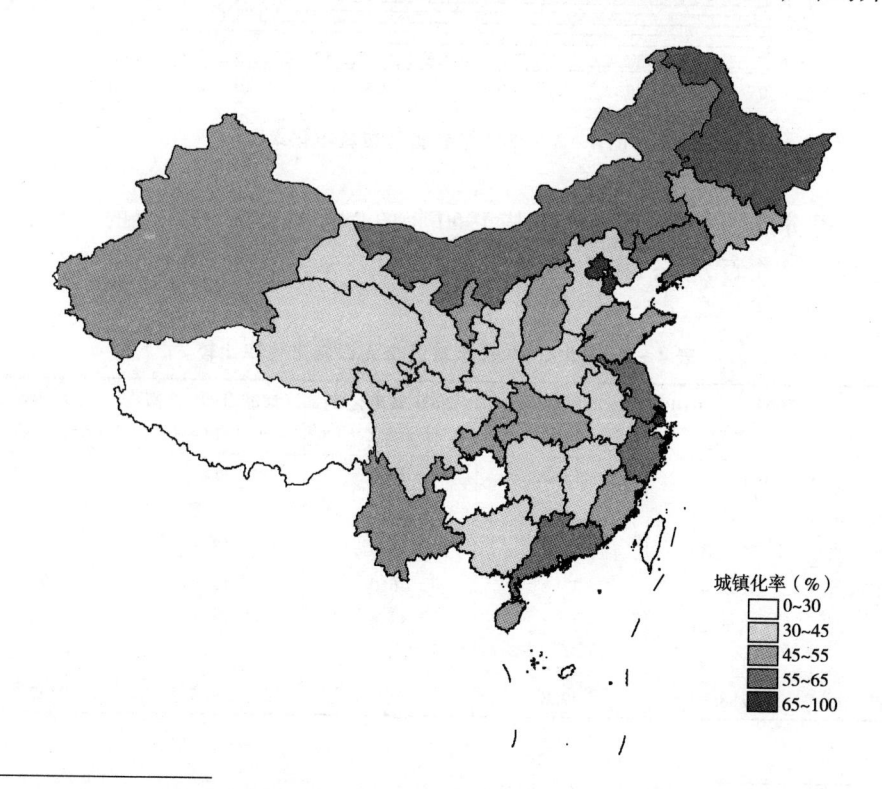

---

① 资料来源：根据《中国统计年鉴 2010》数据计算。
② 资料来源：根据《中国统计年鉴》（1997、2010）数据计算。

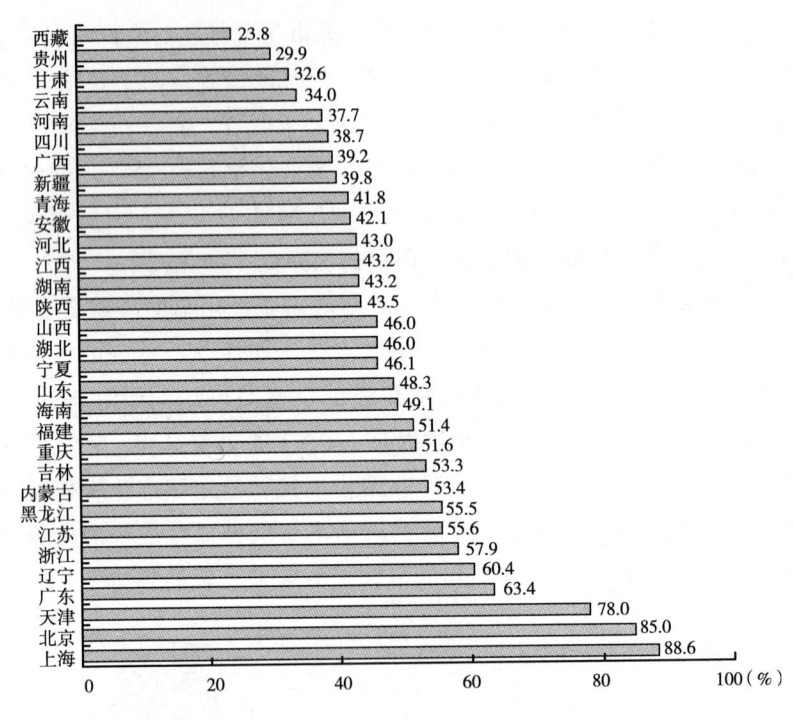

```
西藏        23.8
贵州        29.9
甘肃        32.6
云南        34.0
河南        37.7
四川        38.7
广西        39.2
新疆        39.8
青海        41.8
安徽        42.1
河北        43.0
江西        43.2
湖南        43.2
陕西        43.5
山西        46.0
湖北        46.0
宁夏        46.1
山东        48.3
海南        49.1
福建        51.4
重庆        51.6
吉林        53.3
内蒙古      53.4
黑龙江      55.5
江苏        55.6
浙江        57.9
辽宁        60.4
广东        63.4
天津        78.0
北京        85.0
上海        88.6
```

图 4-2 2009 年各省区市城市化率

1.5 个百分点；韩国城市化水平从 1960 年的 28% 提高到 1975 年的 48%，年均升高 1.3 个百分点；其后于 1995 年提高到 78%，年均升高 1.5 个百分。①

表 4-2 1996、2009 年省区市人口城市化率比较

	2009 人均 GDP（美元）	1996 城市化率（%）	2009 城市化率（%）	2009/1996 升高（个百分点）	年均提高（个百分点）
北 京	10135.84	73.3	85.0	11.7	0.90
天 津	8964.41	71.2	78.0	6.8	0.52
河 北	3586.32	24.2	43.0	18.8	1.45
山 西	3142.47	33.2	46.0	12.8	0.98
内蒙古	5886.21	39.3	53.4	14.1	1.08
辽 宁	5155.48	53.3	60.4	7.1	0.54
吉 林	3888.93	49.8	53.3	3.5	0.27

① 参见周一星《关于中国城市化速度的思考》，《城市规划》2006 年第 30 卷增刊；程开明：《当前我国城市化速度的论争与审视》，《城市发展研究》，第 16 卷，2009 年第 10 期。

续表

	2009 人均 GDP（美元）	1996 城市化率（%）	2009 城市化率（%）	2009/1996 升高（个百分点）	年均提高（个百分点）
黑龙江	3285.10	51.1	55.5	4.4	0.34
上 海	11464.60	83.1	88.6	5.5	0.42
江 苏	6528.82	32.7	55.6	22.9	1.76
浙 江	6496.33	42.6	57.9	15.3	1.18
安 徽	2402.37	25.6	42.1	16.5	1.27
福 建	4938.13	37.9	51.4	13.5	1.04
江 西	2528.09	26.6	43.2	16.6	1.28
山 东	5238.96	39.2	48.3	9.1	0.70
河 南	3005.54	22.3	37.7	15.4	1.18
湖 北	3316.64	38.0	46.0	8.0	0.62
湖 南	2983.99	26.8	43.2	16.4	1.26
广 东	5996.12	50.9	63.4	12.5	0.96
广 西	2338.77	26.6	39.2	12.6	0.97
海 南	2802.17	35.0	49.1	14.1	1.09
重 庆	3343.12	29.5	51.6	22.1	1.70
四 川	2530.63	25.4	38.7	13.3	1.02
贵 州	1507.90	24.1	29.9	5.8	0.44
云 南	1975.64	20.9	34.0	13.1	1.01
西 藏	2227.42	16.3	23.8	7.5	0.58
陕 西	3170.24	29.3	43.5	14.2	1.09
甘 肃	1881.41	22.9	32.6	9.7	0.75
青 海	2839.86	34.3	41.8	7.5	0.58
宁 夏	3168.33	32.4	46.1	13.7	1.05
新 疆	2900.14	34.3	39.8	5.5	0.43

第三节 城市化与收入差距

城市化水平的快速提高与收入差距的扩大有其必然性。中国的城市化过程不仅要完成传统城市化所要求的农村人口向城镇的转移，以及农业劳动力向传统制造业和服务业转移的过程，更兼具带动经济快速增长、培育和吸纳先进生产要素集聚、形成国际竞争力的产业和促进城乡协调发展等多项使命。在传统社会中，社会生产是新古典的，即要素投入增加、边际报酬递减，农业劳动力大规模流入城镇使城镇生产的边际产出下降,而劳动力的流出又使得农村边际产出提高,最终使得城镇居民和农村居民之间收入差距不断缩小。但是中国城市化环境却并非新古典模式的。中国尚处于工业化中期阶段,与已进入后工业化时代的发达国家在市场制度、生产技术、管理水平上存在着巨大的落差。随着全球经济一体化不断深入,要素跨国流动的壁垒越来越低,中国经济的发展完全能够学习和利用国内外各种先进思想、技术和管理经验。正是因为如此,技术进步和全要素生产率的提高使得生产模式呈现出规模报酬递增倾向,也就是说劳动力向城镇流动非但没有降低城乡生产的边际产出差距,反而使城乡劳动生产率扩大。同时,中国城市化过程也是在劳动力供给比较充分的情况下推进的,资本的稀缺性意味着资本对劳动的替代弹性更高,故资本在参与收入分配时处于强势地位,劳动报酬占总产出的份额越来越低。资本收入倾向于集中,劳动报酬倾向于分散,因此劳动份额的下降加剧了收入差距的扩大。城市化拉大收入差距表现在两个方面,一是城市化扩大了城乡收入差距,二是城市化扩大了城镇内部收入差距(参见图4-3)。①

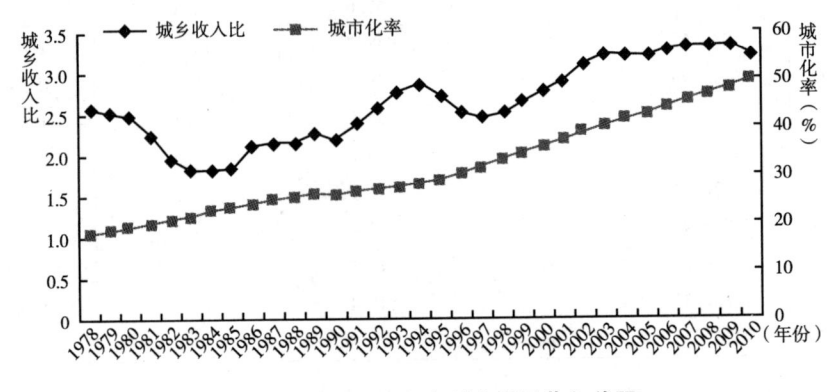

图4-3 1978~2010年城乡居民收入差距

1. 城市化与城乡收入差距

改革开放30多年来,中国经历了城市化不断加速的过程,2010年城市化率已经达到49.95%,较1978年提高32个百分点,而伴随着城市化水平的提高,城乡收入差距呈现出波动上升的趋势。1978年城乡收入比为2.57,1983年下降为1.82,2010年则上升为3.23,1978~2010年的32年中,城镇居民

---

① 资料来源:根据各年《中国统计年鉴》数据计算。

和农村居民收入分别提高54.6倍和43.3倍。城镇居民收入提高的幅度大大超过农村地区，因此伴随着城市化的推进，城乡收入差距也必然扩大。

从消费水平来看，城乡居民消费水平差距甚至超过收入的差距，由1985年的2.1:1扩大到2000年的3:1，再扩大到2010年的3.1:1（参见表4-3）。①

表4-3 部分年份城乡居民人均收入支出对比

项目\年份	1985	1990	2000	2005	2010
城镇居民人均可支配收入(元)	739.1	1510.2	6280.0	10493.0	19109.4
农村居民人均纯收入(元)	397.6	686.3	2253.4	3255.0	5919.0
城乡收入比	1.9	2.2	2.8	3.2	3.2
城镇居民人均消费性支出(元)	673.2	1278.9	4998.0	7943.0	13471.5
农村居民人均生活消费支出(元)	317.4	584.6	1670.1	2555.0	4381.8
城乡支出比	2.1	2.2	3.0	3.1	3.1

农村居民的消费能力大大低于城镇居民的水平，2001年占全国总人口62%的农村人口消费品零售额仅占全国消费品零售额的38%，而占总人口38%的城镇人口消费比重却达到62%。② 城镇居民家庭拥有的耐用消费品量大大高于农村，例如，城镇居民每百户拥有的空调机、电冰箱、家用电脑分别为112.1台、96.1台和71.6台，分别相当于农村居民拥有量的7.6倍、2.1倍和6.9倍。我们还可从恩格尔系数来观察城乡居民生活水平之间的差距，1990年城镇和农村恩格尔系数分别54.2和58.8，2010年二者分别下降为35.7和41.1，二者差距由1990年相差4.6，提高到2010年相差5.4。

从区域层面看，城市化率与城乡收入差距应当呈现出负相关关系，即城市化水平越高，城乡收入差距越小。这是因为，高城市化水平意味着本区域农村剩余劳动力更大程度上被非农产业吸纳。在土地供给不变的情况下，农民减少意味着农业劳动生产率的提高。而且城市化水平高意味着农业面临着更大的市场，有利于提高农业的专业化水平，进而提高农民的

---

① 资料来源：根据《2010年中国劳动统计年鉴》数据计算。
② 参见杨继瑞、胡碧玉、宋小军《以城市化缩小城乡收入差距的思考》，《经济纵横》2005年第2期。

收入。

上述判断可以为数据所印证，通过绘制省际城市化率与城乡收入比散点图可知（如图4-4所示①），城市化水平较高的地区北京、上海、天津、浙江、黑龙江、辽宁和吉林，城乡收入比明显较低，而西部城市化水平很低的地区，往往存在较大的城乡收入差距。2010年，城市化率最高的上海城镇居民收入和城市化率最低的甘肃农村居民收入之比达到9.3倍，而此差距在1995年时为8.2倍。可见，区域间的城市化水平差距是城乡收入差距难以有效降低的重要原因。因此，提高落后地区城市化水平能够有效地降低城乡收入差距，改善整个收入分配的格局。

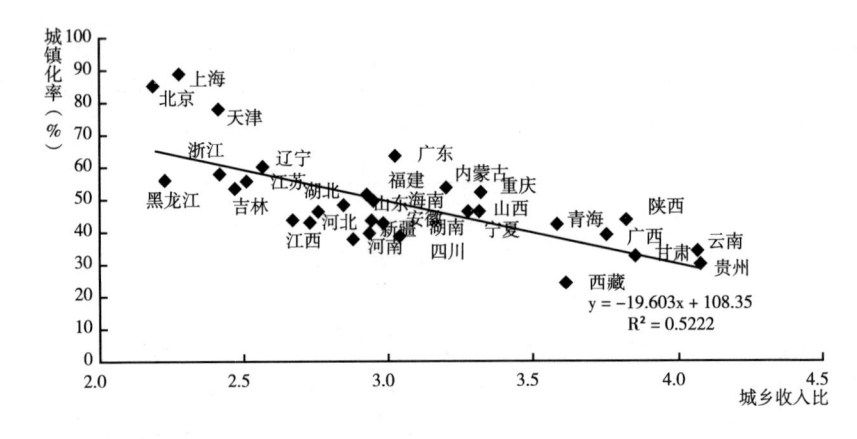

图4-4 2009年城市化与收入差距

此外，由于城乡、区域分割的制度安排，进城务工的农民工不仅承受着劳动力市场的歧视，在享受社会保障和基本公共服务方面也难以获得与本地市民同等的待遇。因此，外来务工人员生活成本提高，在本来收入就较低的情况下，进城务工人员的净收益难以支撑其在城镇定居。因此，城乡人口流动是不充分的，尤其表现为外出农民工家庭迁移比例还很低。2010年外出农民工总量达到1.23亿人，其中举家外出的农民工3071万人，仅占全部外出农民工的四分之一。

2. 城市化与城镇内部收入差距

改革开放以来，城镇居民收入差距总体趋势是扩大的。根据国家统计局

---

① 资料来源：根据《2010年中国统计年鉴》数据计算。

城乡住户调查数据计算，城镇基尼系数在1978～1989年，一直低于0.2，属于高度平均的水平；1991～2001年，处于0.2～0.3，属于相对平均水平；2002年以来维持在0.30～0.33。[①] 从收入组之间的收入差距来看，10%最高与最低收入组也呈扩大趋势，2009年二者之比为8.6:1，比2005年的3.8:1提高4.8。

中国城市化实施的时代背景决定城市化在一定程度上会加速城镇内部收入差距的扩大。随着信息化的推进，城市化内涵已经超越了人口向城市集中的传统观念，更突出地表现为高端生产要素向城市的聚集。中国的城市化具有双重任务，既要完成传统城市化要求人口城乡空间格局的转变，又要追赶发达国家城市发展的潮流，实现"城市化的现代化"。随着城市规模的扩大，城市市场的内部竞争效应使得要素技术水平提高，不同要素的生产率差异不断扩大，造成拥有不同资源禀赋的劳动者在参与生产中获得报酬差异也会扩大；此外，市场的扩大又加快了分工的步伐，孕育出许多新型产业，这些产业具有高度的专业化水平和较高的获利能力，在这些行业中就业的员工具有较高的平均工资。从大行业划分来看，2009年职工平均工资最高的金融业达到70265元，是最低的农林牧渔业的4.7倍；从细分行业看，2009年平均工资最高的行业为证券业达到16.7万元，最低的林业仅为1.29万元，二者之比达到12.9:1，而2005年最高最低平均工资之比为7.8:1。

此外，城镇外来务工人员的工资水平大大低于城镇单位就业人员，如图4-5所示。[②]

图4-5表明，2009年农民工工资为17004元，仅相当于国家机关工作人员的一半，也远低于城镇单位就业人员的平均工资水平。城市化过程中，外来农民工往往被排斥在正规就业之外，虽然近几年农民工工资增长开始加速，但总体上仍大大低于正规就业人员的工资水平。根据城市经济理论，由于集聚外部性的存在，规模越大的城市生产效率可能越高。假定城市间资本和劳动力在收入分配中地位相同，那么较高的劳动生产率也就意味着职工能够获取更高的报酬。当前，中国正处于快速工业化和城市化进程中，大城市在城市总体格局中的地位越来越重要，特别是北京、上海、广州和重庆等正在崛

[①] 参见常兴华、李伟《我国国民收入分配机制研究》，《国民收入分配若干问题研究》（论文集），全国人大财经委专题调研组编，中国财政经济出版社，2010。
[②] 资料来源：根据《2010年中国劳动统计年鉴》数据计算。

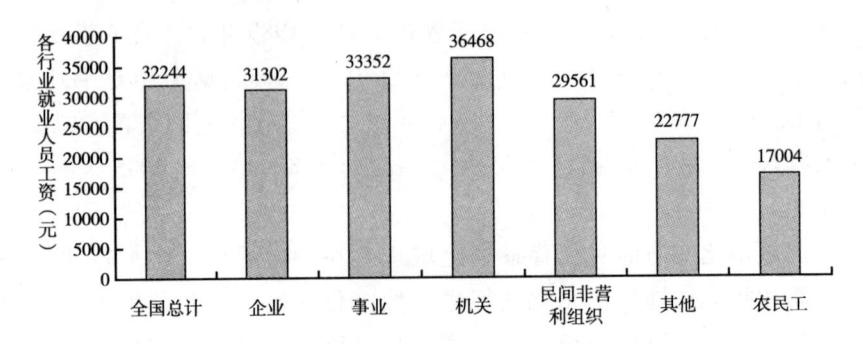

各行业就业人员工资（元）：全国总计 32244；企业 31302；事业 33352；机关 36468；民间非营利组织 29561；其他 22777；农民工 17004

图 4-5 2009 年城镇单位就业人员与农民工工资比较

起为具有世界影响力的城市。这些城市往往是就业机会比较多，收入比较高的地区。因此，大城市的崛起，也意味着不同规模城市间的收入差距在扩大。为验证这一点，我们计算了 1990 年以来，中国不同规模城市的收入变化情况①（参见图 4-6）。②

需要说明的是，由于缺乏各城市中城镇居民可支配收入数据，我们使用人均 GDP、职工平均工资、人均储蓄余额和人均商品零售额四项指标，试图从不同方面来反映城市的收入情况③。从四项指标变化情况来看，基本趋势是规模越大的城市收入指标值越高，500 万以上的超大城市排在首位，200 万~500 万的特大城市居于其次，接下来是其余三个等级收入水平非常接近的城市。从发展上看，500 万以上和 200 万~500 万两类城市之间的收入绝对差距有扩大的趋势；200 万以上的大城市与更低层级的城市间的收入差距也在扩大，特别是 2000 年之后差距扩大的趋势更为明显。

为更清晰地反映城市间收入格局的变化，我们还计算了 1990~2009 年间，不同规模城市间四项指标变异系数的变化。变异系数反映了城市间相对收入差距的变化。如图 4-7 所示。④

---

① 我们将城市规模划分为四等，500 万以上为超大城市、200 万~500 万城市为特大城市、100 万~200 万城市为大城市、50 万~100 万城市为较大城市、50 万以下的为中小城市。
② 资料来源：根据《中国城市统计年鉴》（1993~2010）和《新中国城市 50 年》数据计算。
③ 该四项指标从不同角度间接反映了人们的收入水平。其中，人均 GDP 反映了可供分配的产出量，规模越大，人们的可支配收入才能越高；职工工资是最为贴近收入水平的指标；人均储蓄余额是收入的累积，反映了人们的财富拥有量；假定人们的收入最终都用于消费，则人均商品零售额从实际支出角度体现了收入高低。
④ 资料来源：根据《中国城市统计年鉴》（1993~2010）和《新中国城市 50 年》数据计算。

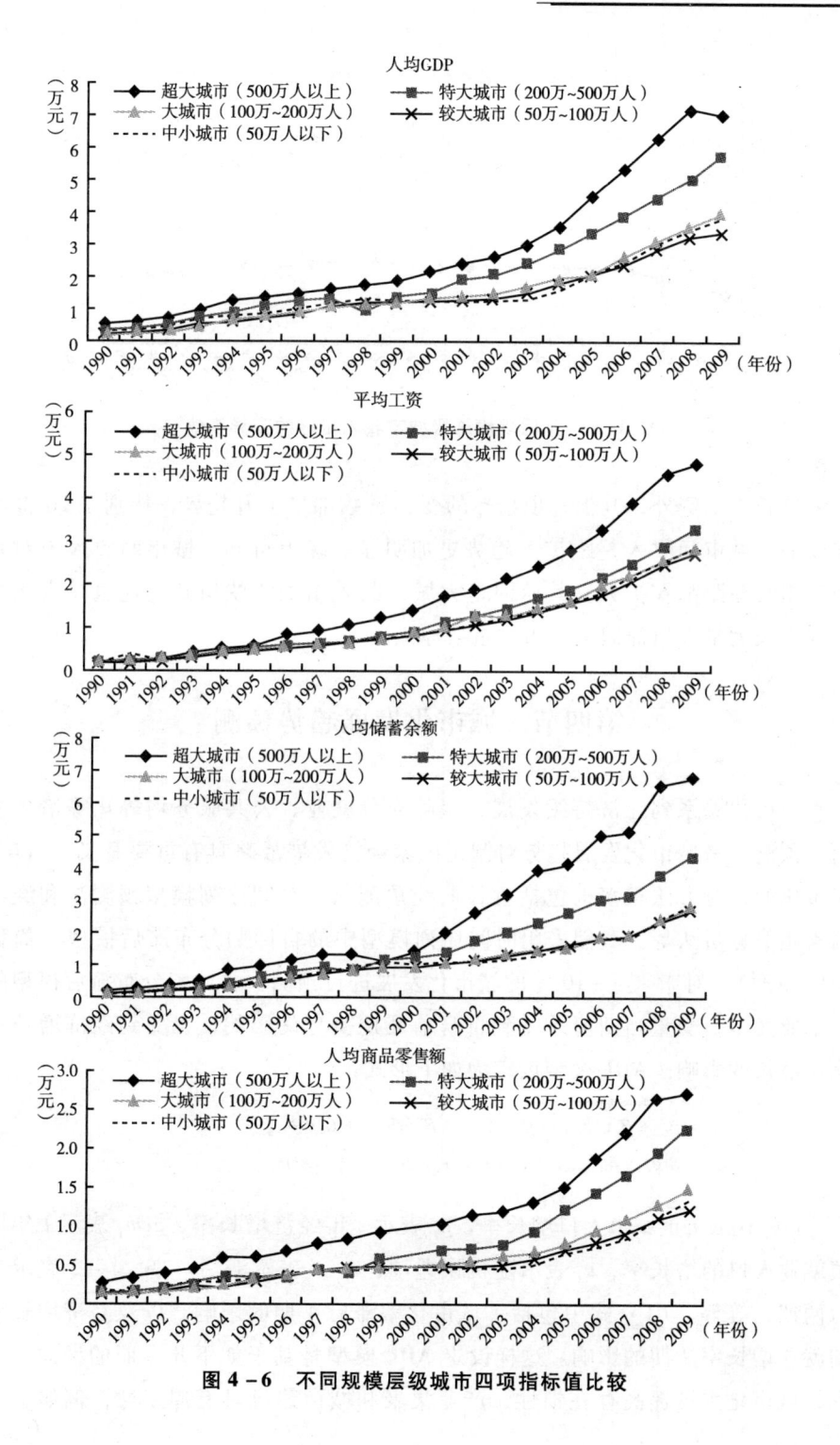

图 4-6 不同规模层级城市四项指标值比较

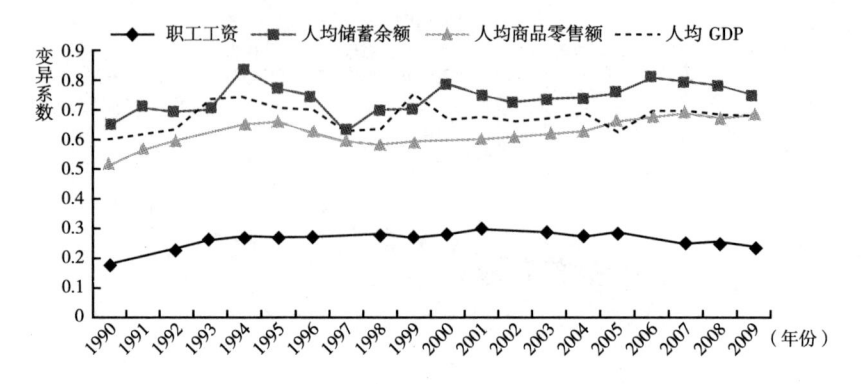

图 4-7 不同规模层级城市收入指标的变异系数

除职工工资外,其他三项指标的变异系数都呈上升趋势,特别是 20 世纪末以来,城市间收入差距扩大趋势更加明显。综上可知,城市间收入绝对差距和相对差距都在扩大,其原因是大城市收入增长更快所致。这也是直接导致近年来大量人口涌向大城市的重要原因。

第四节 城市化发展趋势预测

城市化关系到经济持续发展、保障充分就业、公共服务均等化等诸多方面,预测未来城市化发展趋势对制定国家经济发展战略具有重要意义。目前,城市化的预测方法很多,包括生长曲线预测法、时间序列模型预测法和经济因素相关分析法等。我们采用时间序列模型中的自回归分布滞后模型(简称 ADL 模型),对未来 5~10 年的城市化发展进行预测。自回归分布滞后模型的基本要义是,变量当期值既受到自身前几期变化的影响,也受到经济增长和就业增长的影响。ADL 模型设定为如下形式:

$$urb_t = \beta_0 + \beta_1 urb_{t-1} + \beta_2 urb_{t-2} + \beta_3 urb_{t-3} + \beta_4 urb_{t-4} + \delta_t g_t + \delta_{t-1} g_{t-1} + \delta_{t-2} g_{t-2} + \gamma_t gem_t + \gamma_{t-1} gem_{t-1} + \gamma_{t-2} gem_{t-2} + u_t \quad (1)$$

urb_t 代表 t 年城市人口增长率,g_t 表示 t 年经济增长率,gem_t 表示 t 年城镇就业人口的增长率,u_t 表示随机误差项,$t-1$ 表示滞后一期,$t-2$ 表示滞后两期,等等。(1)式中包括了城市化率滞后 4 期的影响,以及经济增长率和就业增长率 2 期的影响。这样设定 ADL 模型是基于如下几方面的考虑:首先,城市化水平提高存在惯性,产业集聚和城市建设具有周期性,例如一个项目要分多年进行，这会在一定时期内使城市保持发展的势头；同时，经济活动集聚产生外部性，企业集聚在一起有利可图，从而产生"滚雪球"效应，也使得城市扩张一旦开始就会自我维持下去。其次，从驱动力来看，经济增长是城市化的主要推动力，是经济活动集聚和产业结构提升的综合体现，因此模型将经济增长率作为最重要的影响变量。最后，城市化直观表现为农村人口向城市的迁移过程，这种迁移的前提是城镇能够创造就业岗位，模型中引入城镇就业规模增长反映了就业向城镇集中的影响。此外，经济增长和就业岗位创造对城市化的推动作用并不一定在当年产生效果，可能会存在一定的滞后影响，模型中也引入了经济和就业增长两期滞后项。

利用模型估计结果进行外推，需要对 2011~2015 年经济和就业的增长率进行设定。2000~2010 年，就业增长率为 3.4 个百分点，考虑到中国总人口增速将放缓，而且劳动年龄段人口规模增长率逐步下降，我们将 2011~2015 年的就业增长率设定为 3.0%。经济增长率预测方面，我们给出了三套方案。2010~2015 年的人口城市化趋势预测参见表 4-4。

表 4-4 2010~2020 年低、中、高城市化趋势预测

年份	就业增长预测(%)	经济增长率(%)			城镇人口增长率(%)			总人口预测(亿)	城市化率(%)		
		预测1	预测2	预测3	预测1	预测2	预测3		预测1	预测2	预测3
2011	3.0	7.0	9.0	9.0	2.4	2.9	2.9	13.6	50.6	50.8	50.8
2012	3.0	7.0	9.0	9.0	2.4	2.9	2.9	13.6	51.7	52.0	52.1
2013	3.0	7.0	8.0	9.0	3.4	3.7	3.7	13.7	52.9	53.5	53.6
2014	3.0	7.0	8.0	9.0	3.0	3.0	3.3	13.8	54.2	54.9	55.3
2015	3.0	7.0	7.0	9.0	3.6	3.8	3.9	13.9	55.2	56.3	56.8

预测 1 是低方案，2011~2015 年经济增长率定位 7% 是采用《"十二五"规划纲要》的数字。预测 3 是高方案，经济年增长率设定为 9%，考虑到过去 10 年中国经济增长率基本维持在 9%~10% 的水平，乐观估计未来经济增长率能够维持在 9% 的增速。预测 3 是中间方案，近期经济增长惯性可能使增长率继续维持在 9% 的高位，而后增长率逐步递减。根据参数的设定，我们给出了城镇人口在 2011~2015 年中的城镇人口增长率。根据该增长率，加上基期城镇人口规模就可推算出未来城镇人口规模。总人口参照本报告和联合国的人口预测结果进行推算。最终 2015 年三种预测方案的城市化率，分别为 55.2%、56.3% 和 56.8%，2012 年人口城市化率为 52.0%。

第二章

老龄化与城市化

第一节 城市化与老龄化的相关性

城市化水平看似和老龄化没有必然联系。然而,事实上,从世界其他国家老龄化和城市化发展的历程来看,这两者存在着一定的相关关系(参见表4-5)①。2010年,世界较发达地区的城市化率高达77.74%,其老化系数(65岁及以上人口占全部人口的百分比)也高达15.94%。相应的,最不发达国家的城市化率仅为28.51%,其老化系数也仅为3.41%。中国的老龄化水平比较超前,其城市化率低于世界平均水平(52.09%),但老化系数高于世界平均水平(7.60%)。

表4-5 2010年中国与世界其他地区城市化和老龄化比较

单位:%

地 区	城市化率	65岁及以上人口的百分比
世 界	52.09	7.60
较发达地区	77.74	15.94
欠发达地区	46.54	5.78
最不发达国家	28.51	3.41
欠发达地区(不包括最不发达国家)	49.68	6.19
欠发达地区(不包括中国)	45.05	4.99
中 国	50.57	8.19

---

① 资料来源:《世界城市化前景:2011年修订版》,联合国经济和社会事务部人口司(2012年);《世界人口展望2010年修订版》,联合国经济和社会事务部(2011年)。

图4-8①反映了世界各国老龄化水平和城市化的相互关系,可以发现,人口城市化和人口老龄化水平存在正相关关系。在经济社会发展过程中,伴随着工业化和城市化,同时,人口生育率下降,寿命延长,人口也进入老龄化社会。在只有不到一半人口生活在城市的中国,正处于快速城市化的过程中,农村的养老体系会在年轻人口快速向城市迁移的过程中,变得更加脆弱。在图4-8散点图中,中国处于回归线的下方,属于城市化进程赶不上老龄化进程的国家,农村养老问题将异常突出。

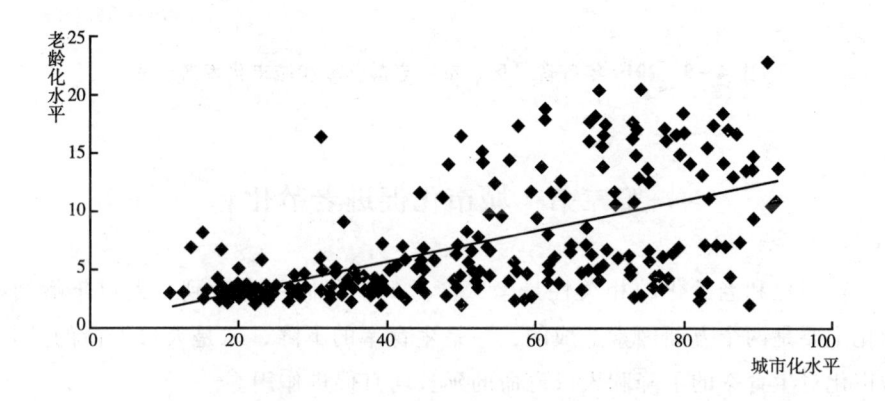

图4-8 2010年各国老龄化率和城市化率散点图

从国内的数据也可以发现,老龄化水平和城市化率存在一定的正相关关系,这可以从图4-9②两者的散点分布看出来,即城市化水平越高的地区,其人口老龄化水平越高。

老龄化和城市化的关系某种程度上说是老龄化和工业化关系的间接表现。"发展是最好的避孕药",意味着随着工业化和经济社会的发展,人们的生育水平会下降,从而带来了人口转变,引起人口年龄结构的变化。在经济社会发展过程中,人口生育率下降,寿命延长,发达国家大多经历过这一过程,到"国富民强"之时,人口也进入老龄化社会。

---

① 资料来源:《世界城市化前景:2011年修订版》,联合国经济和社会事务部人口司(2012年);《世界人口展望2010年修订版》,联合国经济和社会事务部(2011年)。
② 资料来源:国家统计局网站 http://www.stats.gov.cn/,《2011年中国统计年鉴》和《中国2010年人口普查资料》。

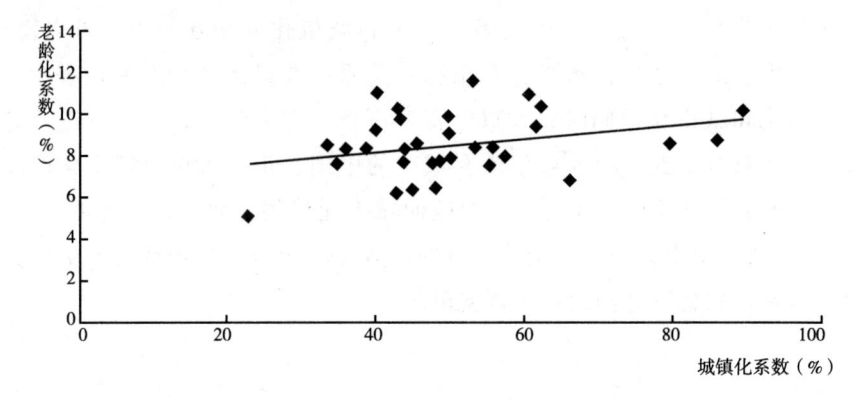

图 4-9　2010 年各省（区、市）老龄化率和城市化率散点图

第二节　城市化促进老龄化

城市化和老龄化的相关性是怎么产生的？我们首先看到，人口年龄结构老化主要是两个方面因素造成的，一是生育率的下降，二是人口寿命的延长。城市化对生育率的下降和人口寿命的延长均有促进作用。

1. 城市化促进生育率下降

不少研究表明，人口城市化能够降低人口生育水平，而生育水平的下降又能促进人口年龄结构的改变。

人口年龄结构的老化发生在人口转变的过程中。人口转变理论认为：在发生人口转变的过程中，由于生育率高于死亡率的存在而出现一段的人口快速增长期；在这段时期，人口年龄结构将由年轻型向年老型过渡，人口的少儿抚养比将下降，劳动年龄人口的比例上升，老年抚养比将上升，但其滞后于少儿抚养比的下降，便会出现较长一段人口总抚养比较低的时期，也就是"人口红利期"。中国的人口转变快于世界上其他绝大多数国家。新中国成立初期，人口处于高生育率、高死亡率状态，1949 年中国人口出生率为 36‰，死亡率为 20‰[①]；1978 年出生率下降到 18.25‰，死亡率下降到 6.25‰；到 2010 年，中国人口出生率降至 11.90‰，受年龄结构的影响，死亡率略回升

---

① 资料来源：国家统计局国民经济综合统计司：《新中国五十年统计资料汇编》，中国统计出版社，1999，第 6 页。

到 7.11‰[1]。

人口转变是生育率和死亡率下降的双重推动,也就是说,人口年龄结构的改变是在生育率和死亡率下降的双重影响下完成的。在我国人口转变过程中,全国育龄妇女总和生育率从 1970 年的 5.81 下降到 1990 年的 2.31[2],20 世纪 90 年代以来生育水平已经逐步低于更替水平,进入低生育水平阶段。90 年代以来,多数学者认为我国育龄妇女总和生育率已经低于更替水平,大约为 1.6~1.7 左右[3]。从育龄妇女生育水平来看,90 年代以来生育水平已经完成了根本性转变。因此,90 年代以来我国人口结构类型由成年型进入老年型,65 岁以上人口比重由 1990 年的 5.57% 上升到了 2010 年的 8.87%[4]。

那么,人口城市化是否能推动生育率下降或者影响生育率下降呢?许多研究表明,人口从农村流动到城市,或从发展中国家流迁到发达国家,其生育水平低于原居住地没有流动人口的生育水平。长期以来,我国城镇人口的生育水平也低于农村,在城市化的过程中随着农村人口迁移到城镇,其生育水平也会下降(参见表 4-6)[5]。

表 4-6 部分年份城乡的总和生育率

年份	城镇	农村	年份	城镇	农村
1971	2.88	6.01	2000	0.94	1.43
1976	1.61	3.58	2005	1.04	1.64
1981	1.39	2.91	2010	0.98	1.44
1990	1.55	2.54			

改革开放以来,我国人口城市化进入快速发展阶段,不少调查数据显示,从农村迁移或流动到城市的人口生育水平比留在农村的人口更低。中国社会科学院于 1987 年进行样本量为 10 万多人的全国 74 城镇人口迁移抽样调查,调查表明,迁移妇女的平均生育子女数都明显低于农村非迁移妇女的平均生

---

① 资料来源:国家统计局网站 http://www.stats.gov.cn/,《2011 年中国统计年鉴》。
② 资料来源:1990 年第四次人口普查资料。
③ 翟振武、陈卫:《1990 年代中国生育水平研究》,《人口研究》2007 年第 1 期。
④ 资料来源:国家统计局网站 http://www.stats.gov.cn/,《2011 年中国统计年鉴》。
⑤ 资料来源:《中国生育数据集》、《中国常用人口数据集》、《中国 2000 年人口普查资料》、《2005 年全国 1% 人口抽样调查资料》、《中国 2010 年人口普查资料》。

育子女数①，早期农村迁移妇女的生育水平与迁入地非迁移妇女的差别不大，但近期农村迁移妇女的生育水平却低于迁出地和迁入地非迁移妇女的生育水平。生育率最低的是那些迁往特大城市的农村迁移妇女②。1988年2‰人口生育节育抽样调查数据也表明，迁移已婚妇女生育率低于非迁移已婚妇女生育率③。周祖根的研究表明流入上海的流动妇女的生育率低于其原住地（主要是浙江、江苏和安徽）的生育率，人口流动迁移对生育水平的影响程度随流动的形式、居住时间等的不同而有明显差别④。

2000年"五普"的数据和2005年1%人口抽样调查的数据均表明，流动人口的生育率低于没有流动的人群，而我国的流动人口绝大部分是从农村流向城市的乡城流动人口。陈卫等（2006）利用2000年全国人口普查0.95‰抽样原始数据，从中筛选出15~49岁的育龄妇女作为研究对象，样本量为328445人，研究比较了农村本地人口、城市本地人口和流动迁移人口三个人口群体在生育率上的差异。研究结果表明，流动迁移对生育率有着非常显著的影响，城市外来人口的生育率不仅显著低于农村本地人口，而且也低于城市本地人口。远期流迁人口的生育率要低于近期流迁人口的生育率⑤。郭志刚（2010）运用2005年1%人口抽样调查资料分析了流动对妇女生育水平的影响，结果表明，农业户籍非流动妇女的总和生育率为1.635，处于相对较高的位置，而农业户籍流动妇女的总和生育率却仅为1.188，两者之间的差距高达0.45，足以反映出在原有农村人口中人口流动对降低生育率的巨大影响。如果分胎次考察，将农业户籍中流动与非流动妇女相比，生育率下降最大的并不是一孩生育率，而是二孩生育率。不过，该研究同时发现，非农业户籍流动妇女的总和生育率（0.934）却略高于非农业户籍的非流动妇女（0.895）。这个差异主要表现在非农业户籍中流动妇女的二孩总和生育率略高于非流动妇女⑥。

为什么迁移会对生育水平产生影响？国际迁移研究主要有以下解释：⑦

干扰理论或中断理论认为，迁移导致夫妇的分离，从而减少与配偶的性

---

① 杨子慧：《流动人口的生育行为》，《人口与经济》1991年第3期。
② 谭晓青：《城镇人口迁移与生育》，马侠主编《中国城镇人口迁移》，中国人口出版社，1994。
③ 敖再玉：《我国迁移与非迁移已婚妇女生育行为的差异》，《人口动态》1990年第4期。
④ 周祖根：《人口流动迁移与生育》，《人口学刊》1993年第5期。
⑤ 陈卫、吴丽丽：《中国人口迁移与生育率关系研究》，《人口研究》2006年第1期。
⑥ 郭志刚：《流动人口对当前生育水平的影响》，《人口研究》2010年第1期。
⑦ 石人炳、熊波：《迁移流动人口生育特点及相关理论——中外研究述评》，《人口与发展》2011年第3期。

交机会。也可以理解为，迁移流动过程实际上是对个体原有习惯的生活方式的干扰，由于迁移流动者进入一个全新的社会环境中，他们的思想观念、行为习惯等都会受到强烈的冲击，而在陌生的地方重新开始新生活也使他们常常处于一种紧张、疲劳和不安定的状态，因此生理和心理的双重负担使他们无暇顾及或不愿意在此阶段生孩子，从而干扰了妇女的生育行为。如果从这种角度理解，则"中断"导致生育率下降也许不一定是以夫妻分离为前提的。

选择理论认为，迁移流动者的生育水平低于迁出地妇女生育水平，介于迁出地和目的地妇女生育水平之间，这种现象是由迁移的选择性所决定的。相对于未迁移流动的人口而言，迁移流动人口往往是受教育程度相对较高、年龄比较年轻、更可能有一技之长的人口，他们在目的地有更多的就业和发展的机会，他们在一些观念和行为（包括生育观念和行为）原本就有别于原居住地其他人口群体。

适应理论（又称社会化理论）强调迁移流动目的地当前的社会经济状况和文化规范对迁移流动者生育行为的影响，并认为这种影响会胜过其原居住地的生育文化的影响。迁移流动者固有的生育观念在最初的一段时间不会发生太明显的变化，随着时间的推移，迁移流动人口的生活逐渐安定下来，在与目的地人口的社会交往和联系中，他们不断接受和适应目的地的生活习惯、思想观念，其原有的生育意愿和生育行为逐渐接近目的地人口的生育意愿和生育行为。流动迁移人口在城市目的地有一个社会化过程。这个过程是一种文化适应，可能经历几代人，才会逐渐接近城市人口的生育观念与行为。

适应理论进一步延伸为扩散理论，"适应"后的文化价值观可能不仅影响迁移流动者的生育观念和生育行为，而且，当他们返回原住地的时候，也影响原住地社区的其他人（包括没有流动迁移的人口）的生育行为，这个理论就是社区内移民模式的"背景影响"。

分离理论实际上将流动迁移人口视为一种处于游离状态中的人口。流动迁移人口与农村来源地分离了，受农村的社会环境、习俗观念的影响和控制削弱了，但是他们又还没有融入城市生活，缺乏对城市的依归，还没有受到城市人口的观念与行为的深刻影响。因此他们处于一种游离的、中间的状态，他们的生育率往往会高于城市目的地的永久性移民和本地人口，而低于农村来源地人口。或者说，他们的生育率是一种转变过程中的生育率。

如果按照中断理论或选择性理论来解释，迁移行为不会对实际生育水平产生影响。当迁移者回到原住地后，可能对中断引起的生育率下降有一个补偿，综合中断前后或从妇女整个生育周期考虑，迁移对生育是否产生影响，取决于"追赶行为"是否能够补偿中断期间的生育水平下降的程度。有研究认为，从生命周期看，中断导致的生育率的降低只是暂时的，它并不会影响妇女的完全生育率。用选择性来理解迁移流动对生育的作用，迁移流动本身并没有改变人们的生育观念和行为倾向，只是将具有相似生育观念和行为倾向的人"选择出来"而已，这些人即使不发生流动迁移，他们的生育水平也会低于原住地的其他人口。

如果按照适应理论和扩散理论来解释，农村居民学习城市居民的低生育率模式，并将这一生育文化扩散到原社区，那么迁移会带来国家整体生育水平的降低（Lee and Farber, 1984）。

我们很难用一种单一的理论来解释我国人口流动过程中发生的生育率下降现象，但许多研究表明，人口迁移或流动带来了显著的生育观念的改变，这使得我们更倾向于认同适应理论和扩散理论的解释。

尤丹珍、郑真真[①]通过对安徽、四川的实证研究，发现外出经历对农村妇女的生育意愿有显著影响，在相同的年龄、文化程度等条件下，外出妇女的理想子女数要少于未外出妇女。她们的研究还表明，外出妇女的结婚年龄、初婚初育间隔都要大于未外出妇女（尤丹珍、郑真真，2002）。伍海霞[②]等利用2005年西安交通大学人口与发展研究所深圳外来农村流动人口调查数据，定量分析了流动前后城镇外来农村流动人口生育观念与行为的现状及其变化，在生育观念方面，目前农村流动人口流动后生育数量偏好已与城镇市民不存在显著差异，流动人口的婚姻状况、年龄和流动时间对个体生育数量偏好具有显著的影响。徐晓红[③]从微观经济学的角度研究乡城人口流动中经济变量变动对生育行为所产生的一定影响，乡城流动人口孩子的价格、成本、效用及其家庭收入等经济变量的变动都会导致乡城流动人口生育行为的变化。但是，徐映梅、李霞[④]利用2009年2月在鄂州、黄石、仙桃农村外出和未外出育龄妇女的调查数据，分析说明外出过的妇女的意愿子女数要显著少于未外出过的妇

---

① 尤丹珍、郑真真：《农村外出妇女的生育意愿分析——安徽、四川的实证研究》，《社会学研究》2002年第6期。
② 伍海霞、李树茁、悦中山：《城镇外来农村流动人口的生育观念与行为分析——来自深圳调查的发现》，《人口研究》2006年第1期。
③ 徐晓红：《乡城流动人口生育行为的经济分析》，《人口学刊》2004年第3期。
④ 徐映梅、李霞：《农村外出妇女的生育意愿分析——基于鄂州、黄石、仙桃三地数据》，《南方人口》2010年第2期。

女，这种差异主要是由于外出妇女与未外出妇女本身的结构差异所引起的，外出本身对育龄妇女的意愿子女数并没有显著作用；在生育目的上，外出与未外出妇女存在显著性差异，外出能弱化传统思想在妇女生育动机中的作用。

2. 城市化促进人口寿命延长

从我国各省（区、市）的数据来看，经济发展水平越高的地区，人口预期寿命越高；城市化水平越高的地区，人口预期寿命越高（见图4-10①）。

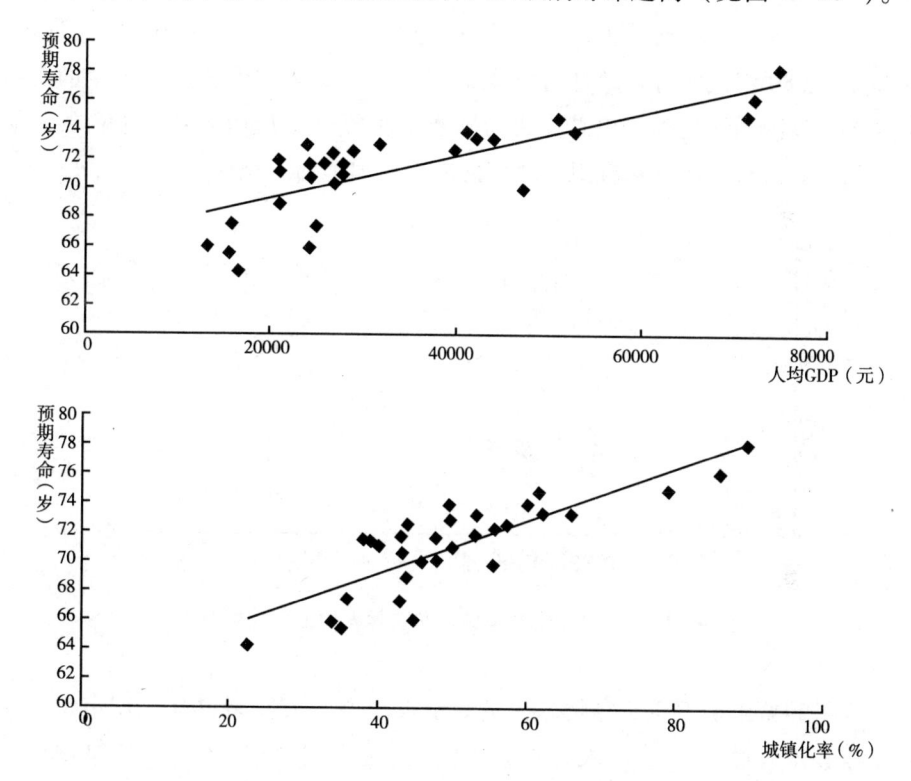

图4-10　2010年各省（区、市）人均GDP、城市化率和预期寿命

人口寿命延长是人们生活水平提高、医疗技术发达和人们享受的医疗服务水平提高的综合表现。城市地区在医疗资源和医疗水平方面都比农村地区高，人口从农村迁往城市，生活水平提高，所享受到的医疗资源和服务也得

---

① 资料来源：人均GDP指标、预期寿命指标来自《2011年中国统计年鉴》，城镇化率指标来自《中国2010年普查资料》，其中预期寿命是2000年的数据，部分省、区、市最新的第六次人口普查的预期寿命没有公布。

到提高，便延长了其寿命。

我国的城乡卫生医疗差距反映卫生投入、卫生人员和医疗机构等诸多方面。首先表现在城市和农村居民人均医疗卫生费用相差悬殊。2008年城市人均卫生费用为1862.3元，农村为454.8元，城市是农村的4倍多。图4-11①显示了城乡人均卫生费用的历年差距，从1990年至2008年，城乡间的差距在逐步扩大。政府卫生经费投入呈现出向城市倾斜的倾向。我国财政收入主要来自城市经济，财政支出，尤其是公共服务方面的支出主要用于城市居民。在20世纪80年代实行财政"分灶吃饭"之后，财政对农村医疗卫生的支持力度进一步削弱。这种卫生总支出与财政卫生资金分配的城乡不平衡的直接结果是，农民获得医疗保健卫生服务的能力要远远弱于城镇居民。

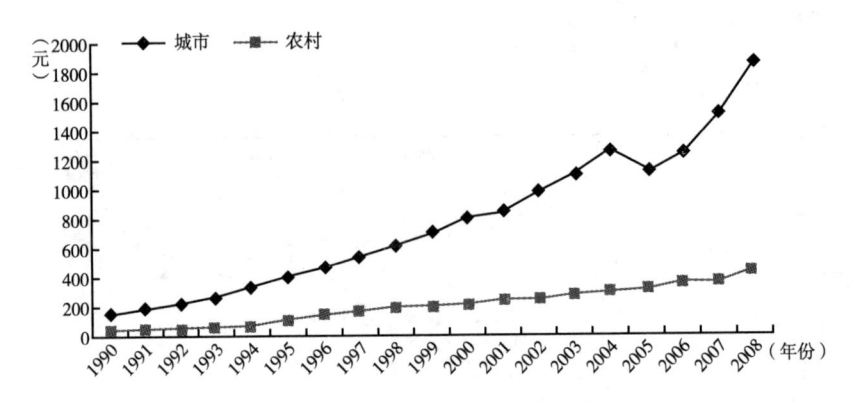

图4-11　1990~2008年城市和农村人均卫生经费增长

农村和城市的卫生医疗技术人员数量也相差巨大。2009年，城市每千人的卫生技术人员6.03人，农村每千人的卫生技术人员2.46人，不足城市的一半（参见图4-12）。

2008年居民营养与健康状况调查，给出了医疗服务的距离可及性调查数据，农村居民家庭离医疗机构的距离远于城市居民。该年城市住户家庭与最近的医疗单位之间的距离不足1公里的比例为83.5%，而农村同一比例仅为58.0%；距离超过5公里以上的比例，城市只有0.5%，而农村高达6.3%，医疗服务资源在城乡的分布十分不均。农村居民家庭到最近医疗点所需时间也长于城市居民。到最近医疗点10分钟以内的城市居民占80.2%，而农村只

---

① 《2010年中国卫生统计年鉴》，来自中国卫生部官网http://www.moh.gov.cn/。

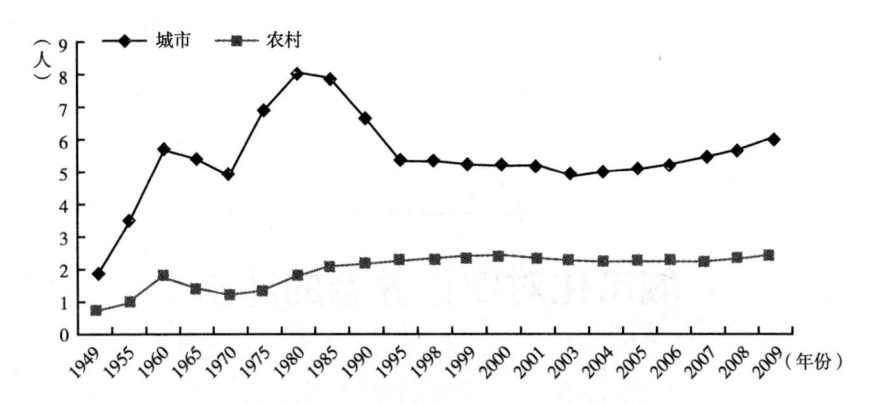

图 4-12 部分年份城市和农村每千人的卫生技术人员数

有 65.6%。城乡医疗水平和城乡居民生活水平的这种差异，致使人口从农村迁往城镇将提高预期寿命，成为促进人口年龄结构老化的重要因素之一（参见表 4-7）。

表 4-7 2008 年调查地区住户距最近医疗单位距离和时间构成

单位：%

	合计	城市				农村				
		小计	大	中	小	小计	一类	二类	三类	四类
到最近医疗点距离										
不足 1 公里	65.6	83.5	87.5	87.2	75.3	58.0	58.8	64.9	58.8	37.4
1 公里	15.5	10.0	7.4	8.0	14.8	17.9	19.8	18.8	16.9	14.6
2 公里	8.4	4.3	3.5	3.2	6.2	10.1	12.6	8.6	10.0	9.5
3 公里	3.9	1.3	1.0	0.8	2.2	5.0	4.7	3.2	5.2	9.7
4 公里	2.0	0.5	0.3	0.5	0.7	2.6	1.8	1.3	3.3	5.8
5 公里及以上	4.5	0.5	0.3	0.3	1.0	6.3	2.3	3.2	5.9	22.9
到最近医疗点所需时间										
10 分钟以内	69.9	80.2	84.5	80.7	74.4	65.6	73.3	71.0	64.0	40.9
10 分钟	19.0	16.9	12.7	17.7	21.4	19.8	19.3	19.1	20.0	22.2
20 分钟	6.9	2.3	2.6	1.6	2.6	8.8	5.6	6.7	9.6	18.4
30 分钟以上	4.2	0.7	0.3	0.1	1.6	5.7	1.8	3.1	6.4	18.5

第三章

城市化对农村养老的冲击

第一节 老龄化进程的城乡差距

我国人口老龄化具有速度比较快、达到的水平比较高和区域分布不平衡等特点,这些特点在城乡比较中明显地表现出来。

首先,最突出的是农村老龄化速度比城镇快,达到的水平比城镇高(参见表4-8)[①]。

表4-8 部分年份城乡65岁以上人口比例

单位:%

年份	1953	1964	1982	1990	2000	2005	2010
城镇			4.5	5.1	6.3	7.2	7.80
乡村			5.0	5.7	7.4	8.1	10.06
全国	4.41	3.56	4.91	5.57	6.96	7.7	8.87

人口老龄化由出生率下降和预期寿命延长引起。尽管城镇人口出生率低于农村,城镇预期寿命也长于农村,却出现农村老龄化高于城镇的"倒置"现象。究其原因,主要是改革开放以来农村人口加速流向城镇,是以劳动年龄人口为主体进行的,农村老年人口相对沉积下来,这就形成农村老龄化速度快于城镇,水平高于城镇的特点。2000~2010年,农村65岁以上老年人口

[①] 数据来自历次人口普查或人口抽样调查资料,部分转引自全国老龄工作委员会办公室《中国人口老龄化发展趋势预测研究报告》,2006,见 http://www.china.com.cn/chinese/news/1134589.htm。

占比提高 2.66 个百分点,年平均提高 0.27 个百分点;城镇提高 1.5 个百分点,年平均提高 0.15 个百分点。相比之下,农村比城镇年平均高出 0.12 个百分点。老龄化高低也拉开了差距,2000 年农村高于城镇 1.1 个百分点,2010 年拉大到相差 2.26 个百分点。

其次,城乡老龄化速度和水平的差异,在区域分布上表现出不平衡的特点。1990 年普查,城镇仅有上海市和浙江省的城市地区步入老年型年龄结构;农村则有北京、上海、山东、河南二市二省步入老年型年龄结构。其他省、自治区、直辖市农村人口年龄结构属于成年型,而新疆、青海、宁夏和黑龙江等省、自治区的农村人口年龄结尚属于年轻型。随着时间推移,东南沿海地区农村老龄化推进速度较快,并且形成老龄化由高至低自东南向西北倾斜的 U 型分布,成为蔓延连片的梯度结构。自然,农村老龄化如此分布格局,是造成不同地区农村老龄化冲击力差异的基础(参见图 4-13、4-14,表 4-9、4-10[①])。

表 4-9 1982 年、1990 年各省区市城乡老龄化比较

单位:%

	1990	1990			1982		
	城市化率	城市	镇	乡村	城市	镇	乡村
北 京	73.44	6.25	4.29	7.02	5.31	3.16	6.47
天 津	69.56	6.41	3.65	6.85	5.19	3.66	6.57
河 北	19.21	4.45	3.78	6.18	3.66	4.11	5.97
山 西	28.84	4.05	2.58	6.07	3.23	2.95	5.47
内蒙古	36.34	3.61	3.1	4.34	3.25	2.75	3.84
辽 宁	51.13	5.34	4.85	6.12	4.27	3.46	5.32
吉 林	42.27	4.54	3.91	4.65	4.01	3.55	4.07
黑龙江	47.96	3.89	3.63	3.75	3.51	3.6	3.34
上 海	66.23	10.1	6.63	8.4	8.09	6.01	9.73
江 苏	21.58	6.27	5.96	6.96	5.47	5.18	5.58
浙 江	31.17	7.04	6.07	6.94	6.22	5.63	5.65

---

① 资料来源:国务院人口普查办公室、国家统计局人口统计司编《中国 1982 年人口普查资料》、《中国 1990 年人口普查资料》、《中国 2000 年人口普查资料》、《中国 2010 年人口普查资料》,中国统计出版社 1985、1993、2002、2012 年。

续表

地区	1990 城市化率	1990 城市	镇	乡村	1982 城市	镇	乡村
安徽	17.84	4.91	5.22	5.49	3.89	4.36	4.08
福建	21.36	5.61	4.86	5	5.1	4.45	4.25
江西	20.35	5.02	4.22	5.17	4.63	3.82	4.54
山东	27.34	5.75	4.19	9.54	5	4.73	5.78
河南	15.23	4.63	4.2	9.07	4.22	4.42	5.38
湖北	28.75	5.16	4.29	5.72	4.78	4.26	5.09
湖南	18.03	5.15	4.52	5.74	4.73	4.52	5.03
广东	36.76	5.7	4.73	6.24	5.63	4.88	5.45
广西	14.87	5.05	4.55	5.52	5.01	4.54	5.14
四川	20.18	6.09	4.94	5.7	5.16	4.53	4.62
贵州	19.24	4.41	4.61	4.65	4.38	4.84	4.69
云南	14.91	5.45	4.24	4.92	4.6	4.05	4.51
西藏	11.52	3.08	2.72	4.85	2.46	2.43	4.84
陕西	21.53	4.49	2.74	5.48	3.82	3.12	4.78
甘肃	22.00	3.64	2.31	4.26	2.68	2.71	3.63
青海	26.17	2.56	1.54	3.36	1.81	1.37	2.94
宁夏	26.01	3.08	2.08	3.78	2.74	2.54	3.35
新疆	32.50	3.22	2.78	4.29	2.56	2.58	4.13
全国	26.20	5.38	4.42	5.74	4.70	3.80	5

表4-10　2000年、2010年各省区市城乡老龄化比较

单位：%

地区	2000 城市	镇	乡村	2010 城市	镇	乡村
北京	8.61	6.71	8.43	8.66	7.22	9.71
天津	9.46	5.97	7.98	8.73	6.03	9.15
河北	6.09	5.31	7.49	7.86	7.25	8.80
山西	5.55	4.95	6.87	6.84	5.99	8.61

续表

地 区	2000			2010		
	城市	镇	乡村	城市	镇	乡村
内蒙古	5.19	4.71	5.90	7.38	6.60	8.20
辽 宁	8.22	6.86	7.80	10.50	9.43	10.33
吉 林	6.31	5.88	5.91	9.05	8.64	7.77
黑龙江	6.30	5.51	5.04	9.40	8.65	7.19
上 海	11.66	8.78	12.62	10.20	7.96	12.14
江 苏	7.60	7.39	9.81	8.39	10.34	13.58
浙 江	7.17	7.17	10.59	6.62	7.77	12.97
安 徽	6.74	6.63	7.92	8.04	8.96	11.51
福 建	5.77	6.06	7.25	5.82	7.09	9.97
江 西	5.98	5.37	6.50	7.43	6.57	8.15
山 东	6.56	6.71	9.06	7.65	9.05	11.45
河 南	5.79	5.97	7.49	7.17	7.17	9.10
湖 北	5.87	5.28	6.91	7.52	7.98	10.47
湖 南	6.21	5.96	7.98	7.54	8.64	11.01
广 东	4.91	5.04	7.70	4.87	7.46	9.34
广 西	6.01	6.30	7.75	6.90	8.03	10.39
海 南	4.91	6.07	7.64	5.91	7.95	9.27
重 庆	8.06	7.13	8.15	8.78	9.87	14.51
四 川	7.08	6.53	7.84	8.97	9.03	12.26
贵 州	5.68	5.54	6.08	7.32	7.04	9.49
云 南	5.43	5.67	6.25	7.44	6.97	7.88
西 藏	2.89	3.27	5.15	3.68	3.30	5.57
陕 西	6.31	5.04	6.31	8.23	6.85	9.34
甘 肃	5.38	4.22	5.28	8.09	6.45	8.71
青 海	5.26	3.43	4.54	8.05	5.10	5.98
宁 夏	5.13	3.57	4.40	6.91	5.26	6.40
新 疆	4.76	3.93	4.76	7.92	7.30	5.57
全 国	6.67	5.99	7.50	7.68	7.98	10.06

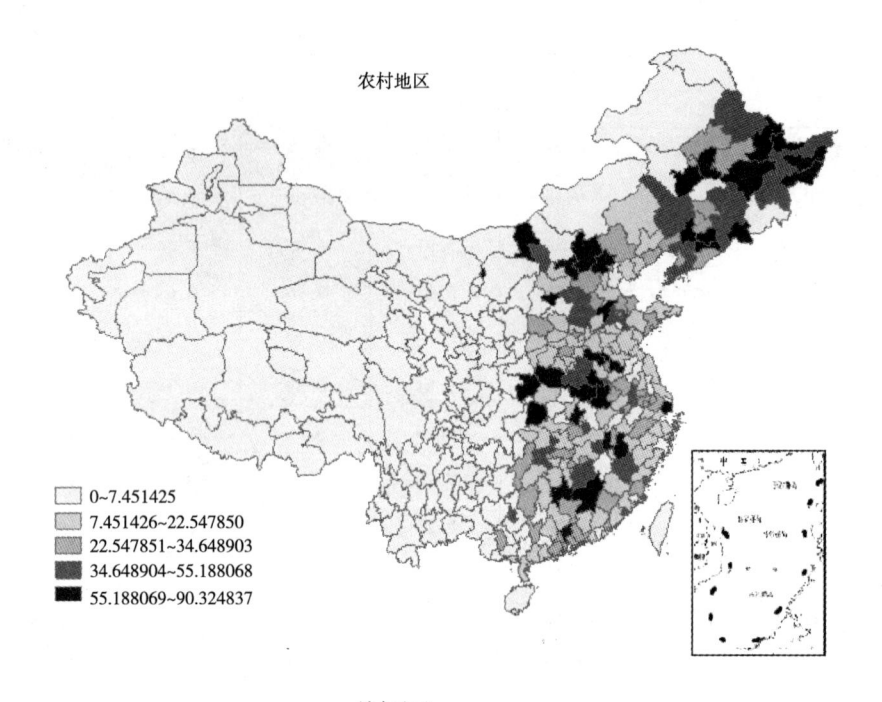

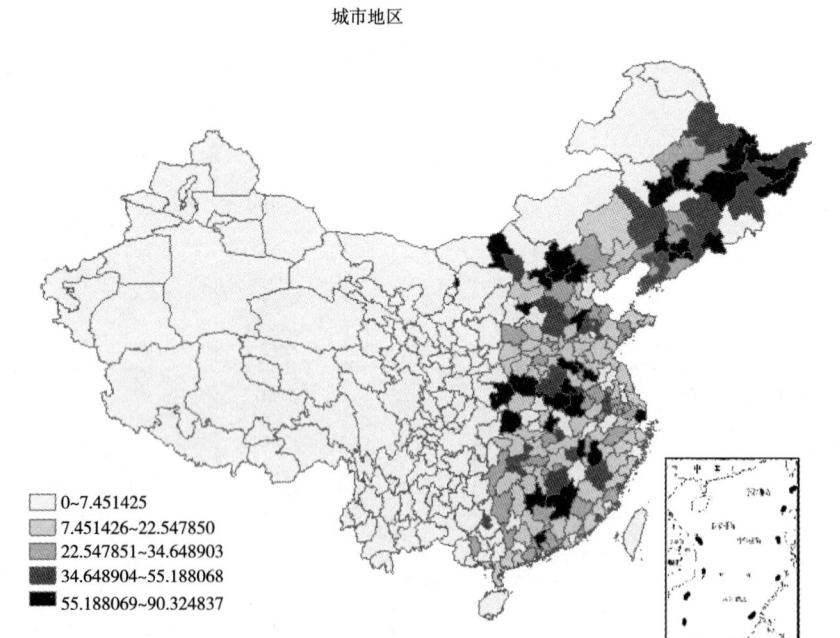

图 4-13 1990年农村和城市的老龄化水平分布

第四篇 人口老龄化与城市化

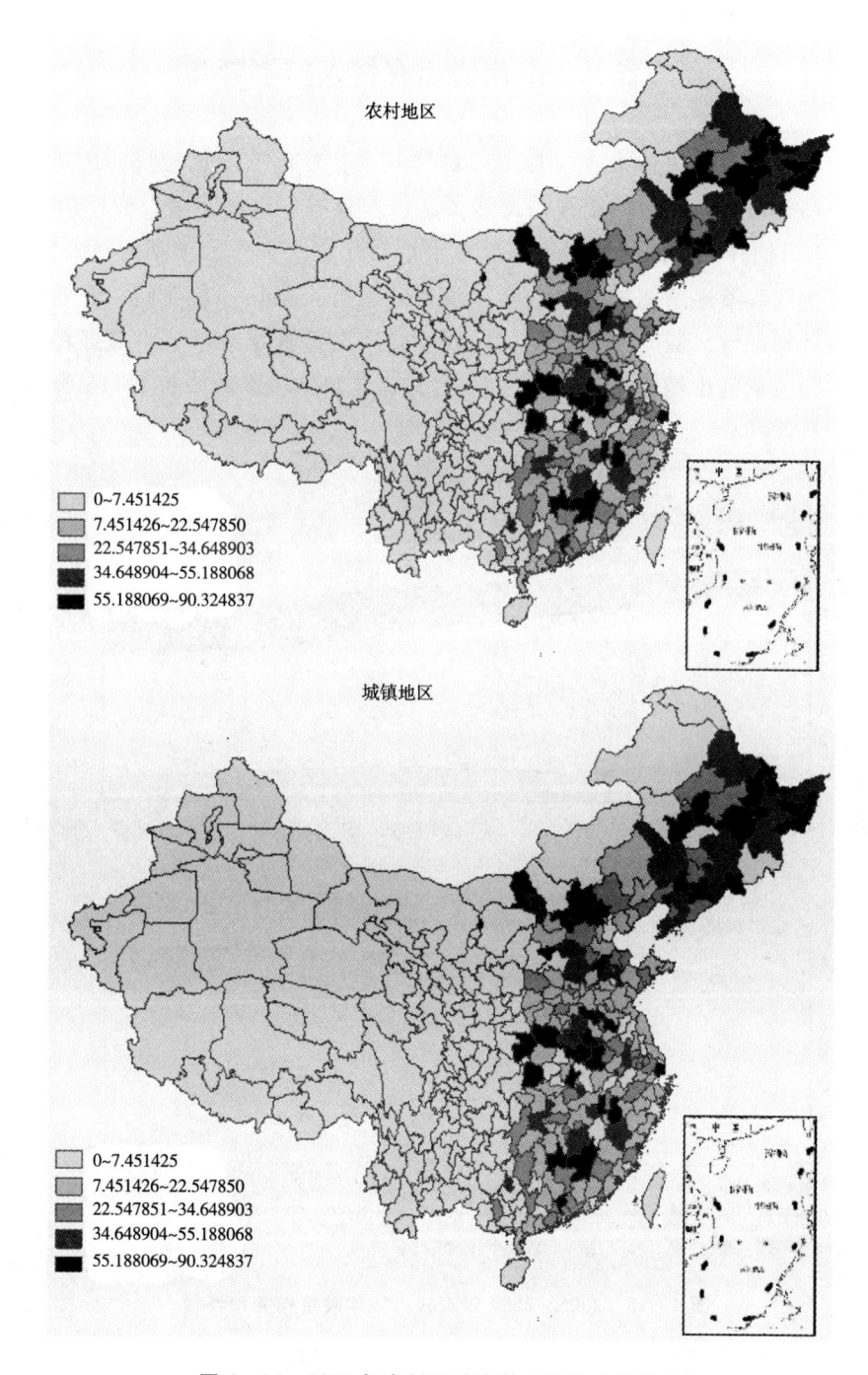

农村地区

0~7.451425
7.451426~22.547850
22.547851~34.648903
34.648904~55.188068
55.188069~90.324837

城镇地区

0~7.451425
7.451426~22.547850
22.547851~34.648903
34.648904~55.188068
55.188069~90.324837

图4-14 2000年农村和城市的老龄化水平分布

第二节　城市化加速农村人口老龄化

在我国城市化快速推进过程中，农村人口老龄化速度比较快，达到的水平比较高，已如上述。展望未来发展，这一态势有望继续下去。我们以2005年1%人口抽样调查的年龄结构、生育水平和死亡水平作为预测的基础数据，并假设生育政策逐渐宽松过渡到2孩政策并维持相当长一段时间，产业结构调整按计划进行，劳动力从农业向非农业转移按原速率外推，乡城迁移人口中老人和儿童的比例保持不变，① 则农村人口年龄结构变动如图4-15所示。

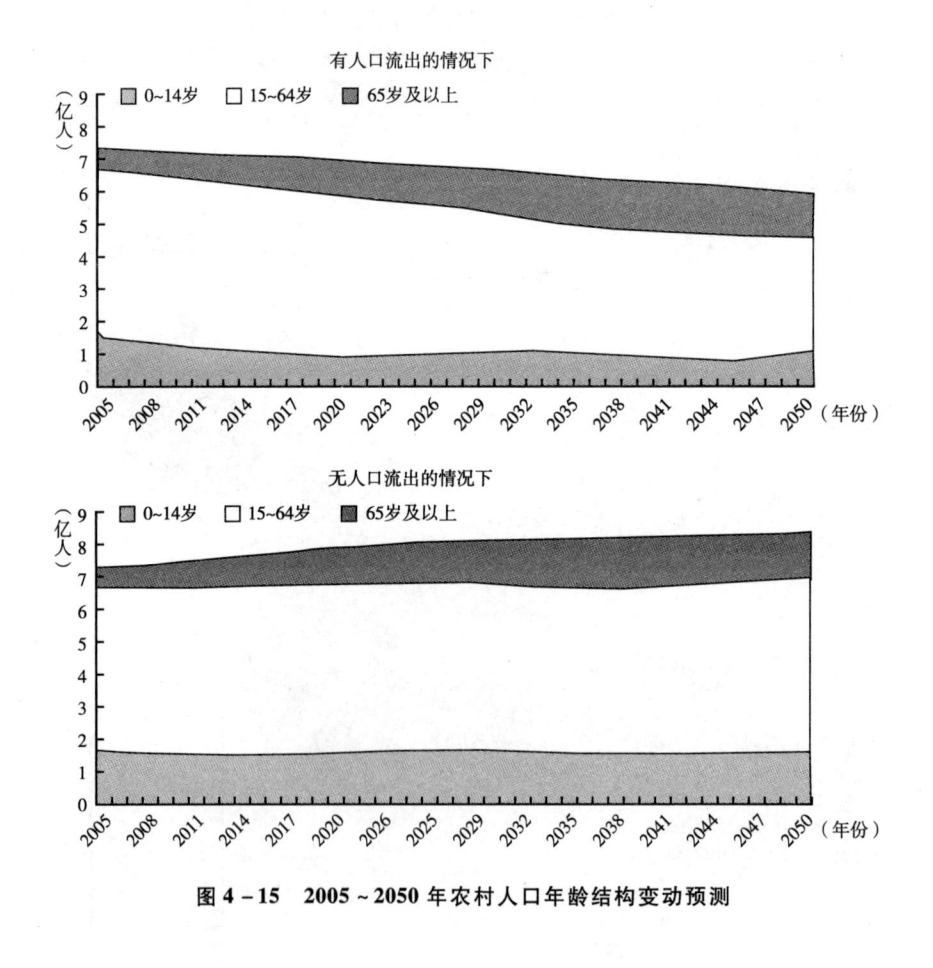

图4-15　2005~2050年农村人口年龄结构变动预测

---

① 具体参数设定和假设见2010年国家计生委流动人口司《"流动人口趋势预测"课题报告》。

图 4-15 展示了未来农村人口的年龄结构的变化,右图是假设农村人口不外流的情况下,儿童和劳动年龄人口的数量有所波动但变化不大,老年人的数量却在持续增长。在这种情况下,如果人口大量外流(图 4-15 上),劳动年龄人口规模不断下降,儿童的规模也会略有下降,老年人口的规模依旧增长,占比却提高很多。老年抚养比和社会总抚养比上升的情况,如表 4-11 所示。

表 4-11 人口不断迁出情况下农村人口的抚养比

年份	老年抚养比	少儿抚养比	总抚养比
2010	15.18	29.95	45.13
2020	23.52	28.88	52.40
2030	32.79	31.69	64.48
2040	42.56	29.92	72.48
2050	38.82	30.07	68.90

图 4-16 显示,农村人口少儿抚养比略有下降后保持平稳,然而老年抚养比却持续升高。2010 年,农村人口的老年抚养比为 15.18,2030 年上升到 32.79,2040 年再上升到 42.56,升高的速度异常之快。少儿抚养比则变化不大,一直在 28.8~3.71 之间。社会总抚养比,基本上与老年抚养比同步上升。

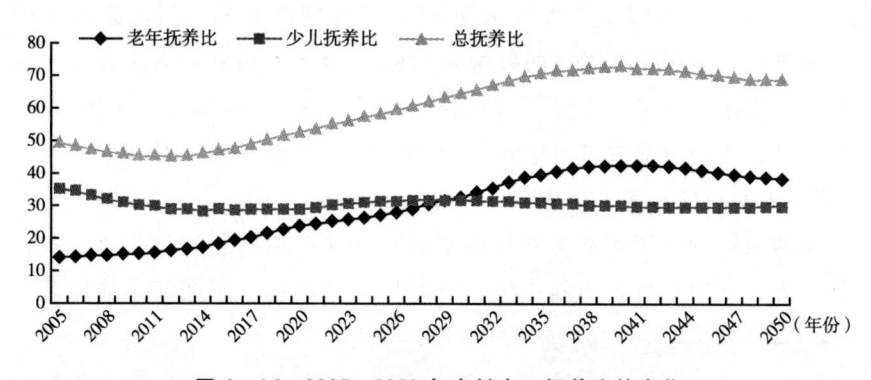

图 4-16 2005~2050 年农村人口抚养比的变化

上述预测表明,未来农村的养老形势极其严峻。一方面,目前城乡收入差距拉大的形势很难改变,农村老年或陆续进入老年的组群收入很难大幅度增长，养老储蓄等的增长也很困难．另一方面，随着城乡养老保障改革步伐的加快，新型农村养老保险制度试点的普遍推广，很快会实现"全覆盖"。然而，一是覆盖的水平不够高，很难满足养老需求；二是由于经济发展的区域差异，"全覆盖"地区差异很大，一些困难地区"全覆盖"后，依然不能解决老年人口的基本生活需求，农村养老难问题并未真正解决。

第三节 农村老年家庭的"空巢"问题

根据全国老龄办 2010 年公布的调查结果，全国农村老年空巢家庭共 3288 万户，占农村老年人家庭总户数的 48.9%，空巢老人共 4742 万人，占全国 1.08 亿农村老年总人口的 43.9%，东部地区高达 60% 以上[1]。这样，农村留守老年人口在经济收入水平低、社会保障制度缺失之外，又增加老年家庭"空巢"，即家庭养老功能缺失问题。我们以为，这个问题到了必须引起高度重视并应尽早解决的时候了，否则对城乡经济发展、社会进步、文化繁荣等，都将产生很大的影响。

1. 农村留守老年人口增长

周福林以 2000 年第五次全国人口普查的抽样数据为依据，估算了留守老人的总量：在人口普查 0.95‰ 的数据中，65 岁以上的老年人共 82174 人。其中留守老人为 17042 人，占 20.7%；非留守老人为 65132 人，占 79.3%。留守老人中，男性为 7943 人，女性为 9099 人，性别比为 87.3。如果按 0.95‰ 的抽样比推算，全国留守老人的数量为 1793.9 万人。留守老人主要分布在四川、广东、湖南、江苏、安徽、河南和江西等地区[2]（周福林，2006）。另据赵宝华估算，我国目前农村留守老人达 4000 万，占农村老年人口的 37%，其中 65 岁以上农村留守老人达 2000 万[3]。

大量的农村青壮年劳动力外迁使得农村的人口老龄化程度加重，农村老人在居住方式上的空巢化和隔代化不断提升。1987 年中国老年人抽样调查数

---

[1] 资料来源：全国老龄办农村空巢家庭老年人状况调查研究课题组：《全国农村空巢和类空巢家庭老年人状况调查》，《中国社会工作》2009 年第 5 期，第 22~28 页。
[2] 周福林：《我国留守老人状况研究》，《西北人口》2006 年第 1 期。
[3] 《农村人口老龄化高于城市，农村留守老人达 4000 万》，2011 年 10 月 05 日《京华时报》，http://news.qq.com/a/20111005/000017.htm。

据表明，1.9%的农村老年人居住在单身户中，7.5%居住在夫妻户中。到2000年，第五次人口普查的数据显示，中国农村60岁及以上老年人所居住的户类别，单身户占8.24%，夫妻户占23.13%，隔代户占4.49%，三者合计达35.86%①（孙鹃娟，2006）。

2. 外出子女对父母的经济供养

成年子女外出打工给农村留守老人带来了多方面的影响。从正面的影响来说，更好的经济支持是主要的方面。绝大多数留守老人因子女外出后获得更多经济支持，改善了经济和福利状况。外出子女一般会通过经济补偿来弥补照料的缺位。李强的调查显示，在农村家庭收入中，农民工汇款占总收入50%以上的农民家庭比例达46.3%，汇款占总收入80%以上的农民家庭比例仍达22.3%。而且，这种汇款是持续性的，成为农村居民稳定的生活来源②（李强，2001）。农村劳动力人口外迁在对老年父母的经济供养方面有积极的影响，但负面影响主要是生活照料和心理慰藉两个方面。

3. 留守老人生活困难

农村留守老人在生活照料和心理慰藉两个方面存在困难。在生活照料方面，一方面，由于居住空间上的分离，造成了成年子女一代为老年父母一代提供直接的健康和生活照料上的困难。留守老人主要靠自己及配偶提供生活照料支持，未外出子女、其他亲属等亲缘关系群体只提供辅助型照料服务。他们在生病期间无人看护或得不到良好看护的现象较为普遍。空巢、丧偶和高龄的留守老人极易陷入生活缺乏照料的困境。政府及村委会在留守老人的照料供给中缺位，很多农村集体经济在改革后名存实亡，或者力量非常薄弱，无力为留守老年人建立提供照料和护理服务的社会服务机构③。另一方面，中青年劳动力外迁也使得留守老人不得不承担更多的劳动，如：干农活、做家务、照看小孩等。

在精神慰藉方面。子女外出后，与父母的交流较少，不少留守老人感觉孤独寂寞，留守老人在家庭和社区中逐渐被边缘化，很难从家庭成员、村干

---

① 孙鹃娟：《劳动力迁移过程中的农村留守老人照料问题研究》，《人口学刊》2006年第4期。
② 李强：《中国外出农民工及其汇款之研究》，《社会学研究》2001年第4期。
③ 参见李春艳、贺聪志《农村留守老人的政府支持研究》，《中国农业大学学报》（社会科学版）2010年第1期。

部及其他社区成员那里获得情感支持①。长期的代际分离、代际亲情交流的阻断以及农村文化娱乐设施的缺乏，使留守老人的精神慰藉缺失，情感生活匮乏，精神需求得不到满足。②

劳动力的乡城迁移削弱了农村家庭养老功能，老人获得的支持资源减少，老人的情感需求得不到满足，使得原本就脆弱的农村养老体系更加雪上加霜。

---

① 参见李春艳、贺聪志《农村留守老人的政府支持研究》，《中国农业大学学报（社会科学版）》2010年第1期。
② 参见蔡蒙《劳务经济引致下的农村留守老人生存状态研究——基于四川省金堂县竹篙镇的实证分析》，《农村经济》2006年第4期。

第四章

跨越"中等收入陷阱"的城市化之路

第一节 人口城市化方针与时俱进

改革开放前,我国城市和乡村是经济、社会相互分割的"二元结构",城市化对农村劳动力的吸纳能力很低。经济"二元结构"自不待言,城市以国有经济作支撑,农村以集体经济为基础。社会"二元结构",似可概括为政府对城市和市民实行"统包",而对农村和农民则实行"统制",即由财产制度、户籍制度、住宅制度、粮食供给制度、副食品和燃料供给制度、教育制度、医疗制度、就业制度、养老制度、劳动保险制度、劳动保护制度甚至婚姻等制度构成具体制度性约束。这就造成城乡之间的巨大差异,从而构成一道壁垒,阻断了农村人口向城市的自由流动。

改革伊始,农村联产承包责任制率先启动,接着城市扩大企业自主权序幕拉开,终于走上发展商品经济和市场经济体制改革之路,开劳动力自由流动和农村劳动力进城务工经商之先河,人口城市化步伐开始加快起来。当时的城市化方针很明确:积极发展小城镇,适当发展中等城市,严格限制大城市规模,于是20世纪80年代出现小城镇蓬勃发展的局面。据统计,仅1984年至1994年10年间,全国建制镇从5698个增加到16210个,增长184.5%[①]。到1999年年底,我国小城镇有近5万个,其中建制镇19756个,乡政府所在地集镇27056个。小城镇迅速膨胀与乡镇企业崛起关系密切,在此期间各地政府加速资源开发、扩大乡镇企业,极大地促进了经济总量的增长,也改善了农村劳动力的产业结构、就业结构和区域工业布局,在传统的

---

① 参见毕于运《中国土地占用八大问题》,《资源科学》1999年第2期,第30~35页。

二元经济结构中,发挥了一种介于计划体制和市场体制之间特殊的资源配置作用。还为吸纳大量农业剩余劳动力找到出路,1978~2002年乡镇企业增加了劳动就业1.05亿人,解决了55%的农村劳动力就业问题,使从事农业劳动力与从事非农业劳动力之比,从1978年的9.3∶0.7变动到2002年的7.3∶2.7①。1978~1998年二十年间,我国工业总产值共增加114811亿元,年均增幅达到18.2%,其中乡镇工业的增加值为68742.3亿元,贡献份额达到59.9%②。

优先发展小城镇的方针和政策,在20世纪90年代起到了良好作用。第一,吸收了大量农村剩余劳动力,避免流入大城市增加城市就业负担。国企改革之后,我国城市就业形势也空前严峻,城镇失业率呈逐年上升趋势。而进城"农民工"就业的主要流向,有些恰好就是城市下岗工人再就业的主要行业,在这种情况下,无疑会产生压低行业基础工资率,间接排挤城市职工,使相当一部分下岗职工尤其是大龄职工再就业受到严重影响。如果放任农村剩余劳动力大量流入城市,不可避免地会与城市居民的就业、再就业产生矛盾。第二,人口小城镇化带动了乡镇企业经济的崛起。珠江三角洲小城镇整体腾飞的事实证明,小城镇可以诞生大批乡镇企业。乡镇企业不但有效地扩大了中小企业在国民经济中的地位和比重,降低了工业企业的平均规模,也大大改善了我国的企业规模结构,使之更符合我国劳动力充裕、资本短缺的国情。

但是,曾经生机勃勃的小城镇经济没能持续下去,珠三角的成功案例也没能在内地复制。为什么?首先,小城镇对农村劳动力没有吸引力。与大中城市相比,小城镇不但就业机会少,且预期净收益低,对农民的就业吸引力十分有限。小城镇人口规模小,基础设施投入不足,市场环境欠佳,不能有效吸引企业进镇投资办厂,这也同时抑制了第三产业的发展,导致就业机会不足。另外,小城镇文化娱乐设施不足,教育卫生水平低,缺乏现代城市文明的吸引力,不能吸引青年人,社会保障严重缺失。其次,进入20世纪90年代后,乡镇企业经济整体下滑。随着计划经济向市场经济转型的不断深入,乡镇企业作为资源配置通道的特殊作用日渐消失,而其社区性、封闭性、边

---

① 参见宗锦耀、陈剑光、张国亮《发挥乡镇企业对就业的重要作用》,《乡镇企业,民营经济》2003年第7期,第15页。
② 参见王杰、赵琛、王耕《建设循环经济型企业是乡镇企业的必由之路》,《农业经济》2004年第10期。

际性的缺陷则突出出来。最后，小城镇和乡镇企业的快速发展带来资源浪费、环境污染等问题，使发展陷入困境。小城镇和乡镇企业占用地超标和盲目建设越来越严重，高耗低效、劳动效率下降，资源过度消耗，环境污染加剧，使环境问题由城市向农村扩散，治理成本升高，凸显发展的不可持续性。

与之相比，大城市有着许多小城镇无法比拟的优势。大城市规模经济优势强，具有较强的积聚和扩散功能。大城市创造就业机会多、就业潜力大，技术和人才优势十分明显，具有巨大的经济和产业带动作用。然而城市化有着自身的规律性，到20世纪90年代中后期，我国事实上已转变到"以大为主"的城市化道路上。这时，发达国家依赖超大城市都市圈式的城市化，开始在我国显现，长江三角洲、珠江三角洲和环渤海地区三大都市圈的出现，就是证明。我们认为，这样的转变在国家的发展规划中已经有所体现。我国"十二五"规划提出要"积极稳妥推进城镇化"，这个谨慎的说法明确了"以大带小"的原则，"以大城市为依托，以中小城市为重点，逐步形成辐射作用大的城市群，促进大中小城市和小城镇协调发展。"在发展东部大城市群的同时，也要兼顾"合理确定城市开发边界，规范新城新区建设，提高建成区人口密度，调整优化建设用地结构，防止特大城市面积过度扩张"等，都可以说是对"以大带小"城市化方针转变的一种诠释，与时俱进地看待人口城市化，应明确提出"以大为主"、"以大带小"的方针。

第二节 警惕城市化"拉美陷阱"

考察落入"中等收入陷阱"的大多数国家，其往往率先落入拉美畸形城市化陷阱。因此，如何不落入拉美式城市化陷阱，成为成功跨越"中收陷阱"的重中之重、关键的关键。

人口规模失控，就业问题突出，这是中等收入陷阱国家的一个典型特征。这些国家在投资、住房、工资和福利等方面实行向大城市大幅度倾斜的政策，人为地增强了大城市的吸引力，人口大量地聚集于大城市特别是超大城市。然而，当这些国家尚处于传统工业化阶段时，由于缺乏充分工业化的支撑，就无法实现产业化的就业。大多数就业人员分布于低端服务业，更多的人则面临着失业。在许多发展中国家的城市中，劳动力的供给已远远超过需求，结果造成城市地区极高的失业率，相当一部分就业人口实际上处于非充分就业或者灵活就业状态。以墨西哥为例，受20世纪末金融危机的影响，墨西哥都市圈第二产业迅速收缩，转变成以第三产业为主导的产业结构。失去了第二产业支持的第三产业大多数以低端服务业为主，居民的收入增长缓慢。据统计，墨西哥城市圈约有59.4%的人口生活在贫困线以下，约22%的人口居住在贫民窟，失业率为6.3%。在印度，受宗教和地区的影响，许多人认为子女越多越好，甚至印度政府也对拥有较多子女的家庭在教育和福利等方面给予一定的优惠政策，这更加鼓励人们多生育子女，因此印度的人口规模失控，随着大量的人口涌入城市，在城市中形成了越来越多的贫民区[①]。这表明，没有就业支撑的人口积聚往往会给城市管理带来诸多问题，特别是在因失业和都市高生活成本的双重压力之下造成的城市贫困问题，势必会带来一系列的城市管理问题。在许多发展中国家的城市中，贫民区的居民甚至超过城市总人口的60%。发生在拉美国家的过度城市化现象被称为"拉美陷阱"。一般来说，城市化是与经济发展相适应的，特别是与工业化的进展密切相关，工业化程度越高，城市化的水平也相应地越高。但当工业化和城市化达到一定的高度之后，工业应该反哺农业，城市应该支持农村，实现工农业和城乡协调发展，从而形成城乡统筹，互利共赢的良好局面。但是拉美各国的城市化进程却并不如此，表现在产业结构上明显的不合理。拉美各国落后的农业基础及各国政府错误的农业现代化发展模式，导致大批农民被过早挤出农村而无序地流入城市，其结果是城市人口爆炸，粮食供应不足，城市贫困加剧。此外，与发达国家不同的是，拉美国家的第三产业不是在第一和第二产业发展的基础上自然壮大的，而是脱离工业基础的过度膨胀。实际上这只是把农村的就业不足转嫁到城市，使第三产业成为各种隐蔽性失业集中的场所[②]。

"拉美陷阱"的主要表现是收入分配不公，贫富分化严重，从而容易激发各种社会矛盾，特别是在城市内部，由于人口密集，更容易引发事端。造成过度城市化或者说"拉美陷阱"的原因有很多，其中一个重要的原因是产业结构不合理，包括第一产业和第二产业并没有得到充分的发展，大量涌入城市的劳动力只能从事以传统服务业为主的第三产业，这使得他们的收入根本无法与城市职工相比，从而难以在城市立足，越来越多的低收入者聚集在一起，便逐渐形成了城市中的贫民窟。而大量进入城市中的劳动力甚至难以找

---

① 参见 Government Population Control Policies-"(Don't) Practice What You Preach!"，http://www.youthkiawaaz.com/2011/04/indian-govt-population-control-policies/.
② 参见张惟英《如何避开"拉美陷阱"》，《前线》2006年第10期，第48~50页。

到工作，他们给城市带来诸多严重的社会问题。

"拉美陷阱"还表现在过度地利用外资，而且没有合理地利用好外资。统计数据表明，在进入拉美国家的外资中，外国直接投资的数量明显少于外债。20世纪80年代，巴西奉行"华盛顿共识"从而走上了新自由主义道路。巴西政府通过大量吸收外国直接投资，并大举借债，试图由上而下地推进工业化，发展本国经济。然而，经济增长过分依赖外资的结果，是跨国公司完全占领其高端产品市场，使巴西几乎放弃了独立的科技、产业和创新政策，逐渐沦为西方发达国家的经济附庸[1]。不仅如此，拉美各国举借的外债中，相当大一部分用于消费领域和军火交易，进入生产领域的资金也是用在周期长见效慢的工程项目上，不利于外债的偿还，为金融危机的爆发植入了隐患。

国际上公认的成功跨越"中等收入陷阱"的国家和地区有日本和"亚洲四小龙"，但就比较大规模的经济体而言，仅有日本和韩国实现了由低收入国家向高收入国家的转换。日本人均国内生产总值在1972年接近3000美元，到1984年突破1万美元。韩国1987年超过3000美元，1995年达到了11469美元。从中等收入国家跨入高收入国家，日本花了大约12年时间，韩国则用了8年。日本和韩国的成功跨越，一个重要的原因在于它们由中等收入转向高收入国家进程中，都较好地控制了收入差距扩大，从而创造了比较好的社会经济环境，同时国家大力扶持自主创新，并加大对研发的支持，使得技术水平得以不断提升。借鉴这些国家成功的经验，总结其他国家失败的教训，城市化跨越"中收陷阱"最重要的决策选择有三条。

一是要妥善解决进城移民的就业和社会保障。拉美国家大量农村劳动力涌入大城市，使城市劳动力市场压力剧增，而城市吸纳能力不强，许多农村劳动力进城后无法在城市就业，只能从事低端的第三产业，或者是非正规的就业。一方面，这种就业稳定性差，社会保障水平又低，难免落入失业阶层；另一方面，由于低端服务业收入水平低，自然落入社会贫困阶层之中，形成城市中贫困、落后、飘忽不定的群体。在社会保障事业不发达、体系不健全情况下，这一不断聚集的群体与城市中心区大居民形成尖锐对照，发展极不和谐，拖住经济发展和社会进步的后腿。因此，城市化发展要越过"中收陷阱"，就必须有效解决进城农民工就业，实施全覆盖的

---

[1] 参见李景春《"中等收入陷阱面前"韩国巴西的不同选择》，2011年6月2日《经济参考报》。

社会保障工程。

二是要缩小贫富差距。城市化"拉美陷阱"的一个重要特征，是贫富差距悬殊，城市贫困人口聚集规模大。据统计，世界上收入最不平等的国家中三分之二位于拉美和加勒比海地区①，凸显拉美贫富分化悬殊格局。城市化"拉美陷阱"的症结，在于新进城市人群的收入水平没有达到适应城市生活所要求的收入水平②。经济增长并不必然会带来收入分配的改善，没有相应的收入分配体制机制，不可能实现真正平等的收入分配。我国无论最高与最低收入、城乡收入、行业收入等都在拉大，避免城市化"拉美陷阱"，必须逐步缩小而不是扩大收入差距。

三是要坚持以工业化带动城市化发展方向。拉美城市化造成贫富两极分化、城市积聚大量失业人口群体，究其根源，在于城市尤其是特大城市的超前发展，失去以工业化为基础的保证。毫无疑问，这些国家的城市化，是传统意义上以重化工业为主导的城市化，离开工业化的城市化是空心的城市化，舍本逐末的城市化。新中国成立以来特别是改革开放以来的城市化，比较好地坚持了工业化带动原则，因而至今没有跌入"拉美陷阱"。当前我国工业化进入以重化工业为主导的后期，一方面信息化带动工业化显著增强，现代化步伐不断加快；另一方面，传统重化工产业还占据着较大的比重，第二产业还主导着总体经济增长格局，第二产业与第三产业的发展需要协调，根据产业结构变动的一般规律，第二产业是第三产业发展的基础，我们在强调大力发展第三产业，尤其是以现代服务业为主的第三产业的同时，不要脱离更不要丢掉第二产业这个基础。其实，早在17世纪末，英国古典经济学家威廉·配第在比较荷兰、英国和法国的经济状况与就业结构时，发现荷兰之所以强大，是因为从事农业以外的经济活动人口比英法两国多；克拉克在配第的基础上，进一步阐明就业人口在三次产业间的变化趋势，从而形成了著名的配第—克拉克定律。换句话说，经济发展的过程实际上也是三次产业结构变动的过程，即从以农业为主导向以工业为主导，再向以高端服务业为主导的产业结构渐进演变的过程。我国城市化

---

① 参见"Helen Clark: We must tackle inequality in Latin America", http://www.undp.org/content/undp/en/home/presscenter/speeches/2011/05/06/helen-clark-we-must-tackle-inequality-in-latin-america.html。

② 参见徐运红《警惕中国城市化进程中的三个陷阱》，http://www.qstheory.cn/lg/zl/201102/t20110209_65418.htm。

历史同样证明了这一理论的普遍性，20 世纪美国经济的发展也印证了工业化、城市化和经济发展之间的关系①。

第三节 把握好城市化推进的节奏

目前中国处在城市化 S 曲线中上部加速发展阶段，大量的农村劳动力不断地涌入到城市，尤其还有向大中城市集中的特点，这种趋势有可能会促使城市化向着过度的方向发展。事实上，许多城市都处于不断扩张的状态之中，一些大中城市尤其突出。调查表明，六成以上农民工在地级以上大中城市务工，这使得中国的城镇体系显得极不平衡。农调总队的数据显示，2009 年在直辖市务工的农民工占 9.1%，在省会城市务工的农民工占 19.8%，在地级市务工的农民工占 34.4%，在县级市务工的农民工占 18.5%，在建制镇务工的农民工占 13.8%，在其他地区务工的占 4.4%。在地级以上大中城市务工的农民工占 63.3%②，2011 年这一比例提高到 64.7%③。在这类城市中，较多的就业机会和相对较低的生活成本能够得到兼顾，故而对于文化程度不高、技能水平有限的农民工来说，最具有吸引力。这样的一种农民工就业分布格局容易给地级以上的城市，特别是大城市带来沉重的压力。

从经济学角度观察，城市化是三次产业结构变动，第二第三产业占比不断升高问题；从劳动学角度观察，是三次产业就业结构变动，第二第三产业就业占比不断升高问题。因此，城市化同经济发展阶段、产业结构变动、就业结构调整密不可分，相关程度颇高。当前我国各省、自治区、直辖市城市化率同经济发展阶段和水平的关系，参见图 4 - 17。④

目前经济发展水平较高和产业结构步入现代型的北京、上海、天津三市和珠三角地区，城市化率达到 80% 以上，其 2010 年的情况，参见表 4 - 12。⑤

---

① 参见 Henderson, J. V., "Cities and Development", *Journal of Regional Science*, 2010 (1): 515 - 540。
② 资料来源：国家统计局网站，http://www.stats.gov.cn/tjfx/fxbg/t20100319_402628281.htm。
③ 资料来源：国家统计局网站，转引自 http://finance.sina.com.cn/china/20120427/131511943459.shtml。
④ 资料来源：依据《中国统计年鉴 2010》数据计算。
⑤ 资料来源：依据《中国统计年鉴 2011》和北京、天津、上海、广东统计年鉴的数据计算。

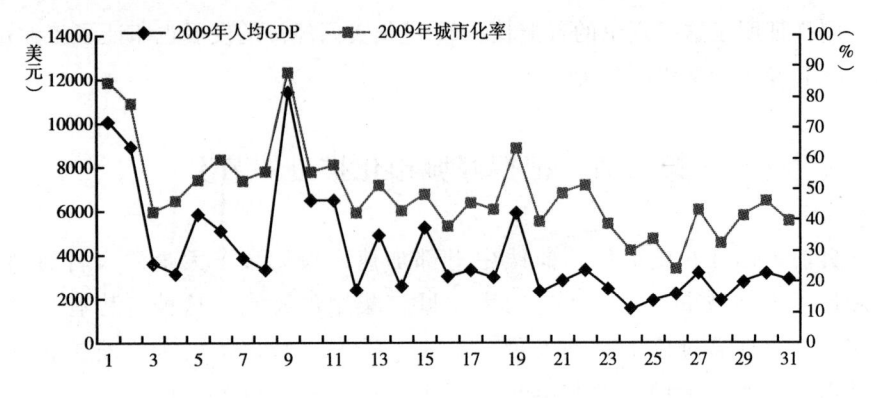

图 4-17 2009 年 31 个省区市人均 GDP 与城市化率

注：横坐标柚 1~31 按《中国统计年鉴》省区市排序。

表 4-12 2010 年京津沪和珠三角地区人均 GDP、产业结构、城市化率

	北京	天津	上海	珠三角
人均 GDP(美元)	10626.29	10489.99	11010.78	10138.56
城市化率(%)	86	79.55	89.3	82
三次产业构成	0.9:24:75.1	1.6:52.4:46	0.7:42:57.3	2.15:48.61:49.24

注：数据来源于各地统计年鉴。

国内外学术界形成的一个共识，是城市化与经济发展之间呈现显著的正相关关系。如 Renaud（1981）在对 111 个国家分析后发现，一国经济增长与城市化水平紧密相关[1]；Arthur Lewis（1977）的早期研究表明，在城市化率达到 60% 之前，很少有国家的人均 GDP 能达到 1 万美元[2]。但若是盲目地追求高城市化率，以此来实现对人均 GDP 1 万美元的超越，则有陷入"拉美陷阱"的危险。上述三市一区的高城市化率，由于有经济高增长作支撑，2011 年北京、上海和天津三个市的人均 GDP 达到 12000 美元左右，按照世界银行 2010 年的标准已经实现了对中等收入阶段的超越，超过 80% 的城市化率才得以稳固。

在更大一些范围观察，情况也相类似，产业结构与区域经济发展水平之间的关系也得到验证。为了验证产业结构变动对于地区经济发展水平和城市化之

---

[1] Renaud, B. National Urbanization Policy in Developing Countries [M]. Oxford University Press, 1981.

[2] Lewis, W. Arthur. 1977. The Evolution of the International Economic Order [R]. Discussion Paper 74, Research Program in Development Studies, Woodrow Wilson School, Princeton.

间的双重影响，我们采用了1989~2004年的地级市人口与社会经济数据来做出分析论证，这些数据主要来源于相关年份的《中国城市统计年鉴》以及《新中国城市50年统计资料汇编》，以地市级区域为统计单元（参见表4-13）。

表4-13　工业化、城市化与地区经济发展

	(1) Ln(人均GDP)	(2) Ln(人均GDP)	(3) 城市化率
城市化率	0.018	0.007	
	(36.23)**	(2.09)*	
第二产业就业比例		0.025	
		(11.17)**	
第三产业就业比例		0.021	
		(26.41)**	
Ln(在校大学生数量)(-3)		-0.042	
		(5.02)**	
Ln(文教科学卫生事业费支出)(-3)		0.108	
		(14.65)**	
人口自然增长率	-0.006	-0.047	0.127
	(3.99)**	(19.12)**	(1.46)
Ln(人均GDP)			9.053
			(6.30)**
第二、第三产业就业比			10.199
			(13.60)**
Ln(在校大学生数量)	0.168		0.828
	(27.41)**		(3.67)**
Ln(文教科学卫生事业费支出)	-0.006		0.809
	(1.22)		(1.49)
第二、第三产业比例	0.192		
	(14.95)**		
常数项	6.541	6.575	-74.897
	(101.23)**	(70.11)**	(9.48)**
样本量	2467	2697	2487
地级市数量	270		

注：括号内为Z统计量的绝对值。城市化用第二产业就业比例作为工具变量，经济发展水平用产业结构作为工具变量。*显著水平为5%；**显著水平为1%。

表4-13模型1为面板数据GLS回归。通过STATA软件关于面板数据的异方差及序列相关检验，可以注意到变量之间存在异方差和一阶序列相关，

故而采用 GLS 回归，并控制异方差和一阶序列相关。如以人均 GDP 作为区域经济发展水平的一个指标，则第二三产业比例的变化对于人均 GDP 的变化有着积极而显著的效果。在校大学生数量反映地区高质量人力资本储备，它对于地区经济成长有着显著的促进作用。通常一个地区文教科学卫生事业的经费投入能够积极有效地提升经济成长能力，使得区域经济在产业结构调整、人力资本等方面更具有竞争力。不过，在模型 1 中并没有体现出文教科学卫生事业费支出增长促进经济成长的效应。这在一定程度上与经济发展和城市化相互作用有关，两者之间存在互为因果关系，故而影响了模型估算的效果。

为了克服这种互为因果关系给模型估算带来的影响，我们采用工具变量法，用两阶段最小二乘法来回归。模型 2 和模型 3 分别估算了城市化对地区经济发展的影响和地区经济发展对城市化的影响（参见表 4-14）。

表 4-14 工具变量回归相关检验

模型	内生性检验	弱工具变量检验
(2)	Durbin(score)chi2(1) = 1.16053(p = 0.2814) Wu-Hausman F(1.2689) = 1.15759(p = 0.2821)	Minimum eigenvalue statistic = 174.799
(3)	Durbin(score)chi2(1) = 1.95365(p = 0.1622) Wu-Hausman F(1.2480) = 1.94968(p = 0.1627)	Minimum eigenvalue statistic = 343.065

表 4-14 的工具变量回归相关检验表明，模型解释变量中没有内生变量，且表 4-13 模型 2 和模型 3 选取的工具变量是有效的。因而，采用两阶段最小二乘法进行回归是可靠的。如此，表 4-14 的模型 2 用经济结构，即第二、第三产业的 GDP 份额比值来作为城市化率的工具变量。结果表明，第二、第三产业就业比例的提高可以显著地提高经济发展水平，产业结构变动是经济发展的重要源泉。反观城市化水平提高的作用，也能够显著地提高经济发展水平。中国社会科学院经济增长前沿课题组（2003）研究结果指出：自 90 年代中后期以来，中国经济增长开始由工业化单引擎发展到工业化与城市化的双引擎，城市化已经成为推动经济增长的重要驱动力[①]。模型回归结果印证了这一结论。此外，文教科学卫生事业费支出的增长也会有效地促进经济发展，

---

① 参见经济增长前沿课题组《经济增长、结构调整的累积效应与资本形成》，《经济研究》2003 年第 8 期，第 3~14 页。

只不过这种影响存在一定的滞后期,模型中设定为三年,因为大学生需要毕业步入社会之后才会参与到经济建设之中,而且他们发挥的作用随着时间的延伸而增强。

以上的分析表明,把握人口城市化推进的节奏,主要是使城市化推进的速度和阶段,同社会经济发展水平、三次产业结构、三次产业就业结构相适应,防止过度城市化、超前城市化。这在我国人口城市化驶入快车道、规模结构过渡到"以大为主"的情况下,显得尤为重要。适当加快人口城市化进程,并不等于越快越好,要把握快的速度与工业化的里程相协调;规模结构过渡到"以大为主",也不等于城市规模越大越好,全国要把握好大中小城市的总体布局和结构,地方也要把握好本地区大中小城市的结构和分布。前已叙及,拉美城市化陷阱归根结底是城市化超前发展造成的,是脱离工业化、脱离产业结构升级和脱离农村发展孤军冒然挺进的结果。迄今为止我们没有落入拉美城市化陷阱,这是值得庆幸和骄傲的。然而必须看到当前已经出现过度城市化的某些征兆,要防止可能由此产生泡沫,有选择、有针对性地进行治理。

第四节 走统筹城乡发展的城市化道路

超越"中收陷阱"的人口城市化,最终要落脚到走什么样的道路上来,包括落入"中收陷阱"在内的以往的城市化,一个带有根本性的致命伤,是仅就城市自身发展来设计和实施城市发展,结果城市越发展,城乡之间的差距越大,对立的鸿沟越深。总结国内外城市化发展的这一教训,步入 21 世纪以后,国家提出统筹城乡发展的城市化方略,可谓治本之策。从我国实际特别是改革开放以来人口城市化快速推进的实际出发,走统筹城乡发展的城市化道路,城市发展集中到一点,是提高城市化质量,包括转变城市发展方式、调整城市产业结构、调整城市就业结构;农村发展集中到一点,是走农业产业化道路,包括土地流转、农村养老保障和新农村建设等。

1. 提高城市化质量

改革开放以来,我国城市化率以年均 1.02% 速度递增,尽管总体上进展顺利,没有落入"拉美陷阱",颇得国际社会称赞;但是城市化总体质量不够高,则是不争的事实,下一步应将用于"铺摊子"的资源,适当转移一部分到"修摊子"和"补摊子",即由城市化数量扩张为主适当转移到数量扩张与质量提高并重，进而再转移到质量提高为主上来。前已叙及，未来城市化快速推进仍可有 15 年左右，不过不可能也不应该持续保持 1.0% 的高速度增长。我们预计，年平均增长 0.8% 左右是可能的和比较适当的。需要看到，如果说过去"铺摊子"不容易，那么以后"修摊子"和"补摊子"，特别是按照统筹城乡发展要求提高城市化质量，任务相当艰巨。

其一，转变城市化发展方式。30 多年城市化速度很快，同粗放式城市发展方式密切相连，因而存在不同程度的城市化虚张。概括起来，一是人口城市化速度和公布的城市化水平存在虚张。人口城市化包含一定比例的农业人口，这是各国通行的规则，但是农业人口不能占比过高，过高则同城市应该具有的产业结构、就业结构相背离，不利于城市的健康发展和功能的发挥。目前我国城市人口为市镇辖区内全部人口，一些城市人口中的农业人口占比过高，应当进行整顿和治理。二是占地虚张。城市特别是超大城市"摊大饼"式向外扩张，致使占地面积翻了几番，由城市化圈地引发的社会矛盾迅速增加。三是公布的城市产值和产量虚张。为了提升城市规格，虚报人口、产值、产量、教育发展等指标屡有发生，以此凸显领导"政绩"，陷入数字出官、官出数字怪圈，滋生腐败。在这些虚张背后，城市基础设施严重落后，住房紧张、交通拥挤、水电供应不足尤为突出，这些几乎成为大中小各类城市的通病，粗放扩张型经济在城市化过程中得到充分表现。关于转变经济发展方式，本书总报告已经作出比较详尽的阐述，这里强调的是从城市化角度，将城市发展作为载体，把转变城市化发展方式纳入转变经济发展方式全局，在投入与产出、数量与质量、粗放与集约、外延与内涵、效率与公平等关系中，由过去侧重前者，转变到前者与后者并重，并且逐步转变到以后者为主上来。

其二，调整城市产业结构。城市以第二第三产业作支撑，无论中外也无论大中小各种类型城市，概莫能外。因此，调整城市产业结构，主要是调整城市第二与第三产业结构，调整二者之间的比例关系，以有效发挥不同规模城市的功能。还要注意到，第二第三产业结构与城市化阶段相关联，一般在城市化第一阶段，以第二产业的持续增长为主，第三产业增长速度相对要慢一些．在城市化第二阶段，第二产业占比增长到一定程度将出现下降趋势，走出倒 U 型曲线；第三产业呈持续增长态势，由落后于第二产业上升到超过，进而超过第二产业许多。这是普遍的城市化产业结构变动规律，为各国尤其是城市化水平很高的国家城市化发展的历史所证明，我国也很难逃出这一规律的约束。如此，调整城市产业结构总的要求，似可概括为：做实做强第二产业，努力改变第三产业落后的现象，实现由低端向高端服务业的转变。显然，这样的概括就是要区分不同情况，有的要以做实做强第二产业为重点，这点中西部的人口城市化尤应特别注意。中西部城市化率较低，目前总体上处在城市化发展第一阶段，以农村剩余劳动力向城镇转移为主体，城市化应以做实做强第二产业为主导。然而现实生活中，却看到中西部一些地区盲目发展低端宾馆、饭店、娱乐等服务业，结果过剩的第三产业并没有给当地经济发展带来多少效益，相反这种服务业乱象却危及经济的健康发展。对于已经进入高收入较发达地区，则要以低端服务业向高端服务业转变，以大力发展第三产业为主导。如东南沿海地区、京津冀都市圈以及长三角、珠三角地区的城市产业结构调整，就要换一种思路，明确高收入地区以高端服务业为主导的第三产业的影响力最大，调整的重点应放在大力高端服务业上来，以高端服务业发展为龙头，带动城市产业结构的调整和升级。

在城市产业结构调整上，研究一下巴西的经验教训是有现实意义的。20世纪70年代巴西已拥有重要的消费型电子工业，较为现代化的通信系统，若干家通信设备本地制造商以及高水平的技术基地，具备把握新一轮信息技术革命的机遇和促进产业优化升级的条件。由于在新自由主义主导下没有明确的战略定位和相应的产业政策，缺乏必要的公共财政支持，无法促成以微电子技术为核心的新产业集群的兴起，未能实现以技术革新带动新一轮的资本积累，造成在相当长一段时间内，出口仍集中在传统产品，产业结构的低水平重复导致经济发展的低水平徘徊，[①] 不能顺利走出"中收陷阱"。

其三，调整城市就业结构。城市就业结构与城市产业结构紧密相连，一般说来，有什么样的产业结构就有什么样的就业结构，就业结构调整应伴随产业结构调整一道进行。我们注意到，在中西部的许多城市中，第三产业有较高的就业比例。但是较高的三产就业比例与较低的二产就业比例很不相称，缺乏二产发展的坚实支撑。事实上，像西部社会经济发展相对滞后的地区，城市化在相当长的时间内，还必须主要以第二产业的发展为主要驱动力，第三产业的发展只能建立在第二产业发展的基础之上，超前是不可持续的。我们也同样注意到，东南沿海许多城市发达程度比较高，然而大量就业人口集中在低端制造业，从而制约着产业结构转变和升级，制约着经济发展方式转变。

---

① 参见李景春《"中等收入陷阱"面前：韩国巴西的不同选择》，2011年6月2日《经济参考报》。

要实现经济发展方式的转变，城市就业结构得到合理的调整，一个重要的途径是增强人力资本积聚，发展教育和培训，提高劳动者素质。青木昌彦曾把东亚式的经济发展划分为马尔萨斯式的贫困陷阱阶段（M阶段）、政府主导经济发展阶段（G阶段）、库兹涅茨式的通过结构变迁实现发展的阶段（K阶段）、依靠人力资本发展的阶段（H阶段）和后人口红利阶段（PD阶段）。他认为，中国已经越过了库兹涅茨—刘易斯阶段，正在向以人力资本积累为中心的H阶段过渡①，故而通过教育和培训加快人力资本积累对中国经济发展具有重要意义。当前，面对2亿以上农民进城并将陆续变为市民，提高农民工素质，对他们进行有针对性的职业培训，是必须破解的课题。

2. 走农业产业化道路

除了解决城市发展自身方面的问题外，统筹城乡发展还必须着眼农村长远发展所必须解决的问题，特别是当前与城市发展不相协调、不可持续的问题。这些问题很多，其核心是影响农业产业化道路三个方面的问题。

其一，土地流转问题。由于中国人口城市化处于S曲线中上部，农村人口迁往城市还扮演城市化主力军角色，大批农民工进入城市以后留下责任田如何处理，就成为颇为棘手的问题。土地流转是实践中的一大创造，它比较好地解决了进城农民的后顾之忧，再不用城乡首尾两头忙碌；它在一定程度上解决了土地规模经营，为土地集中使用和产业化经营创造了条件；它使农业专业化生产成为可能，也推动了农业生产的机械化和现代化。改革开放以来特别是步入21世纪以来的经验证明，这是一项既能向城市化源源输送劳动力，又能促进农业产业化的战略举措，需要坚持和不断改革创新，推向前进。然而它同任何新鲜事物一样，前进中也存在这样那样的问题和矛盾，土地流转存在着原承包权（实际的所有权）与新经营承包者的权利分离，在经营承包年限、经营范围、变更经营承包合同等方面，存在不确定性，尤其是进城务工经商农民在城镇无法继续下去，需要回到原籍从事农业生产的矛盾等，各地土地流转规范很不统一，违约处理办法也不统一，需要法律支持。

其二，新农村建设问题。国家对此出台了一系列包括取消农业税、政府财政补贴等优惠政策，新农村建设取得很大进展。站在统筹城乡发展的立场，

---

① 转引自蔡昉《"中等收入陷阱"的理论、经验与针对性》，《经济学动态》2011年第12期，第4~9页。

就是要使新农村建设更好地贴近城镇发展,有条件的地方向着城乡一体化方向迈进。近年来,各地也做过不少试验,有的省在推广新型农村社区建设方面走出一条新路子:由当地政府组织,农民自愿参与,兴建新型农村社区,实行集中居住,适当整合土地,进行必要的从事农业、工副业、外出打工等的分工,对农业实行产业化规模经营,建立养老、医疗等社会保险制度,即按照目前城镇的一套办法改造、重建新型社区农村。毫无疑问,这样的新型农村社区建设具有创新意义。不过鉴于以往的经验教训,需要不折不扣地坚持农民出自内心的自愿原则,广大农民能够从中得到实惠的利益原则,促进农业生产发展和走农业产业化道路的生产力原则,以及有利于发挥农民当家做主的村民自治原则等,也需要从实际出发,不搞"一刀切",在上述"四项原则"下分步骤地实施。

其三,农村居民养老问题。近年来,国家发展社会保障事业的步伐加快,养老保险更快一些,新农保试点大面积推广,农村老年人口养老医疗等保险,即将实现全覆盖,农村居民养老保险进展顺利,令人鼓舞。对此,本书专题报告七有专门阐释,这里不多赘述,只是强调一点:解决了广大农村居民的全覆盖,并没有真正解决农民的养老问题,其症结在于全覆盖不是形式,不是统计意义上的百分率,而是实实在在地解决问题,真正负责任地把老年农村居民养起来,使他们能够同其他农村居民一样生活,走完人生最后一段路程,这就需要提高养老全覆盖的水平,使其能够满足农村老年人口生活需要,起码满足正常的生存需要。

参考文献

1. Card David; Krueger Alan B., School Quality and Black-White Relative Earnings: A Direct Assessment [J]. The Quarterly Journal of Economics, Vol. 107, 1992, (1): 151 – 200.

2. Henderson, J. V., Cities and Development [J]. Journal of Regional Science, 2010 (1): 515 – 540.

3. Lewis, W. Arthur. 1977. The Evolution of the International Economic Order [R]. Discussion Paper 74, Research Program in Development Studies, Woodrow Wilson School, Princeton.

4. Renaud, B. National Urbanization Policy in Developing Countries [M]. Oxford

University Press, 1981.
5. 敖再玉:《我国迁移与非迁移已婚妇女生育行为的差异》,《人口动态》1990 年第 4 期。
6. 毕于运:《中国土地占用八大问题》,《资源科学》1999 年第 2 期,第 30~35 页。
7. 边雅静、沈利生:《人力资本对我国东西部经济增长影响的实证分析》,《数量与技术经济研究》2004 年第 12 期,第 19~25 页。
8. 蔡昉、都阳:《中国地区经济增长的趋同与差异——对西部开发战略的启示》,《经济研究》2000 年第 10 期,第 30~37 页。
9. 蔡蒙:《劳务经济引致下的农村留守老人生存状态研究——基于四川省金堂县竹篙镇的实证分析》,《农村经济》2006 年第 4 期。
10. 蔡增正:《教育对经济增长贡献的计量分析》,《经济研究》1999 年第 2 期,第 39~48 页。
11. 陈卫、吴丽丽:《中国人口迁移与生育率关系研究》,《人口研究》2006 年第 1 期。
12. 陈钊、陆铭:《从分割到融合:城乡经济增长与社会和谐的政治经济学》,《经济研究》2008 年第 1 期,第 21~32 页。
13. 范剑勇、朱国林:《中国地区差距演变及其结构分解》,《管理世界》2002 年第 7 期,第 37~44 页。
14. 冯海波:《"包容性增长"理念的学理澄明及其现实意义》,《南昌大学学报》(人文社会科学版) 2010 年第 6 期,第 21~26 页。
15. 郭志刚:《关于京津沪超低生育率中外来人口分母效应的检验》,《人口研究》2005 年第 1 期。
16. 郭志刚:《流动人口对当前生育水平的影响》,《人口研究》2010 年第 1 期。
17. 郭志仪、逯进:《教育、人力资本积累与外溢对西北地区经济增长影响的实证分析》,《中国人口科学》2006 年第 2 期,第 72~81 页。
18. 胡锦涛:《深化交流合作,实现包容性增长》,2010 年 9 月 16 日《人民日报》。
19. 经济增长前沿课题组:《经济增长、结构调整的累积效应与资本形成》,《经济研究》2003 年第 8 期,第 3~14 页。
20. 李诚固、郑文升、李培详:《中国城市化的区域经济支撑模型分析》,《地理科学》2004 年第 1 期,第 1~6 页。
21. 李春艳、贺聪志:《农村留守老人的政府支持研究》,《中国农业大学学报》(社会科学版) 2010 年第 1 期。
22. 李郇:《中国城市化滞后的经济因素——基于面板数据的国际比较》,《地理研究》2005 年第 3 期,第 421~431 页。
23. 李景春:《"中等收入陷阱"面前 韩国巴西的不同选择》,2011 年 6 月 2 日《经济参考报》。
24. 李强:《中国外出农民工及其汇款之研究》,《社会学研究》2001 年第 4 期。
25. 钱纳里:《发展型式(1950~1970)》,经济科学出版社,1988。
26. 全国老龄办农村空巢家庭老年人状况调查研究课题组:《全国农村空巢和类空巢家

庭老年人状况调查》,《中国社会工作》2009 年第 5 期,第 22~28 页。
27. 石人炳、熊波:《迁移流动人口生育特点及相关理论——中外研究述评》,《人口与发展》2011 年第 3 期。
28. 孙鹃娟:《劳动力迁移过程中的农村留守老人照料问题研究》,《人口学刊》2006 年第 4 期。
29. 谭晓青:《中国人口迁移与生育率》,《人口研究》1990 年第 4 期。
30. 田雪原:《警惕人口城市化中的"拉美陷阱"》,《宏观经济研究》2006 年第 2 期,第 12~17 页。
31. 王杰、赵琛、王耕:《建设循环经济型企业是乡镇企业的必由之路》,《农业经济》2004 年第 10 期。
32. 吴方卫、张锦华:《教育平等的地区分化与地区分化下的教育平等——对我国农村劳动力受教育状况的一个考察》,《财经研究》2005 年第 6 期,第 5~15 页。
33. 伍海霞、李树茁、悦中山:《城镇外来农村流动人口的生育观念与行为分析——来自深圳调查的发现》,《人口研究》2006 年第 1 期。
34. 武力:《1978~2000 年中国城市化进程研究》,国学网 - 中国经济史论坛,2003 年 6 月 23 日,http://eco.guoxue.com/article.php/1078。
35. 国家统计局国民经济综合统计司:《新中国五十年统计资料汇编》,中国统计出版社,1999。
36. 徐晓红:《乡城流动人口生育行为的经济分析》,《人口学刊》2004 年第 3 期。
37. 徐映梅、李霞:《农村外出妇女的生育意愿分析——基于鄂州、黄石、仙桃三地数据》,《南方人口》2010 年第 2 期。
38. 许涤新:《当代中国的人口》,中国社会科学出版社,1988,第 294~295 页。
39. 杨子慧:《流动人口的生育行为》,《人口与经济》1991 年第 3 期,第 3~13 页。
40. 尤丹珍、郑真真:《农村外出妇女的生育意愿分析——安徽、四川的实证研究》,《社会学研究》2002 年第 6 期。
41. 张惟英:《如何避开"拉美陷阱"》,《前线》2006 年第 10 期,第 48~50 页。
42. 《中国人口老龄化发展趋势预测研究报告》,http://www.china.com.cn/chinese/news/1134589.htm。
43. 周福林:《我国留守老人状况研究》,《西北人口》2006 年第 1 期。
44. 周祖根:《人口流动迁移与生育》,《人口学刊》1993 年第 5 期。
45. 宗锦耀、陈剑光、张国亮:《发挥乡镇企业对就业的重要作用》,《乡镇企业,民营经济》2003 年第 7 期,第 15 页。

第五篇

人口老龄化与社会转型

提　要：我国进入中等收入阶段后，自20世纪80年代以来制度变革所引发的社会转型开始凸显，目前尚处于转型初期。这一背景之下，我国人口老龄化程度不断提高，养老模式呈现出传统与现代并存、城乡之间既有差异又有趋同的状态。转型社会初期中国人口老龄化过程中应关注的问题是，社会养老保障的覆盖面有待扩大，水平尚需提高；家庭养老的人力资源短缺状态已经显现。为提高老年人口的生存水平，我们应从社会和家庭两个方面着眼，注重制度改进，建立多元养老保障体系。

关键词：社会转型　制度变迁　养老模式　社会养老　家庭养老

导　言

我国已进入中等收入阶段。中等收入既是一个经济指标，同时也具有社会指标含义。从世界范围看，处于低收入阶段的国家和地区，特别是低收入阶段前期和中期，农业人口占多数，工商业整体发展水平不高；中等收入阶段则是城市人口大幅增加，并逐渐接近或超过半数，第二、第三产业成为主导产业，非农领域成为多数劳动力的就业所在。当然，在低收入与中等收入之间还有过渡地带。从低收入阶段进入中等收入阶段意味着我国社会转型发生了质的变化。应该说，中国社会转型的起步是在改革开放政策推动之下，20世纪80年代中期显露端倪，现在尚处于转型的初期。

中国的社会转型与制度变迁密不可分。中国在20世纪后半期发生了诸多重要的社会和经济变革。农村经历了土地改革、集体经济组织建立和承包责任制实行等对民众生存条件有重要影响的制度更替，城市则发生了私营经济向国营和集体经济为主导的计划经济制度的转变，进而在改革改革开放之后

---

* 作者：王跃生，中国社会科学院人口与劳动经济研究所研究员，博士，主要从事制度人口学、家庭人口学和人口社会学研究；伍海霞，中国社会科学院人口与劳动经济研究所副研究员，博士，主要从事人口统计学和家庭人口学研究；王磊，中国社会科学院人口与劳动经济研究所助理研究员，博士，主要从事人口社会学研究。

　　社会转型是指社会形态所发生的基本变化，在中国现阶段则表现为农业社会向工业社会转化，由以农业经营为主的社会向以非农经营为主的社会、以农村人口为主的社会向以城市工商业人口为主的社会转化。社会转型与经济发展有关，但经济发展又依赖制度和体制的变革加以推动。社会转型过程中需要破除旧的制度和规则，建立新的规范，因而社会转型与制度变迁相伴随。

出现并逐渐确立了多种经营形式并存的市场经济制度。

社会转型过程中，伴随着医疗卫生事业的发展和民众生活水平的提高，人口预期寿命不断延长。同时由于养育子女成本上升，人们的生育意愿开始发生由多育向少育的转变。在中国，20世纪70年代开始推行的计划生育政策在生育率降低方面所起作用显著。这一制度环境促使中国在尚未进入中等收入阶段时（2000年）即进入老龄化社会，而多数发达国家则是在工业化和城市化完成，养老保障体系建立和完善的时期才进入老龄化社会。

在初步迈进中等收入阶段、老龄化程度日渐加深的当代中国，社会保障水平、社会福利体系与中等收入阶段还有一定距离，低收入阶段的制度还在延续，没有发生实质性转型。如城乡二元社会的流动壁垒早已打破，但户籍藩篱及与此有关的养老保障制度差异尚存。即使在城市内部，行业之间、行政和事业单位之间，养老保障水平也有很大差异，并且养老金来源的多样性尚未实现。这些旧有制度对社会福利水平的提升和完善构成制约。只有关注老年人口群体，从制度方面解决老年人的生存质量问题，才会提高整个社会的文明程度，化解社会矛盾，进而为中国社会进一步向更高程度发展打下基础。

在中等收入阶段，社会转型实际是新旧制度碰撞、博弈、更替的过程，传统行为与现代意识相互交织，必然会对老年人的生存方式和质量产生影响。本报告将从社会转型的视角，认识中等收入阶段城乡老年人口的生存条件、状态和困难，探讨解决和改善之道。

第一章

中等收入阶段社会转型与老龄化关系

我国自20世纪80年代初期以来,深刻的社会变革和转型即开始发生。其表现形式为,全面推行严格的生育控制政策,低生育模式逐渐形成,农村劳动力向非农领域大规模转移,工业化和城市化进程加速,中国社会出现前所未有的重要变局。进入中等收入阶段后,社会转型特征凸显。这一背景下的老龄化水平、存在的问题和养老模式选择值得关注。同时也应看到,尽管目前我国的经济发展水平较20世纪80年代之前有了很大提升,人口就业结构、城市化水平、民众生存条件和方式等发生显著改变,但城乡二元社会格局还在很大程度上保留着,在制度层面尤其如此。我们认为,要对中等收入阶段的中国人口老龄化问题有所认识,须将其放置在制度变迁和社会转型的环境之中。

第一节 生育控制推动老龄化水平提升

我国于2000年迈入人口老龄化国家之列,这固然与新中国成立以来人口预期寿命不断提高、老年人口群体迅速扩大有关。然而另一个重要推动因素是,20世纪70年代初期以来计划生育政策全面贯彻,出生人口大幅度减少。20世纪90年代至今我国妇女总和生育率一直保持低于更替水平(2.1)以下,人口年龄结构由此发生变化,这在很大程度上加速了我国的人口老龄化,显示出制度、政策的作用。

1. 低生育率形成与发展的制度因素

发达国家人口转变是伴随着工业化和现代化而逐步实现的,其生育率下降是一个自发而平缓的过程。而我国生育率下降和低生育率的形成深受制度因素的影响与制约,人口政策尤其是生育政策起到了至关重要的作用。

20世纪50年代,我国一度实行过鼓励生育的政策,妇女总和生育率最高达到6.11。60年代上半期转为普遍鼓励自愿节育的政策,妇女总和生育率略有下降,为5.61,60年代下半期又略有回升,为5.94。70年代在全国范围内推行了以"晚、稀、少"为主要内容的计划生育政策,妇女总和生育率明显下降,70年代前半期下降到4.76,70年代后半期更是下降到3.26(陈卫、孟向京,1999)。1980年,中共中央发表《关于控制我国人口增长问题致全体共产党员、共青团员的公开信》,我国生育控制政策进一步紧缩为"一孩化"政策,成为严格控制生育政策的发端。这一政策使已经处于低位的生育水平进一步降低,妇女总和生育率80年代上半期为2.50,80年代下半期为2.41,并且最终在90年代上半期降至1.95。自此,我国人口生育率一直维持在更替水平之下。

1984年,鉴于"一孩化"政策在农村实行所面临的问题和困难,政府对"一孩化"政策进行调整,而后逐步形成了现行生育控制政策,即除了对西藏藏族农牧民没有限制生育数量要求的政策外,全国城镇地区实行"一孩"政策,农村大多数地区实行"一孩半"政策,对少数民族及其他一些特殊情况则实行更为宽松的生育政策(郭志刚等,2003)。

20世纪50年代至今,我国妇女总和生育率总体处于下降趋势,最高值为6.11,最低值为1.64(见图5-1)。其中,1982年前后和1987年前后的两次"生育反弹"与农村生育政策调整有关。1987年之后,妇女总和生育率进入了下行通道,1990年生育率首次低于2.1的更替水平。

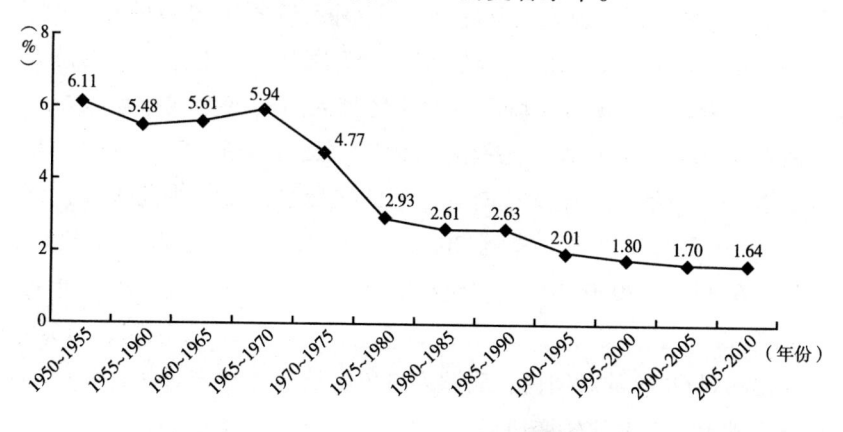

图5-1 1950～2010年中国妇女总和生育率

资料来源:United Nations, Department of Economic and Social Affairs, Population Division(2011). World Population Prospects: The 2010 Revision, CD-ROM Edition。

最近二三十年来的社会经济高速发展引发了孩子养育成本的升高和人们生育观念的改变,这是导致低生育率形成的关键因素之一。除此之外,严格的生育控制政策成为一种强大的外部约束力量。作为一项亘古未有之举,计划生育政策对生育行为的引导作用是巨大的,它在农业社会中营造了一个工业社会才会出现的少生的制度环境。中国在短时间内就使低生育水平成为现实应主要归结于计划生育政策的实行,这是一种比较典型的制度效应(王跃生,2003)。

2. 低生育率与提前老龄化和"未富先老"

联合国将人口类型划分为年轻型人口、成年型人口和老年型人口,其中,老年型人口的标准是65岁及以上老年人口比重为7%及以上且0~14岁少儿人口比重为30%及以下(见表5-1)。

表5-1 联合国人口类型划分标准

人口类型	少儿人口比重(0~14岁)	老年人口比重(65岁及以上)
年轻型人口	40%及以上	4%及以下
成年型人口	30%~40%	4%~7%
老年型人口	30%及以下	7%及以上

(1)我国老龄化历程

根据联合国人口类型划分标准,结合六次人口普查人口年龄结构情况(见图5-2),我们可以发现:1964年,我国人口属于典型的年轻型人口,0~14岁少儿人口占总人口比例超过40%,65岁及以上老年人口占总人口比例低于4%。1982年,我国人口已经由年轻型人口转变为成年型人口,少儿人口比例不到40%,老年人口比例为4.91%(处于4%~7%之间)。1990~2000年,我国人口处于由成年型向老年型的转变过程中,少儿人口比例不断下降,由1990的27.69%下降到2000年的22.89%,老年人口比例则由5.57%升至6.96%,2000年的人口结构已经属于老年型人口。2010年我国人口的老年型格局更加巩固,少儿人口和老年人口比例分别为16.6%和8.87%。在不到60年的时间内,我国人口年龄结构类型走过了从年轻型向成年型并最终成为老年型的转变历程。

(2)人口老龄化社会超前进入

控制人口增长的制度安排和制度环境是我国人口老龄化进程缩短的重要

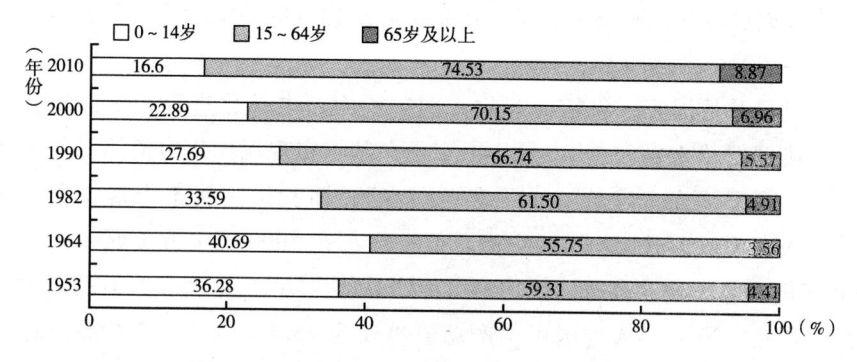

图 5-2　全国六次人口普查人口年龄结构变动

数据来源：根据历次人口普查数据整理所得。

原因。我国较早进入人口老龄化社会有两层含义：一是与发达国家平缓下降的生育率和相对慢节奏的老龄化进程相比，生育率短期内快速下降致使我国老龄化过程显得短促，养老压力迅速凸显；二是与发达国家人口"先富后老"或"富老同步"相比，我国人口属于"未富先老"，人口老龄化程度超前于经济发展水平。

这里以英国和法国这两个老牌资本主义国家为例，说明发达国家生育率与老龄化的关系。1810 年代英国妇女总和生育率为 6.08，以后呈下降趋势，1850 年代降低至 4.97，1890 年代降低至 3.76，1910 年代降低至 2.62，1970 年代才降至更替水平之下的 2.04。1750 年代法国妇女总和生育率为 5.41，1790 年代降低至 4.92，1830 年代降低至 3.75，1890 年代降低至 2.93，1975～1980 年降低至 1.86。英国和法国妇女总和生育率达到更替水平之下所花时间均超过 100 年，分别为 160 年和 230 年左右（陈友华，2010）。而我国妇女总和生育率从 1950 年代的 6.11 降至 1990 年的 2.04 仅用了不到 40 年时间。

由于生育率下降持续时期长，发达国家进入人口老龄化所花时间也较长。以法国为例，1750 年左右生育率开始下降，1865 年 65 岁及以上老年人口才达到 7%，历时一百多年进入老龄社会①。而中国 1964 年开始的老龄化进程到 2000 年 65 岁及以上人口就已经达到总人口的 7%，仅用 36 年时间。同时，法国人口老龄化实现时妇女总和生育率还在更替水平之上，1890 年还保持在 2.93 的高位；而我国老龄化实现时，妇女总和生育率已经在更替水平之下。无论从人口

---

① http://blog.sina.com.cn/s/blog_51ac59cb0100fhjz.html.

老龄化形成过程看,还是从生育率下降与老龄化程度匹配程度看,我国人口老龄化都要超前于发达国家。

与世界其他国家,包括中等收入国家的人口老龄化进程相比,我国老龄化属于典型的"未富先老"。发达国家是在基本实现现代化的条件下进入老龄社会的,属于"先富后老"或"富老同步",而我国则属于未富先老。发达国家进入老龄社会时人均国内生产总值一般都在 5000 到 1 万美元,而我国在 2000 年进入老龄化社会时的人均国民生产总值为 7078 元,按当年汇率折算为约 856 美元,2010 年人均国民生产总值也仅为 4382 美元①。"未富先老"说明我国人口老龄化超前于经济发展,它加大了我国政府与社会应对人口老龄化挑战的难度。

3. 生育率下降加速老龄化

生育率、死亡率和人口迁移对人口年龄结构影响的早期研究证明,生育率下降对人口年龄结构的影响要远远大于死亡率下降对人口年龄结构的影响,它是人口老龄化的基本原因。人口生育率下降是我国老龄化的主要原因(杜鹏,1995)。

从人口金字塔视角看,人口老龄化可以分为人口金字塔底部收缩所导致和人口金字塔顶部扩大所导致两种情况。人口金字塔底部收缩是由生育率降低引起的出生人口总量减少所致,人口金字塔顶部扩大主要是由死亡率降低,尤其是老年人口死亡率降低导致的人口平均预期寿命延长所致。通俗地讲,人口金字塔底部收缩导致的老龄化是由于新生人口数量降低所导致,人口金字塔顶部扩大是由于人口平均预期寿命延长造成老年人活得更长、老年人数量更多所导致。

通过观察我国前五次全国人口普查和 1995 年全国 1% 人口抽样调查的人口金字塔,发现人口金字塔底部收缩是人口老龄化的主要原因(见图 5-3)。1953 年和 1964 年的金字塔还属于典型的增长型,基本上较低年龄组人口数量均会多于更高年龄组人口数量。1982 年开始,随着计划生育深入推行,每年新出生人口数量减少,人口金字塔底部开始收缩。1990 年,人口金字塔保持着底部收缩的趋势,2000 年人口金字塔收缩态势更为明显,呈现出 15~19 岁以下年龄组人口逐渐递减的态势。与底部收缩形成鲜明对比的是六幅金字塔图顶部形状变化不大,只是 1990 年以后顶部变得略宽,这表明老年人口绝对

---

① 此为 IMF 公布的世界各个国家和地区人均 GDP(2011 年 4 月最新数据)。

量增加。2010年第六次人口普查结果显示：0~14岁人口占16.60%；65岁及以上人口占8.87%。同2000年第五次全国人口普查相比，0~14岁人口的比重下降6.29个百分点，65岁及以上人口的比重上升1.91个百分点。它说明人口金字塔底部收缩和顶部扩大仍是我国人口老龄化的主要原因与表现。

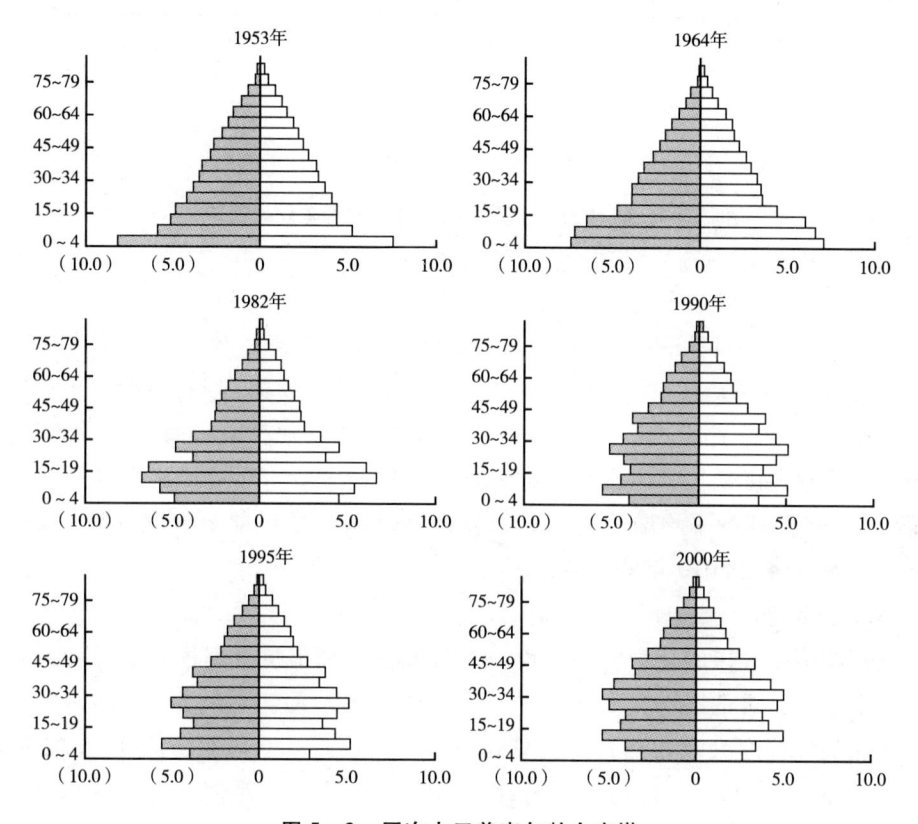

图5-3 历次人口普查年龄金字塔

资料来源：姚新武、尹华：《中国基本人口数据》；国务院人口普查办公室、国家统计局人口与社会科技司：《2000年第五次全国人口普查主要数据》，中国统计出版社，2001年。

图5-4反映了相邻两次普查之间65岁及以上人口数量年均增速变化情况，显示出人口老龄化程度加深的状况。从1964年全国第二次人口普查到2010年第六次普查这段时期，人口老龄化速度总体呈加速态势。尤其是"三普"以来，人口老龄化速度明显加快，"三普"与"四普"之间、"四普"与"五普"之间、"五普"与"六普"之间65岁及以上老年人口数量年均增长分别为1.68%、2.50%和2.74%。

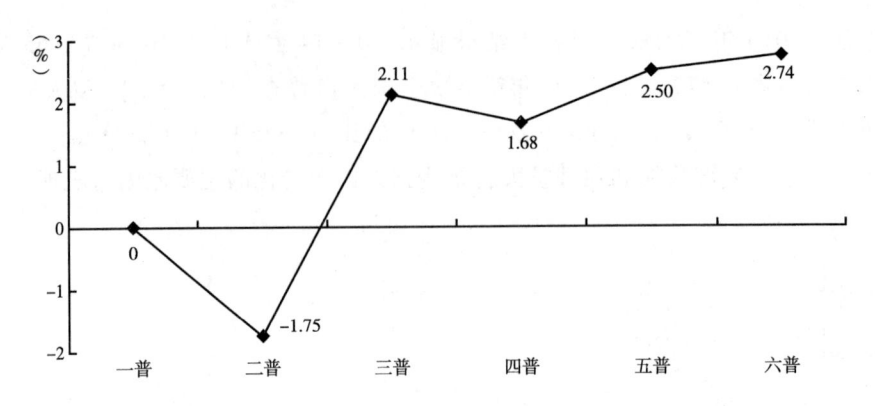

图 5–4　65 岁及以上人口相邻普查间的年均增长率

资料来源：根据历次普查数据整理计算而得。

65 岁以上老年人占总人口的比例从 7% 提升到 14%，发达国家大多用了 45 年以上的时间，其中，法国 130 年，瑞典 85 年，澳大利亚和美国 79 年左右，而中国只用了 27 年，并且在一个较长时期内都保持着很高的递增速度，属于老龄化速度最快的国家[①]。如果 2010 年以后老龄人口增加速度按照"四普""五普"间的平均增长速度 2.74% 计算，26 年之后即 2036 年 65 岁及以上人口数量将为 2010 年的 2 倍，占到总人口的 17.74%。

20 世纪 70 年代末以来，严格的生育控制政策的实行和改革开放政策的推行共同营造了我国的社会转型环境。人口发展呈现出生育率逐渐下降和老龄化逐渐加深并进的态势（见图 5–5）。总体看来，人口生育率下降的幅度与老龄化加深幅度大致相当，妇女总和生育率由接近 3.0 减至低于 1.5，下降 50%，65 岁及以上人口占总人口的比例由 4.3% 升至接近 9%，提高约 1 倍。人口老龄化加深的趋势比较平缓，人口生育率降低则经历了 1990 年之前的快速下降阶段后，1990 年之后保持相对稳定，在 1.5 上下浮动一段时期后保持在 1.5 以下。20 世纪 90 年代以来，我国人口低生育率水平不断巩固的同时，人口老龄化在加深加速。从 65 岁及以上人口比例看，"五普"比"四普"增加 25.0%，"六普"比"五普"增加 27.4%，"六普"比"四普"增加 59.2%。

老龄化是全人类共同面临的挑战，世界各国人口转变过程的差异导致人口老龄化的轨迹也不尽相同，经济发达国家老龄化进程启动早、历程长、程

---

① 全国老龄办：《中国人口老龄化发展趋势预测研究报告》，2006。

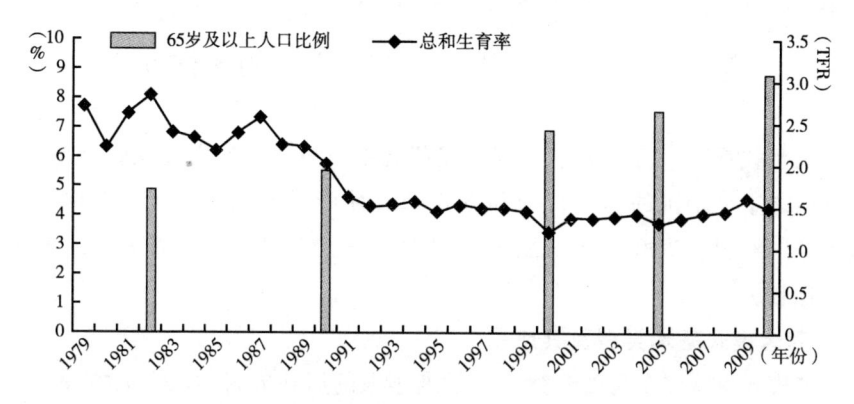

图 5-5 1979~2010 年生育率与 65 岁及以上人口比例

资料来源：老龄化数据根据历次普查数据整理计算；总和生育率来自王丰、郭志刚、茅倬彦：《21 世纪中国人口负增长惯性初探》，《人口研究》2008 年第 6 期；美国人口普查局 2009~2010 年世界人口数据集。

度深，经济欠发达国家老龄化进程启动晚、程度尚浅、历程较短。生育率下降的起始时间、程度和持续时间差别是经济发达国家与欠发达国家之间老龄化差异的关键原因。

经济社会发展与科技进步让人民生活水平和医疗技术得到显著提高，死亡率降低，人口平均预期寿命提高，影响了各年龄段的人口构成，然而它对人口老龄化的作用不如生育率降低所产生的影响大。生育率降低导致新出生人口数量减少，人口金字塔底部萎缩，老年人口占总人口比例相对升高，老龄化程度加深。20 世纪 70 年代至今的妇女总和生育率下降是导致人口老龄化的主要原因。

生育控制政策等制度变量及相应的人口制度环境差异是我国老龄化进程与程度出现区域与城乡不平衡的重要原因。以上海、北京为代表的经济发达城市地区政策生育率较低、控制生育的制度与措施均较完备，户籍人口发展最先进入低生育水平阶段，低生育水平持续时间较长；这些地区的经济发展水平、生活质量、医疗服务水平也较高，人口平均预期寿命提高较快，因此人口老龄化速度更快、人口老龄化程度更严重。而农村地区虽然生育水平较高，但多数中青年劳动力离乡进城就业，其老龄化水平也在上升，传统的养儿防老、家庭养老功能被削弱。在社会转型时期，这些问题将会更为突出，需要统筹加以解决。

第二节　社会变革之下养老模式的多样性

中国当代社会一方面处于深刻的变革之中，另一方面它又在转型的初期。这一背景之下，中国的养老行为和方式既有社会保障的表现，又有保障水平和覆盖范围有限，家庭养老功能仍在很大程度上得以保留，养老模式的多样性特征比较突出。

1. 养老模式基本类型及其应用

养老模式可从多个角度考察。一是老年人的居住方式，从大的方面看，可分为居家养老和机构养老（包括公立和私立养老机构）两种；二是老年人的生活费用来源，它分为子女等亲属供养、自养（包括老年人依靠自己的退休金、养老保险、投资收益、自己继续劳动等）和社会福利救助（如无子女、无固定收入老年人依靠民政机构等公共组织提供救助）；三是照料方式，有亲属照料（包括子女照料、配偶照料和其他亲属照料）、雇人照料和机构照料等。

以上三个视角下的养老方法可以进一步组合成这样几种模式：（1）居家亲属供养、照料型；（2）居家自养、亲属照料型；（3）居家自养、雇人照料型；（4）居家救助或福利型；（5）机构自养型（用自己的退休金和其他收益缴费入住养老机构）；（6）机构供养型；（7）机构福利型。

传统农业社会的养老模式以居家亲属供养、照料型为主。当代已经基本建立社会养老保障制度的城市，则以居家自养、亲属照料型为基本模式；而经济条件稍好、长期卧床且子女无时间照料者，则采取居家自养、雇人照料的模式。农村则仍以传统的居家亲属供应型为主。当然，不同时期，城市人口就业方式也有差异，没有进入正轨企事业单位的就业者，老年后也不享受社会养老保障，尤其是其中的女性。他们主要依赖配偶和子女提供生活费用。

中等收入阶段的主流养老模式是什么？前面已提及，中等收入阶段是城市人口逐渐变为多数的时期，是中青年劳动力流动就业频度相对较高的时期，因而，对多数老年人来说，当生活能够自理时，居家自养将是主要养老方式；生活自理能力下降时，居家自养亲属照料和居家自养雇人照料，仍是主要方式。而对无子女或子女不在身边的老年人来说，依赖社区服务、雇人照料，将是重要选项。生活自理能力下降、子女又难以履行照料之责的老年人，进入机构养老的比例也将提升。

2. 从子代和老年亲代构成看家庭成员所面临的养老压力

我国自 20 世纪 50 年代以来即出现人口预期寿命延长的趋势①，老年人口规模因而扩大，老年照料需求增大。而从家庭微观角度着眼，这种现象会在亲子代构成中显示出来，更多子代有需要赡养和照料的老年亲代。

根据中国社会科学院人口与劳动经济所 2010 年七省区"城乡家庭结构与代际关系变动"调查数据（该调查在吉林、河北、陕西、安徽、浙江、广东和广西城乡采用随机抽样方式进行，共获得有效问卷 4425 份），对不同年龄组受访者亲代存活状况作一考察。

当代亲子代际间隔平均水平在 25 岁以上。子代 40 岁时，父母多已超过 65 岁。图 5-6 显示，40 岁组受访者，父母健在比例为 47.75%，父母一方在世比例为 37.94%，两项之和为 85.69%。45 岁组父母及父母一方在世比例为 70.98%，50 岁组 56.16%，55 岁组 40.92%，60 岁组 26.92%。可见，当代中年人（特别是 40 岁和 45 岁组）中多数有 65 岁及以上老年父母或父母一方。这意味着当代多数中年人存在赡养和照料老年父母的可能性（当然这是从代际生命周期角度考虑，至于子代是否实际履行对 65 岁以上老年父母的赡养和照料，则由多种因素决定），甚至有超过四分之一的低龄老年子代照料 80 岁以上高龄亲代的可能性。

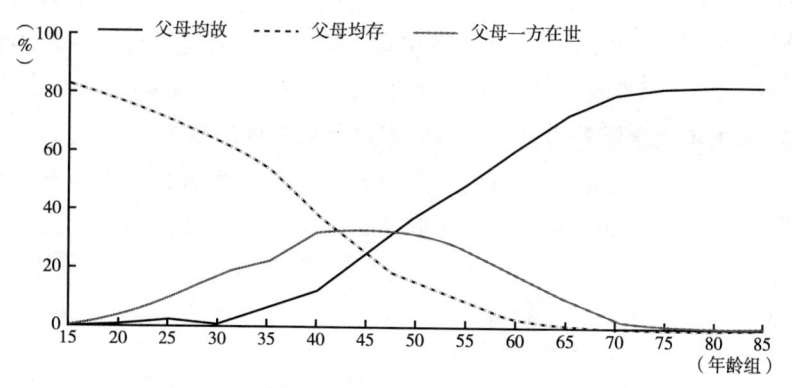

图 5-6　七省区不同年龄组受访者亲代存故构成

资料来源：2010 年七省区"城乡家庭结构与代际关系变动"调查数据。

---

① 根据人口学者估算和统计，中国人口预期寿命 20 世纪 50 年代初期为 48 岁左右，1957 年为 59.7 岁（其中男 59.6 岁，女 59.9 岁），1963 年为 61.22 岁（其中男 60.97 岁，女 61.43 岁），1981 年男性为 64.55 岁、女性为 67.47 岁，1990 年男性为 66.80 岁、女性为 69.43 岁，2000 年男性 70.65 岁、女性 74.33 岁。见路遇主编《新中国人口五十年》（上），中国人口出版社，2004，第 1 版，第 184~194 页。

通过下面不同年龄组子代中有无 65 岁以上亲代构成，可对子代可能的赡养和照料负担有更清楚的认识（见图 5-7）。

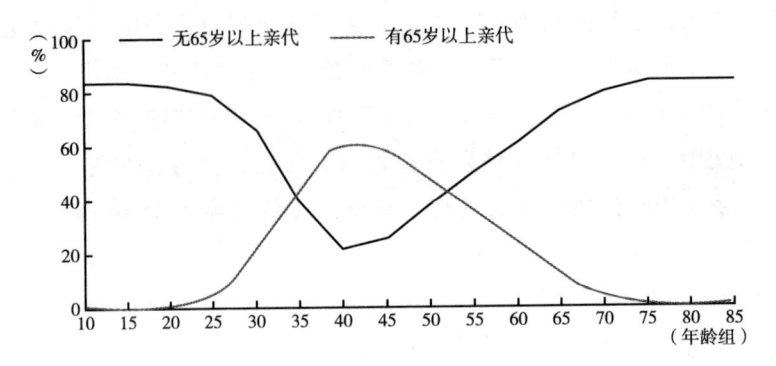

图 5-7 七省区不同年龄组受访者 65 岁及以上亲代存故构成

资料来源：2010 年七省区"城乡家庭结构与代际关系变动"调查数据。

图 5-7 显示，子代有无 65 岁及以上亲代老人，生命周期特征很突出。25 岁组及以下子代的父母多数尚未年老，35 岁组有老年父母的比例升至 51.41%，40 岁组达到 73.59%（为峰值）；45 岁组降为 69.51%，50 岁组 55.08%，55 岁组 40.44%，60 岁组 26.92%，65 岁组 12.71%，70 岁组 3.85%。因而，相对来说，40 岁组和 45 岁组子代面临的养老压力最大。60 岁组子代中有 65 岁以上老年父母及父母一方的比例超过四分之一。可见，当代社会中，以子代低龄之老赡养亲代高龄之老并非个别现象。

3. 从老年人生活费用来源看其对家庭养老的依赖程度

中国当代社会养老保障制度具有明显的城乡二元特征，亦即社会保障体系相对完整的城市和尚未真正建立健全保障制度的农村。这一制度环境影响城乡老年人的赡养方式。

（1）2000 年人口普查数据对城乡老年人赡养方式的揭示

表 5-2 2000 年全国城乡 65 岁及以上不再工作老年人生活费用来源

单位：%

市镇县别	退休金	领取基本生活费	家庭其他成员提供	财产性收入	保险	其他	不详
市	60.65	3.14	34.51	0.31	0.06	1.24	0.09
镇	31.02	3.27	62.65	0.41	0.07	2.47	0.12
县	6.45	2.02	87.62	0.18	0.05	3.32	0.35

资料来源：根据 2000 年第五次全国人口普查长表 1% 抽样数据库整理计算。

城乡之间最大的差异是，城市以领取退休金为生活来源的比例最大，而农村则以依赖家庭成员供养为主。需要指出，中国的养老保障制度不仅有城乡之别，还与户口性质（农业与非农业）有关。因为城镇人口中也有一定比例的农业人口，他们多未被养老保障制度所覆盖。因而仍从户口性质角度看，农业非农业人口之间的退休金差异将更明显（见表5-3）。

表5-3　2000年全国农业非农业人口中65岁及以上不再工作老年人生活费用来源

单位：%

户口性质	退休金	领取基本生活费	家庭其他成员提供	财产性收入	保险	其他	不详
农业	2.32	2.07	91.36	0.27	0.06	3.58	0.34
非农业	71.93	3.52	23.25	0.22	0.05	0.97	0.06

资料来源：根据2000年第五次全国人口普查长表1%抽样数据库整理计算。

可见，非农业人口中多数依靠退休金生活，农业人口中依赖退休金者不足3%。

考虑到城市男女就业比例有差异，女性没有参加工作并进入正轨保障体制内的比例较男性为高，故男女之间在生活来源上应有差异。

表5-4　2000年全国农业非农业人口中65岁及以上
不再工作老年人生活费用来源分性别统计

单位：%

性别	户口性质	退休金	领取基本生活费	家庭其他成员提供	财产性收入	保险	其他	不详
男性	农业	4.73	3.31	85.89	0.37	0.08	5.00	0.62
	非农业	91.05	2.13	5.86	0.16	0.00	0.72	0.07
女性	农业	0.95	1.37	94.47	0.21	0.04	2.78	0.18
	非农业	49.42	5.16	43.73	0.28	0.12	1.25	0.04

资料来源：根据2000年第五次全国人口普查长表1%抽样数据库整理计算。

2000年，非农业人口中65岁及以上老年男性90%以上享受到社会养老保障待遇；而女性则不足45%，即使将低保包括进来，也不到50%。非农业人口老年女性依靠家庭成员提供生活费用的比例超过50%。需要指出的是，为非农业女性提供生活保障的亲属，丈夫健在时主要是丈夫，只有丧偶之后才可能由子女提供。

农村老年人中无论男性还是女性，不工作时均以家庭成员赡养为主，差异是女性由于享受退休金者只有1%，故其对家庭成员的依赖更具有刚性。

但需注意，在农村，低龄老年人并没有退出劳动领域。根据2000年普查数据，农村65岁组老年人仍从事有收入的工作者达59.74%，城市则为14.24%。这在一定程度上降低了其对子女的经济依赖。

"2006年中国城乡老年人口状况追踪调查"数据显示，农村65岁组老年男性仍从事农业生产者占56.78%，70岁组占41.11%；老年女性这两个年龄组分别为36.52%和22.22%；城市老年男性65、70岁组从事有收入劳动的比例分别为9.57%和5.60%，女性分别为3.37%和2.13[①]。农村老年男性在69岁以下仍参加农业生产的比例超过50%，乃至可以自食其力。客观上降低了对子女特别是儿子的生存依赖。当然，这与社会养老保障制度的缺失有直接关系。

（2）2010年七省区调查数据结果

我国目前已达到65岁及以上的老年人能否享受正规养老保障与户口性质有很大关系。城镇中有一部分人的户口性质为农业人口，而农村则有少量非农业人口。因而，从户口性质角度考察，更有助于认识城乡养老保障的制度性差异。当然，相对来说，非农业人口多居于城市，农业人口多在农村，由此着眼，也可加深对城乡福利水平差异的理解。

表5-5 七省区农业非农业人口中65岁及以上老年人生活费用来源

单位：%

户口性质	儿子	女儿	子女	配偶	孙子女	自己工作	退休金	政府低保	其他	样本量
非农业	5.36	1.07	2.86	4.29		2.14	76.07	6.43	1.79	280
农业	45.73	3.41	11.26	3.41	0.34	22.87	5.46	5.46	2.05	293

注：本表数据仅包括65岁及以上受访人（受访者户内成员在65岁以上者未统计在内）。
资料来源：2010年七省区"城乡家庭结构与代际关系变动"调查数据。

非农业人口中靠退休金生活的比例约占四分之三，依赖子女供养占9.29%；农业人口中则分别为5.46%和60.40%。非农业人口中也近四分之一

---

① 郭平、陈刚编著《2006年中国城乡老年人口状况追踪调查》，中国社会出版社，2009，第1版，第49~51页。

的老年人没有进入正规养老保障体系之中。

下面再看一下老年人分性别后生活费用来源的差异。

根据表5-6，农业人口老年男性靠自己劳动为生者约占三分之一，子女供给占55.68%，亦即近一半65岁以上父亲并非依赖子女为生；农业户口女性老人中靠自己劳动为生者约占12%，子女供养占67.52%，子女和配偶供养75.21%，对子女和亲属养老依赖度较高。非农业人口老年男性大多数靠退休金生活，靠子女占6.21%。非农业女性靠退休金生活约为66%，但较男性低20个百分点；靠子女为12.59%，即有三分之一非农业人口老年女性没有进入正规养老保障体系之中。

表5-6 七省区农业非农业人口65岁及以上老年人生活费用来源分性别统计

单位：%

性别	户口性质	儿子	女儿	子女	配偶	孙子女	自己工作	退休金	政府低保	其他	样本量
男	非农业	4.14		2.07	1.38	0.00	4.14	85.52	2.07	0.69	145
	农业	43.18	3.41	9.09	0.57	0.57	30.11	5.68	4.55	2.84	176
女	非农业	6.67	2.22	3.70	7.41			65.93	11.11	2.96	135
	农业	49.57	3.42	14.53	7.69		11.97	5.13	6.84	0.85	117

资料来源：2010年七省区"城乡家庭结构与代际关系变动"调查数据。

由以上数据可以看出，中国目前65岁以上老年人生活费来源具有明显的城乡二元社会表现。农村老年人多数靠子女提供生活费用，而老年男性，特别是低龄男性有高比例者通过参加劳动来自我供应。城镇内部也有性别差异，约三分之一老年妇女没有被纳入正规的社会保障体系之内。

中国老年人生活来源构成具有混合而非单一社会发展阶段特征，即城市的社会保障水平与中等收入国家相似，而农村则仍处于低收入阶段。根据世界银行20世纪90年代中期的一项统计，当时的高收入国家中，瑞典、荷兰和英国老年人完全靠年金和社会福利作为生活来源，加拿大、德国分别为97%和98%，美国为94%；中等收入国家中，阿根廷和智利老年人靠年金和社会福利作为生活来源的比例分别为74%和73%；低收入国家中印尼为10%，菲律宾为13%，中国城乡分别为64%和5%[①]。可见，若中国农村的社

---

① 世界银行：《防止老龄危机》，中国财政经济出版社，1996，第1版，第40页。

会保障制度没有大幅度上升，中国的中等收入社会将是有缺陷的。当然，这在一定程度上也与传统有一定关系。如当时已处于中等收入阶段的韩国和新加坡的老年人靠年金和社会福利的比例分别为6%和16%，而依赖家庭的比例分别为64%和85%。

4. 老年人从生活不能自理到去世间隔看子女的照料负担

老年人从生活不能自理到去世间隔时间长短，直接体现家庭照料负担的轻重。

一般说来，65岁以上老年人去世前可能会有多次生活不能自理的阶段，而对多数老年人来说，去世前生活不能自理应该是程度最重、延续时间相对最长的。其对家庭成员的照料需求最大，子代也最为重视。故对此加以考察，有助于认识子代的照料负担。

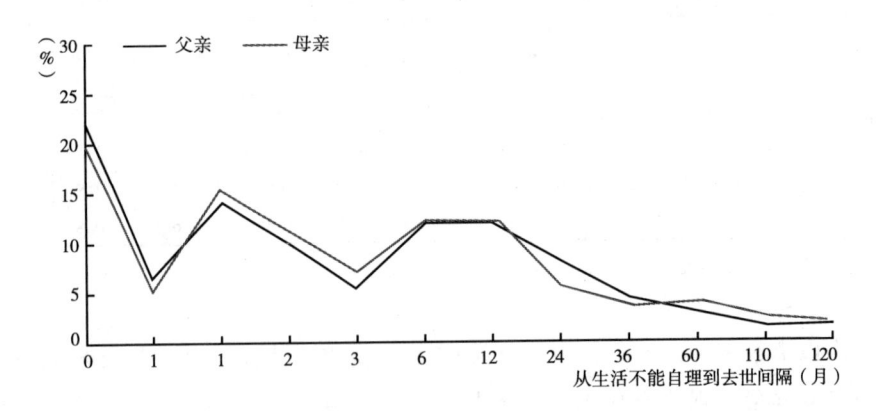

图5-8 七省区农村受访者65岁及以上父母生活不能自理至去世延续时间

资料来源：2010年七省区"城乡家庭结构与代际关系变动"调查数据。

根据图5-8，就基本趋向而言，农村受访者老年父母从生活不能自理至去世的时间构成相似。具体来看，有如下表现。

单项指标中，父母均以当天去世为最大，分别占21.97%和19.48%。这意味着约五分之一的老年父母因突发疾病去世。

父亲不足三个月去世者占52.44%，3个月以上不足一年去世者17.44%，一年以内合计69.88%；1年以上不足3年占19.93%，3年以上占10.20%。

母亲不足三个月去世者占51.14%，3个月以上不足一年去世者19.34%，一年以内合计70.48%；1年以上不足3年占17.76%，3年以上占11.75%。

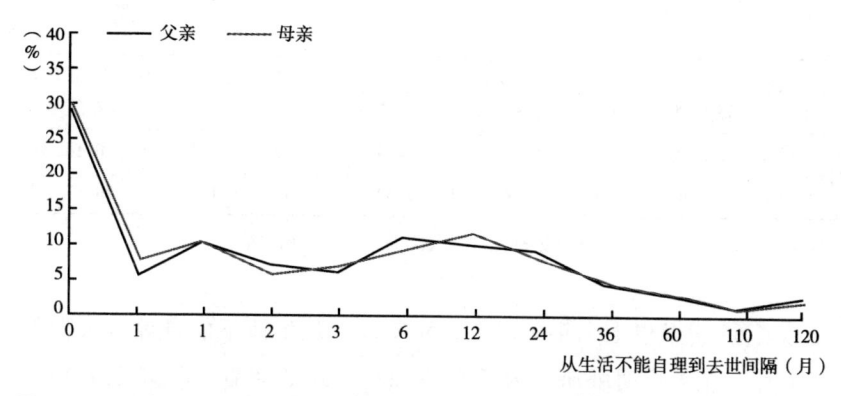

图 5-9　七省区城镇受访者 65 岁及以上老年父母生活不能自理至去世延续时间

资料来源：2010 年七省区"城乡家庭结构与代际关系变动"调查数据。

城乡受访者 65 岁及以上老年父母从生活不能自理至去世时间间隔有相似的表现，不过也有值得注意的差异，即城市受访者老年父母当天去世者高于农村，分别为 29.44% 和 30.34%。

图 5-9 显示，城镇受访者 65 岁以上父亲不足三个月去世者占 52.62%，3 个月以上不足一年去世者 17.09%，一年以内合计为 69.71%；1 年以上不足 3 年占 19.12%；3 年以上占 11.17%。

母亲不足三个月去世者占 53.89%，3 个月以上不足一年去世者占 16.57%，一年以内合计占 70.46%，1 年以上不足 3 年占 19.36%，3 年以上占 10.18%。

我们可将老年父母去世前生活不能自理时间分为以下几种类型，一是基本无照料（当天去世）、短期需人照料（3 个月以内）、中短期需人照料（3 个月以上不足一年）、中长期需人照料（一年以上不足三年）和长期需照料（三年以上）。

表 5-7　七省区受访者 65 岁及以上老年父母去世前被照料类型

单位：%

城乡别	父母	基本无需照料	短期需人照料	无照料和短期照料合计	中短期需人照料	中长期需人照料	长期需照料	中长期和长期照料合计	样本量
城市	父亲	29.44	23.18	52.62	17.09	19.12	11.17	30.29	591
	母亲	30.34	23.55	53.89	16.57	19.36	10.18	29.54	533

续表

城乡别	父母	基本无需照料	短期需人照料	无照料和短期照料合计	中短期需人照料	中长期需人照料	长期需人照料	中长期和长期照料合计	样本量
农村	父亲	21.97	30.47	52.44	17.44	19.93	10.20	30.13	883
	母亲	19.48	31.66	51.14	19.34	17.76	11.75	29.51	742

资料来源：2010年七省区"城乡家庭结构与代际关系变动"调查数据。

受访者65岁及以上老年父母中，50%以上从生活不能自理至去世的间隔不足三个月，并非长期卧床，为子女所照料。这意味着一半以上老年人并未给子代带来照料压力。一般来说，去世前不能自理生活一年以内者，也不会构成很大的照料压力。真正需要子女相对长期照料的65岁及以上老年父母占城乡约为30%，而其中久病在床、需人照料者刚超过10%。

通过以上分析，我们可以得出以下认识：

1. 随着人口预期寿命延长，当代多数家庭子代与亲代之间存在养老型代际关系。但子代对老年亲代的实际赡养有明显的城乡分野。

（1）城市中子代的"实质"性赡养责任逐渐被"形式"养老所取代，"刚性"供养变为"弹性"支持，亦即老年亲代对子代的供养需求大大减少，子代的赡养压力明显降低。社会养老保障制度的建立是形成这种局面的主要原因。

（2）养老保障制度尚未建立起来的农村，子代仍是老年父母的主要赡养者。但老年父母，特别是父亲，尽可能延长参加农耕及其他有收入劳动的时间，提高自养能力，来减少子代的赡养负担，他们甚至承担起外出就业子代所留下土地的耕作。整体看，当代城乡，功能性养老代际关系已经被削弱，甚至在某一方面基本不存在（如城市子代不必为有退休金的老年亲代提供生活费用）。

2. 老年人从生活不能自理至去世时间间隔表明，70%的老年人从生病至去世在一年之内，多数老年人并没有给子代带来很大照料压力。

3. 当代亲代与子代之间抚育与反哺之间的平衡已经或正在打破，当然传统时代父母早逝（未到老年就去世）比例较高也使不少家庭亲代投入与"收益"之间的平衡难以保持。这表明，亲代与子代之间虽存在交换的形式和抚育与反哺关系，但两者之间的平衡并非每个家庭都存在。就当代城市而言，社会养老保障制度和社会服务的引入是这种状态形成的直接原因。

第三节　城乡二元社会老龄化问题各异

在中等收入阶段，随着城市化水平提高，中国社会的城乡二元特征将会淡化。不过当前的二元社会与20世纪80年代之前又有显著差异：农村劳动力非农就业普遍化，人口流动活跃，封闭的城市二元社会已经被打破。就目前来看，城乡老龄化问题既有差异，又有共性。

1. 农村社会的养老问题

（1）老年人家庭资源支配能力下降与高度依赖家庭养老之间发生矛盾

由于社会转型，代际之间财富构成出现分化，老年亲代经济支配能力下降。传统的家庭养老安排往往建立在长辈掌握一定生存资源（土地和住房）基础上，且这些资源也是子代维持生存所不可缺少的。但在当代农村，土地为集体所有，但人均耕地有限，农民从中所获得的收入有限。从就业方式上看，中老年亲代务农比例相对较高，成年子代以出外从事非农活动为主，子代收益明显高于亲代。传统时代，子代从亲代继承财产是财富的主体，由此，子代尚有较强的感恩之心；而在当代，子代的财富主体由自己工作获得，这一点中年子代与老年亲代相比更为突出。一旦父母年老，完全依赖子女供养时，其对子女基本上不具有制约能力，完全被动地接受子代的赡养行为。他们往往尽可能降低自己的生活需求。

这种养老方式下，被赡养的老年人对子女来说，变成"累赘"。当然，由于有法律的制约，子女推诿赡养义务的行为比较少见，但冷落老人的现象则具有普遍性。多数老年人往往享受不到有尊严的老年生活。正因为有这种担忧，老年人尽可能延长自食其力的时间。

（2）家庭主要劳动力离乡就业与抚养—赡养义务履行缺失的困难

家庭养老是建立在老年人与子女（至少一个子女）同地居住基础上。目前农村劳动力转移已由20世纪80年代和90年代中青年男性劳动力为主向已婚者全家一起出外、相对长期居住在打工地区为主转变。在老年人身边行使直接赡养、照料责任的子女减少。

还要看到，在农村独生子女家庭虽然不多，但两个及以下少子女生育行为已经基本形成。家庭养老的承担者也在急剧萎缩。

值得注意的是，在社会转型初期，伴随着农村劳动力大规模的非农转移，隔代家庭在劳动力流出比较多的地区呈现出很高的增长率，"留守儿童"主要生活在这类家庭中。就目前现实情况而言，进城务工的已婚农民多数不把城市作为最终归宿，只是其临时谋生场所。这既有政府户籍政策限制的原因，也有初级迁移者工作预期不稳定、减少迁移成本的考虑。隔代家庭中，主要是老年人照料未成年孙子女。老年父母不仅难以从子辈那里获得照料，且不得不尽其所能帮助子辈。

（3）家庭抚养子女与赡养老人投入的不协调

在农业社会向工业社会、农业就业为主向非农就业为主转型初期，子女就业社会化，父母对其未来就业有竞争增强的预期，他们往往将有限的收入向子女教育投资倾斜。而在既有未成年子女，又有老人的家庭，偏向"抚养"投入的特征则比较显著。就现状来看，多数农村家庭的收入大为改善，但尚难称富足。处于中年的一代上有老、下有小，当二者对其均有高度依赖时，往往优先考虑子女的需求，降低老年父母的赡养水准。

（4）社会保障制度缺乏

在社会转型初期，农村家庭养老的基础已经不稳固，甚至显现出某种危机。老年人对社会养老保障有高度期待和需求，但多数农村社会养老保险制度处于起步阶段，以村庄为单位的社会养老服务机构建设在绝大多数地区还是空白。

可见，农村家庭养老所遇到的问题多与转型初期中青年劳动力的就业和生存方式发生改变而老年人仍保持着农业社会的生产和生活方式有关，家庭在农业社会中所承担的一些功能没有发生同步变动。

2. 城市社会的养老问题

（1）少子生育下，家庭照料资源不足

对目前城市的多数老年人来说，家庭供养模式已经发生转变。退休金和医疗保险制度的相对完善，使他们基本上不需要子女提供赡养费用。但当生活不能自理时，子女给予照料仍是必不可少的。而20世纪70年代以来的少子生育使家庭照料老年长辈的人力资源明显萎缩，甚至出现缺位。

1990年人口普查中有64岁以下妇女活产和存活子女数量统计，借此可对2010年老年人子女构成有所认识。1990年45岁以上组2010年处于65岁以上组。

根据表5-8，1990年，无论城乡，40岁以上组平均子女数超过2个，平均儿子数则在1个以上。在理论上老年父母尚有可以依赖照料的子女。其前提是老年亲代与中青年子代同地居住，而当代子代异地就业增多则使父母可依赖照料的子女减少。

表 5-8　1990 年"四普"数据妇女存活子女数
对目前老年人子女构成的透视

单位：个

年龄组	平均存活子女数			平均存活儿子数		
	市	镇	县	市	镇	县
30~34	1.07	1.78	2.17	0.55	0.93	1.14
35~39	1.33	2.21	2.60	0.68	1.15	1.34
40~44	2.01	2.88	3.24	1.03	1.47	1.67
45~49	2.67	3.58	3.95	1.37	1.84	2.03
50~54	3.20	4.12	4.45	1.65	2.13	2.30
55~59	3.66	4.49	4.68	1.88	2.32	2.43
60~64	3.90	4.38	4.42	2.02	2.29	2.31

资料来源：根据 1990 年第四次全国人口普查 1% 抽样数据库整理计算。

更为值得关注的是，目前城市即将进入老龄群体的 50 岁以上、60 岁以下者，则多数只有一个子女，40% 左右者没有儿子。未来他们中不少人将难以指望子女承担照料之责。

（2）居家养老模式下，社区养老服务欠缺

中等收入阶段，居家养老仍将是老年人度过晚年的主要形式。而当家庭养老资源短缺之时，将是社区服务跟进之时。

从家庭功能上看，社会转型实际上是家庭更多功能的社会化，是社会保障、社会福利和社会服务的建立和完善。从本质上讲，这也是家庭生产功能、就业功能社会化的必然要求。

这一点虽已被人们所认识，但除少数大城市外，对其落实尚未提上议事日程。离开了家庭成员，那些生活自理能力降低的老人生活将陷入困境。

（3）现有机构养老存在诸多不规范

目前除少数高收费的商业养老机构条件稍好之外，其他中、低档养老机构有以下缺陷：服务不规范，尚缺少一支稳定且受过专业训练的服务队伍；设施不规范，设备简陋，只能提供最低的生存需求；监管不到位，没有对其服务标准、质量和水平进行有效监督的部门。正因为如此，不少老年人视机构养老为畏途。

（4）老年人晚年生活清净与孤独并存

中国目前城市的老年人多受过初中以上文化教育，而且从机关事业单位退休的老年人接受过大专以上教育的比例较高。与上一代老年人不同,他们中不少人倾向单独居住,以获得清净的生活环境。但这又难免孤寂之感。

在社会转型过程中,家庭的"现代"转向会使原有功能发生改变,这需要社会组织帮助家庭成员找到替代旧功能的途径。同时,它也要求公共部门对已有制度适时调整,形成新的规则。维护家庭稳定的"传统"方式已经削弱,新的有效措施要及时跟进,否则,老年人对转型社会的不适应将会增强。

第二章

社会转型时期老年人生存状态

一般来说,中国当代的转型社会是城市化进程加速、劳动力城乡和区域流动频度提高的阶段,同时也是社会养老保障制度普遍建立和完善的时期。然而,也必须看到,虽然目前社会养老保障制度、医疗保险制度等已经基本建立,但却并未实现全面覆盖。这种状况不仅表现在城乡之间,而且城市内部也是如此。对绝大多数老年人来说,家庭仍是其度过晚年生活的基本载体。而且家庭成员在老年亲属的赡养,特别是生活不能自理时的照料中承担着主要责任。这一部分将以家庭为基础考察中等收入阶段、社会转型时期老年人的生存状态,从老年人居住方式、生活费用来源和照料提供等方面认识中等收入阶段老年人的生存质量和问题。

第一节 老年人居住方式既延续传统又有现代趋向

中国家庭的核心化在新中国成立以后开始加速,并于20世纪六七十年代基本实现(王跃生,2009)。根据1982年第三次和1990年第四次全国人口普查数据,农村核心家庭所占比例分别为67.95%和69.88%,城市分别为69.08%和71.47%。2000年第五次人口普查显示,农村核心家庭稍有下降,为66.27%;城市仍保持在高位,为71.44%。2000年生活在不同类型家庭的65岁以上老年人男女分别为99.60%和99.75%。这表明,城乡绝大多数65岁以上老年人为居家养老。

1. 20世纪80年代以来社会变革之下老年人居住方式的变动

这里,我们主要以20世纪80年代以来三次人口普查数据为基础考察老年人居住方式在重要社会变革时期所发生的变动。

根据表5-9,在家庭户整体上以核心化为主导的时代,65岁以上老年人与一个已婚子女同住、形成直系家庭是最主要的居住方式。1990年与1982年相比,城乡之间直系家庭基本上没有差异,甚至城市老年人与已婚子女同住比例稍高于农村。2000年农村基本未变,城市下降至51.07%。与此同时,城市老年人在核心家庭、单人户等小家庭中生活的比例达到47.73%,镇和农村分别为45.73%和41.15%。2000年城镇老年人中超过三分之一(38%)为完全独立居住。就总体而言,至2000年,尽管城乡65岁及以上老年人单独生活增加了,但与子女共同居住的主流没有发生根本改变。

表5-9 1982年以来三个时期全国城乡65岁及以上老年人居住方式

单位:%

时间	市镇县别	核心家庭	其中夫妇家庭	直系家庭	复合家庭	单人户	缺损家庭	其他	夫妇家庭和单人户合计
1982年	市	24.93	12.77	60.07	2.37	11.86	0.56	0.21	24.63
	镇	25.93	14.47	56.04	1.77	15.73	0.37	0.16	30.2
	县	27.47	13.58	58.49	1.17	12.33	0.28	0.25	25.91
1990年	市	26.79	17.47	59.81	3.95	8.76	0.47	0.23	26.23
	镇	30.61	19.61	56.71	1.65	10.60	0.27	0.16	30.21
	县	29.15	16.41	59.41	1.29	9.88	0.23	0.05	26.29
2000年	市	37.33	28.51	51.07	1.20	9.91	0.08	0.41	38.42
	镇	34.04	27.00	53.15	1.12	11.03	0.26	0.40	38.03
	县	31.62	21.73	58.18	0.67	9.28	0.12	0.13	31.01

资料来源:根据1982年第三次全国人口普查1%抽样数据库、1990年第四次全国人口普查1%抽样数据库、2000年第五次全国人口普查长表1%抽样数据库整理计算。

2. 2010年七省区老年人居住方式

在此,我们想从两个视角加以考察,一是受访者户内65岁及以上老年人居住方式,二是受访者65岁及以上老年父母居住方式(第一种统计中缺少未与受访者共同生活老年父母的信息,特别是已婚女性多未与父母共同生活。这一视角可弥补分析的不足)。

第二种方式是从子女角度观察其老年父母的居住方式。这种方法可以避免不能接受访谈老年人(如单独居住失能、靠人照料者,有交流障碍者等)信息缺失的问题,有助于认识居住方式中的代际关系。其不足是,那些没有子女的老年人的信息则不能得到。但目前65岁及以上的老年人绝大多数有子女，根据1990年人口普查数据1%抽样数据库统计，当时农村45岁妇女有儿比例为94.1%，有女无儿比例为4.71%，无儿无女比例为0.92%，50岁组三项指标分别为94.51%、4.71%和1.19%；55岁组为93.68%、4.12%和2.19%。20年后的2010年，这些人正是老年人的主体。

需要指出，城市受访者父母并不一定都住在城市（多数在城镇居住），但即使如此，其父母与农村受访者父母的居住区别也有明显不同（亲子异地居住会使父母独立生活增多）。

从表5-10和表5-11可以看出，这两个视角的结果有相似之处。特别是老年人在直系家庭生活比例基本相同，且为最主要居住方式。但单人户差距较大。或许是前者中低龄老年人比重较大，后者中高龄父母比例较高。根据本调查数据，家庭户65岁以上老年人农村男女分别为72.20岁和73.62岁，城镇分别为72.61岁和73.13岁，受访者65岁以上父母农村分别为74.15岁和75.33岁，城镇为75.18岁和76.23岁。两个视角男女老年人指标整体相差3~4岁，应该说并非有很大差别。或者后者中丧偶者增多，从而增加单独生活比例。

表5-10 七省区城乡家庭户65岁及以上老年人居住方式

单位：%

类别	夫妇核心	标准核心	单亲家庭	扩大核心	三代直系家庭	二代直系家庭	四代直系	隔代直系家庭	复合家庭	单人户	夫妇家庭和单人户合计	样本量
城镇	34.99	5.79	1.35	0.67	36.88	7.40	2.42	4.71	0.81	4.98	39.97	743
农村	21.60	3.95	1.05	0.81	45.88	10.57	5.81	4.65	1.16	4.53	26.13	861
总体	27.81	4.80	1.18	0.75	41.71	9.10	4.24	4.68	1.00	4.74	32.54	1604

注：本表数据中包括65岁及以上受访者及与其共同生活、年龄在65岁及以上成员。
资料来源：2010年七省区"城乡家庭结构与代际关系变动"调查数据。

表5-11 七省区城乡受访者65岁及以上老年父母居住方式

单位：%

类别	核心家庭	其中夫妇家庭	直系家庭	单人户	轮养	其他	夫妇家庭和单人户合计	样本量
城镇	25.91	24.09	50.14	20.47	2.51	0.97	44.57	718
农村	20.40	17.87	60.20	14.71	4.06	0.63	32.58	1108
总体	22.56	20.32	56.24	16.98	3.45	0.77	37.29	1826

资料来源：2010年七省区"城乡家庭结构与代际关系变动"调查数据。

这里着重对第二个视角的数据进行分析。

根据表5-11，2010年，城镇地区老年居住类型直系家庭与非直系家庭基本上持平。具体来看，直系家庭在单项家庭中比例最大；核心家庭居于第二位，其主体是老年夫妇家庭；单人户居第三位。这三类家庭是老年人生活的主要家庭形式。农村老年人在直系家庭生活的比例超过60%，而在夫妇家庭和单人户生活的比例则低于城镇。若将这一调查与2000年第五次人口普查数据相比，老年人单独居住（包括夫妇家庭和单人户）比例稍有上升，直系家庭城市稍有降低，农村则小幅增长。总体看，间隔十年之后，城乡老年人居住方式变动并不很大，表现出一定程度的稳定。相对于2000年普查数据，2010年为区域抽样调查数据，并且分类也有小的差异（后者分出轮养家庭，普查数据则可能将其计入直系家庭，形成虚拟直系家庭）。

轮养是多子家庭的一种养老形式，我国不少地区有这种习惯。2000年"中国老年人口状况一次性抽样调查"和2006年"中国城乡老年人口状况追踪调查"组织者注意到这种现象。按照2006年调查数据，农村轮养老人占5.09%，城市为4.60%（郭平、陈刚，2009）。我们组织的调查数据中，轮养比例稍低一些。轮养与地方习俗有很大关系。2008年我们在冀东调查发现，65岁及以上老年人被轮养者为15.62%（王跃生，2009）。就当代而言，随着70岁以上多子老年人逐渐去世，这种现象将会大大减少，乃至消失。

受访者65岁及以上老年父母的居住方式与父母存殁状态有一定关系。

相对来看，丧偶父亲或母亲与已婚子女生活的比例高于父母健在者。这表明，对老年人来说，丧偶直接降低了其生活自理能力。城市老年父母健在时，多选择单独生活，形成夫妇家庭居制。这种选择差异与父母年龄有关，即父母一方健在类型中父母及父母一方年龄高于父母双方健在类型，前者因年龄大而倾向于选择与一个已婚子女共同生活。根据对父母亲年龄统计，城镇父亲中，父亲一方类型中，父亲平均年龄为76.90岁，父母双方健在类型中，父亲平均年龄为76.15岁；农村父亲这两项平均年龄分别为77.36岁和76.76岁。可见后者稍低于前者，但差距很小。母亲样本中，城镇两项平均年龄分别77.81岁和73.76岁，农村为79.20岁和73.31岁，后者低于前者5岁左右。两者中，两类父亲中的平均年龄差异很小，母亲之间虽有差异，但也非高龄和低龄之别。

农村老年父母无论双方健在还是丧偶，均以同一个已婚子女共同生活为主。不过，父母健在时，老夫妇单独生活超过40%。城镇父母均健在时近60%单独生活；丧偶后则与一个已婚子女共同生活占多数，单人户在两种类型中接近或超过三分之一。

表5-12 七省区城乡不同生存状态65岁以上老年人居住方式

单位：%

城乡别	父母存故构成	核心家庭	其中夫妇家庭	直系家庭	单人户	轮养	其他	夫妇家庭和单人户合计	样本量
城镇	父故母存	1.00	0.00	60.54	33.11	4.01	1.34	33.11	299
	父存母故	0.90	0.00	51.35	43.24	2.70	1.80	43.24	111
	父母健在均65岁以上	59.06	56.30	39.76	0.00	0.79	0.39	56.30	254
	父母健在一方65岁以上	59.26	55.56	38.89	0.00	1.85	0.00	55.56	54
	城镇总体	25.91	24.09	50.14	20.47	2.51	0.97	44.57	718
农村	父故母存	2.55	0.00	65.11	25.32	6.60	0.43	25.32	470
	父存母故	2.37	0.00	63.31	26.04	5.33	2.96	26.04	169
	父母健在均65岁以上	46.24	43.45	52.37	0.00	1.39	0.00	43.45	359
	父母健在一方65岁以上	40.00	38.18	60.00	0.00	0.00	0.00	38.18	110
		20.40	17.87	60.20	14.71	4.06	0.63	32.58	1108

资料来源：2010年七省区"城乡家庭结构与代际关系变动"调查数据。

根据2010年七省区调查数据，我们可以得出这样的认识，受访者老年父母的居住方式，农村以与已婚子女组成直系家庭为主，单人户和夫妇空巢家庭为辅；而城市则表现出老年父母与已婚子女同住和单独居住并存的局面。

3. 老年人去世前居住方式

以往家庭调查对老年父母去世前夕的居住方式较少关注。我们认为，这是老年人生活历程的末端。从家庭生命周期角度看，这一阶段其子女多已结婚，分出单过占多数。与此同时，老年父母去世前又是相对体弱多病阶段，其对子女的赡养、照料依赖性也较强。对此加以研究，将加深我们对老年人生存方式和亲子依存程度的认识。

考察不同时期去世的老年亲代居住方式会有差异，这里，我们将受访者父母去世年代分为四个时期。

根据表5-13数据，在农村，受访者老年父亲各个时段去世前均以同一个已婚子女共同生活为主。单独生活1990年约占四分之一，2000年后则超过

30%。1990年前去世父亲同未婚子女生活占一定比例，这可能与该组人生育高峰期处于20世纪50年代和60年代，生育子女多有关。其中一部分父亲去世时，尚有子女未婚。

表5-13 七省区城乡受访者65岁及以上父亲去世前居住方式

单位：%

城乡别	父亲去世时间	单人户和夫妇家庭合计	核心家庭	直系家庭	轮养	其他	样本量
城镇	1990年前	35.23	12.95	49.74	1.55	0.52	194
	1991~2000年	44.02	2.72	48.91	4.35	0.00	184
	2001~2005年	48.89	1.11	46.67	3.33	0.00	91
	2006~2010年	50.00	1.82	45.45	2.73	0.00	110
	合计	42.98	5.72	48.18	2.95	0.17	579
农村	1990年前	24.79	8.55	63.25	3.42	0.00	236
	1991~2000年	32.26	3.94	59.86	3.94	0.00	281
	2001~2005年	33.33	2.26	61.02	3.39	0.00	178
	2006~2010年	32.98	1.60	58.51	6.38	0.53	189
	合计	30.64	4.33	60.71	4.21	0.11	884

资料来源：2010年七省区"城乡家庭结构与代际关系变动"调查数据。

城市1990年前和2000年前去世老年父亲与已婚子女组成直系家庭比例最大，以后两个时期则单独生活比例最高。1990年前去世老年父亲与未婚子女共同生活所形成的核心家庭比例较高，其原因与农村相似。

总体来看，农村受访者老年父亲去世前与已婚子女共同生活为主，而城市老年父亲去世前则形成与子女共同生活和单独生活并存的局面。

从整体上看，在农村，相对于老年父亲，老年母亲去世前更倾向于与已婚儿子生活在一起。城市也有这种表现。各时期老年母亲均以和已婚儿子同住为最大比例。这种状况与家庭生命周期中，父亲相对母亲去世要早有关（按照中国多数地区的婚姻习惯，初婚时以丈夫年龄大于妻子为主）。父亲去世前，多处于夫妇健在阶段，独立愿望较强。而父亲去世后，年迈的老年母亲生活自理能力下降，则可能与已婚子女共同生活。

就农村而言，从1982年到现在，65岁以上老年父母与一个已婚子女（主要是儿子）共同生活形成直系家庭是其主要的居住选择。城市1990

年之前 65 岁以上老年人的居住方式也以同已婚子女共同生活为主，2000 年后独居倾向增强，至目前基本形成单独居住和与已婚子女同住并存的局面。

表 5-14　七省区城乡受访者 65 岁及以上母亲去世前居住方式

单位：%

城乡别	母亲去世时间	单人户和夫妇家庭合计	核心家庭	直系家庭	轮养	其他	样本量
城镇	1990 年前	35.61	10.61	50.76	2.27	0.76	135
	1991~2000 年	28.57	3.17	65.08	3.17	0.00	129
	2001~2005 年	34.19	3.42	51.28	10.26	0.85	118
	2006~2010 年	37.70	0.82	59.02	1.64	0.82	122
	合　计	34.00	4.63	56.54	4.23	0.60	504
农村	1990 年前	29.93	6.12	61.22	2.72	0.00	149
	1991~2000 年	23.75	2.50	68.75	4.58	0.42	243
	2001~2005 年	29.37	2.10	65.03	3.50	0.00	148
	2006~2010 年	23.27	1.89	69.81	5.03	0.00	161
	合　计	26.12	3.05	66.62	4.06	0.15	701

资料来源：2010 年七省区"城乡家庭结构与代际关系变动"调查数据。

中国当代老年人在生命周期最后阶段以空巢和家庭解体的方式（单人独居）生活的比例尽管在上升，并且在城市老年人中超过了 40%，但整体看，尚没有成为主流行为。

我们认为，老年父母与子女，保持共同生活形式，其积极作用在于，代际日常互助功能得以保持，老年人孤寂状态将会减少。当然，这应建立在亲子代均为主动选择且较少矛盾冲突的基础上。

中国目前 65 岁以上老年人中绝大多数有两个以上子女，并且多有 1 个以上儿子。这是老年人与已婚子女组成直系家庭基本的"人力资源"条件。随着独生子女父母进入老年，这一基础将被大大削弱。即使不考虑子女离开父母到外地工作这一因素，结婚子女仍依照传统的"妻随夫居"、"子随父居"方式安排居住，理论上也只有 50% 的老年人有组成直系家庭的可能。而将居住偏好（独立生活倾向增强）和子女到外地工作比例提高这些因素考虑在内，不难看出，未来老年人与已婚子女共同生活的比例将会进一步降低。居家养老的老年人对社会服务的需求将明显增强。

第二节 老年亲代对子代经济依赖度降低

1. 65 岁及以上老年人生活费用来源

（1）老年人生活费用来源

2010 年七省区"家庭结构和代际关系"调查问卷中，设计有"您现在的生活费用主要由谁提供？"和"您与子女是否商定了赡养标准？"两个问项，分析老年人的生活费用供给情况。结果表明，农村老年人依赖儿子、女儿或儿女共同养老的比例较高，其中依赖儿子比例最高，其次为靠自己工作；城镇逾三分之二的老年人靠离退休金养老，依赖儿女比例相对较低（见表 5-15）。城镇人口中在正规企事业单位和机关工作的比例较高，多数老年人退休后享受到社会养老保障待遇；而在农村，由于社会养老保障制度缺失，老年人多依赖子女养老；部分尚有劳动能力的老人则通过自己劳动生活。另外，在由儿子、女儿或子女供养的多子女老人中，仅 4.4% 的老年被访者与子女商定了赡养标准，且赡养标准主要以子女给钱为主。这在一定程度上也说明，家庭养老的规范性不够，老年亲代生活来源的稳定性会受到影响。

表 5-15 七省区老年人生活费用来源

单位：%

类型	农村	城镇	城乡总体	类型	农村	城镇	城乡总体
儿 子	43.87	10.20	26.00	离退休金	9.29	67.11	39.97
女 儿	3.72	0.99	2.27	其他亲属	5.58	6.25	5.93
子 女	10.41	4.28	7.16	政府低保	0.74	1.97	1.40
配 偶	3.35	4.28	3.84	其 他	43.87	10.20	26.00
孙子女	0.37	0.00	0.17	样本数	269	304	573
自己的工作	22.68	4.93	13.26				

资料来源：2010 年七省区"城乡家庭结构与代际关系变动"调查数据。

分年龄看，城镇 65~69 岁和 70~74 岁老年人的生活费用来源以离退休金为主，农村主要来源于儿子和老年人自己的工作；75 岁及以上城镇老年人生活费用主要来源于离退休金，农村老年人主要来源于儿子供给；仅80岁及以上老年人存在依赖孙子女养老的情况。另外，政府最低生活保障在老年人生活中也起到一定作用；依靠抚恤金两类相对较少（见表5-16）。

表5-16 七省区不同年龄段老年人生活费用来源

单位：%

类型	65~69岁		70~74岁		75~79岁		80岁及以上	
	农村	城镇	农村	城镇	农村	城镇	农村	城镇
儿子	21.93	5.92	11.15	2.3	7.43	1.64	3.35	0.33
女儿	1.12	0.00	1.86	0.33	0.37	0.33	0.37	0.33
子女	4.83	1.64	2.6	0.66	2.60	1.32	0.37	0.66
配偶	2.60	0.99	0.74	2.30	0.00	0.66	0.00	0.33
孙子女	0.00	0.00	0.00	0.00	0.00	0.00	0.37	0.00
自己的工作	15.24	2.3	5.95	0.99	1.12	0.99	0.37	0.66
离退休金	4.83	26.64	2.97	22.04	1.12	12.50	0.37	5.92
政府低保	1.49	2.63	1.86	2.30	1.12	0.99	1.12	0.33
其他	0.37	1.32	0.37	0.33	0.00	0.00	0.00	0.33
合计	24.61	21.99	12.91	16.58	6.46	9.77	2.97	4.71
样本数	141	126	74	95	37	56	17	27

资料来源：2010年七省区"城乡家庭结构与代际关系变动"调查数据。

从婚姻状况看，目前无配偶（未婚、离婚及丧偶）的农村老年人主要依赖儿子提供生活费用，其次为自己的工作、政府低保，城镇老年人主要依赖离退休金，其次为政府低保和儿子供养；而初婚、再婚有配偶的农村老年人主要依赖自己的工作收入和儿子供养，城镇老年人则主要靠离退休金，儿子供养的比例相对较低（见表5-17）。

表5-17 七省区不同婚姻状况老年人生活费用来源

单位：%

类型	未婚[①]、离婚及丧偶		初婚、再婚有配偶	
	农村	城镇	农村	城镇
儿子	13.01	3.95	30.86	6.25
女儿	0.37	0.99	3.35	0
子女	3.35	2.3	7.06	1.97
配偶	—	—	3.35	4.28

续表

类型	未婚[①]、离婚及丧偶		初婚、再婚有配偶	
	农村	城镇	农村	城镇
孙子女	0.37	0	0.00	0.00
自己的工作	3.35	0.66	19.33	4.28
离退休金	0.37	9.21	8.92	57.89
政府低保	3.72	4.28	1.86	1.97
其他	0	1.32	0.74	0.66
合计	11.52	12.04	35.43	41.01
样本数	66	69	203	235

① 表中未婚者为未婚领养子女。
资料来源：2010年七省区"城乡家庭结构与代际关系变动"调查数据。

就家庭不同子女性别构成看，除依赖离退休金外，只有儿子的老年人靠儿子养老的比例约为36.6%，而只有女儿的老人靠女儿养老的比例仅为20%，儿女双全的老人靠子女共同养老的比例相对较低。这一结果表明，儿子为老年父母提供生活费的比例相对较高，儿子在养老中的作用明显高于女儿（见表5-18）。

表5-18 七省区不同子女性别构成的老年人生活费用来源

单位：%

类型	只有儿子	只有女儿	儿女双全	合计
儿 子	36.63	—	26.12	25.92
女 儿	—	20.00	1.18	2.45
子 女	—	—	8.94	7.18
配 偶	2.97	4.44	4.00	3.85
孙子女	0.99	0.00	0.00	0.18
自己的工作	11.88	8.89	13.88	13.13
离退休金	36.63	57.78	39.06	40.11
政府低保	6.93	6.67	5.41	5.78
其 他	0.99	2.22	1.41	1.40
样本数	101	45	425	571

资料来源：2010年七省区"城乡家庭结构与代际关系变动"调查数据。

从家庭子女数与老年人生活费用供给看，除离退休金外，不论孩子数，老年人靠儿子养老的情况依然高于依赖于女儿养老；在2孩及以上家庭中，子女共同养老的比例远低于儿子养老的比例。可见，儿子仍然是当前我国老年人养老的主要选择（见表5-19）。

表5-19 七省区家庭子女数与老年人生活费用来源

单位：%

类　型	独子/女	2个子女	3个及以上子女	合计
儿　子	36.00	16.39	27.82	25.92
女　儿	6.00	1.64	2.26	2.45
子　女	—	3.28	9.02	7.18
配　偶	2.00	5.74	3.51	3.85
孙子女	2.00	0.00	0.00	0.18
自己的工作	4.00	11.48	14.79	13.13
离退休金	38.00	59.02	34.59	40.11
政府低保	10.00	1.64	6.52	5.78
其　他	2.00	0.82	1.50	1.40
样本数	50	122	399	571

资料来源：2010年七省区"城乡家庭结构与代际关系变动"调查数据。

总体上看，65岁及以上老年人生活费用主要来源于离退休金，其次为儿子，依赖女儿或由子女共同养老的比例相对较低，政府最低生活保障在老年人生活中也起到了一定的作用。

（2）"父母养老主要靠谁？"

依据七省区调查数据，在家庭中有65岁及以上老年父母（父母均健在或父母一方健在）的被访者中25.7%的老年父母自己养老，约49.6%的老人由儿子赡养，6.9%的老年人由女儿供养，15.9%的老年父母由儿女共同赡养。

①不同子女数和子女性别构成下老年人生活费用来源

从家庭子女数量看，除依赖于老人的退休金、自己工作养老外，儿女仍然是老年人养老的主要提供者。独生子女家庭中，依赖于女儿养老的比例明显高于由儿子养老的情况；随着子女数的增加，由儿子或由儿女共同养老的比例逐步上升，而由女儿养老的比例有所下降（见表5-20）。另外，独生子女家庭中的老人靠政府救助、抚恤金等养老的比例高于多子女家庭，这也在一定程度上表明计划生育家庭,特别是农村计划生育家庭得到的来自政府的养老补助有所提高。

表 5-20 七省区不同子女数老人生活费用来源

单位:%

类型	独子/女	2个子女	3个及以上	总体
老人自己	30.77	38.36	24.5	25.74
儿子	20.51	41.78	50.46	49.12
女儿	38.46	15.07	6.7	8.05
儿女共同	—	3.42	16.7	15.28
其他	10.26	1.37	1.65	1.81
样本数	39	146	1641	1826

资料来源:2010年七省区"城乡家庭结构与代际关系变动"调查数据。

在子女报告的老年父母的养老情况中,仅有儿子的老人靠儿子养老的比例明显高于仅有女儿的老人靠女儿养老的比例;儿女双全的老人单靠儿子养老的比例高于单靠女儿和儿女共同养老的比例。可见,目前依赖儿子养老依然是老年人养老的主要选择(见表5-21)。

表 5-21 七省区家庭子女性别构成与老人生活费用来源

单位:%

类型	只有儿子	只有女儿	儿女双全	合计
老人自己	22.31	40.54	24.97	25.74
儿子	64.46	—	51.38	49.12
女儿	—	57.66	5.21	8.05
子女共同	—	—	16.88	15.28
其他	4.96	1.8	1.57	1.81
样本数	121	111	1594	1826

资料来源:2010年七省区"城乡家庭结构与代际关系变动"调查数据。

②分城乡

城镇老年人依靠自己工作或退休金养老的比例显著高于农村老年人;农村老年人依靠儿子养老的比例相对较高,而城镇老年人依靠女儿养老的比例略高于农村老年人；城乡老年人依赖儿女共同养老的比例差别不大（见图5-10）。

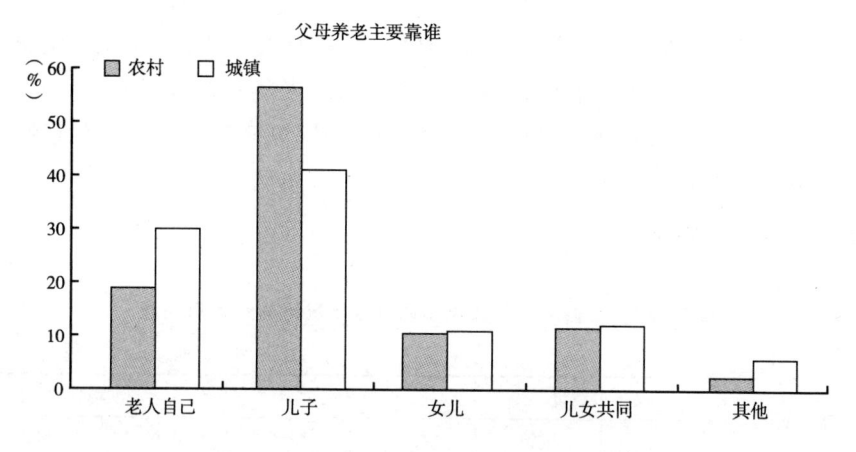

父母养老主要靠谁

图5-10 七省区城乡老年人生活费用来源

资料来源：2010年七省区"城乡家庭结构与代际关系变动"调查数据。

③分父母在世类型

总体上，儿子仍然是老年父母养老费用的主要提供者，女儿为父母提供经济来源的比例低于儿女共同为父母养老的比例；仅母亲在世时，其依赖儿子、女儿和儿女共同养老的比例高于仅有父亲在世和父母均在世时对子女的依赖比例（见图5-11）。

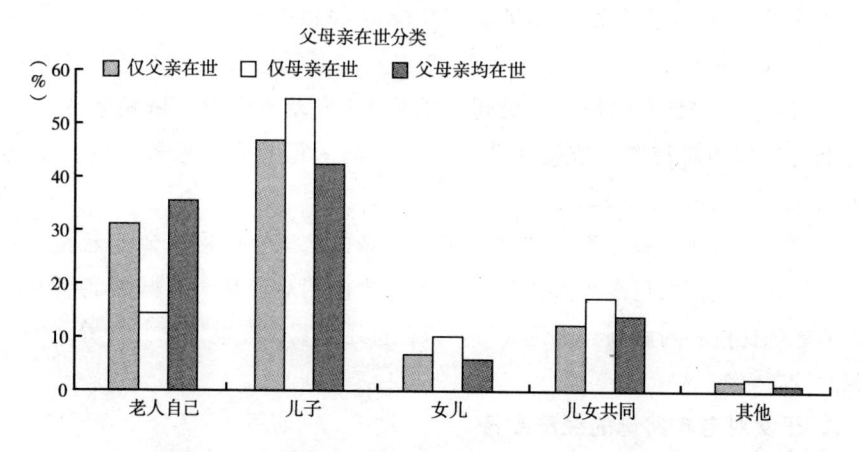

父母亲在世分类

图5-11 七省区老年父母不同在世类型下养老来源

资料来源：2010年七省区"城乡家庭结构与代际关系变动"调查数据。

从父母在世类型看，无论仅父亲在世或者仅母亲在世，还是父母均在世，农村地区儿子仍然是老年父母养老费用的主要提供者；仅母亲在世时，不论城乡，老人自己养老的比例均低于依靠儿子养老的比例；城镇地区仅父亲在世或父母亲均在世时，老人自己养老的比例均高于儿子养老的比例。总体上，农村老年父母依赖儿子养老的比例普遍高于城镇老年人，且当父亲在世时老人自己养老的比例明显高于仅母亲在世时的类型，一定程度上表明城镇老年人自身养老能力高于农村老年人，而男性老年人相对于女性老年人有更高的经济收益能力（见表5-22）。

表5-22 七省区老年父母不同存世状况下生活费用来源

单位：%

类型	仅父亲在世		仅母亲在世		父母均在世	
	农村	城镇	农村	城镇	农村	城镇
老人自己	20.15	50.00	8.13	24.83	23.84	53.13
儿子	58.56	28.75	62.50	43.38	53.97	26.95
女儿	6.08	8.13	8.96	12.58	5.75	6.25
子女共同	12.93	11.88	18.33	16.56	15.62	12.11
其他	2.28	1.25	2.08	2.65	0.82	1.56
样本数	263	160	480	302	365	256

资料来源：2010年七省区"城乡家庭结构与代际关系变动"调查数据。

④父母双方65岁及以上和父母一方65岁及以上

从父母的年龄看，父母双方均在65岁及以上时依靠儿子养老的比例明显高于父母一方在65岁的情况；父母一方在65岁及以上时，依赖老人自己工作养老的比例相对较高；依赖女儿或儿女共同承担老人养老负担的比例相对较低（见图5-12、5-13）。

总体上，从子女视角看，城镇老年人依靠自己工作或退休金养老比例显著高于农村老年人；农村老年人依靠儿子养老比例相对较高，而城镇老年人依靠女儿养老的比例相对较高；无论父母一方在世还是双方在世依靠儿子养老的比例均相对较高。

2. 子女对老年父母的经济支持

经济支持是子女给予老年父母养老支持的主要方面。

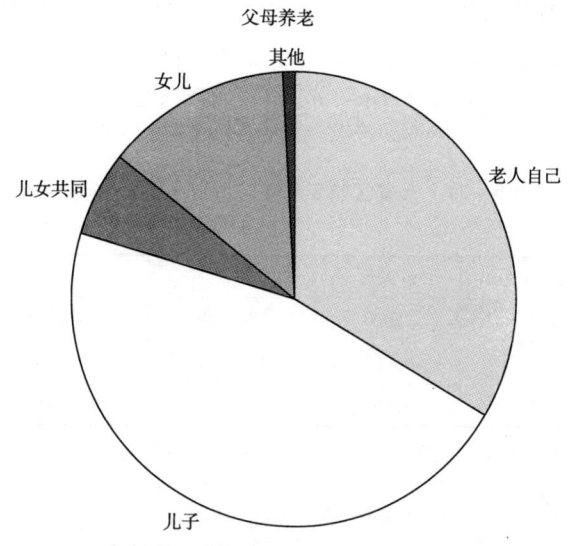

图 5-12 七省区父母一方在 65 岁及以上

资料来源：2010 年七省区"城乡家庭结构与代际关系变动"调查数据。

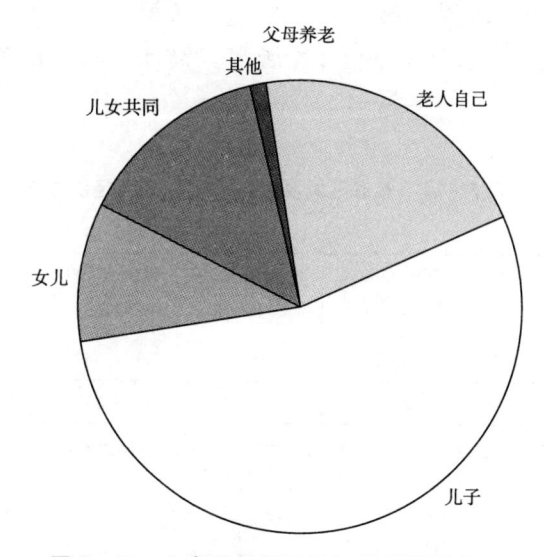

图 5-13 七省区父母双方在 65 岁及以上

资料来源：2010 年七省区"城乡家庭结构与代际关系变动"调查数据。

(1) 老年人自述

利用 2010 年七省调查数据中问项"过去 12 个月您给您父母的钱、食品或礼物等合计大约值多少人民币？"分析子女对父母的经济支持。结果表明，过去12个月约有23.9%的子女从不给父母钱、物。给父母的钱、物合计，最高者达60000元，平均水平为1015.06元（见表5-23）。

表5-23 七省区城乡老年人所获子女经济支持

单位：%

城乡别	最小值	最大值	均值	标准差	样本数
农村	0	25000	849.99	1716.376	946
城镇	0	60000	1186.65	3322.786	910
合计	0	60000	1015.06	2634.283	1856

资料来源：2010年七省区"城乡家庭结构与代际关系变动"调查数据。

①分城乡

分城乡看，老年人得到来自子女的经济支持存在较大差异，城镇老年人得到子女经济支持的平均水平高于农村老年人。城乡逾四分之一的子女从来不给父母亲钱、物，且这一比例城镇高于农村；子女每年给父母亲钱、物合计数低于1000元者居多，高于1000元者相对较少（见表5-24）。

表5-24 七省区城乡老年人所获子女经济支持

单位：%

城乡别	0元	0~200元	200~500元	500~1000元	1000~2500元	2500元以上	样本数
农村	21.46	19.66	25.05	18.39	8.88	6.55	946
城镇	29.12	12.20	19.78	19.01	9.34	10.55	910
合计	25.22	16.00	22.47	18.70	9.11	8.51	1856

资料来源：2010年七省区"城乡家庭结构与代际关系变动"调查数据。

②分年龄

分年龄段看，各年龄段均有逾20%的老年人过去一年内未得到子女的经济支持，多数65~69岁、70~74岁和75~79岁的老年人过去一年子女供给的钱、物合计在200~500元，而80岁及以上老年人过去一年来自子女的经济支持在500~1000元的相对较多（见表5-25）。

表 5-25 七省区不同年龄老年人所获子女经济支持

单位：%

年龄组（岁）	0元	0~200元	200~500元	500~1000元	1000~2500元	2500元以上	样本数
65~69	26.71	15.66	21.97	17.89	8.68	9.08	760
70~74	22.98	12.81	24.21	19.30	12.28	8.42	570
75~79	27.97	19.21	25.71	25.25	4.24	7.63	354
80+	20.35	21.51	12.21	27.33	10.47	8.14	172
合计	25.22	16.00	22.47	18.70	9.11	8.51	1856

资料来源：2010年七省区"城乡家庭结构与代际关系变动"调查数据。

③分婚姻状态

从老年人的婚姻状况看，未婚（领养子女者）、离婚和丧偶老年人过去一年获得子女经济支持的平均值明显低于初婚和再婚有配偶的老年人。目前无配偶老年人约23%、有配偶老年人约25%得不到子女的经济支持；无配偶老年人从子女处所得经济支持集中在1000元以内，有配偶老年人主要集中在500~1000元之间；老年人所得子女经济支持高于1000元者相对较少（见图5-14）。

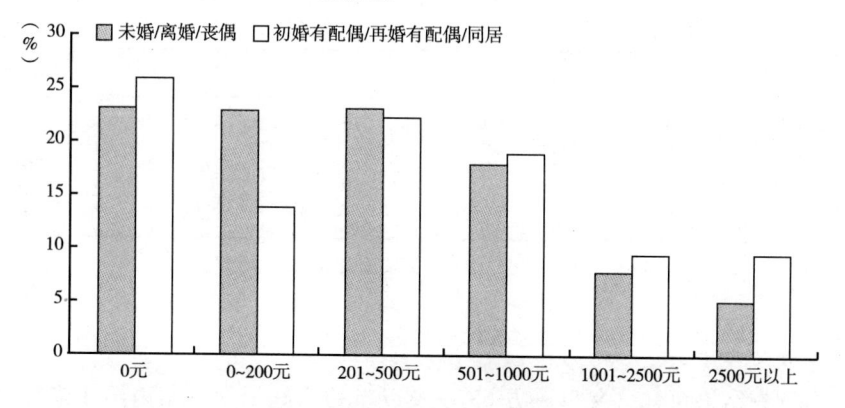

图 5-14 七省区不同婚姻状况老年父母所获子女经济支持

资料来源：2010年七省区"城乡家庭结构与代际关系变动"调查数据。

(2) 子女报告

利用 2010 年七省区调查数据，过去一年被访子女平均给父母钱、物合计约为 1142.72 元。

①分城乡

从城乡看，农村地区子女过去一年给父母的养老支持明显低于城镇，城乡子女对老人赡养费用支出具有显著差异（见表 5-26）。

表 5-26　七省区子女对父母养老的经济支持

单位：元

城乡别	最小值	最大值	均值	标准差	样本数
农村	0	30000	869.01	1644.015	1083
城镇	0	18000	1568.01	2252.936	697

资料来源：2010 年七省区"城乡家庭结构与代际关系变动"调查数据。

②分父母在世类型

由表 5-27 可知，仅有父亲或母亲一方健在的家庭，子女一年内给老年人的钱、物少于父母双方健在的家庭。仅父亲健在、仅母亲健在和父母双方健在三种状态下子女给老年人的钱、物存在较大差别。

表 5-27　七省区父母不同存世状态下子女所供给的生活费用

单位：元

父母存世类型	最小值	最大值	均值	标准差	样本数
仅父亲在世	0	18000	1146.28	1821.470	409
仅母亲在世	0	16800	1022.30	1650.037	762
父母双方在世	0	30000	1290.99	2299.282	609

资料来源：2010 年七省区"城乡家庭结构与代际关系变动"调查数据。

③分父母年龄

由调查结果可知，父母一方 65 岁及以上的家庭子女一年内给予老年亲代的经济支持均值略低于父母双方 65 岁及以上的家庭（见表 5-28）。

总体上，老年人除依赖退休金、自己工作养老外，儿子、女儿仍然是其养老费用的主要提供者，政府最低生活保障金在城乡老年人养老中所占比例相

表 5-28 七省区父母不同年龄构成下子女所供给的生活费用

单位：元

类 型	最小值	最大值	均值	标准差	样本数
父母一方 65 岁及以上	0	18000	1065.60	1712.111	1171
父母双方 65 岁及以上	0	30000	1290.99	2299.282	609

资料来源：2010 年七省区"城乡家庭结构与代际关系变动"调查数据。

对较低。分城乡看，多数城镇老年人靠离/退休金养老；而在农村，年老后部分有劳动能力的老人除靠自己的劳动养老外，靠儿子、女儿，或儿女共同养老占较高比例。还应看到这一点，农村依然流行"儿娶女嫁"和儿子继承家业的习俗，故此老年人靠同居或同村居住儿子养老的比例相对较高；随着子女数的增加，由儿子或儿女共同养老的比例逐步上升，而由女儿养老的比例有所下降。另外，从子女对老年父母养老的经济支持看，城镇老年人得到子女的平均经济支持高于农村老年人；未婚（领养子女者）、离婚和丧偶的老年人得到子女的经济支持平均值明显低于初婚和再婚有配偶的老年人。父母一方在 65 岁及以上时因另一方年龄相对较低，依赖老人自己工作养老的比例相对较高，父母双方均在 65 岁及以上时依靠儿子养老的比例明显高于父母一方在 65 岁及以上的类型。

第三节 家庭成员仍是老年照料的主要承担者

2005 年全国 1% 人口抽样调查结果表明，65 岁及以上的老年人中约 15.2% 生活不能自理，其中女性为 17.1%，男性为 12.9%[1]。2010 年七省区调查数据子女报告的父亲与母亲生活自理能力分析结果表明，47.16% 的父亲能自理能劳动，45.08% 能自理但不能劳动，仅有 7.77% 不能自理需要他人照顾；40.59% 的母亲能自理能劳动，50.36% 能自理但不能劳动，约 9.05% 不能自理需要他人照顾。这与前述研究一致。整体上，男性老年人自理能力高于女性老年人（见表 5-29）。

---

[1] 周国伟：《中国老年人自评自理能力：差异与发展》，《南方人口》2008 年第 1 期，第 51~58 页。

表 5-29　七省区子女报告的父母生活自理能力

单位：%

父母别	能自理能劳动	能自理但不能劳动	不能自理需人照料	样本数
父亲	47.16	45.08	7.77	1056
母亲	40.59	50.36	9.05	1547

资料来源：2010 年七省区"城乡家庭结构与代际关系变动"调查数据。

1. 日常生活照料

2010 年七省区调查数据表明，老年人自己认为日常生活中对其帮助最大者依次为：配偶、儿子、女儿、儿媳，所占比例平均分别为 41.2%、33.3%、13.6% 和 4.7%，女婿、其他亲属，以及政府养老机构所占比例较低。从性别看，对男性和女性老年人日常帮助最大者均主要为配偶和儿子，媳妇和女儿对女性老年人日常帮助略高于男性老年人（见图 5-15）。

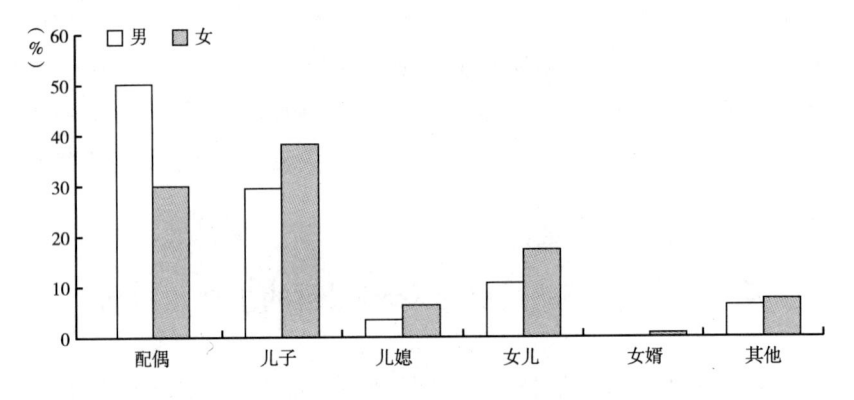

图 5-15　七省区老人自述的日常生活帮助人

资料来源：2010 年七省区"城乡家庭结构与代际关系变动"调查数据。

2. 老年人身体不好时的照料人

（1）老年人自述

根据 2010 年七省区调查数据，老年人自述身体不好时对自己照顾最多的依次为配偶、儿子、女儿和儿媳（见图 5-16）。

（2）子女报告

根据 2010 年七省区调查数据，子女报告的老年人身体不好时对其照顾最多的依次为老人的儿子、儿媳和女儿（见图 5-17）。

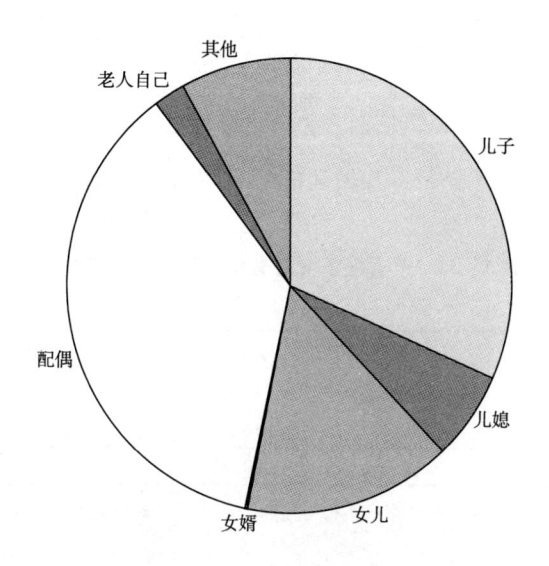

图 5-16　七省区老年人自述的身体不好时的照顾人

资料来源：2010 年七省区"城乡家庭结构与代际关系变动"调查数据。

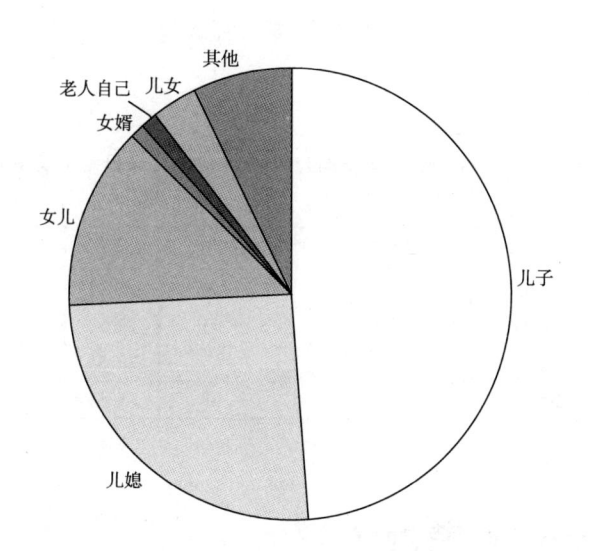

图 5-17　七省区子女报告的父母身体不好时的照顾人

资料来源：2010 年七省区"城乡家庭结构与代际关系变动"调查数据。

3. 子女对老人日常生活中的劳务支持

子女对老人日常生活给予劳务支持是家庭照顾的重要内容。利用 2010 年七省区调查数据分析 65 岁及以上老年人自述的子女帮助做家务情况发现，整体上约20.5%的子女几乎天天帮父母做家务，约7.2%的子女没有帮父母做家务，约31.6%的子女很少帮父母做家务，其余则每周、每月或一年帮父母做几次家务。分城乡看，农村地区子女几乎天天做或每周帮父母做几次家务的情况相对比城镇地区少，每月做几次的比例高于城镇（见表5-30）。

表5-30　七省区子女对老年父母日常劳务支持

单位：%

城乡别	每天都做	每周至少一次	每月几次	很少	没有做	样本数
农村	20.11	18.92	23.69	30.49	6.8	1089
城镇	21.1	21.24	16.74	33.19	7.74	711
合计	20.5	19.83	20.94	31.56	7.17	1800

资料来源：2010年七省区"城乡家庭结构与代际关系变动"调查数据。

在仅父亲在世、仅母亲在世和父母均在世三种情况中，每月几次、很少帮父母做家务的子女相对多于每天帮父母做家务的情况；没有帮父母做家务的子女所占比例相对较低。总体上，日常帮老人做家务的子女所占比例相对较低（见表5-31）。

表5-31　七省区子女对不同存世状况老年父母日常劳务支持

单位：%

父母存世状态	每天都做	每周至少一次	每月几次	很少	没有做	样本数
仅父亲在世	17.92	17.92	23.24	33.41	7.51	413
仅母亲在世	24.48	20.08	19.95	29.53	5.96	772
父母均在世	17.24	20.81	20.65	32.85	8.46	615
合　计	20.5	19.83	20.94	31.56	7.17	1800

资料来源：2010年七省区"城乡家庭结构与代际关系变动"调查数据。

4. 子女对老人日常生活中的情感支持

子女对老年人日常生活中的情感关心是老年人健康生活的重要方面。老年人对子女讲自己心事或困难时子女愿不愿意听是对老年人情感支持的主要体现。2010年七省区调查数据表明，约53.8%的子女总是愿意听老人讲自己的心事或困难，17.7%的子女有时不愿意听老人讲心事或困难，6.5%的子女总是不愿意听，而约21.9%的老人总是不愿意向子女吐露自己的心事或困难（见表5-32）。

表 5-32　七省区子女对老年父母的情感支持

单位：%

城乡别	总不愿意听	有时不愿意听	总愿意听	自己不愿意讲	样本数
农村	6.03	20.89	53.53	19.54	962
城镇	7.05	14.53	54.11	24.32	950
合计	6.54	17.73	53.82	21.91	1912

资料来源：2010 年七省区"城乡家庭结构与代际关系变动"调查数据。

从城乡看，城市老年人相对更不愿意对子女讲自己的心事或困难，且子女中总愿意听老人讲心事的比例也高于农村，不愿意或有时不愿意听老人讲心事的比例低于农村地区老年人的子女。从老年人婚姻状况看，有配偶的老年人愿意向子女吐露心事或困难的比例相对高于无配偶的老年人，有配偶老人的子女不愿意听老人讲心事或困难的比例高于无配偶的老人（见表 5-33）。

表 5-33　七省区子女对不同婚姻状况老年父母的情感支持

单位：%

婚姻状态	总不愿意听	有时不愿意听	总愿意听	自己不愿意讲	样本数
未婚/离婚/丧偶	6.30	20.65	48.91	24.13	460
初婚/再婚有配偶	6.61	16.80	55.37	21.21	1452
合计	6.54	17.73	53.82	21.91	1912

资料来源：2010 年七省区"城乡家庭结构与代际关系变动"调查数据。

由 2010 年七省区调查数据发现，总体上，配偶、儿子、女儿是老年人日常生活的主要帮助者，老年人身体不好时对其照顾最多的依次为老人的儿子、女儿和儿媳。日常帮老人做家务的子女所占比例相对较低，且存在城乡差异。近半数子女总是愿意听老人讲自己的心事或困难，城市老年人相对更愿意对子女讲自己的心事或困难，且子女中总愿意听老人讲心事的比例也高于农村，不愿意或有时不愿意听老人讲心事的比例低于农村地区老年人的子女；目前有配偶的老年人愿意向子女吐露心事或困难的比例相对低于目前无配偶的老年人，有配偶的老人的子女不愿意听老人讲心事或困难的比例低于无配偶的老人。

第四节 老年人生活方式城乡有别

1. 主要生活来源

由表5-34可知，农村老年人主要生活来源为自己的劳动收入和家庭其他成员供养，而城镇约66%的老年人主要依赖于离/退休金，家庭其他成员供养比例远远低于农村老年人。城乡依赖最低生活保障金生活的老人所占比例均较低（见表5-34）。依赖其他方式，诸如"五保户"、抚恤金、商业保险等方式养老的比例更低。虽然1997年、2007年城乡先后实施了最低生活保障金制度，但迄今最低生活保障金在城乡老年人养老中所起作用有限，当然其对少数经济困难老年人的帮助不可忽视。

表5-34 七省区老年人主要生活来源

单位：%

城乡别	劳动收入	离/退休金	失业保险金	最低生活保障金	内退生活费	财产性收入	家庭其他成员供养	其他	样本数
农村	40.89	8.55	0.00	6.32	0.37	1.12	41.64	1.12	269
城镇	7.24	65.79	0.33	6.91	0.33	0.00	18.09	1.32	304
合计	23.04	38.92	0.17	6.63	0.35	0.52	29.14	1.22	573

资料来源：2010年七省区"城乡家庭结构与代际关系变动"调查数据。

由2010年七省区调查数据可知，65岁及以上老人中约13.1%为单人户，且城镇地区高于农村地区；同时，约40.5%为老年夫妇户，这类空巢家庭在城镇地区尤为普遍。子女与独居老年人的居住距离会在一定程度上影响子女对老年人的日常照料。

2. 子女居住构成

由表5-35可知，从单人户与夫妇核心家庭老人子女的现居住地看，近80%居住在本市范围内，其中农村约30.5%的子女与老人同村居住，城镇约24%的子女与老人在同一社区居住。从子女居住地离父母亲的居住距离看，逾65%的子女居住地距离父母家在10公里以内，仅约21%的子女居住地离父母亲家超过50公里。可见，虽然子女不与老人共同居住，但其居住地多离老人住地较近，这在一定程度上也为日常照顾老人提供了方便（见表5-36）。

表 5-35　七省区独居老年人子女现居住地

单位：%

城乡别	本村/社区	本乡/街道	本区/县	本市	本省	外省	外国	样本数
农村	30.49	15.04	19.51	11.38	6.71	16.67	0.2	492
城镇	24.04	7.16	25.69	28.26	7.89	6.79	0.18	545
合计	27.1	10.9	22.76	20.25	7.33	11.48	0.19	1037

资料来源：2010 年七省区"城乡家庭结构与代际关系变动"调查数据。

表 5-36　七省区独居老年人现居住地离子女居住地距离

单位：公里，%

城乡别	0	0~2	2~5	5~10	10~20	20~50	50~100	大于100	样本数
农村	17.48	16.46	11.38	14.23	6.71	6.71	5.49	21.54	492
城镇	20.73	21.28	13.21	16.15	7.89	5.14	2.75	12.84	545
合计	19.19	19.00	12.34	15.24	7.33	5.88	4.05	16.97	1037

资料来源：2010 年七省区"城乡家庭结构与代际关系变动"调查数据。

3. 养老意愿

（1）养老应该靠谁

2010 年七省区调查数据中，近 50% 的老年人认为养老应该靠儿子，约三分之一的老年人认为应该靠自己，另外约 4.5% 的老年人希望依赖政府机构养老，还有较小比例认为应该靠配偶和女儿养老。以上结果表明，养儿防老观念在当前我国老年人中仍比较强（见图 5-18）。

分城乡看，农村老年人更多地想依靠儿子养老，其次为自己的劳动收入，而城镇老年人更多地希望依靠自己（离退休金），其次为儿子养老；城乡老年人选择依赖女儿或儿女共同养老者相对较少；城镇老年人希望靠政府机构养老的比例高于农村老年人。可见，城乡老年人的养老意愿存在一定差异（见表 5-37）。

分性别看，男女两性老年人依赖儿子养老的比例均较高，其次为靠自己的收入养老；女性老年人靠配偶、女儿养老的比例高于男性。男性和女性老年人在养老观念上存在一定差异（见表 5-38）。

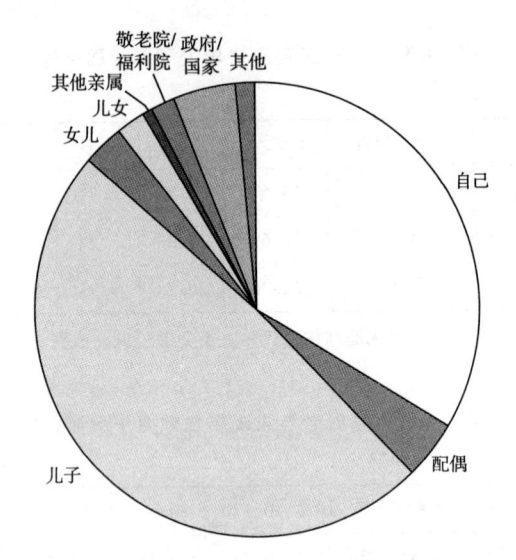

图 5-18 七省区老年人期望养老依靠对象

资料来源：2010 年七省区"城乡家庭结构与代际关系变动"调查数据。

表 5-37 七省区城乡老年人期望养老依靠对象

单位：%

类型	自己	配偶	儿子	女儿	儿女	其他亲属	敬老院/福利院	政府	其他	样本数
农村	20.82	2.60	66.91	1.49	2.23	1.12	1.12	2.23	1.49	269
城镇	45.07	5.59	32.57	4.28	1.97	0.33	2.30	6.58	1.32	304
合计	33.68	4.19	48.69	2.97	2.09	0.70	1.75	4.54	1.40	573

资料来源：2010 年七省区"城乡家庭结构与代际关系变动"调查数据。

表 5-38 七省区不同性别老年人期望养老依靠对象

单位：%

类型	自己	配偶	儿子	女儿	儿女	其他亲属	敬老院/福利院	政府	其他	样本数
男	37.3	2.51	48.28	2.51	1.25	0.31	2.51	4.08	1.25	319
女	29.13	6.3	49.21	3.54	3.15	1.18	0.79	5.12	1.57	254
合计	33.68	4.19	48.69	2.97	2.09	0.70	1.75	4.54	1.40	573

资料来源：2010 年七省区"城乡家庭结构与代际关系变动"调查数据。

（2）生活不能自理时最愿意与谁一起生活

老年生活不能自理时最愿意与谁共同生活？约 4.7% 的老人希望未来自己养

老，选择与儿子共同生活的比例约为52.7%，约7%的老年人选择与女儿生活，还有约6%的受访老年人未考虑这个问题，约5.9%的老人愿意入住敬老院或福利院。可见，儿子仍然是多数老人生活不能自理时共同生活的首选对象（见图5-19）。

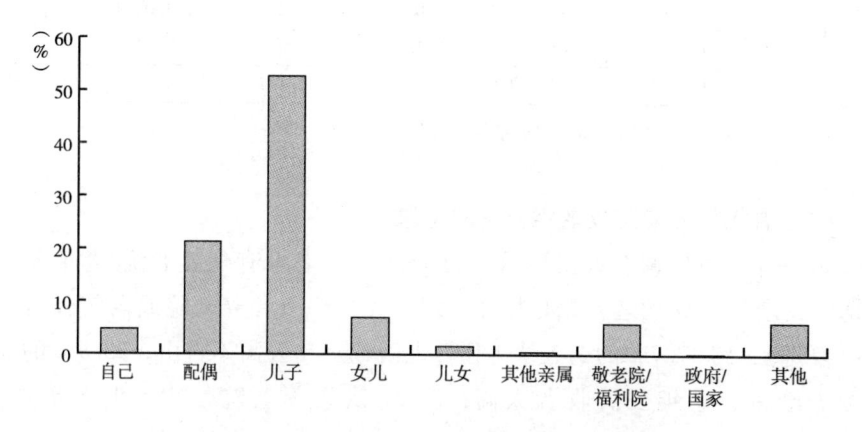

图5-19 七省区老年人生活不能自理时的居住意愿

资料来源：2010年七省区"城乡家庭结构与代际关系变动"调查数据。

从城乡看，62.1%的农村老年人生活不能自理时愿意与儿子共同生活，其次为配偶；44.4%的城镇老年人愿意与儿子共同居住，希望与配偶共同生活的比例略高于农村老年人；城镇老年人生活不能自理时想进敬老院/福利院等养老机构的比例为农村老年人的4倍。另外，城镇老年人生活不能自理时选择与女儿共同生活的比例也明显高于农村老年人（见表5-39）。

表5-39 七省区城乡老年人生活不能自理时愿意与谁共同居住

单位：%

城乡别	自己	配偶	儿子	女儿	儿女	其他亲属	敬老院/福利院	政府	其他	样本数
农村	6.32	20.45	62.08	3.35	1.49	0.74	2.23	0.37	2.97	269
城镇	3.29	22.04	44.41	10.20	1.64	0.33	9.21	0.00	8.88	304
合计	4.71	21.29	52.71	6.98	1.57	0.52	5.93	0.17	6.11	573

资料来源：2010年七省区"城乡家庭结构与代际关系变动"调查数据。

老年人生活不能自理时均主要选择与儿子、配偶共同生活。而男性老年人希望与儿子共同生活的比例高于女性老年人，女性老年人愿意与女儿共同生活的比例高于男性老年人（见表5-40）。

表 5-40　七省区分性别老年人生活不能自理时愿意与谁共同居住

单位：%

性别	自己	配偶	儿子	女儿	儿女	其他亲属	敬老院/福利院	政府	其他	样本数
男	37.30	2.51	49.21	2.51	1.25	0.31	2.51		4.08	1.25	319
女	29.13	6.30	48.28	3.54	3.15	1.18	0.79	5.12	1.57	254
合计	33.68	4.19	48.69	2.97	2.09	0.70	1.75	4.54	1.40	573

资料来源：2010 年七省区"城乡家庭结构与代际关系变动"调查数据。

(3) 有无住养老院或老年公寓的意愿

2010 年七省区调查数据显示，约 15.6% 的老人有住养老院/老年公寓的意愿，其余 84.4% 的老人无此打算。细究无意愿入住养老院或老年公寓的原因（复选）：约 37.7% 的老人认为住养老院或老年公寓不自由；23.9% 的老人认为养老院、老年公寓收费太高；5.9% 认为养老院住宿、生活条件差；30.3% 的老人因为有子女，自己去住养老院子女会没面子；约 7% 的老人自己不愿意去住养老院或老年公寓；另有 5.1% 的老人目前身体好，尚未考虑入住养老院或老年公寓。

4. 生活现状

(1) 是否感到孤独

孤独感是评价老年人生活质量的一项指标。2010 年七省区调查数据显示，被访老年人中约 3.3% 总是感到孤独，7.9% 经常感到孤独，20.1% 有时会有孤独感，其余约 69% 的老人很少或从不觉得孤独（见表 5-41）。相对而言，农村老年人中有孤独感的比例明显高于城镇老年人。城镇生活条件特别是文化生活优于农村，老年人读书、看报，或参与社区活动的比例相对较高；农村地区文娱设施相对较少，日常交往活动少，孤独感相应增强。

表 5-41　七省区城乡老年人日常孤独感比较

单位：%

城乡别	总是	经常	有时	很少	从不	样本数
农村	4.10	10.45	26.49	29.85	29.10	268
城镇	2.63	5.59	14.47	30.59	46.71	304
合计	3.32	7.87	20.10	30.24	38.46	572

资料来源：2010 年七省区"城乡家庭结构与代际关系变动"调查数据。

(2) 目前生活水平

2010年七省区调查数据中，仅1.6%的老人认为自己的生活水平在当地属富裕，9.3%的老人认为比较富裕，61.3%的老人认为一般；其余则认为自己的生活在当地属于困难水平。从城乡看，城镇老年人对自己生活水平的评价相对高于农村，这与城镇地区的生活环境、收入等相符合（见表5-42）。

表5-42 七省区城乡老年人生活水平比较

单位：%

城乡别	富裕	比较富裕	一般	比较困难	困难	样本数
农村	0.37	8.96	57.84	20.52	12.31	268
城镇	2.66	9.63	64.45	15.28	7.97	301
合计	1.58	9.31	61.34	17.75	10.02	569

资料来源：2010年七省区"城乡家庭结构与代际关系变动"调查数据。

(3) 生活中的主要困难

由2010年七省区调查数据可知，目前城乡老年人生活中主要存在经济条件差、健康状况差、医疗费用高、子女教育/就业难、子女婚事操办费用高等主要困难。其中：经济条件差是城乡老年人生活中首要的困难，其次为家庭成员健康状况差，医疗费用高；农村老年人孤独无助、子女婚事操办费用高等（见图5-20）。

总之，城乡二元社会环境下，农村老年人主要生活来源为自己的劳动收入和家庭成员供养，城镇老年人主要依靠离/退休金。近年来城乡先后实施了最低生活保障金制度，一些生活困难的老年人获得了救助。随着城市化进程加速和劳动力市场不断完善，农村劳动力特别是青壮年劳动力向城镇迁移和流动的力度增大，加之家庭子女数量减少，老年人户中"老年单人户"、"一个老年人与未成年亲属户"、"只有一对老年夫妇户"和"一对老年夫妇与未成年亲属户"比例增大。但目前城乡家庭养老仍是老年人养老的主要方式。虽然子女不与老人共同居住，但其居住地多离老人住地较近，在一定程度上为老年人生活照顾提供了方便。

分城乡看，农村老年人更多地想依靠儿子养老，其次为自己劳动收入；而城镇老年人更多地依靠自己（离退休金），其次为儿子养老，城乡老年人的养老意愿存在一定的差异。

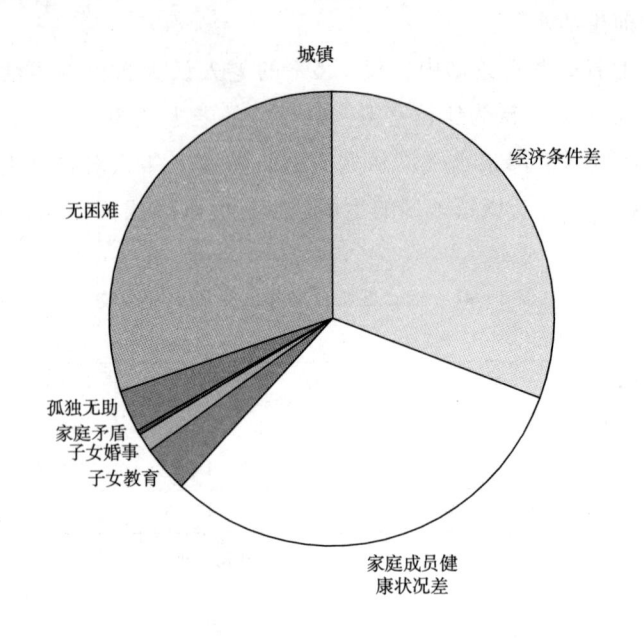

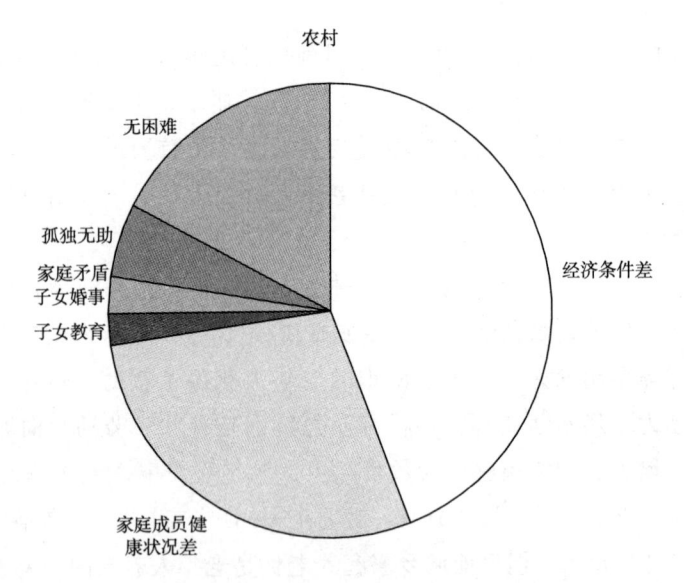

图 5-20 七省区城乡老年人生活中的主要困难

资料来源:2010 年七省区"城乡家庭结构与代际关系变动"调查数据。

多数老年人生活不能自理时更愿意与儿子共同生活,其次为配偶。另外,城镇老年人生活不能自理时选择与女儿共同生活的比例高于农村老年人。城乡有住养老院/老年公寓意愿的老年人相对较少。其主要原因是，住养老院或老年公寓不自由，子女不愿意让老人去住，养老院/老年公寓收费太高和住宿、生活条件差等。

由于生活来源与生活环境的差异，城镇老年人对自己生活水平的评价相对高于农村老年人。目前城乡老年人生活中主要存在经济条件差、健康状况差、医疗费用高、子女教育/就业难、子女婚事操办费用高等主要困难。

第三章

社会转型时期应对老龄化问题的制度措施

我国进入中等收入阶段后，人口老龄化程度逐渐加深，老龄化问题日趋显现。正如前面所言，我国虽已步入中等收入阶段，但社会转型并未完成，或者说目前尚处于转型初期。传统家庭养老方式和现代社会养老保障制度并存。比较突出的问题是，家庭养老功能弱化，社会养老保障的全覆盖体系尚未真正形成；已经享受社会养老保障待遇的民众之间保障水平存在城乡、行业等差异；机构养老容纳能力有限，已有机构存在服务不规范问题，民众接受度较低。这些都在一定程度上影响中等收入阶段老年人口的生存质量，需从制度角度着眼加以改进。

第一节 解决老龄化问题的社会视角

中等收入阶段人口老龄化及其相关问题的解决在很大程度上依赖社会性措施的落实。一般来说，农村劳动力向非农领域转移普遍化，人口城市化加速，农业社会萎缩，人口老龄化水平提高，社会养老保障制度不完善，这可谓中国和多数中等收入阶段国家及地区的共同特征。不同之处在于：我国社会保障制度的城乡二元特征比较突出；户籍制度对人口迁移构成限制，由此导致家庭直系成员的地域分割现象增多，子代对老年亲代赡养义务的履行受到制约；生育控制政策，特别是独生子女政策广泛推行，家庭养老的人力资源短缺。这在一定程度上影响了中国老年人口的生存状况。因而，我们应以理性的态度看待这些问题，寻求解决之道。

1. 适应转型社会需要，推进城乡一体化养老保障体系建设

当代社会转型的标志之一是以城市人口为主体的社会结构逐渐形成，2011 年，我国城镇人口比例已经超过农村人口。目前来看，户籍制度对人口迁移流动的刚性约束有所降低，但不少福利政策因与居民属地相结合，属地又与户籍管理体系相联系，对养老保障制度的一体化构成限制。

就目前来说，由于就业类型在城乡之间、城市内部存在明显差异，养老保险缴费方式有别，社会养老保障制度的一体化并非指绝对的均等化，但全覆盖是基本要求。

全覆盖养老保障制度建设不仅是政府所应推进和落实的一项重要社会发展目标，而且对乡村居民来说，也有一个改变观念的问题。社会转型将使世代居于一地、完全依赖家庭养老的状况彻底改变，而且它不是一个遥远的未来才会发生的事，可谓近在眼前。不可否认，目前农村居民中依赖子代养老的观念还很浓厚，虽然他们对社会养老保障制度充满期待和向往，但若涉及个人缴费，特别是提高缴费水平，其中有抵触情绪和怀疑态度者不在少数。更有不少人仍把子代视为最大的保险来源和保障提供者。这种状况不改变，社会保障的二元格局将难以从根本上消除。具有规范性且带有一定强制色彩的社会养老保险制度的推行是必要之举。

2. 对独生子女父母的养老安排和社会服务需求应予以充分关注

中国的独生子女政策是世界上独一无二的人口控制政策。它需要有完善的社会养老保障制度作为支撑。客观实际是，它在正规部门就业者和城镇居民中得到落实，一些东部地区省份不分城乡也在一定程度上得到贯彻，由此形成巨大的独生子女父母群体。第一代独生子女父母逐渐进入老龄阶段，就其中的城镇就业者来说，相对完善的社会养老保障制度将使其年老后的生活费用不存在后顾之忧，但生活自理能力降低后的照料资源是短缺的。

我们认为，政府应建立针对独生子女老年父母的专项养老基金，补贴其照料花费。独生子女父母为国家人口控制做出了贡献，为其建立一项回报制度也是必要的。

当然，对独生子女父母的特别照顾也应建立在整个社会养老服务水准提高、服务周到规范基础上，否则他们也难以享受到应有的服务需求。

3. 建立多元养老保障和服务制度

转型社会中，养老保障的社会化是必然趋向。但社会化并非所有保障均依赖政府，寄希望于政府提供。这实际上也是政府难以做到的。国外中等收入国家和高收入国家的经验也证明了这一点。建立多元养老保障和服务制度是一项务实可行的举措。

所谓多元养老保障和服务是指政府、社会、家庭和个人均应有所贡献和承担的制度。国家之责在于提供基本养老保障,面向所有公民;同时制定和完善养老保险、保障制度;建立公共养老服务机构;对社会养老服务机构实行有所照顾的税收政策,促使其制定规范的服务标准,并监督实施。社会之责表现在,为大众提供不同类型的养老保险、医疗保险服务;满足老年人对医疗、失能照料的需求。家庭之责不仅体现在它仍是老年人的基本生存载体,而且家庭成员,特别是夫妇之间在老年照料中所起作用不可替代,对低龄老年人尤其如此;与老年父母同村、同城居住的子女及其配偶在日常照料中的责任不容推辞,当然可以购买劳务的方式代其行使职责。个人之责为公民在中青年时期积极缴纳社会养老保险,并为老年阶段需求进行必要的储蓄或其他形式的养老投资。

4. 从制度上保障老年人权益

就一般情况而言,老年人口退出劳动领域,在社会公共领域中的活动范围大大缩小;在家庭内其管理能力降低;对他人的帮助需求增多。因而说老年人口整体上是一个弱势群体。

在中国传统农业时代,政府往往通过多种措施推行敬老、尊老制度,鼓励老年人在村落、社区中发挥劝善等教化作用。这一政策对老年人社会、家庭地位提升和家庭养老功能的维护起到了积极作用。

也应该看到,传统时代的一些做法也有需要矫正之处,如"孝道"中强调子代对亲代的无条件服从,父母与子女家庭地位的不平等规定等。

那么,我们今天应如何保障老年人口的权益?哪些方面应值得关注?

(1) 维护老年人的财产权益

老年人创造财产的能力下降,其积累的房产、货币资产和退休金是其晚年生活的物质基础,对其保持生存质量关系重大。因而,法律应充分维护老年人的这些权益。

就当代而言,有可能对老年人财产造成损失,进而使其生存条件受到影响的因素,主要来自近亲的不当做法。

由于亲子之间财产界限不清,如在农村,父母与儿子原来共同生活,儿子结婚后获得质量好的住房,父母则栖身旧房之中;多子家庭中父母甚至居无定所。可以说,农村多数父母的居住条件较子代为差。在城市,一些家庭子代将亲代住房通过过户等方式变为己有,老年亲代只有使用权,由此处于不利地位。法律应该在由此产生的纠纷中维护老年人的利益。

(2) 老年人的再婚权益应得到维护

随着老年人年龄提高，丧偶率随之增加。就目前来看，无论城乡，老年人丧偶后再婚率并不高。这固然有传统习惯的影响，也有家庭近亲的干预作用。中国人的婚姻受亲属网络的制约很大，老年人再婚也没有脱离这一窠臼。就普遍的情形看，老年父亲再婚时子女因担心财产流失而予以阻止。这虽然是家庭内部问题，但实际上是损害了老年人的基本权益，进而降低了老年人晚年生活品质。随着老年群体的扩大，与此有关的家庭矛盾将会增多，政府和社会组织应站在维护老年人权益立场上，制止亲属不同形式的干预行为。

(3) 为老年人参与经济活动和社会文化生活创造条件

在中等收入阶段，老年人受教育程度构成与传统农业社会已大为不同。特别是城市老年人中，不少人受过中专以上教育，有一技之长。其中一些低龄老年人仍通过不同形式参与经济、社会和文化活动，其所起积极作用不可忽视。政府和社会组织应予以鼓励，抑制歧视现象，注意保护其在这些活动中应有的权益。

另外，当代老年人虽主要生活于家庭之中，但多数不希望将自己封闭于宅院之内，对社区活动有浓厚的参与兴趣。而社区若缺少必要的公共载体，也会限制其活动。政府和相关机构应加大这方面的必要投入。

第二节 解决老龄化问题的家庭视角

可以肯定地说，在中等收入阶段，老年人仍以居家养老为主。欧美早已进入高收入的国家和近期才跻身高收入国家的韩国、新加坡等国的经验表明：现代化并没有改变多数老年人居家养老的偏好。无疑，这也将是我国老年人目前和今后较长时期内的养老依托。

不仅如此，即使社会养老保障制度和社区服务体系建立和完善之后，家庭成员对老年人的支持和协助仍是不可缺少的。在多元养老体系建设中，家庭及其亲属仍是不可缺少的"一元"。更重要的是，我国家庭养老，特别是农村以家庭供养老年人生活资料为主的格局还将维持一段时间。因而，我们认为，家庭因素对老年人生存质量仍具有重要作用。

中等收入阶段的多数老年人，特别是城镇化水平提高之后的老年人，从职业工作岗位退休便意味着主要活动空间在家庭之内，与家庭成员打交道。当然，与养老有关的新型代际关系培育并非在亲代老年阶段，而是在其中年阶段。

在养老方面，家庭因素的本质实际上是家庭代际关系问题。中国当代家庭代际关系既有一些值得发扬和维系的方面，也有一些不适应现代社会要求、需要变革的内容。传统时代，完整的代际关系是义务、责任、权利、交换和亲情行为等内容的复合体。这些关系内容均具有特定功能，它们依赖制度维系、受社会环境制约，并且随制度变迁和社会转型发生变动（王跃生，2011）。如城市养老保障制度建立起来之后，子代的赡养义务弱化；传统习俗中子孙祭祀去世父祖的责任减轻。而在有些方面又表现出强化的趋势，如亲代对子代教育的投入大幅度上升等。

我们认为，应推动新型家庭代际关系的建立，为老年人创造更为有利的微观环境。当然，这一关系贯穿于人的生命周期的各个阶段，其落脚点是优化老年人生存条件。

1. 建立与当代老龄化社会相适应的新型代际关系

新型家庭代际关系是一种代际平等、相互尊重、经济自立、抚幼助老、较少束缚、互动频繁的关系。具体来讲，它包含以下内容：

（1）经济上亲子之间相对独立

亲子之间广泛的社会就业（不同于传统时代的家庭就业）是实现亲代与子代（特别是已婚子代）收入独立的前提。实际上，当代中青年所组成家庭的核心化已在很大程度上实践了这一点。更需要指出的是，在城乡社会，不仅亲子分爨家庭，即使是直系家庭，亲代与成年子代收入"一统"（由一人掌管）的局面也已根本改变，由同居、合爨、共收支转变为同居、合爨、分收支，形成新型的亲子共居家庭或直系家庭。这对亲子之间经济冲突的降低起到很大作用。这种代际关系的积极意义是抑制成年子代对亲代收入和积累的侵蚀，使其在老年自养能力不至于被削弱。当然，在城市，中老年亲代和成年且有收入的子代之间做到这一点已不存在问题。但在目前城乡二元社会保障制度没有打破之际，农村亲代可支配的收入有限，独立基础尚比较薄弱。

（2）子女养育投入量力而行

在计划生育政策推行之下，在低收入阶段中国育龄夫妇的少育和"独生"观念和行为即已形成。与此同时，父母对子女的教育投入大幅度提高，这是重视教育传统的延续。在中等收入阶段就业问题逐渐突出，不少家长为使子代在未来择业竞争中处于有利地位，加大教育投入，甚至超过家庭承受能力，将送子女出国留学作为首选。尽管多数父母并未把获得子女未来回报作为投入的前提，但其功利意识是存在的。当亲代超出自己能力引导子女的教育选择时，理性考虑和务实目标渗透其中。其副作用是，不仅使家庭养育成本提高，而且加大子代的教育压力。

（3）子代婚事不过度索取

尽管子女婚姻自主早已实现，但在习惯上，父母，特别是男方父母仍须为子代操办婚事，承担婚姻花费的主要部分。在农村则包括为儿子建房、支付彩礼和婚礼费用，父母需多年积累才能完成一桩婚事；城市子代结婚新房的购置也多由亲代承担，至少首付款由父母负担。而改变的方向是，子代主要依靠自己积累婚嫁和建立家庭的物质条件，将一次性备办变为逐渐购置。父母只起辅助支持作用。其积极意义是，父母可以为自己老年留下可支配的资金，或进行有关养老储蓄和投资。

（4）赡养亲代由刚性变为弹性

这一关系的形成有赖于社会养老保障制度的建立和完善。城市家庭这种关系已初步确立，现阶段亲代依赖子女提供生活费用只是其中的少部分；而农村老年人尚无规范的社会养老保障制度替代子女，不过老年父母应尽其所能推迟向子女索取的时间。

（5）财产继承和赡养照料义务贯彻双系原则

所谓双系继承原则，即法律所规定的不分儿子女儿都有继承父母遗产的权利，进而子女均负有对老年父母的赡养义务。这在城市家庭，已经得到一定程度的落实（当然并非完全均等），农村则仍以单系继承为主、双系为辅。这与村外婚和相对高比例的家庭有男性后嗣有关。在城市化水平快速提高的中等收入阶段，双系原则应真正成为主导方式。

（6）亲子代情感沟通密切

情感沟通主要指亲子之间较少隔阂，不同形式的联络频繁（特别是不在一起居住者），关注彼此需求。现代社会是一个就业空间扩大的社会，这在很大程度上拉大了亲子之间的居住地距离，节假日增多、通信手段便捷又在某种程度上弥补了不足。子代应充分利用这些机会和条件与亲代特别是老年亲代加强交往。

（7）居住方式灵活多样

传统社会倡导亲子同居共爨，但那是家庭以就业为主、农耕为生、人口流动较少的时代，同时又是家长主导家庭事务的时代，子代受到限制和压抑，潜藏着家庭矛盾。当代，平等且较少束缚的代际关系基本确立，核心化家庭大幅度上升，老年空巢形式增多。城市已形成独立居住与同子女共同居住并存的格局；农村老年人则与子女同居共爨为主、单独居住为辅。没有外部约束的家庭居住类型之下，独立居住与同子女合爨各有优长。前者使老年人得以享受安静的老年生活，减少了家务之累；后者则可保持代际互助，特别是高龄父母得到及时关照。我们不应将老年人独立生活所可能带来的"孤独"扩大化，视"空巢"为凄凉结局。

2. 制度在新型代际关系建立与老年人生存质量提升中的作用

代际关系是功能的体现，而功能是靠制度维系的。同样，新型代际关系建立也需靠制度改进加以推进。

（1）改变代际财富转移方式，引导人们培植自我养老能力

亲代养老意识和能力的培育应从制度和习惯改进入手。现在的中年人基本上仍沿袭其父辈"包办"儿子婚姻花费的做法：将所创造的财富通过建房、支付彩礼等方式转移给已婚子女。所以，这里就有一个观念转变的问题：是优先考虑自己未来的养老需求，还是将收入和积累转移给子女？显然，前者才是符合转型社会要求的做法。年轻一代应逐步摆脱婚姻花费上对父母的高度依赖，以自己就业收入作为婚姻花费的支撑。这是传统习俗影响下的一个"私人领域"的问题，但习俗是可以改变的，它需要社会力量的引导和推动。当然，有经济能力的家庭，父母操持子女婚姻花费和为个人未来进行养老储蓄并不冲突。但在财力有限、二者发生冲突时，应优先考虑个人未来养老安排。政府通过强化社会养老保险制度中的个人缴费规定，也可抑制父母将个人积累完全转向子女的行为，进而使其在年老时成为受益者。

（2）改进户籍制度，减少家庭成员地域分割现象

在社会转型初期，农村劳动力的非农转移所导致的家庭成员地域分割有一定必然性。但也应看到，通过社会保障制度和户籍制度的城乡一体化措施，这种状况将会有所改变。在新的制度下，劳动者及其家庭的迁移成本会有所降低，共同迁移局面将会逐渐形成。尽可能降低家庭成员人为的地域分割，家庭对未成年成员的抚养和对老年成员的生活照料作用将得到发挥。

（3）适应单性别子女增加的需要，强化全面的亲子双系关系

在多子女时代，男娶女嫁、儿子继承亲代财产并承担赡养义务，家庭的血脉传承和抚育—赡养平衡关系得以维持。而在当代，特别是独生子女和单

性别子女家庭增多阶段,这一惯习的维持出现困难。

我们可通过20年前即1990年人口普查数据中64岁以下妇女存活子女构成状况透视2010老年人和即将进入老年者的存活子女构成(见表5-43)。

表5-43 1990年64岁以下妇女存活子女构成

单位:%

市镇县别	年龄组	有儿有女	有儿无女	有女无儿	无儿无女
市	30~34	4.99	48.35	43.56	3.10
	35~39	16.20	43.61	38.65	1.54
	40~44	44.31	30.17	24.45	1.07
	45~49	63.81	20.58	14.81	0.80
	50~54	73.60	15.79	9.70	0.91
	55~59	77.96	12.93	7.67	1.44
	60~64	77.23	11.99	7.70	3.08
镇	30~34	37.41	35.63	25.65	1.31
	35~39	52.32	28.45	18.46	0.76
	40~44	69.29	18.85	11.11	0.76
	45~49	79.59	12.73	6.74	0.94
	50~54	84.07	9.77	4.75	1.41
	55~59	85.02	8.58	4.40	2.00
	60~64	81.47	9.34	5.60	3.59
县	30~34	53.68	28.26	16.84	1.22
	35~39	65.18	22.10	11.86	0.85
	40~44	76.75	15.17	7.16	0.91
	45~49	83.90	10.22	4.70	1.18
	50~54	86.32	8.21	3.92	1.54
	55~59	85.93	7.77	4.12	2.18
	60~64	81.40	9.58	5.42	3.60

资料来源:根据1990年第四次人口普查1%抽样数据库整理计算。

从表5-43可以看出,无论城乡,1990年50岁以上组调查对象(2010年70岁以上组老年人)的儿女双全比例均比较高,农村超过85%,城市也在70%以上。而城市1990年30岁组(2010年50岁组)和35岁组(2010年55组)调查对象儿女双全比例分别降至5%以下和20%以下,单性别子女成为主流。

从法律上讲,子女对父母财产的双系继承在城市已得到贯彻。但在血缘传承方面偏重男系的习惯依然得到保留。我们主张引入网络家庭①概念，并推动现实中的男系单系网络家庭向男女双系网络家庭发展，男女所组成的家庭是双方父母家庭的传承单元或网络单元，并对双方老年父母履行赡养和照料义务。社会组织和公共部门应通过现代法律规则的落实促使传统惯习的改变，避免单性别子女家庭，特别是单女家庭老年父母处于不利地位。

（4）建立健全社会养老服务及养老机构，使老年亲代和有赡养、照料责任的子代有多样选择

当代老年人一方面规模扩大，家庭和社会可能的负担加重；另一方面，老年人生活能够自理的时间延长，74岁以下老人多数不依赖他人照料。实际上，在城市，若社区开展针对老年人的上门生活服务、医疗护理等，老年人的生活自理时间还会延长。这是对其子女的最大解脱。在社区服务机构健全的情况下，老年人可以无偿享受一般性服务，也可以由本人和子女"购买"特殊照料服务。这样，家庭赡养就由"刚性"变成"弹性"，有助于改善家庭代际关系。

通过这些努力，家庭不同代际成员，特别是老年亲代和中青年子代之间适应转型社会的发展要求，摆脱彼此之间在生存条件上的过度依赖，增强不同代际成员特别是年老成员的经济自立能力。这一关系的形成需要政府在社会财富分配方面关注民生，通过制度化措施，为老年人提供完善、规范的社会和社区服务条件，从而使其生存质量与经济发展同步，与转型社会相适应。

参考文献

1. 陈友华：《从分化到趋同——世界生育率转变及对中国的启示》，《学海》2010年第1期。
2. 陈卫、孟向京：《中国生育率下降与计划生育政策效果评估》，《人口学刊》1999年第3期。
3. 杜鹏：《中国人口老龄化主要影响因素的量化分析》，《中国人口科学》1992年第6期。

---

① 网络家庭指在父系（或母系）之下，由具有赡养和继承关系的成员所建立的生活单位相对独立的两个或以上单元家庭形成的家庭组织。网络家庭的核心单元是亲代家庭和子代家庭，这种亲子关系形成网络家庭的组织环节，在此基础上进一步延伸和扩展。参见王跃生《个体家庭、网络家庭和亲属圈家庭分析》，《开放时代》2010年第4期。

4. 杜鹏：《中国人口生育率的下降与人口老龄化》，《中国人口科学》1995 年第 2 期。
5. 杜鹏、翟振武、陈卫：《中国人口老龄化百年发展趋势》，《人口研究》2005 年第 6 期。
6. 国家统计局人口和就业司：《2004 年中国人口》，中国统计出版社，2005，第 1 版。
7. 郭平、陈刚编著《2006 年中国城乡老年人口状况追踪调查》，中国社会出版社，2009，第 1 版。
8. 郭志刚：《从政策生育率看中国生育政策的多样性》，《人口研究》2003 年第 5 期。
9. 陆杰华：《快速的中国人口老龄化进程：挑战与对策》，《甘肃社会科学》2007 年第 6 期。
10. 曲海波：《中国人口老龄化的人口学原因》，《人口研究》1989 年第 4 期。
11. 王跃生：《开展制度人口学研究，推动人口科学发展》，《中国人口科学》2003 年第 4 期。
12. 王跃生：《农村老年人口生存方式分析——一个"宏观"与"微观"相结合的视角》，《中国人口科学》2009 年第 1 期。
13. 王跃生：《中国当代家庭结构变动分析——立足于社会变革时代的农村》，中国社会科学出版社，2009，第 1 版。
14. 王跃生：《个体家庭、网络家庭和亲属圈家庭分析》，《开放时代》2010 年第 4 期。
15. 王跃生：《中国家庭代际关系内容及其时期差异》，《中国社会科学院研究生院学报》2011 年第 2 期。
16. 邬沧萍、杜鹏：《对中国人口老龄化趋势的再认识》，《中国人口科学》1992 年第 3 期。
17. 原新、刘士杰：《1982～2007 年我国人口老龄化原因的人口学因素分解》，《学海》2009 年第 4 期。
18. 周国伟：《中国老年人自评自理能力：差异与发展》，《南方人口》2008 年第 1 期。

第六篇

人口老龄化与养老保障

提　要： 本篇回顾了改革开放前养老保障的历史，从城镇基本养老保险制度、城乡养老保险统筹和养老服务体系建设等方面总结了新时期养老保障事业的改革与发展历程，基于财务可持续性、养老保障公平性、养老服务体制障碍等视角分析了养老保险和养老服务所面临的新挑战，就建立可持续的城乡社会养老保障体系提出一些深化改革的设想和政策建议。

关键词： 养老保险　养老服务　老年不平等　城乡统筹

社会养老保障，包括社会养老保险、老年社会救助和老年社会福利一整套制度建设，养老保险制度建设是根本。新中国成立60多年来，前30年是计划经济体制，后30多年逐步建立起市场经济体制，社会养老保障事业随着经济体制改革的深入而变动，目前正朝着可持续养老保障体制机制的建立和完善发展。

---

* 作者简介：张展新，香港科技大学社会科学博士，中国社会科学院人口与劳动经济研究所研究员。主要研究领域为社会保障、迁移社会学、劳动力市场分割等。代表作有《城市社区中的流动人口》、《流动人口的城市融入》和多篇核心期刊论文。王桥，日本久留米大学经济学博士，中国社会科学院人口与劳动经济研究所副研究员，从事社会保障政策、东亚地区少子高龄化、老龄化社会中非营利组织的作用等领域的研究，出版《东亚地区少子高龄化与可持续发展——日中韩三国比较研究》等著作，发表多篇论文。林宝，中国人民大学法学（老年学）博士，清华大学管理科学与工程博士后，中国社会科学院人口与劳动经济研究所副研究员，主要研究领域为人口老龄化与养老保障、社会影响评价等。

第一章

改革开放前养老保障制度建设回顾

中国社会养老保障事业的发展,经历了计划经济时期和改革开放时期两个阶段。改革前,社会养老保险局限在城市,没有覆盖广大的农村人口;社会救助和养老服务的内容和范围非常窄小;家庭是养老保障的主要支柱。计划经济时期的人口管理、劳动力配置和收入分配,城乡分割是首要特征。认识和理解这一时期的社会养老保障,首先需要考察城乡分割的体制。

第一节 人口和劳动力城乡分割

城乡分割体制是以户籍制度和城市劳动制度为主要基础的。新中国成立不久,就开始在全国城乡实行户口登记制度,但最初这项制度的主要功能是居住地的登记管理。从20世纪50年代中期起,农村人口进城和城市居民就业的压力明显增大,中央政府开始实行劳动用工的计划管理,规定城市单位不得自行从农村招工,招收临时工也要城市优先。[①]经历了1958年"大跃进"期间的反复,以城乡户籍身份制度为主要机制的排斥农村人口的劳动用工政策被最终确定下来,成为城市劳动制度的重要特征。城市劳动制度不仅将农村劳动者挡在城市之外,还通过企业的固定工制度、工资制度和劳动保险制度等,保障了城市职工所单独享有的劳动就业权利和劳动保险权益。

---

① 1957年,国务院《关于各单位从农村中招收临时工的暂行规定》提出,"各单位一律不得私自从农村中招工和私自录用盲目流入城市的农民",招用临时工"必须尽量在当地城市中招用,不足的时候,才可以从农村中招用"。在此之前,中共中央和国务院已就这方面问题发布了若干重要文件。参见何家栋、喻希来《城乡二元社会是怎样形成的?》,《书屋》2003年第5期。

对于中国的城乡分割，学术界有很多研究，可以归纳为三种观点。一是生产上的解释。重工业优先发展战略研究①把劳动力资源城乡分割的成因归结为重工业优先发展的结果：在资本稀缺条件下，发展资本密集的重工业，不能依靠市场来引导资源配置，而必须通过计划分配机制把包括劳动力在内的各种生产资源按照产业发展的优先次序进行配置。为此，需要把城乡劳动力资源分割开来，限制受惠者的范围，户籍制度是基本手段。二是分配的解释。有学者认为，社会主义经济没有私有产权制度，怎样分配经济成果需要规则调节；身份制就是这样的"社会屏蔽"规则，城乡户籍身份、国营单位/集体企业职工身份、干部/职工身份都是身份制的具体形式。②另有研究把计划经济时期的社会分层机制概括为"国家再分配"，认为城市的干部职工接近再分配权力，是国家再分配经济的受益群体，而农民被排斥在再分配体系之外。③三是侧重社会稳定的观点，认为控制人口流动、维持城市社会稳定是建立城乡隔离户籍制度的主要原因。④这些研究，从经济发展战略、分配方式、国情条件等多个视角，提供了对城乡分割的不同的理论概括或解释。

第二节 城市养老保险制度的建立和演变

改革前的养老保障体制，是计划经济体制的劳动管理和收入分配的一部分，表现出明显的城市偏向。养老保险制度最初是在城市企业中建立的，是企业劳动保险制度的一个组成部分。1951年，中央政府公布的《中华人民共和国劳动保险条例》（以下简称《条例》），确立了新中国的企业劳动保险制度，其实施范围是100人以上的国营工业企业。根据这部条例，企业职工享有的劳动保险待遇的内容包括工伤、疾病、养老、女职工生育待遇、享受集体劳动保险事业（疗养院、托儿所等）等。劳动保险的缴费规定是，企业雇主按本企业工资总额的3%缴纳劳动保险费。1953年修改后

---

① 参见蔡昉、林毅夫《中国经济》，中国财政经济出版社，2003。
② 参见李强《农民工与中国社会分层》，社会科学文献出版社，2004。
③ 参见 Nee, Victor, "A Theory of Market Transition: From Redistribution to Markets in State Socialism," *American Sociology Review 54*, pp. 663 – 681, 1989.
④ 参见俞德鹏《城乡社会：从隔离走向开放——中国户籍制度与户籍法研究》，山东人民出版社，2002。

的《条例》，进一步扩大了适用范围。企业所缴纳保险费的70%留在企业的工会基层委员会户内，用于企业直接支付养老金、医疗费等劳动保险待遇，30%转到全国总基金，用于全国范围内调剂使用。退休人员养老金由所在企业负责发放，养老金水平根据本企业工龄和本人标准工资确定，约为职工工资的50%~70%。在企业劳动保险制度建立之后，1955年年底，国务院发布《国家机关工作人员退休处理暂行办法》，又建立了一个与企业不同的机关退休制度。当时的主要考虑是，国家机关、事业单位、人民团体等机构的工作人员不适用《劳动保险条例》，需要就退休、病假待遇等作出专门的规定。

1958年，国务院发布《关于工人、职员退休处理的暂行规定》，企业退休制度从《劳动保险条例》中分离出来，与机关工作人员退休制度合并，形成了一个企业、机关、事业单位的养老保险制度。《暂行规定》将企业和机关事业两个相对独立的养老保险办法进行了统一；放宽了退休的工龄条件，扩大了实施范围，待遇也适当进行了调整。至此，在国营、公私合营的企业、事业单位和国家机关、人民团体中，一种统一的退休制度基本建立，覆盖了城市的大部分劳动者。①按照这一制度规定，企业退休人员不仅领取待遇确定型退休费（养老金），还可以享受与国家机关工作人员相同的公费医疗待遇。尽管名义上退休制度统一了，但企业、机关退休人员的养老金、医疗费等开支渠道依然不同。在实行劳动保险制度的企业单位，退休人员的退休金由本单位企业工会基层委员会经管的劳动保险基金支付，不足时在地方或行业内部进行调剂，依然不足时由本企业行政支付差额部分；退休人员享受公费医疗待遇的费用由原企业行政报销。事业单位、国家机关和人民团体退休人员的退休费由地方的民政部门预算支付，医疗费按照国家机关工作人员享受公费医疗待遇的办法办理。这时，由于劳动保险基金的存在和运行，企业退休人员的养老金制度安排依然具有一定的形式上的企业间统筹性质。

50年代建立的养老保险制度，在1966－1976年的"文化大革命"期间受到很大冲击。首先是养老保险的管理机构工会组织陷入瘫痪，劳动部接管了业务，关于养老保险基金的统一征收、管理、调剂和支出都无法继续，养

---

① 按照当时的有关规定，这项退休制度适用于企业、事业、机关、团体的"正式职工、职员"。手工业生产合作社、运输合作社等企业、民办学校、联合诊所等不是由国家经费开支的事业单位的工人、职员不在覆盖范围之内。

老保险管理一度出现混乱。据统计，"文革"期间约有200万应当退休的企业职工没有办理退休手续。其次是退休费用社会统筹被取消。1969年2月，财政部颁发《关于国营企业财务工作中几项制度的改革意见（草案）》规定："国营企业一律停止提取劳动保险金"，"企业的退休职工、长期病号工资和其他劳保开支，该在营业外列支"。这样，已积累的养老基金被用于其他事项，原由各级工会组织负责具体管理的劳动保险基金，从1969年起不再筹集。此时，劳动保险基金实际上被废止了，企业的退休制度不再具有养老保险的属性。

"文革"结束后，国家对企事业单位退休制度进行了调整，但是并没有恢复50年代建立的企业养老保险制度。1958年以前，按照是否适用《劳动保险条例》划分了企业和机关单位，形成了两种退休制度。1958年之后，尽管两种制度合并了，但依然区分了劳动保险基金和国家财政两种退休金支付渠道。而根据1978年国务院发布的《关于安置老弱病残干部的暂行规定》和《关于工人退休、退职的暂行办法》，企业、事业单位和党政机关、群众团体的干部退休实行一套办法，这些单位的工人实行另一套办法，"干部"和"工人"两种就业身份开始对应着不同退休制度。在企业人员退休费支付上，原有的劳动保险基金已经不复存在，代之以企业行政。这样，形成了干部、工人两种就业身份，企业行政和国家财政两条开支渠道交织的城市就业人员退休制度体系。

第三节　城市单位退休制度的国家保障性质

关于"文革"前后的城市退休制度的变迁，不同学者从不同的角度研究，做出不同的概括和总结。一种观点认为，"文革"是对养老保险制度的破坏，"社会保险不仅失去了它固有的统筹调剂职能，而且从原来全国统一的社会保险蜕变为各自为战的'企业保险'"。[①] 另有学者认为，经过"文革"的冲击，"中国的'国家/企业保险'制度模式蜕化为'企业保险'的制度模式，劳动保险制度自此变成了企业内部事务"。[②] 还有学者认为，劳动保险制度失去了

---

① 参见联合专家组《中国社会养老保险制度改革》，上海远东出版社，2006，第6页。
② 参见郑秉文、高庆波、于环《中国计划经济时期社会保障制度的建立和变化》，载陈家贵、王延中主编《中国社会保障发展报告.No.4,2010：让人人享有公平的社会保障》，社会科学文献出版社，2010，第3页。

部分积累和社会统筹的特点，变为"基于企业的现收现付制度"。① 从这些不同的表述出发，可以提出三个疑问：第一，"文革"前的企业退休制度是不是"社会保险"？第二，"企业保险"的真正含义是什么？第三，改革前夜的企业退休制度是否具有"现收现付"的性质？这些问题，关系到对于中国养老保障改革的初始状态的认识，需要加以深入讨论。

关于第一个问题，要考虑经济体制演进的背景。20 世纪 50 年代初期，劳动保险制度刚刚建立之时，企业的所有制形式多种多样。当时劳动保险制度的实施范围为各种经济单位，包括国营、公私合营、私营及合作社经营的厂矿企业。② 此时，劳动保险制度具有超出公有制部门的社会保险意义。1956 年，社会主义改造完成以后，中国的企业所有制结构发生了重大变化，全民所有制和集体所有制成为主要的经济形式。在高度集中统一的计划经济体制和财政体制形成之后，国营企业和大集体企业成为各级政府的下属单位。此时，企业的各项财务收支成为国家财政活动的一个组成部分，来自企业缴费的劳动保险基金也是如此，退休保障资金的积累和支出全部是国家的责任。因此，新中国成立初期具有一定社会统筹意义的养老金制度实际上已经变为以政府财政为基础的国家保障的退休制度。

城市退休制度的国家保障性质，"文革"后变得更加明显。取消劳动保险基金，由国家财政部门直接管理企业的退休金发放，只是管理方式的改变，没有也不会产生大的动荡。因此，"文革"结束后，并没有恢复过去的劳动保险制度框架内的养老金制度，而是代之以新的企业、机关退休制度；企业的退休金管理由国家财政部门直接负责，完全没有了"保险"的含义。此时，企业和行政事业单位一样，执行国家的退休标准，向职工提供退休待遇。两类单位退休费的直接来源有企业财务和国家财政之分，但由于国营企业财务与国家财政密切相连，这种分别已经没有实质意义。因此，用"企业保险"来概括"文革"后、改革前的养老保险制度并不准确。

按照国际通行的概念，"现收现付制"和"积累制"是两种模式，运用

---

① 参见尚晓援《中国社会保护体制改革研究》，中国劳动社会保障出版社，2007，第 135～136 页。
② 1953 年修订的《中华人民共和国劳动保险条例》规定的实施范围为："甲，有工人职员一百人以上的国营、公私合营、私营及合作社经营的工厂、矿场及其所属单位；乙，铁路、航运、邮电的各企业单位及所属单位；丙，工、矿、交通事业的基本建设单位；丁，国家建筑公司"。

这类术语来进行研究，具有制度辨识和国际比较的意义。但是，如果不考虑当时中国特殊的体制环境，简单地将改革前的退休金制度归为"现收现付制"，可能产生认识上的简单化和误导：第一，容易把当时中国的企业退休制度与一些现代市场国家的养老保险制度等同起来；第二，容易把中国养老保险改革单纯地看作是从现收现付向部分积累的制度转型。1978年前后的企业退休制度，从运行上看，已经没有一个独立的"收"的过程，企业不需要缴纳养老保险的统筹金；从内容上看，国家通过各级政府部门、行政事业单位和没有自主权责的企业，以财政支出和行政协调方式来维持城市单位养老保障的运行。这样的做法，是世界上采用现收现付养老保险制度的国家所看不到的。

具有国家保障性质的城市退休制度，是依照就业身份的再分配，派生出老年人口之间的收入和福利的不平等。在城市内部，存在着两个不同的老年人口群体。一是进入"工作单位"体制的老年人。国营与大集体企业和行政事业单位就业的正式职工，到达规定的年龄时退休，领取退休金，继续享受公费医疗待遇，还可以从原单位获取其他一些福利待遇。这部分老年人构成了城市老年人的主体，大约为70%。[①] 二是"体制外"的老年人。不属于"正式职工"的从业人员——临时工、合同工、季节工，小型集体企业工人，少量的个体劳动者和无业人员，他们年老之后没有退休金，没有公费医疗等福利待遇。所幸的是，这些老年人往往有直系亲属（配偶、子女等）是正式职工，家庭收入可观且来源稳定；他们还可以通过这些亲属获得一些单位福利，如部分医疗费用可以报销。城乡老年人之间存在着明显的不平等。由于城乡分割的劳动制度，农村居民不能到城市工作，至多只能以临时工、季节工等身份在城市企业短期就业。这样，一方面，农民进入老年之后，无缘享受城市的退休制度；另一方面，农村老年人的直系亲属一般都是农业户口居民，农村家庭收入偏低，老年人只能维持低水平的生活。这就是说，无论从直接还是间接的意义上说，农村老年人都被排斥在国家计划的再分配之外，"体制内"老年人、"体制外"老年人和农村老人构成老年人口收入和福利的三级级差（参见表6-1）。

[①] 2000年一项全国城乡老年人口抽样调查数据显示，在城市老年人的样本中，养老保险覆盖率略超过70%。参见尚晓援《中国社会保护体制改革研究》，中国劳动社会保障出版社，2007，第152~153页。

表 6-1　改革开放前无劳动能力老年人口的收入和福利

老年人口类别	户籍身份	收入来源	医疗福利	老年生活水平
城市单位退休职工/干部	非农业	退休金+其他家庭成员收入	国家公费医疗	较高
城市其他老年人	非农业	其他家庭成员收入	本人无公费医疗但可能间接受益	较低
农村老年人	农业	其他家庭成员收入	无公费医疗	极低

第四节　城乡老年人口的社会救助

计划经济时期，政府举办了一些具有社会救助性质的公共服务，涉及部分城乡老年人口。在城市，民政部门负责国家救助工作，主要对象是无劳动能力、无收入来源、无法定赡养人的"三无"人员和经过家计调查认定的困难户。针对城市"三无"人员的社会救助，有集中供养的形式，如儿童福利院、养老院等，但大部分是分散供养，即对他们的家庭提供经济帮助和服务。① 在社会救助政策下，城市中无人赡养的老人或困难户的老人可以受益于民政救助。但是，城市社会救助所覆盖的人数非常有限，救助水平很低。救助人数少，主要是由于大部分城市人口都直接间接地为国家保障的工资收入和福利待遇所覆盖，政府还要求城市单位向困难职工及其家庭提供物质帮助，民政救助的范围窄小。此外，改革开放前，城市救助活动由政府组织，资金都来自政府财政，没有社会力量进入，这也是受益人数少、救助水平低的重要原因。

农村五保供养制度是集体保障和养老服务相结合的制度。该制度于20世纪50年代中期建立，标志性文件是1956年出台的《高级农业生产合作社示范章程》。"五保"是指农村集体对本地的无劳动能力、无收入来源、无法定供养人的老人、残疾人和儿童负责，保证他们的基本生活需要，即"保吃、保穿、保住、保医、保葬"。一些地方还建立了敬老院，集中供养农村"五保"老人。在当时的中国农村，五保制度对于特定的群体或对象来说，具有最低生活保障的功能。与城市的民政救助不同，农村五保供养的资金不是来

---

① 参见尚晓援《中国社会保护体制改革研究》，中国劳动社会保障出版社，2007，第124页。

自政府财政，而是由集体负担的，属于集体保障，或者说集体内部的再分配。在一个相当长的时期内，农村五保供养没有国家财政的投入。直到1994年，国务院《农村五保供养工作条例》依然规定："五保供养是农村的集体福利事业。农村集体经济组织负责提供五保供养所需的经费和实物，乡、民族乡、镇人民政府负责组织五保供养工作的实施"。由于城乡经济差距很大，农村发展有严重的地区不平衡，农村五保供养的保障水平是非常低的，不同集体之间也不同。不仅如此，遇到灾年，少数农村可能陷入集体贫困，某些地方的农村人口都需要国家的临时救济。

从宏观上观察，改革前的城乡社会救助和养老服务只覆盖了少量的城乡老年人口。一方面，在城市和农村，能够进入政府和集体开办的养老院的老年人数量有限。另一方面，在社会救助之外，没有发展出商业化的社会养老保险和机构。因此，绝大部分城乡老年人口依靠家庭养老。不同的是，城市老年人一般或多或少受益于单位的工资收入和国家福利，而农村老年人只能依赖微薄的农村家庭收入，不能获得国家保障的退休金收入和福利再分配。尽管都以家庭养老为主要方式，但城乡老年人口的生活水平仍呈现出较大的差异，这是城乡分割体制在收入分配上的一个突出表现。

第二章

新时期养老保障改革与发展

改革开放后,社会养老保障事业迎来了繁荣和发展的新局面。城镇职工养老保险制度已经确立;城乡居民养老保险事业的发展有了一个良好的开端;社会化养老服务体系建设全面展开。

第一节 城镇职工基本养老保险制度改革

20世纪80年代,开始了从计划经济向市场经济的体制改革。由发展社会主义商品经济、建立计划调节与市场调节相结合的机制,到提出建立社会主义市场经济体制,在渐进式改革中确立市场经济体制,企业按市场规则走上自主经营、自负盈亏道路。过去,国家通过计划和价格直接影响企业的收益,实行利润上缴和亏损补贴,包括退休金开支在内的企业费用实际上由国家最终承担,企业没有这方面的烦恼。改革改变着以往的国家与企业的关系,随着企业的预算约束的逐步强化,企业退休金支出开始影响到企业本身。一些退休人员较多的国有企业负担加重,迫切要求平衡养老负担,表现出对改革企业退休制度的强烈要求。

1. 企业退休制度改革的初期探索

1984年,国家开始对1978年定型的企业退休制度进行改革探索。最初的做法是试行城镇企业职工退休费的社会统筹。社会保险机构按照一定的计算基数和提取比例向企业统一征收退休费用,形成统一管理的退休基金,再按退休费用的实际需要返还给企业,使企业平均负担退休费用。到1986年年底,全国先后有27个省的300多个县市参加试点,统筹层次在县(市)或地(市)一级;同时也形成了铁路、邮电、水利等养老保险的行业统筹。1986年,国务院发布了77号文件,要求建立全国县、市一级的退休费统筹机制，对参加统筹的企业规定一定的缴费率来建立统筹基金。这一时期还引入了个人缴费机制，作为传统的单一由企业进行筹资的补充。个人缴费机制的引入首先从按新型劳动就业制度实施下的劳动合同制工人开始。个人缴费制度的引入，扩大了养老资金来源，也为其后的"统账结合"养老保险制度做出了有益的探索。这些改革措施改变了过去国家保障的企业退休制度，向职工养老保险社会化迈出了第一步。此外，还开始企业补充养老保险和个人储蓄性养老保险，推动养老保险制度从单一层次向多层次转变。

养老保障制度经过80年代的探索和改革，取得了一些成绩和经验，为以后进一步的改革奠定了基础。随着养老保险原有制度的问题逐渐明朗化，特别是养老金支付负担的加重，改革实验的步伐也在加快。1991年，国务院在总结部分省市试点经验的基础上，发布了《关于企业职工养老保险制度改革的决定》，提出了企业职工养老保险制度改革的基本原则和基本改革要求。第一，把养老保险制度的覆盖面从国有企业扩大到集体经济；第二，提出改变养老保险完全由国家、企业包下来的办法，实行国家、企业、个人三方共同负担的原则；第三，提出"以收定支、略有结余、留有部分积累"的养老保障基金统一筹集原则；第四，提出要逐步建立起基本养老保险与企业补充养老保险和职工个人储蓄性养老保险相结合的多层次养老保险体系的目标。《决定》还明确了，本养老保险缴费的税前提取原则，养老保险基金专户储存，专款专用；与工资增长和物价指数相联系的养老金调整原则；以及养老保险统筹从县市起步，向省级统筹逐步过渡的原则等。《决定》是改革开放以来国家对养老保障问题作的第一次重大决策，成为全国养老保险改革试验的重要指导性文件。《决定》公布后，首要任务是实行养老保险的社会统筹，解决当时最迫切的养老金筹集和平衡问题。到1992年年底，全国95%约2300个县市实行了企业养老保险统筹。1993年，实现行业统筹的行业达到11个。国家保障的企业退休制度开始向养老保险制度转变。

但是，这一时期养老保险改革的探索也有很大的局限性。在当时，经济体制改革的整体思路，只是从"计划调节与市场调节相结合"发展到"有计划的商品经济"，还没有明确建立市场经济的基本目标。因此，城市的结构性改革是局部性的，表现在"体制外增量"（非公有制经济）上；存量改革更多地考虑国营企业管理机制的自我调整与完善。① 养老保险制度改革的思考，也是围绕着国营企业自身进行的，没有跳出"体制内"的圈子。在操作层面上，既有地方统筹，也有行业统筹，后者更多地沿袭了中央集权体制下的企业管理方式，冲淡了改革的社会化管理大方向。

2. 新型城镇职工基本养老保险制度的建立

1992年10月，邓小平南方谈话和党的十四大召开，标志着中国的改革开放和现代化建设事业开始进入一个新的阶段。1993年《中共中央关于建立社会主义市场经济体制若干问题的决定》确定"建立多层次的社会保障体系"、"城镇职工养老保险和医疗保险金由单位和个人共同负担"。该决定还实现了两个突破：其一，明确提出了"社会统筹和个人账户相结合"，实际上就是社会统筹和基金积累制的结合；其二，建立统一的社会保障管理机构。1994年7月公布的《劳动法》规定："社会保险基金按照保险类型确定资金来源，逐步实行社会统筹。用人单位和劳动者必须依法参加社会保险，缴纳社会保险费"。"劳动者享有平等就业和选择职业的权利、享受社会保险和福利的权利、提请劳动争议处理的权利以及法律规定的其他劳动权利"。《劳动法》按照普适性原则定义了劳动权和社会保险权，突破了过去为国有企业和外资私营企业分别立法的做法，反映了社会主义市场经济要突破部门局限的客观要求。

在这样的背景下，建立新型的城镇职工基本养老保险制度的条件日渐成熟。1995年，国务院在各地试点基础上，颁布了《关于深化企业职工养老保险制度改革的通知》。《通知》明确了在2000年前建立起统一的养老保险制度的目标，要求其适用于城镇各类企业职工和个体劳动者，资金来源渠道多样化、保障方式多层次、社会统筹和个人账户相结合、权利与义务相对应和管理服务社会化。1997年7月，国务院颁布了《关于建立统一的企业职工基本养老保险制度的决定》。《决定》再次明确了1995年提出的到20世纪末建立起社会统筹与个人账户相结合的统一养老保险制度的目标，在多方面对城镇企业养老保险制度进行了统一。

第一，统一了养老保险缴费比例。《决定》规定，企业缴纳基本养老保险费的比例，一般不得超过企业工资总额的20%（包括划入个人账户的部分），具体比例由省、自治区、直辖市人民政府确定。个人缴纳基本养老保险费的

---

① 1991年国务院发布的《关于企业职工养老保险制度改革的决定》指出，企业职工养老保险制度改革"主要是对现行的制度办法进行调整、完善"。

比例，1997 年不得低于本人缴费工资的 4%，1998 年起每两年提高 1 个百分点，最终达到本人缴费工资的 8%。

第二，统一了建立个人账户的标准。《决定》规定，按本人缴费工资 11% 的数额为职工建立基本养老保险个人账户，个人缴费全部记入个人账户，其余部分从企业缴费中划入。随着个人缴费比例的提高，企业划入的部分要逐步降至 3%。个人账户储存额，每年参考银行同期存款利率计算利息。个人账户储存额只用于职工养老，不得提前支取。

第三，统一了养老金发放标准。《决定》规定，本决定实施后参加工作的职工，个人缴费年限累计满 15 年的，退休后按月发给基本养老金。基本养老金由基础养老金和个人账户养老金组成。退休时的基础养老金月标准为省、自治区、直辖市或地（市）上年度职工月平均工资的 20%，个人账户养老金月标准为本人账户储存额除以 120。个人缴费年限累计不满 15 年的，退休后不享受基础养老金待遇，其个人账户储存额一次支付给本人。本决定实施前已经离退休的人员，仍按国家原来的规定发给养老金，同时执行养老金调整办法。本决定实施前参加工作、实施后退休且个人缴费和视同缴费年限累计满 15 年的人员，按照新老办法平衡衔接、待遇水平基本平衡等原则，在发给基础养老金和个人账户养老金的基础上再确定过渡性养老金，过渡性养老金从养老保险基金中解决。

至此，社会统筹和个人账户相结合的城镇企业职工基本养老保险制度正式建立起来。这是企业退休制度改革的一个里程碑。改革的第一阶段，是打破 1978 年制定的具有国家保障性质的企业干部职工退休制度，尝试建立一个体制内的企业职工养老保险制度。1993 年以后，改革进入第二阶段，最终于 1997 年建立了覆盖体制内外、以发生劳动关系为标准的城市企业就业人员的养老保险制度。城镇企业职工基本养老保险制度是在社会保障改革中，最早建立的新型社会保障制度。1997 年以后，又陆续建立了城镇企业职工医疗保险制度、失业保险制度、城市居民最低生活保障制度等社会保障基本制度，适应社会主义市场经济的新型社会保障体系开始形成。

3. 1997 年以后的调整

虽然 1997 年《决定》确定了社会统筹和个人账户相结合的制度框架，但是由于制度转轨过程中，并没有对转轨成本做出相应的资金安排，当期收费不可能在完成当期养老金支付的同时实现个人账户的积累。所以，实际上个人账户一直空账运行，随着个人账户建立期的延长，"空账"问题越来越严重，养老金制度的负债越来越大。2000年国务院发布了《关于完善城镇社会保障体系的试点方案》，再次明确坚持社会统筹与个人账户相结合的基本养老保险制度，基本养老保险费由企业和职工共同负担，并决定2001年在辽宁省及其他省（自治区、直辖市）确定的部分地区进行试点。其主要内容为：（1）企业缴费比例一般为企业工资总额的20%左右，企业缴费部分不再划入个人账户，全部纳入社会统筹基金，并以省（自治区、直辖市）为单位进行调剂。职工缴费比例由本人缴费工资的11%调整为8%，并全部计入个人账户。个人账户基金只用于职工养老，不得提前支取。（2）社会统筹基金与个人账户基金实行分别管理。社会统筹基金不能占用个人账户基金。（3）职工达到法定退休年龄且个人缴费满15年的，基础养老金月标准为省（自治区、直辖市）或市（地）上年度职工月平均工资的20%，以后缴费每满一年增加一定比例的基础养老金，总体水平控制在30%左右；个人缴费不满15年的，不发给基础养老金，个人账户全部储存额一次支付给本人。基础养老金由社会统筹基金支付；个人账户养老金由个人账户基金支付，月发放标准根据本人账户储存额除以120。个人账户基金用完后，由社会统筹基金支付。试点方案的基本政策取向是加大社会统筹的比重，统账分开，做实个人账户。2004年，试点扩大到东北三省。

2005年，在东北三省试点的基础上，国务院又出台了《关于完善企业职工基本养老保险制度的决定》，要求扩大基本养老保险范围，逐步做实个人账户，同时改革养老金计发办法。为与做实个人账户相衔接，从2006年1月1日起，个人账户的规模统一由本人缴费工资的11%调整为8%，全部由个人缴费形成，单位缴费不再划入个人账户。退休时的基础养老金月标准以当地上年度在岗职工月平均工资和本人指数化月平均缴费工资的平均值为基数，缴费每满1年发给1%。个人账户养老金月标准为个人账户储存额除以计发月数，计发月数根据职工退休时城镇人口平均预期寿命、本人退休年龄、利息等因素确定。这些规定与1997年的《决定》相比，简化了个人账户的资金来源，同时增强了缴费年限等鼓励多缴费多收益的激励。

第二节　农民工参加基本养老保险

中国城市养老保险制度的改革，包含一个把进城农民工纳入养老保险体系、弱化和消除城市户籍居民养老保险特权的过程。这一"权利重构"的特点，本来是改革的题中应有之义；但是在改革初期却看不到这一特点，看到的反而是把农民工排斥在新的养老保险之外的景象。直到2000年以后，城乡平等就业的方针逐渐得到明确，农民工参加养老保险才真正提到议事日程上来。

1. 改革初期国有部门养老保险的局限性

1997年建立的城镇企业职工养老保险制度，从根本上说，是要按照现代市场经济的要求，为城市的所有劳动者提供与就业相关联的养老保险制度。从法权上说，就是赋予城市企业的劳动者以普适性的养老保险权利。但在改革初期，只有国有企业职工进入了新的制度，其他就业群体的养老保险问题一时还难以解决。1997发布的《国务院关于建立统一的企业职工基本养老保险制度的决定》，适用范围是"城镇各类企业职工"。但是，对于"企业职工"这一关键术语没有明确的界定，也没有关于农民工是否参加养老保险的政策性配套文件。这样的处理方式，再加上当时中央政府和地方政府限制农村外出劳动力在城市务工的政策性规定，多属于"非正规就业"的农民工参保无法及时提到议事日程。

以国有企业为重点，首先实现突破，把新制度在局部建立起来，这不仅是养老保险改革的策略，也是就业关联社会保险各项改革（如医疗保险、失业保险）的推进策略。这一时期的城镇社会保险各项改革，是围绕着国有企业重组和企业职工下岗分流进行的。由于当时改革的复杂性、财力紧缺等因素制约，在国有企业中建立健全新的劳动制度和社会保障制度是当务之急，国有企业职工之外的就业群体的劳动权益和社会保障等问题被拖后了。在这些就业群体中，从农村进入城市的流动人口——农民工是其中之一，也是规模最为庞大的"体制外"劳动群体。

2. 2000年以后农民工参加社会保险的形势

2000年以后，当国企改革完成、职工下岗与失业并轨之后，国家逐渐把工作重心转向维护劳动群体的平等劳动权、实行城乡平等就业、建设统一的劳动力市场上来，农民工就业和社会保障成为一个基本环节。2006年3月，国务院发出《关于解决农民工问题的若干意见》）（以下简称《若干意见》),[①]明确提出解决农民工问题的原则和一系列政策，包括治理农民工的工资问题、

[①] 该《若干意见》全文见中央政府门户网（http://www.gov.cn/gongbao/content/2006/content_244909.htm）。

改善和推进农民工的劳动管理、就业服务、社会保障、权益维护等诸多内容，涉及城市公共服务、户籍改革、农村发展等重要方面，是"农民工新政"的纲领性、综合性文件。《若干意见》提出，要坚持分类指导、稳步推进，积极稳妥地解决农民工社会保障问题。特别是，《若干意见》要求探索适合农民工特点的养老保险办法，抓紧研究低费率、广覆盖、可转移，并能够与现行的养老保险制度衔接的农民工养老保险办法；有条件的地方，可直接将稳定就业的农民工纳入城镇职工基本养老保险；已经参加城镇职工基本养老保险的农民工，用人单位要继续为其缴费。《若干意见》还要求，劳动保障部门要抓紧制定农民工养老保险关系异地转移与接续的办法。在《若干意见》的指导下，各地或加强原有的农民工社会保障制度建设，或探索新的办法，形成了一些不同的农民工参保模式。例如广东要求农民工与城市职工一样参保，而上海、成都等地为农民工设计了专项社会保险。尽管农民工在不同地方参加养老保险还有制度不统一的问题，但这一群体被完全排斥在社会保险制度之外的情形已经成为历史。

3.《社会保险法》与农民工参保

农民工参加社会养老保险的地方试验，最终需要建立全国性的制度。是不是在全国范围内，为农民工专门建立一个社会养老保险制度？这一直是一个有争议的问题。2009年年初，人力资源和社会保障部在起草《城镇企业职工基本养老保险关系转移接续暂行办法》时，曾提出一个《农民工参加基本养老保险办法》的讨论稿，并向社会各界征集意见。有关部门的负责官员表示，这两个办法所针对的人群不同，"城镇职工一般是在城市之间转移就业，最后在城市养老，而农民工除了在城市之间转移外，还在城乡之间流动就业，其中一部分要返乡养老"。[①] 后来，把农民工统一到城镇职工养老保险体系的呼声逐渐占了上风。2009年年底正式颁布、2010年1月1日起施行的《城镇企业职工基本养老保险关系转移接续暂行办法》第二条明确规定，"本办法适用于参加城镇企业职工基本养老保险的所有人员，包括农民工"。2010年9月，人力资源和社会保障部发布《城镇企业职工基本养老保险关系转移接续若干具体问题的意见》，要求地方政府调整规范农民工参加养老保险政策："各地要结合《暂行办法》的贯彻落实，采取可行措施，将在城镇企业就业并建立劳动关系的农民工，按照国家统一规定纳入城镇企业职工基本养老保险制度。在

[①] 参见新华网（http://view.news.qq.com/a/20090806/000009.htm）。

《暂行办法》实施前已自行出台农民工参加养老保险办法的地区,要抓紧调整相关政策,实现与城镇企业职工基本养老保险政策的统一规范,切实做好农民工参加城镇企业职工养老保险工作"。2010年10月颁布的《社会保险法》明确了"进城务工的农村居民依照本法规定参加社会保险"。随着这一立法改革,有关农民工单独设立养老保险还是统一参保的争执终于尘埃落定。

《社会保险法》是一部社会保险的综合法律,对养老、医疗等社会保险的跨地区转移作了原则规定。这些规定,不仅农民工,而且城市流动人口也从中受益。① 90年代后期出台的就业关联社会保险(养老、医疗、失业等)制度,尽管是地方统筹性质的,但一般没有对参保人的本地户籍身份的明文限制。然而,中央政府对于养老、医疗和失业保险的跨地区转移,在2009年之前没有相应的法律或政策规定。地方层面的法规或政策一般规定,劳动者跨统筹区域流动时,只转移养老保险关系和个人账户资金,不转移地方统筹的养老保险基金。由于中央政府未能及时解决便携性问题,制度设计上的养老保险异地转移接续完全不可操作,流动性较强的外来人口的权益难以兑现,养老保险更有利于本地户籍的参保人员。不仅基本养老保险,与跨统筹地区流动有关的基本医疗保险和失业保险,也有类似的问题。② 《社会保险法》的有关条款把《城镇企业职工基本养老保险关系转移接续暂行办法》的相关规定法律化,为推动流动务工人员参加保险、保护他们的权益,在制度规则上迈出了坚实的一步。

---

① 国家人口计生委2009年重点地区流动人口监测调查显示,北京、上海、深圳、太原、成都5城市的流动人口中,78.7%为农业户籍。参见国家人口和计划生育委员会流动人口服务管理司编《中国流动人口发展报告2010》,中国人口出版社,2010,第38页。根据这一调查数据估计,在城市的流动人口中,具有其他城市户口、不属于农民工的"外来市民"比例在1/5以上。

② 在养老、医疗、失业、工伤和生育五大社会保险中,后两项保险的参与权利规则比较特殊。2004年建立的工伤保险制度,完全基于劳动关系,城市的外来农民工具有享受的平等资格;这一待遇也不涉及跨地区转移。因此,新的工伤保险权是法律和事实意义上的普适公民权。企业职工生育保险是另外一种情况。1994年劳动部《企业职工生育保险试行办法》只规定,"本办法适用于城镇企业及其职工",没有进一步的具体解释。一些城市在辖区内建立企业职工生育保险制度时,把适用对象限定为本市户口的劳动者。例如,2005年出台的《北京市企业职工生育保险规定》第二条:"本规定适用于本市行政区域内的城镇各类企业和与之形成劳动关系的具有本市常住户口的职工";2001年发布的《上海市城镇生育保险办法》规定:"本办法适用于具有本市城镇户籍并参加本市城镇社会保险的从业或者失业生育妇女"。在这些城市,生育保险权与本市户口身份联系起来。不过,这些关于职工生育的地方政策与《社会保险法》的基本精神不符,需要作出相应的修改。

第三节 城乡养老保险的突破

1. 农村养老保险制度在波折中推进

早在 20 世纪 80 年代初，在长江三角洲的一些地方，就开始了建立农村养老保险的试验。到 1987 年，民政部鉴于农村养老问题日益严重并已制约了农村经济的发展，遂借鉴各地的成功经验，开始在一些经济条件较好的地方，如山东、北京、上海等地，进行了农村社会养老保险的试点工作。1991 年，民政部在总结试点经验的基础上印发了《县级农村社会养老保险基本方案》（试行）。至此，农村社会养老保险开始在全国试行。该方案指出，农村养老保险制度坚持资金个人缴纳为主，集体补助为辅，国家予以政策扶持，由点到面，逐步发展。1994 年 12 月，民政部成立了农村社会养老保险管理服务中心，主要职责是贯彻农村社会养老保险的有关规定，协助政府部门推进农村社会养老保险事业的发展等，健全了中央级管理机构；1995 年 10 月，国务院转发了民政部《关于进一步做好农村社会养老保险工作的意见》，此后，农村社会养老保险取得了较快的进展。但是，在农村社会养老保险推进的过程中，也出现了一些问题，如资金的监管较弱、使用较乱等。1999 年 7 月，《国务院批转整顿保险业工作小组〈保险业整顿与改革方案〉的通知》，指出目前我国农村尚不具备普遍实行社会保险的条件。对民政系统原来开展的农村社会养老保险要进行清理整顿，停止接受新业务。至此，农村养老保险处于停滞或半停滞状态。

2002 年中共十六大之后，农村养老保险事业发展进入新的时期。十六大报告明确提出："在有条件的地方探索建立农村社会养老保险制度"。各地区也在总结原有农村养老保险筹资水平低、吸引力不足和监管不力等缺陷的基础上，进行新的探索。北京市于 2007 年 12 月发布了《北京市新型农村社会养老保险试行办法》，确定了新型农村社会养老保险制度实行个人账户和基础养老金相结合的制度模式，采取个人缴费、集体补助、财政补贴相结合的筹资方式。2008 年 10 月，党的十七届三中全会通过的《中共中央关于推进农村改革发展若干重大问题的决定》指出，要"按照个人缴费、集体补助、政府补贴相结合的要求，建立新型农村社会养老保险制度"。2009 年 3 月《政府工作报告》中进一步明确："新型农村社会养老保险试点要覆盖全国 10% 左右的县（市）"；同年 9 月国务院发布《关于开展新型农村社会养老保险试点的指导意见》，明确规定了2020年基本建立覆盖城乡居民的社会保障体系的目标；在筹资模式上，采用统账结合的制度模式；在基金管理上，新农保基金要纳入社会保障基金财政专户，实行收支两条线管理，单独记账、核算。目前，新型农村养老保险制度推进的速度明显加快。2009年以前，参保人数长期徘徊在5000多万人。到2011年年底，新型农村社会养老保险试点工作在全国全面铺开，参加新型农村社会养老保险人数已经高达32643万人。其中，领取待遇人数8525万人，为参保人数的26%。"新农保"计划在"十二五"期间，在农村实现全覆盖。

"新农保"的快速进展得益于多种因素，但公共财政的大力介入至关重要。过去，对于农村养老保险，国家仅提供政策扶持。农村养老保险的集体补助与集体经济水平高度相关，只有少数农村（如东南沿海）的集体能够提供可观的投入。对大部分农村地区来说，农村养老保险以个人投资为主，农民的参保积极性不高。缺乏国家财政的投入是"老农保"不能顺利发展的主要原因。"新农保"得到了各级政府的财政投入：对于符合领取条件的参保人，政府全额支付基础养老金，其中中央财政对中西部地区的基础养老金标准给予全额补助，对东部地区给予50%的补助；地方政府对参保人缴费给予补贴，补贴标准不低于每人每年30元。"新农保"已经具有了一定的国家养老金的性质。这是具有历史意义的收入分配改革：农村老年人开始沐浴到公共财政的阳光，源于中央和地方政府的收入再分配第一次进入了他们的养老金。

2. 走向一体化的城乡居民养老保险

城镇居民的养老保险制度遵行了农村养老保险同样的推广路径，即由地方先进行探索和试点，再在全国范围内推广。2011年6月7日，国务院发布了《国务院关于开展城镇居民社会养老保险试点的指导意见》，决定建立个人缴费、政府补贴相结合的城镇居民养老保险制度，实行社会统筹和个人账户相结合，与家庭养老、社会救助、社会福利等其他社会保障政策相配套，保障城镇居民老年基本生活。2011年7月1日启动试点工作，实施范围与新型农村社会养老保险试点基本一致，2012年基本实现城镇居民养老保险制度全覆盖。年满16周岁（不含在校学生）、不符合职工基本养老保险参保条件的城镇非从业居民，可以在户籍地自愿参加城镇居民养老保险。目前，这项制度建设正在全国展开。到2011年年底，参加城镇居民养老保险的人数已经达到539万人，其中实际领取待遇人数235万人。

城镇居民养老保险和农村居民养老保险已经呈现出一体化的发展趋势。2008年召开的中共十七届三中全会提出了"建立促进城乡经济社会发展一体化制度","尽快在城乡规划、产业布局、基础设施建设、公共服务一体化等方面取得突破","统筹城乡基础设施建设和公共服务,全面提高财政保障农村公共事业水平,逐步建立城乡统一的公共服务制度"。全会明确提出,在建立新型农村养老保障制度的同时,"创造条件探索城乡养老保险制度有效衔接办法"。这样,从政策上为城乡养老保险制度指明了方向。在2008年前后,一些地方开始了城乡养老保险制度的衔接的探索。北京市在2009年实行了城乡居民养老保障之后,基本实现了全面覆盖,是全国率先实行城乡统筹的省市。成都市也在2010年实行了城乡居民养老保险统筹。还有一些城市也在加快建立城乡统筹的养老保险制度。

第四节 养老服务体系建设的初步成就

中国的养老服务体系建设确定了社会化的基本方向,出台了一系列促进社会化养老服务体系建设的政策和措施。2000年,经国务院批准,国务院办公厅转发了民政部等11部门《关于加快实现社会福利社会化的意见》,提出了推进以养老为重点的社会福利社会化的指导思想、基本目标和总体要求,并从建设用地、税收、公用事业收费和费用补贴等角度制定了诸多优惠政策。2005年,民政部出台了《关于支持社会力量兴办社会福利机构的意见》,鼓励和扶持企事业单位、社会团体和个人等社会力量投资兴办养老机构。2006年,国务院办公厅转发了全国老龄办和民政部等部门《关于加快发展养老服务业的意见》,要求按照政策引导、政府扶持、社会兴办、市场推动的原则,逐步建立和完善以居家养老为基础、社区服务为依托、机构养老为补充的服务体系。2008年,全国老龄办、民政部出台了《关于全面推进居家养老服务工作的意见》,提出在全国城市社区基本建立起多种形式、广泛覆盖的居家养老服务网络。在养老机构管理方面,民政部制定并颁布了《社会福利机构管理暂行办法》,对社会福利机构的规划、设立、日常运营和服务作出了明确的规定。经过多年建设和推动,一个以居家养老为基础、社区服务为依托、机构养老为补充的养老服务体系初步形成。到2010年11月全国社会养老服务推进会召开时,全国共有各类社区服务中心17.5万个,城市便民、利民服务网点69.3万个,各类养老机构38060个,床位266.2万张,收养各类人员

210.9万人。与此同时,养老服务体系的服务对象也扩展到全体老年人,逐渐形成了多层次的养老服务格局:一是对于"三无"和"五保"老人,各地采取集中供养和分散供养相结合的方式,保障他们的基本生活,为他们提供无偿服务;二是对于高龄老人,绝大多数地区出台了标准不同的"高龄补贴"制度;三是对于低收入老人,各地将其作为服务保障的重点,为他们接受居家或者机构养老提供低偿或者无偿的服务;四是对于经济条件较好的老人,各地通过市场化运作,建设了一批档次较高的养老机构。同时,在居家养老中实行有偿服务,满足其养老服务需求。

在老年人救助和养老服务方面,农村五保供养制度的改革具有重要意义。2006年国务院发布的《农村五保供养工作条例》中,删除了1994年《条例》中的"五保供养是农村的集体福利事业"的提法,规定农村五保供养资金由地方人民政府在财政预算中安排,中央财政对财政困难地区提供资金补助。关于集体投入,新的《条例》规定,有经营收入的农村集体向农村五保供养提供资金补助。这样,五保供养事业不再属于集体保障,而是以公共财政为基础的社会保障。这一转变的直接动因是,2006年全面取消了农业税,集体福利和保障的原有财务基础已经不复存在。

农村五保供养制度改革的深层背景是:从中共十六大到十七大,城乡统筹发展、建设社会主义新农村、扩大公共财政对农村覆盖等,已经成为既定的方针。除了农村五保供养事业,如前所述,新型农村养老保险也具有了公共财政的含义。此外,新型农村合作医疗制度、农村最低生活保障制度等,都告别了过去制度实验上的单纯的集体福利性质,财政投入成为资金来源的主渠道或重要构成。这些制度惠及广大的农村人口,包括老龄人口。还有,把农民工纳入城市的企业职工养老保险,将为这一数量庞大、年龄结构较轻的农业户口人口群体提供预期的老年收入保障。总之,公共财政和政府工作的重心转向城乡并重和统筹发展。这体现在农村养老保险和养老服务上,也体现在农村社会保障的其他方面。这一转变,对于缩小城乡老年人口的收入和福利的不平等、消除老年保障方面的城乡分割历史痕迹,必将产生深远的影响。

第三章

养老保险和养老服务面临新挑战

我国社会养老保障改革取得很大成绩。城镇职工养老保障制度已经成为现行社会保障体系中相对成熟的基本制度之一,到 2011 年年底,全国参加城镇基本养老保险的总人数为 28391 万人,其中参保职工 21565 万人,参保离退休人员 6826 万人,参保的农民工人数为 4140 万人。① 随着国家对农村社会保障投入的加大,"新农保"推进比较顺利。从总体上看,全国城乡居民养老保障改革和制度建设,正在形成一个多层次、全覆盖、统筹城乡发展的养老保障体系。社会化养老服务体系的建设从无到有、从小到大,已经粗具规模。从 1993 年中共中央提出建立多层次社会保障体系的目标算起,经过不到 20 年的时间,一个与社会主义市场经济体制相适应、具有中国特色的社会养老保障事业的轮廓开始展现。

但是,中国的养老保障改革尚未完成,养老保险和养老服务依然面临一些重大问题和挑战。养老金收支平衡、养老保险公平性、社会化养老服务等问题尤为突出,必须寻求解决的良策。

第一节 城镇养老保险的财务风险

城镇职工养老保障制度平滑城市人口的消费支出,为城市老年人口提供基本的收入保障,是社会养老保障体系中最为重要的制度安排。这一制度的平稳运行和财务收支平衡的可持续性,是人口老龄化时代维持城镇养老保障制度运行的基础。

---

① 参见人力资源和社会保障部网站(http://www.mohrss.gov.cn/):《2011 年度人力资源和社会保障事业发展统计公报》。

回顾改革的历程，中国选择"统账结合"的城镇职工养老保险模式，有国际上的养老保险体制改革的背景。20世纪80年代起，一些发展中国家出现了由于人口老龄化、管理效率低、经济波动大等原因，养老保障收支出现问题，开始了对现收现付养老保险制度的改革，如实行积累制、建立多支柱养老保险体系等。1994年，世界银行提出了"三大支柱"养老保险制度，认为在人口加速走向老龄化背景下，单一的公共养老金制度不具有可持续性，需要缩小公共支柱的范围，建立具有强制储蓄性质的、私营化管理的基金制养老金，发展自愿的个人养老保障。世界银行改革方案不仅推崇基金制养老保险，还把养老保险制度建设与经济效率相联系，这也是过去的现收现付养老保险制度设计一般不涉及的。应对人口老龄化和提高效率，应该是20世纪90年代中国养老保险改革的主要考虑，而重点是在后者。中国的改革，一般认为，是遵循由现收现付制向部分积累制转轨的思路进行的。根据理论推断和国际经验，这样的改革在减少老龄化带来的养老保险财务风险的同时，还有一个通常所说的"转轨成本"问题。如此，城镇职工基本养老保险是否能够成功地应对人口老龄化？"转轨成本"有多严重？财务收支风险会达到何种程度？都是政府和社会公众普遍关心、必须回答的问题。

1. 人口老龄化需求压力增大

现收现付制的特点，是在职的一代赡养退休的一代。如果一个国家实行现收现付的养老保险制度，而且这种制度是覆盖全社会的，那么人口老龄化将造成养老保险的领取者增多而缴费者减少，将使养老金出现供给不足。此时，无论是降低养老金支付水准，还是提高养老金缴费率，都会引发财政上的风险和激起社会矛盾，需要审慎处理。用财政资金弥补养老金缺口，实际上是增加正在从事劳动一代人的负担，而且取决于政府财政状况。在中国，旧的养老保险制度的覆盖面很窄。1997年改革时，只有城市单位中的正式职工干部得到退休制度的保障，这一制度并没有覆盖城市的全部劳动就业人口。当时，城市化率刚刚达到30%，广大的农村劳动者都不在制度覆盖范围之内。现在的养老金领取者，大部分是1997年前的制度下退休的，而且在今后一段时期，旧制度下的单位就业人员也是养老保险金的主要领取者。如果制度覆盖面不扩大，那么制度内的参保在职职工与参保退休人员之比——制度内供养比，将大体上与全社会的人口老龄化保持同步；如果制度覆盖面不断扩大，陆续有"新人"参加进来，那么制度内的供养比并不会随社会的老年抚养比变化，至少在短期内是这样。这就是说，由于人口迁移流动和城市化加速，城镇职工基本养老保险制度还有扩大覆盖面的空间，这可以大大减缓人口老龄化的冲击。一些研究以社会老年抚养比上升为出发点，从城镇离退休人数增长或养老金开支上升来直接判断城镇基本养老保险的财务缺口不断扩大，是把问题简单化了。

从相关统计数据来看，2003年之前，城镇职工基本养老保险确实出现了制度内供养比（参保离退休人数∶缴费人数）升高的情况。但是近年来，由于制度覆盖范围的拓展，这一情况有了明显改善。由于参加基本养老保险的受益人数的增长明显超过了缴费人数的增长，缴费人数与受益人数之比曾一度从1993年的4.35∶1下降到2003年的2.9∶1，[①] 养老基金收支平衡压力增大。但是，这一时期正是养老保险制度的调整与改革局限在国有部门的阶段，还有国有部门的就业量在整个经济中相对下降的背景。2003年以后，这种情况得到了扭转（参见表6-2）。[②]

表6-2 2003~2011年城镇基本养老保险参保人数、基金支出和财政补贴变动

年份	2003	2004	2005	2006	2007	2008	2009	2010	2011
城镇参保人数（万人）	15506	16353	17487	18766	20137	21891	23550	25707	28391
参保离退休人数（万人）	3860	4103	4367	4635	4954	5304	5807	6305	6826
农民工参保人数（万人）				1417	1846	2416	2647	3284	4140
缴费人数（万人）	11646	12250	13120	14131	15183	16587	17743	19402	21565
制度内供养比	0.33	0.33	0.33	0.33	0.33	0.32	0.33	0.32	0.32
城镇基金总支出（亿元）	3122	3502	4040	4897	5965	7390	8894	10555	12765
财政补贴（亿元）	530	614	651	971	1157	1437	1646	1954	2272
财政补贴占基金支出比例（%）	17.0	17.5	16.1	19.8	19.4	19.4	18.5	18.5	17.8

注：制度内供养比＝参保离退休人数/缴费人数

表6-2显示，2003~2011年，城镇职工基本养老保险供养比大致稳定在0.32~0.33的水平上，即缴费人数与受益人数之比大致为3∶1。2006年以来，农民工参保人数的迅速增长，为稳定基本养老保险制度的内部供养比做出了贡献。从2006年到2011年，农民工参保人数增加了1867万，参保率从

[①] 中国经济改革研究基金会、中国经济体制改革研究会联合专家组：《中国社会养老保险体制改革》，上海远东出版社，2006，第266页。
[②] 资料来源：《2008~2010年度人力资源和社会保障事业发展统计公报》；2003~2007年度劳动和社会保障事业发展统计公报（人力资源和社会保障部网站 http://www.mohrss.gov.cn/）。

10.7% 上升到 26%，表明未来还有很大的上升空间。农民工参保的效应和潜力告诉我们，应对人口老龄化就要不断扩大基本养老保险的覆盖范围。目前，按照"城镇就业人员"的统计口径，在城市中有近 40% 的就业人员没有参加城镇职工基本养老保险制度，主要是灵活就业人员。[①] 这一统计只包括了少部分未参保的农民工。考虑到数量庞大的进城农民工，城镇基本养老保险制度"扩面"的空间更为广阔。

大量农民工进城降低了城市老年供养比，却提高了农村老年供养比，这是否会给农村养老保险带来筹资风险呢？这种担心是不必要的。因为农村改革实行的是"新农保"，"新农保"不是社会统筹的养老保险，而是由政府提供、具有国家养老金性质的养老保险，带有社会福利性质。

有学者论证，中国不会出现因人口老龄化导致的城镇职工基本养老保险制度的财务危机。因为，一是已经从制度上为应对人口老龄化做了个人账户基金和全国社会保障基金两个储备；二是庞大的国有企业和国有或集体所有的土地制度是中国社会保障体系的重要物质基础；三是传统的家庭保障可以对养老保险制度产生直接的替代效应；四是中国现行的退休年龄很低，提高退休年龄的余地很大；五是中国的养老保险制度还会有年轻一代的不断加入，制度内的人口年龄在未来 10~20 年将呈现年轻化趋势。[②] 以上五点，除了第三点，都与城镇职工基本养老保险的财务平衡有关。但是，国有企业和公有制土地如何支持养老保险事业，如何提高退休年龄，如何有效地扩大养老保险覆盖面，实行起来都有很大的难度，改革更是不易。近来从人力资源和社会保障部传出弹性延长支付退休金，引起一片哗然。支持者、反对者各陈理由，背后都同改革后的利益得失密切相关。关于养老金个人账户，积累制度的确有抵御人口老龄化冲击的作用；但是诸多养老金空账的论述显然有一定的道理，做实养老金个人账户空账，是一个有很大困难的问题，来自人口老龄化需求的增长不可低估。

2. 财务可持续性隐患增加

来自人口老龄化需求增长的压力，只是形成养老金亏空的外部条件，决定养老金是否存在危机的关键，还在于养老金来源和供给的可持续性。为避

[①] 参见王延中《构建人人共享的发展型社会保障制度》，载陈佳贵、王延中《中国社会保障发展报告（2010）No. 4》，社会科学文献出版社，2010，第 73 页。

[②] 参见郑功成《中国养老保险制度的核心风险在哪里：财务风险》。中国养老金网 www.cnpension.net，2010 年 9 月 2 日。

免危机发生，一要清楚现行养老保险制度的隐性债务，二要清楚计算养老保险基金的收支缺口。前者是"存量"，而后者是融资缺口，属于"流量"。一些研究机构和学者曾经对城镇职工基本养老保险制度的隐性债务做过估算，但是由于计算口径、方法、参数等的不同，测算结果差异很大，从目前的1.83万亿元到数年后的一二十万亿元不等。与隐性债务的估算情况类似，养老保险基金收支缺口的测算结果也有很大差异。过去的研究，多论证城镇职工基本养老保险制度在财务平衡上存在的问题；① 最近也有研究发现，尽管人口老龄化要求缴费率上升，但由于扩大覆盖面等因素，城镇职工基本养老保险制度中的社会统筹部分却可以实现财务平衡。② 为了推动该研究的深入，澄清一些基本的概念和命题是必要的。有的研究将"隐性债务"和"转轨成本"等同起来，我们认为这是不准确的。隐性债务是指现收现付制下参保者积累的未来养老金权益的精算现值。一般而言，当现收现付制向完全或部分积累制改革时，由于改革前的退休者（老人）和参保者（中人）没有建立个人账户，这样就产生了转轨成本，隐性债务的规模要大于转轨成本。③ 更进一步说，在研究中国的城镇职工基本养老保险制度的财务可持续性时，对于转轨成本这一概念，使用上要特别慎重。关于城镇职工基本养老保险的财务平衡，有的研究认为收支缺口来自从现收现付制向部分积累制改革的转轨成本。应当说，这种说法是不准确的，有碍对问题的正确认识和判断。

如前所述，在经历了"文革"动荡之后，1978年实行了名义上企业担负、实际上国家保障的企业退休制度。改革开放初期，这一制度经历了一些改革，但直到1997年，并没有建立一个完整的社会统筹的企业养老保险制度，即使在国有部门内部也是如此。1997年的改革，把国家保障的企业退休制度变为两部分：一部分是具有现收现付性质的社会统筹制度，另一部分是积累制的个人账户制度。改革设计的目标是，国家不再为企业承担养老金负担，今后的企业退休金来自企业和个人的缴费。这是一个国家向企业和个人转移养老金负担的过程。理论上说，在新制度下，面向"老人"和"中人"

---

① 参见中国经济改革研究基金会、中国经济体制改革研究会联合专家组《中国社会养老保险体制改革》，上海远东出版社，2006，第262页。
② 参见林宝《人口老龄化对企业职工基本养老保险制度的影响》，《中国人口科学》2010年第1期。
③ 关于隐性债务与转轨成本两个概念的区别，参见宋世斌、申曙光主编《社会保险精算》，中国劳动社会保障出版社，2007，第139页。

的养老金支出中，来自过去所没有的企业缴费部分体现了国家对企业的负担转移；"老人"和"中人"的养老金支出占用"新人"的个人账户积累部分，其数额相当于通常所说的现收现付制向部分积累制的转轨成本。有的学者把"老人"和"中人"的养老金负担称为"历史债务"，这种提法要比"转轨成本"更为贴切。

强调国家保障这一改革起点，是为了说明国家的责任。如果1997年之前已经有一个现收现付制度在运行，那么改革后的历史债务数额并不很大，原因是新的个人账户积累在养老金收支中只有较小的份额，不到30%。[①] 事实上，现收现付的社会统筹也是新建的。新的养老金制度的收支不平衡，更多地来自国家向企业转移负担，而不是国家向个人转移负担。改革前参加工作的职工劳动报酬很低，国家从企业获得利润和税收，也理所当然地承担他们的养老保障。改革后，国家应该继续履行过去的承诺，为他们提供预期的养老金。但是，新的城镇职工基本养老保险制度并没有明确这样的政策安排，反而力求养老保险收支的自行平衡，希望用社会统筹资金来消化历史债务。这就造成了两个后果：第一，由于统筹不足而挪用个人账户资金，出现严重的个人账户"空账"问题；第二，国家财政并没有从新的制度中完全解脱出来，包袱也不能完全甩掉。

个人账户的"空账"到底有多大？有学者提出"空账"规模越来越大，已经从2004年的7000多亿元上涨到目前的1.7万亿元，未来几年还将大幅度增长。"空账"主要是由于个人账户资金被用来发放养老金，另外缺乏良好的投资渠道养老金不能保值增值，也是一个原因。有一种来自政府部门的观点是，不应该过分担心"空账"问题，因为养老金赤字将会由国家兜底。然而冷静地分析一下就会发现，各级政府对城镇职工基本养老保险制度的财政补贴在不断增大。表6-2显示，政府财政补贴的总量持续增长，而补贴占养老保险基金支出的比率，自2003年以来一直维持在接近20%的高水平之上，几乎成为一个常数。这就是说，每提供100元的养老金，政府就要补贴近20元。财政补贴居高不下反映了一个重要事实：从国家向社会转移养老保险财政负担的最初设想，在很大程度上是落空的。

向不属于国家预算的社会统筹养老保险提供一定的财政补贴，这在世界

---

① 企业缴费水平为工资总额的20%，个人为本人工资的8%，按照这两项收入的加总，可以推算个人账户资金的份额。

上并非没有先例。问题在于，城镇职工基本养老保险的财政补贴，在最初的制度设计中并不十分明确，其运行也极度不透明、不规范，在很大程度上具有应急的性质，难以准确评估其实际效果。基金平衡离不开非规范性的财政补贴，这本身就是城镇职工基本养老保险制度的一种财务风险。

关于个人账户的"空账"问题，2011年生效的《社会保险法》第十三条规定，"国有企业、事业单位职工参加基本养老保险前，视同缴费年限期间应当缴纳的基本养老保险费由政府承担"。如果这一条款得到严格落实，今后应不会再产生新的"空账"。要加大公共财政的投入力度，不仅不要再形成新问题，还要有计划、有步骤地解决老的历史欠账问题，使基本养老保险的收支盈亏清晰化、规范化。

城镇职工基本养老保险制度的财务风险，除了来自要偿还国有单位中老年职工养老金的"历史债务"和对财政补贴的依赖性外，还存在：①个人账户基金的贬值风险。由于经济的高速增长，社会平均工资水平增长较快，同时由于有效的投资运营不够，个人账户的回报率相对较低，其后果是激励不足和对政府的信任不足。将个人账户资金投资于金融市场，又要面对市场风险，国际金融危机已经提供这方面的警示。此外，还有基金管理上的低效率、违规甚至腐败问题，对养老金保值增值构成威胁。②养老金替代率下降的风险。由于收入分配的规范性不强，不同群体的养老金收入差距很大，可能造成养老金的攀比。从目前情况看，存在着城镇职工基本养老保险金替代率降低问题。2003年，退休者人均基金支出（即人均离退休金）8090元，为当年城镇单位在岗职工年平均工资（14040元）的57.6%；2011年，人均基金支出18701元，为当年全国城镇非私营单位在岗职工年平均工资（37147元）的50%。[①] 在这样的情况下，即使要维持原来的养老金替代率，也要提高养老金待遇，这可能增加养老保险制度的资金缺口，加大财政补贴的压力。③区域统筹带来的支付风险。城镇职工基本养老保险是地方统筹的，目前名义上所有省份都已经实现了省级统筹。但在实际上，很多省份还没有真正实现省内统筹。在养老资金区域分割的情况下，各地需要自我平衡，某些地区的养老金缺口可能过大，造成局部的养老金给付困难。④宏观经济波动造成的风险。中国经济和财政收入的增长速度依然很高，为养老保险制度的运行提供了基本

---

① 数据来源分别为2003年度劳动和社会保障事业发展统计公报和2011年人力资源和社会保障事业发展统计公报。

的保证。但是在经济下滑和财政收入下降情况下，无论偿还历史欠债还是增加基金积累，都会碰到很大困难，导致一定程度的养老金支付危机。

第二节 现行养老制度的公平性受到挑战

改革开放前的养老保障具有整体不平等和局部平均化的双重特征。一方面，由于城乡分割和城市内部的就业制度差异，如表6-1所示，全社会老年人口收入和福利形成三个等级。另一方面，城市单位的退休待遇具有高度的全国统一性，待遇标准由中央政府制定，地方政府没有多少自主权，因此在正规就业的职工干部之间、不同行业和地区之间，不存在退休待遇的大的差别。体制改革和养老保险体系建设打破了原有格局，形成了远比过去复杂得多的情形，派生了新的养老保障不公平性问题。

1. 保障水平的城乡差异

社会化养老保障向农村延伸，目前已经迈出了可喜的一步，农村新型养老保险和城乡居民养老保险的发展势头是好的。但是，农村养老保险的保障水平还很低，多数农村地区每月只有55元的基础养老金，老年人仍然离不开子女的经济支持。公共财政开始向农村养老保险投入，但补贴水平还是非常低的。2011年，农村领取养老金人数为8525万人，支付的保险金总额为588亿元，人均获取的保险金大约只有690元。而在城市，当年离退休者的人均养老保险基金支出达到18701元，离退休者人均获得的财政补贴就有3328元。农村老年人领取的保险金不及城市人均退休金的4%，不到城市人均财政补贴的21%。[①]可见，在现阶段和今后一定时期内，农村养老保障主要是低水平、广覆盖，城乡老年人口的养老保障待遇差别还是非常大的。这说明，缩小城乡分割造成的城乡养老保障不平等，需要经过长期艰苦的努力。

把进城农民工纳入城市的职工基本养老保险，使他们拥有预期的养老金收入，这是消除原来的城乡养老保障差别的重要步骤。但是，这需要较长时间。外出农民工的年龄结构偏轻，以青壮年为主。图6-1描述了2009年外出农民工的年龄结构。[②]该图显示，30岁以下青年农民工占农民工总数的

[①] 数据来自《2010年度人力资源和社会保障事业发展统计公报》。
[②] 资料来源：国家统计局农村司：《2009年农民工监测调查报告》，载蔡昉主编《中国人口与劳动问题报告No.11》，社会科学文献出版社，2010，第5页。

60%以上，是农民工群体的主体。现在，农民工的养老保险覆盖率刚刚达到26%，还需要下大气力推动农民工参保。由于领取养老金的缴费年限限制等原因，现在40岁以上的农民工参加养老保险的可能性不大。即使青年农民工在一两年内全部参保，他们成为养老金领取者也需要30年左右的时间。对于他们而言，制度覆盖和最终收益之间的时间距离是漫长的。这样一个"收益滞后期"推迟了农民工参保的平等效应。

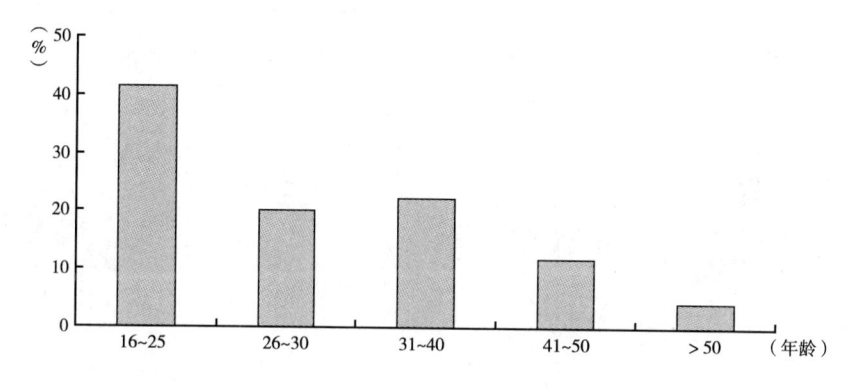

图6-1 2009年外出农民工的年龄构成

2. 城市养老保险"双轨制"

20世纪90年代之后，城市中出现了养老保险的"双轨制"。企业的养老保险制度从城市的退休制度中分化出来，就是新的城镇职工基本养老保险制度；对机关事业单位的退休制度进行了一些改革，形成了公务员退休制度和多种形式的事业单位退休制度。在企业、事业和机关退休的老年人口之间，退休金待遇水平差距拉开、不断加大。① 这一现象产生某种社会心理的失衡，一些企业职工和退休人员产生了相对被剥夺感、不公平感。在企业层面，大多数企业的养老金水平偏低，但少数垄断企业不仅基本养老保险的水平高，还有丰厚的企业年金。此外，即使在城市中，还有一部分人没有为社会养老保险所覆盖，这主要是小企业雇员和非正规就业人员。这些从业人员也是城市中收入水平较低的群体。缺乏基本的养老保障增加了这一群体进入老年之后陷入贫困的可能性。"双轨制"、垄断企业多支柱保险再加上制度外群体，城市的老年收入不平等呈现出多元性特点。

---

① 参见郑秉文、高庆波、于环《新中国社会保障制度的变化与发展》，载张卓元主编《中国经济学60年（1949~2009）》，中国社会科学出版社，2009。

3. 养老保障的地区差异

城镇职工基本养老保险的改革，早期强调地方的自主性，造成了区域分割和统筹层次过低等问题。为此，近年来中央政府注重提高城镇职工基本养老保险统筹层次，但只是在一定程度上实现了养老保险省级统筹。由于不同省份的制度内供养比、工资水平、财政盈余能力等方面差别很大，省份之间依然存在着巨大的平均养老金水平的差异。有研究使用国家统计局的城镇住户调查数据测算了各个省（区、市）之间的城镇职工基本养老保险待遇，发现不同省份之间的平均养老金待遇的差距悬殊，存在着明显的地区不平等（见图6-2）。①

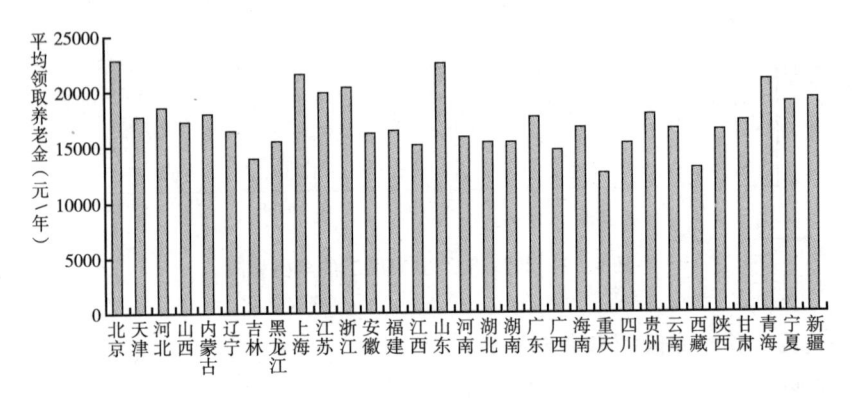

图6-2 不同地区养老金水平差异

新的农村养老保险制度和正在地方试验的城乡居民养老保险，同样存在地区差距较大问题。新的农村养老保险和城市居民养老保险的待遇水平与地方财政直接挂钩，不仅省、区、市之间，各个省份内部（直至农村社区层面）的保险待遇也存在明显差异。在推进城乡养老保险一体化的地区，例如北京市和成都市，都投入了大量的财政补贴，并将受益对象限定在本地户籍人口。北京市还向已经超过参保年龄，但没有参加其他社会保险的60岁以上城乡老年人口全部以统一标准发放福利养老金。由于改革与地方财力完全挂钩，这些改革缩小了本行政区域内部的城乡老年收入保障的不平等，但是加大了地区之间的不平等。

---

① 资料来源：侯慧丽：《城镇基本养老保险制度的再分配效应》，社会科学文献出版社，2011，第124页。

4. 不利于低收入者的再分配

在现行的各项养老保险制度中，一般没有配套的收入分配政策，低收入者难以从中受益。在城镇职工基本养老保险制度的设计中，个人按照统一的工资比例缴费，没有针对低收入就业人员的减免政策。由于养老保险缴费降低当前的可支配收入，低收入者可能因不愿缴费而不参加保险。在一些新的改革试验中，政府对个人缴费的财政补贴加剧了社会保障再分配的逆向性。例如，某市城乡统筹养老保障制度中规定个人缴费比例为上年度社会平均工资的12%，对农村居民要求只缴费10%，剩余2%由政府补贴，全部进入个人账户中。这也就意味着个人缴费数量越多，政府补贴数量就越多，个人受益就越多。这一政策的本意是为了激励农村居民积极参保、多缴费。但其后果是收入高的人在新制度中更容易获得财政补贴，低收入者反而难以从养老保障制度中受益。另外，为了缩小企业退休人员与机关事业单位退休人员之间的养老待遇差别，各级政府已经动用财政资源，提高前者的养老金水平。这类措施运用国家财政弥补养老基金的收支缺口，造成制度内外人员的再分配，没有养老保险的劳动群体缴纳了高比例的间接税，但难以享受或无缘于这种财政补贴，也是逆向的收入再分配。①

5. 流动人口养老保障不平等

目前，新型农村养老保险和城乡居民保险的参保政策由地方政府制定，一般都把受益对象限定为本地户籍人口，没有本地户口的外来常住老年人口不能成为受益对象。城镇职工基本养老保险制度名义上没有户籍限制，而且最近已经明确养老保险关系可以跨地区转移接续，但实际上流动就业人员参保依然面临一些不利因素。《社会保险法》中的基本养老保险关系转移接续条款是否能够得到有效的实施，城市外来人口的养老保险权益能否得到充分的保障，还有待实践做出回答。最近，一些研究认为，养老保险关系转移接续在实际操作中，可能遭遇到流出地养老保险负担加重、发达地区退休人口压力增大、转移接续的管理成本上升等问题。② 对于一些流动就业人员（包括农民工和外来市民）来说，由于不能满足一些条件，养老保险待遇最终将回到

---

① 参见华迎放《灵活就业群体的社会保障》，《中国劳动保障》2005年第6期。
② 参见梁秀丽《浅谈基本养老保险关系转移接续办法对参保人员的影响》，《科学咨询（科技、管理）》2010年第28期。肖红梅：《基本养老保险跨省转移：困境与出路》，《北京劳动保障职业学院学报》2010年第4期。郑功成：《尽快推进城镇职工基本养老保险全国统筹》，《经济纵横》2010年第9期。

户籍地；与他们多年工作的流入地相比，户籍地的养老保险待遇水平一般偏低许多。此外，在户籍地之外居住的老年人口，还可能遭遇其他的不平等待遇。如城市最低生活保障和养老服务，一般都要求本地户口。由于户籍制度本身的限制，"流动"（实际上多为常住）老年人在居住地，面临着当地老年保障的"户籍排斥"。这类地方政策，都会在户籍老年人和非户籍老年人之间，形成老年保障和服务上的鸿沟，不平等难以消除。

第三节　养老保障体制障碍有待消除

建立适合中国人口老龄化加速推进的养老社会保障制度，尽快消除体制和机制上的障碍，是当务之急和战略重点。

1. 老年人权益保障法的实施障碍

2011年5月至7月，全国人大常委会开展了老年人权益保障法执法检查工作，发现法律实施存在的养老服务供需矛盾突出，不少方面不能适应人口老龄化加速发展形势要求，法律实施存在不少障碍和问题。归纳起来，一是对老龄工作重要性的认识有待提高。一些地方和单位对老龄事业发展统筹规划和综合协调不够，缺少必要的制度安排和物质准备。二是养老保障制度还不够完善。社会养老保障存在区域不平衡、城乡不平衡、覆盖范围窄、保障水平低等问题。目前，仍有部分集体企业、乡镇企业、民营企业、关停并转国有企业职工未纳入职工基本养老保险。部分地区、部分群体基本养老保障水平仍然偏低。不少地方在职职工与退休人员比例逐渐下降，社会抚养压力增大，社会保险基金出现赤字，有的地方收支差额达60%以上。三是养老服务供求矛盾突出。城市建设中对养老服务用地和养老机构、服务设施建设缺乏规划的情况还比较普遍。农村养老服务设施短缺的情况更为严重，特别是农村失能、半失能老人和留守老人的养老服务严重不足。民办养老机构普遍存在设施简陋、功能单一等问题。一些养老机构和小型社区养老服务设施未在任何部门登记，游离于政府监管范围之外，虐待老人和安全事故时有发生。四是老龄工作体制机制不健全。各级老龄工作委员会均设有办公室，但在机构、性质和人员配置上不统一，普遍反映在人员编制、长效工作机制、乡镇（街道）机构设置等方面存在一些亟待解决的问题。

2. 养老服务滞后矛盾突出

随着人口老龄化的日益加深，老年人口高龄化和空巢化趋势显现，需要照料的失能及半失能老人比例不断升高。第六次全国人口普查显示，我国60岁及以上老年人口已达1.78亿，占总人口的13.26%，我国已经进入老龄化社会，成为世界上唯一一个老龄人口过亿的国家。近10年来，80岁以上高龄老年人增加了近1倍，已经超过2000万人；随着年轻人异地工作，父母与子女异地居住，空巢老人越来越多；失能及半失能老年人已达3300多万，占老年人口总数的18.9%，这部分人迫切需要提供不同程度的护理照料服务。中国老龄科研中心等的调查表明，当前全国城乡空巢家庭超过50%，部分大中城市达到70%；农村留守老人约4000万，占农村老年人口的37%。①由此看出，城乡家庭养老条件明显缺失，养老的家庭负担、社会负担越来越沉重，养老服务供给不足矛盾突出。

截至2009年年底，全国共有各类养老服务机构39904家，床位314.9万张，收养老年人242.6万人，仅占全国老龄人口的1.59%。这个比例不仅低于发达国家5%～7%的比例，也低于一些发展中国家2%～3%的比例（参见图6-3）。②

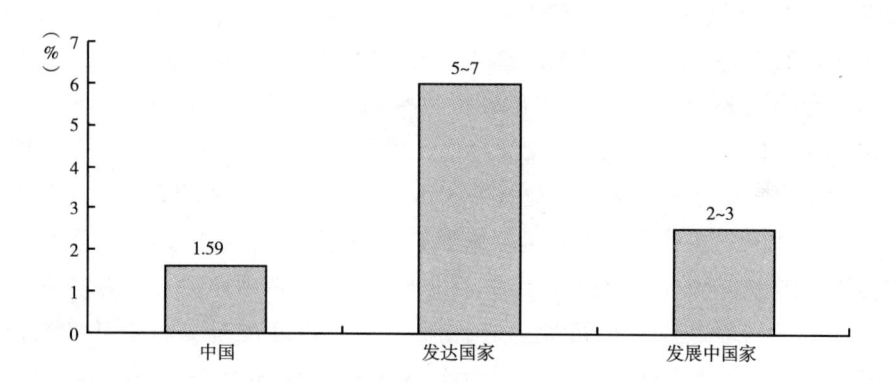

图6-3 养老服务机构床位总数占老年人口比例

养老服务存在着区域之间、城乡之间发展不平衡，出现了"一床难求"、"床位闲置"、"住不起"、"等不起"、"床位价格上涨"、"公立与民办的两极分化"等现象。当前需要照料的老年人比例急剧升高，养老护理员的潜在需求在1000万人左右，现有养老护理员仅30多万人，其中取得职业资格的不

---

① 参见《城乡空巢家庭逾50% 我国将建养老服务补贴制度》，东方网，2010-11-08。
② 参见高莎《民政部：我国养老护理员缺口千万目前仅有几万》，2010年11月17日《工人日报》。

足10万人。全国老龄办于2011年8月16日发布的全国《民办养老服务机构基本状况调查报告》显示，民办养老服务机构占全国机构的10.6%，民办养老机构平均一个机构只有一名专业护士，医生平均不到一名。大多数护工人员是下岗职工以及农民工，他们没有经过专业性学习培训，有三成左右为中专或中专以下学历，劳动待遇低。具体表现在以下几个方面：

①养老服务设施不足。目前，城市建设中对养老服务用地和养老机构、服务设施建设缺乏规划的情况还比较普遍。入住的老年人中64%为70~89岁的老年人，所占比重最大。民办养老机构配备的养老服务人员数量严重不足，与国家相关政策要求相去甚远。现在每千名老人占有养老床位不到15张，不仅与发达国家平均每千名老人占有养老床位数约70张的水平差距很大，而且低于有些发展中国家如罗马尼亚、巴西每千名老人占有养老床位20~30张的水平。按照"十二五"规划纲要提出的每千名老人拥有养老床位数30张的目标，养老床位需新增340多万张，建设任务艰巨。①

②老年养老服务呈现城乡分割局面。由于中国养老保障制度的城乡分割，导致农村养老服务严重滞后，服务水平很低。农村失能、半失能老人和空巢、留守老人的养老服务极度缺乏，这已成为中国老龄工作的一大突出问题。由于农村劳动力外出，农村人口老龄化水平高于城镇，65.83%的老年人口、68.22%的80岁及以上的高龄人口居住在农村。据调查，对于需照护的老年人，主要由配偶、子女或孙子女照护的比例在城市为90.8%，农村的这一比例达到97.3%。在城市，主要由保姆照护的老年人占6%，由居委会或养老机构照护的占0.3%，农村由于经济条件的限制，这两项照护几乎为零。②

③老年护理专业水平极低。养老服务大多停留在基本的生活照料上，服务水平不高，服务方式单一。大多数民办养老院还处于投资阶段，有的是对租用的民房仓库或闲置房屋进行改建而成的，环境差、设施陈旧简陋。建筑设计不符合老年人生活习惯，且往往因缺乏资金无力改建或因受场地限制难于扩建。民办养老院的服务相对落后，整体管理水平较低，工作人员缺乏专业知识和技能。由于护理人员缺乏，一个护理员往往服务七八个甚至十几个老人，使老年人无法得到精心照料。社区服务和社区照料的发

---

① 参见余晓洁、赵超《我国老年服务供需矛盾突出，养老护理员仅30多万人》，新华网，2011-08-24。

② 参见杨团、李振刚、石远成《融入社区健康服务的中国农村老年人照护服务研究》，《湖南社会科学》2009年第1期。

展状况也很不乐观,调查显示,能够提供上门护理服务所覆盖的老年人口比例,城市为55.1%,农村仅为8.2%。①

④养老服务专业人才队伍建设薄弱。由于老年病常常表现为多病共存、功能低下、智能障碍、肢体残疾等特点,因此照料护理专业人才应由老年病学、老年护理学、老年心理学、中医学、康复学、老年社会学等多学科的社会福祉人才组成服务团队,并要经过系统全面的高等教育和培训。由于护理老年的特色专业还未真正建立起来,专业人才十分缺乏。现有的养老设施或服务机构、专业人员少,缺乏相关政策支持。因此虽然需求较大,但一直未能得到很好的发展。护理学科建设滞后,已有大学向国家教育主管部门申请建立护理学科迟迟得不到批准,无法培养护理专业人才。

⑤政府转型的体制机制障碍。政府转型进展缓慢,除了财政投入不足外,主要存在着体制和机制上的障碍。

第一,养老机构的政策定位问题。虽然养老服务的投资主体与经营模式发生了变化,投资主体由国家、集体单一投资变为国家、集体、企业、社团、个人、外资等多元化投入,经营模式由原来单纯国营转变为国办民营、民办公助、私营、股份制、合资经营等多种形式;但是政府对养老机构的政策仍定位在福利性、非营利性范畴,这就使许多非公有制养老机构难以按市场经济规律进行运作。有的地方甚至不公正地对待民办养老机构,限制了养老服务业的发展。

第二,缺乏养老服务事业的宏观规划指导和配套政策。国家对养老服务业还没有系统化、可持续发展的总体规划,尤其在市场培育和开发方面,缺乏相关产业规划指导,使养老服务业处于自主、无序、盲目发展状态。

第三,管理和监督有待加强。在公共福利事业领域没有形成规范的分工和管理制度,行业监管力度不够,造成公共服务指标的软化。目前,国家尚未出台养老机构管理的专项行政法规条例,养老机构的准入机制尚未建立,民政部门对各类养老机构的监管缺乏法律法规依据。缺少具体的行业规范,服务标准、收费标准、护理人员资格认证等制度不够健全。一些养老机构和小型社区养老服务设施未在任何部门登记,游离于政府监管范围之外,虐待老人和安全事故时有发生,老年人合法权益难以得到维护。

---

① 参见杨团、李振刚、石远成《融入社区健康服务的中国农村老年人照护服务研究》,《湖南社会科学》2009年第1期。

第四，公共财政对民办养老机构的扶持力度不够。在公共福利事业领域中存在着错位、缺位现象，没有真正实现从经济建设型政府向公共服务型政府的转变。养老行业属于投资回报率较低的微利行业，民间资本参与的意愿不强。尽管国家在土地、税收、用水、用电等方面出台了一些优惠扶持政策，但是由于认识不到位，加上一些政策措施刚性不够，许多政策落实困难。民办养老机构普遍存在设施简陋、功能单一等缺陷。

3. 案例：北京市的养老服务

北京市自1990年人口年龄结构步入老年型以后，人口老龄化推进的速度比较快，达到的水平比较高，养老和老年人口服务问题比较突出。目前60岁以上老年人口数量已达到260万，占总人口的15%。预计2020年将达到350万，2050年将达到650万。面对老年人口的迅速增长，北京市提出了加快推进养老服务体系建设的目标和要求。截至2010年年底，各类养老服务机构总数401万家，总床位6.9万张，每百位老人拥有床位数2.65张。公办养老服务机构有215家、2.8万多张床位，其中包含公办民营机构30多所。民办养老服务机构有186家、4万张床位。为此北京市人大建议积极采取措施，确保2011年按期完成新增1.5万张养老床位的目标（参见表6-3①）。

表6-3　2011年北京市城八区养老机构一览表

城　区	老年人口（万）	养老机构（家）	床位数（万个）
海淀区	33.00	29	6610
石景山区	7.10	11	2310
丰台区	21.00	25	3848
原西城区	15.50	15	884
原宣武区	12.00	8	958
朝阳区	37.00	31	7186
原东城区	12.00	4	309
原崇文区	7.00	3	169
城八区合计	144.60	126	2.20

北京市作为新中国首都，社会经济发展水平较高，但是养老服务社会化远远达不到要求。家政服务、日间照料、精神慰藉等为老年人服务的项目短

---

① 资料来源：北京北控置业有限公司"石景山养老项目——研究及开发定位咨询服务研究"，2001。

缺，空巢老人、高龄老人家庭亟须的家政服务不能满足需要，生活半自理和不能自理老年人的护理需求缺口更大。此外，在居家养老难以满足需要的同时，养老机构床位供不应求严重。首先，养老机构床位数量与需求缺口较大。从目前的统计数据看，北京全市共有养老床位6.9万张，全市每百名老人占有床位数水平较低，难以满足需要。其次，养老院建设布局不尽合理，服务功能不全或缺乏专业队伍，造成现有的敬老院床位中有近三分之一没有得到有效利用，床位空置率也颇高。北京市在执法检查过程中发现，北京市的养老保障体系基础薄弱，养老保障水平较低且城乡差距较大。需要进一步深化社会保障体制机制改革，不断提高保障水平，按照城乡一体化要求，逐步增加农村老年人的保障性收入，加快农村养老体系建设步伐。

第四章

建立可持续的城乡养老保障体系

在城乡养老保障体系建设中,必须将可持续性放在异常重要的位置,方案设计和运行要遵循可持续原则。重点是三个方面:通过深化改革,完善城镇职工基本养老保险制度,保证财务的可持续性;以提高老年保障的公平性为目标,发展覆盖城乡可持续的养老保险体系;充分发挥政府的主导作用,建立多层次、机制灵活、多样性可持续的养老服务体系。

第一节 完善城镇职工养老保险制度

城镇职工基本养老保险制度的财务平衡,不仅是一个简单的资金收支问题,而是涉及制度体系的各个层面。要通过深化改革,推动城镇职工养老保险制度的完善,增强制度的抗风险能力,确保养老保险的可持续性。

1. 进一步扩大养老保险覆盖面

在扩大城镇职工基本养老保险的覆盖面方面,近年来取得不小的成绩。但是,继续推进这项工作的难度越来越大。一个重要原因是,进一步扩大覆盖面的对象主要是小企业和微利企业员工、非正规就业人员、低收入者、流动就业人员等,这些群体的雇主和他们本人都缺乏缴费的积极性,需要依靠政策推动。

一要适当降低缴费率。目前20%的企业缴费率过高,中小企业缴费有困难,应该研究降低统一的企业缴费率。如果现阶段降低费率对养老金收支影响过大,可以考虑制定一些在一定条件下适用于小企业的缴费率标准。在2008年的金融危机中,一些地方曾有过这样的政策,但主要是临时性的政策措施,需要有长期、规范性支持。

二要把低收入、反贫困政策引入到养老保险制度中来,广泛吸引中低收入者参保。在这方面，国际社会的公共养老金改革提供了多种经验。德国在改革法定养老金制度、加强保险功能改革的同时，保留了具有社会福利性质的低工资工人养老金安排。[①] 瑞典改革养老金体制、实行待遇与缴费挂钩的名义个人账户之后，设立了最低养老金标准，由财政向低收入退休者提供补贴。[②] 智利经历了把现收现付制转变为完全积累制的实践，近年来注意到这一制度不能有效覆盖低收入阶层等局限性，开始引入一般税收开支的非缴费性的基本养老保险金，以更好地体现养老保险制度的多重目标。[③] 我国目前有城市最低收入保障制度，但该制度的救助标准过低，无法与基本养老保险制度有效衔接。可以考虑在基本养老保险的制度框架内添加适用于低收入参保者的政策规定，或建立与基本养老保险制度的配套制度或政策，把尽可能多的城市就业人员纳入基本养老保险体系，减少低收入阶层和贫困群体遭遇社会排斥的可能性。

2. 采取有效措施解决历史债务

如前所述，通常所说的"转轨成本"实际上是政府转移养老负担引起的，"老人"和"中人"已经对国家做了贡献，国家应当明确承担他们的养老保障责任。应当通过政府转移支付和国有资产化转等措施，不能指望通过加大企业和职工的当前负担（高企业费率、挪用个人账户等）来填平历史债务。事实上，与养老基金支出同步增长的财政补贴，已经在偿还历史债务；但是，由于没有一个明确的规范和测算，由于操作上的随意性、各级财政讨价还价等的纠缠，这种"偿还"的功能和效果被掩盖了。把历史债务算清之后，可以把财政对养老保险的投入划分为两部分：一部分用于偿还历史债务的财政转移支付；另一部分用于与低收入政策、中小企业政策相关的财政补贴。后者的财政支出要逐步实现规范化、法制化。

3. 探讨个人账户管理改革

自统账结合的城镇职工基本养老保险制度建立以来，个人账户一直是一个争议的焦点。一些学者认为，中国不应该做实个人账户，而应当考虑记账式个人账户制。目前，在实际操作中，还是在努力做实个人账户。还有学者

[①] 赵立新：《德国养老保险法的发展与改革》，《高校社科动态》2005 年第 5 期。
[②] 蒋岳祥：《瑞典政府养老保险制度改革及其启示》，《浙江大学学报（人文社会科学版）》2003 年第 4 期。
[③] 参见中国经济改革研究基金会、中国经济体制改革研究会联合专家组《中国社会养老保险体制改革》，上海远东出版社，2006，第 194 页。

认为，个人账户和统筹资金应该完全分开管理，形成一个彻底独立的个人账户资金积累。关于个人账户是"做实"还是"做虚"，应当继续展开讨论，我们倾向于做实。在实践上，决策部门要对个人账户资金的运行进行监控，及时发现问题，对现行的个人账户制度做出正确的评估与分析。还要总结这方面的国际经验和教训，通过参照、学习和借鉴，构思新的调整和改革方案。

4. 提高养老金统筹层次

提高养老保险的统筹层次，有利于提高养老保险资金的使用效率和效果，减少地方性收支不平衡。这也是缩小养老保险待遇地区差距的一个重要环节。当前，应该首先把省级统筹落到实处，从资金调剂真正过渡到统一收支。在此基础上，积极创造条件，推进向养老保险的全国统筹过渡。

5. 延长退休年龄

这是应对人口老龄化、改善养老保险财务收支平衡的重要措施。从中国目前实际退休年龄远未达到规定年限客观实际出发，不易普遍提高退休年龄；但是由于女性退休年龄距离规定年限接近，可以从提高女性劳动者的退休年龄开始。现在一般规定女性在55周岁退休，男性60周岁退休，性别退休年龄相差过大，有性别歧视之嫌。提高女性的退休年龄符合国际潮流，也可以大幅度地提高养老金的供给率；当女性退休年龄达到或接近男性时，再考虑进一步提高全体劳动者的退休年龄，实现男女退休年龄平等。

第二节 建构城乡统筹社会养老保险体系

我国城镇职工基本养老保险制度的建立，主要参照了世界银行提出的效率原则。当时的制度设计重点是减轻国家财政负担、应对老龄化和提高经济效果。因此，新的制度没有配套的低收入政策。为了使制度覆盖成为实际覆盖，有效防止部分老年人口的贫困化，需要增加收入再分配和反贫困的政策考量，把养老保障的社会公平放到重要位置，减少老年收入和福利的差距。

第一，要在财务可持续的前提下，不断提高农村的老年保障水平，尽量缩小城乡之间的老年保障待遇差距。农村新型养老保险即将覆盖全部农村地区，这是一个可喜的成绩。但是，农村养老保障的水平依然非常低，农村老年人口贫困还是一个现实问题。要加大地方政府的财政投入，增加中央和省级政府的转移支付，不断提高农村的基础养老金水平。个人缴费的财政补贴，其目标不应以提高缴费积极性为主，而要与扩大覆盖面、支持低收入农村居民参保密切联系起来，防止逆向再分配。

第二，城市内部的养老保障要注意不同制度的协调性，缩小不同群体之间的养老保障待遇差距。要拓宽企业的发展空间，提高企业的工资水平和养老金水平；同时，应该给予公务员、事业单位人员待遇一个合适的参照，"双轨制"的差距尽可能缩小。对于未被任何养老保险所覆盖的从业人员，要通过企业监督、收入政策引导等，把他们纳入养老保障范畴。推进城镇居民养老保险制度和老年福利养老金制度改革，把无业的城市老年人口纳入养老保障范围。

第三，在城乡各地的社会养老保险制度中，逐步引入"居住地准则"，把没有当地户籍但已经是常住身份的人口纳入制度覆盖范围。为此，一是中央政府要有统一的方针政策引导；二是地方性保险（如新农保、城乡居民养老保险等）提高管理层次，力求在省级层面上统筹规划和统一推进；三是不宜在这类养老保险制度中加入"集体补助"，避免制度的排他性。富裕的农村社区对原村民的养老补贴不应列入新型农村养老保险的收支范围。贯彻落实参加社会养老保险的常住地原则，有利于加快消除养老保障的户籍身份不平等。

第三节 打造多层次养老服务体系

近期一些研究显示，老年人表现出参加社会养老保险的强烈意愿，但对于机构养老的呼声不高。中国老龄科学研究中心继2000年、2006年中国城乡老年人口状况追踪调查之后，于2010年在全国20个省、区、市又进行了一次新的追踪——"中国城乡老年人口状况追踪调查"，所获取的信息中包括老年人对养老方式的选择。在四种选择中（1. 买商业保险；2. 钱都花在子女身上，老了靠子女；3. 自己储蓄养老；4. 参加社会养老保险），"把参加社会养老保险作为第一选择的老年人数最多"，占42.0%。而根据全国老龄工作委员会办公室在2012年7月10日发布的2010年中国城乡老年人口状况追踪调查结果，愿意入住敬老院、社会福利院和老年公寓等养老机构的老年人，城镇为11.3%，农村为12.5%。与过去的调查结果相比，城乡老年人入住养老机构的意愿不但没有上升，反而有所下降。这说明，老年人对养老机构服务的需求还在发展初期。这有主观认识上的原因，也有社会化养老服务不发达、不能满足老年人养老需要的深刻背景。与社会养老保险制度建设相比，社会养老服务的发展明显滞后了。

国际经验表明，在老龄化时代，最基本的养老服务模式是"居家养老"和"社会养老"。因此，在发展居家养老、社区养老和政府福利养老机构运营模式的同时，还要在各级政府的主导下，大力推进老年福利事业社会化、产业化的进程，打造多层次的养老服务体系，满足不断增长的老年群体对养老服务的需求。

第一，要结合中国人口老龄化特点，探索适合中国国情的老年护理保险之路。中国人口老龄化有着不同于其他国家的一些特征，对其他国家护理保险制度不能生搬硬套，必须结合中国人口老龄化速度比较快、达到的水平比较高、累进增长、城乡和地区之间分布不平衡，特别是"未富先老"等特点，从实践中摸索适合的道路、方式和方法。

长期护理保险，就是值得探讨的老年护理保险之一。所谓长期护理保险，是指对被保险人因为年老、严重疾病或慢性疾病、意外伤残等导致身体上的某些功能全部或部分丧失，生活起居无法自理，需要入住养老院接受长期的康复和护理，或在家中接受他人护理时支付的各种费用给予补偿的一种保险。中国开展老年长期护理保险至少要从以下几个方面同时采取措施：首先，从政府的角度观察，一方面需要进一步扩大社会医疗保险的保障范围，实现护理保险的制度化，在财政承受范围之内快速发展社会老年护理保险。另一方面，要对开展长期护理保险的商业保险公司和为员工购买老年护理保险的企业予以政策优惠，如部分税收的减免等。同时加强老年护理保险方面的立法，为老年护理保险的开展创造公平、有序、规范的政策环境。其次，从商业保险公司的角度观察，要抓住这次战略机遇期，积极开发多样化护理产品，满足老年人不同层次的护理需求。同时加强护理保险的宣传，提高居民保险意识，为老年护理保险的长期有效开展培育肥沃的精神土壤。而且鉴于开展老年护理保险风险大、难度高，保险公司要进一步提高自身的精算技术和抗风险管理能力，实现老年护理保险的健康经营和可持续发展。

第二，链接不同的养老模式，发挥各自的优势。居家养老、社区养老和机构养老，是我国目前定下的三种养老模式，其中，居家养老是基础，社区养老是依托，机构养老是补充。目前这三种养老模式，分割为三个条块，彼此之间缺乏应有的联系。根据深圳等地的经验，可以考虑建立一种对老人的长期护理模式，把三者的优势整合起来，形成一个具有连续性的体系。具体来说，长期护理着重于将大部分需要长期护理的老人都留在社区中生活，在自己家中或者其他社区设施中接受长期护理服务，一旦身体羸弱时，又可以及时快捷地转到更高一级的养老机构里去，其中还可以加入医疗内容，形成一条龙的服务。当老人迈进60岁之后，他首先将经历低龄老人（60～69岁）阶段，此时老人们一般身体很好只需有些社区文化活动就可以了；在中龄老人（70～79岁）阶段，老人们可能身体差了，但是家庭内的照料足以应付；到高龄老人（80岁以上）阶段，可能专业的护理人员就要参与进来了。对老年人的长期护理体系正是这样一种照护老人全程的服务体系。

第三，建立"双轨多元化"养老机构的运营模式。政府要进一步加大落实对民办养老机构的扶持力度。目前，由于种种原因，民办养老机构的运营如履薄冰，求生艰难。对于国家已经出台的优惠政策，各级相关部门应认真细化、量化，并且根据当地经济发展情况，研究制定系统性、操作性更强的配套优惠政策，推动养老服务事业的发展。依据修订草案规定"将老龄产业列入国家扶持行业目录"，进一步加大在土地、用水、用电、用气、税收、财政、金融、行政收费等方面的优惠力度，支持民间资本投资建设专业化养老服务机构，培育发展养老事业。

近年来，国家在鼓励民营资本参与兴办养老机构，推进养老服务产业化方面，创造了多种养老机构运营模式：①国家或集体兴办。②集资兴办。③政府与非营利机构联办。④民间资本兴办。第一种模式代表着国办养老机构，可以有效利用现有养老资源，提高资金效能。第二、第三种模式不仅不宜推广，还应严格限制，以免造成国有土地资源的流失，给社会秩序带来不安定因素。第四种养老模式应该大力提倡和推广。民间资本投入，自主经营、自负盈亏，既弥补了政府投入的不足，又能提供养老服务，满足了日益增长需求，同时也能提供大量的就业机会。

为发展民办养老事业，需要制定养老服务机构运营管理的相关条例，指导监督民办养老机构。要解决民办养老院成本过高的问题，充分调动和保护当前民间资本投身养老服务业的热情。目前，在北京市民政局备案的"公办民营"养老服务机构就已经达到了30多家，在数量上占到了全市公办养老服务机构总数的13.95%。建议有关部门将开办养老服务机构的所有权和经营权相分离，采取承包、租赁、股份制等形式，把经营权、管理权、服务权交由企业、社会组织等非政府部门或个人，吸收民间资本，转变经营机制，实现养老服务机构独立法人实体运营。通过这样的模式，降低社会力量进入养老行业的"门槛"，进而压低养老院的入住价格，吸纳更多老人入住。

第四，发展养老产业。养老产业被公认为是一个朝阳产业，市场潜力巨大。这一庞大的老年人群体，无疑将形成巨大的消费需求。养老产业化、老年医疗产业化、老年教育产业化等，可以看到一个商机无限、空间广阔的"银色产业"、"夕阳红产业"。实行投资主体多元化，就是要改变政府投资的单一渠道，促进多种所有制形式共同发展。同时也便于提高养老质量，打破传统"养老院"范式。要保证社会养老机构的服务质量为多数人所接受，收费价格要使多数人能承受。

第五，加强养老机构的人才培养。针对中国的养老机构及养老服务人员技术和管理服务水平低，"硬件"设施差"软件"服务管理更差的现状，应尽快建设专业的护理人员培养机构，在大学大专中专院校设立"社会福祉"学科，在各省市地区设立"护理人员培训中心"、"取得护理专业的资格认定中心"。

第六，完善养老机构的医疗体制。中国仍存在老年人害怕"看病难"、"看病贵"问题，老年人医疗还没有更多得到社会重视。近两年来医疗保障得到较大改进和提高，但真正达到老有所医还有很大的差距。从事老年医疗护理的机构和服务也呈现出"三少"特点：即专业化部门少、可以报销的费用少、特色服务少。如果医疗保险制度可以改进的话，老年人医疗护理放在养老机构里，以满足老人方便就医的愿望。但是现在的医疗服务还处于改革阶段，规章制度不健全不合理，在运作上与其他方面相互协调存在一定的困难。大力发展老年人医疗产业、健全完善老年医疗保障制度，是我国老年人医疗事业发展的必由之路。

第七，建立健全农村地区养老服务政策体系。应当在农村地区发展完善老年护理服务产业的组织架构，同时注重各种社会资源的有效整合及其各类社会力量的有序参与，将其联合成农村社会公共服务产业链之间的聚合体。在资源支持政策方面，可以考虑以乡镇为管理边界和统筹单位，建立农村老年护理服务体系。县乡政府机构及其相关部门是养老服务政策体系的直接推动者，在政策执行过程中起着政治保障和资源支持的作用。需要卫生部门对老年人的技术支持和农民护理员的资质认定，劳动部门对社会养老保险管理，民政部门对老年人的生活保障和经济救济的支持等。民政部已在全国1000个乡镇试点社区服务中心，将来可以考虑整合各类功能，将中心建设成为农村卫生、老年护理和文化教育的平台。即在卫生机构的技术支持下，将老年护理服务、卫生保健服务融入农村综合性的公共服务体系。

要加强对老年护理公共服务产业的组织与管理。养老服务是在国家的政策支持下由乡镇社区自行积累公共资产进行的一种公共服务,要按照社区公共服务的模式创新养老服务的运行机制和管理制度。需要建立的创新制度包括:乡镇政府对于老年护理基金运行的评估与监管,养老服务体系的组织方式和基本规范(工资、津贴的发放办法和制度性激励办法),服务质量的评估,等等。

养老问题属于民生工程,关系着社会的和谐与稳定。中国在继续发展现有的居家养老、社会养老和政府福利养老机构模式的前提下,必须大力推进老年福利事业社会化、产业化和法制化进程。社会养老机构目前处于初创阶段,政府和相关部门应在完善政策、培育市场、示范引导、加强监管等方面发挥应有的作用,保障其健康快速发展。社会养老服务利国利民,是养老服务社会化的重要组成部分,在当今人口老龄化日趋严重的形势下起着越来越重要的作用。要深入贯彻科学发展观,积极构建社会主义和谐社会,通过政策引导、政府扶持、社会兴办、市场推动,使养老服务健康稳定地向前发展。

第五章

附录：养老服务国际经验介绍

为了应对人口老龄化的挑战，改革和发展养老服务，需要借鉴国外的成功经验。在养老服务方面，发达国家已经在长期护理和居家护理上取得长足进步，许多经验值得我们学习和参考。

20世纪60年代，西方国家老龄化形势已非常严重，瑞典、法国等许多国家65岁及以上人口占总人口的比重超过了10%。伴随人口老龄化，老年人的疾病多为慢性非传染性疾病（心脑血管疾病、肠胃病、腰椎间盘突出等），并且显著增加。患此类慢性病的老年人所需要的，就是长期的医疗护理或日常生活照料，老年护理和照料一类服务需求迅速增加。此外，家庭功能的弱化在很大程度上，促使一部分老年人独居或与配偶共同居住，导致"老人护理老人"的大量出现。即使与子女共同居住的老年人，也因为子女有工作而无法得到有效的护理和照料。许多老人转而求助于住院护理，或入住专业护理机构，尽管庞大的医疗费用和专业护理费用给老人带来了巨大的经济负担。由于老年人口需求急剧增加，加上医疗费用上涨很快，加快了长期护理保险制度的进程。

20世纪70年代，老年护理保险保单开始在美国商业保险市场上出现。到了1986年，以色列政府率先推出法定护理保险制度。随后，奥地利、德国、日本等国也相继建立了长期的老年护理保险制度。根据实施主体的不同，老年护理保险可分为社会保险制和商业保险制两大类。前者由政府强制实施，以德国、日本等国为典型，后者由商业保险公司自愿开办，以美国为代表。

第一节 日本老年护理保险制度

为保障老年人的生活水平，日本建立了由国民年金、厚生年金和共济年金等组成的养老金保险制度。1922年，以劳动者为对象建立了第一个社会保险制度——健康保险制度；1938年，以农民、渔民为对象通过《国民健康保险法》；1959年，颁布了《国民健康保险保险法》；1961年建立起"全民保险全民年金"体制，《国民年金法》开始实施。《国民年金法》采取国家、行业、个人共同分担的办法，规定在日本拥有居住权的20岁到60岁的所有居民都必须参加国民年金体系；1963年，政府推出了倡导保障老年人生活利益的《老人福祉法》，推行社会化养老；1982年全面推广老人保健设施的《老人保健法》，将日本老年福祉政策的重心开始转移到居家养老、护理照料的方向。"全民皆年金"的强制性保险措施，使所有连续25年以上参加保险的日本人，都能在65岁后领取养老年金，每个国民的基本生活水平得以保障。随着人口老龄化进程的加快，日本政府制定了一系列法律制度，并不断进行修正，以期逐步完善社会保障体系。日本社会对养老金、社会养老、雇用、医疗、护理照料、教育、居住环境等问题非常关注，1995年制定了《高龄社会对策基本法》，并根据《高龄社会对策大纲》付诸实施。随着老龄化程度不断升高，生活不能自理的高龄老人所占比例不断增大。家庭结构核心化和小型化使子女照顾老人这个家庭传统功能日益弱化，同时由于护理人员缺乏和人工成本过高等原因，许多老年人得不到必要的护理和服务。老年人医疗费日益膨胀，其中很大一部分是用于非医疗的护理支出，理顺两者的关系并开辟新的财政来源成为必须破解的课题。

1997年12月制定了《护理保险法》，2000年4月1日开始实施"护理保险制度"，将40岁以上的被保险人都纳入长期护理保险的范围。护理保险制度的财源以政府为主体，公费50%（其中国家负担25%、都道府县负担12.5%、市町村负担12.5%）；每一个65岁以上的老年人均是"第1类被保险者"，负担17%，在养老金中扣除；40~64岁的被保险人则是"第2类被保险者"，保险费每月在年金或工资等收入中按比例扣除，负担33%。该法规定，市町村及特别区、都道府县和医疗保险机构等为保险人，40岁以上的人为被保险人，被保险人为了今后得到护理服务，要缴纳一定的保险费。需要护理时，可提出申请，经"护理认定审查会"确认后，即可享受护理保险制度所提供的不同等级的护理服务，被保险人只需承担护理保险费用的10%，其余部分由护理保险负担。老年人只要经专门机构体检认定，就可得到不同等级（共分7级，月额从6.43万日元到37.95万日元不等）的居家护理服务，也可选择入住疗养院、托老所、护理院和养老院等机构的设施服务。日本是世界上建立了护理保险制度的5个国家之一。这项制度是继"全民皆年金"和"全民皆保险"之后最重要的社会保障制度。日本护理保险一般以实物（护理服务）给付方式为主，现金给付方式为辅。护理保险基金承担被保护人90%的费用，个人仅需负担10%。保险费每月在年金或工资等收入中按比例扣除。为了出台长期护理保险制度，日本准备了10余年。直到1997年12月，"护理保险法"才公布，2000年4月护理保险制度开始实施。

日本的护理保险制度的供给者主要是市、町、村的注册企业和非营利机构而非政府，这在很大程度上有利于避免政府福利事业普遍存在的效率低、服务差等弊病。护理保险服务按居家和机构两个系列进行。居家养老服务包括"入户护理服务"、"日托护理服务"和"短期托付服务"等。访问护理服务分为三种类型：一是"贴身护理"服务，即照顾被护理老年人吃饭、洗澡、换衣、排泄等；二是"家务助理"服务，即做饭、做菜、扫除和帮助老人在室内做适当运动；三是"复合型服务"，即兼顾前两种服务或介于前两种服务之间。保险对象原则上只需要自行支付其中的10%，其余由护理保险金支付。日间护理服务就是接送老年人到护理中心为老人提供洗浴、就餐、体检和安排康复训练等，这种护理服务主要提供给65岁以上老人，这部分老人只要简单办理手续，每月象征性交付一定的"活动娱乐设施费"，就可享受健身服务。短期托付服务就是可随时随地将老人托付给有短期服务业务的养老院，为老人提供短期护理服务。此外，在日本护理保险制度中还对护理自家老人的人支付适当慰问金，从而把居家护理和社会护理有机结合起来。这种新型保健—医疗—护理服务体系，减少了老年人生活、活动、健康等多种后顾之忧，使老年特别是高龄老年人口得以平安度过晚年。

第二节 美国老年护理保险

美国商业性老年护理保险由投保人通过购买护理保险合同方式自愿参加。护理保险保单可独立签发，也可以终身寿险保单的批单形式签发。但健康状况差的人一般不能投保。护理保险财源主要来自被保险人交纳的保险费，后者除与被保险人年龄相关外，还与投保人选择的最高给付额、给付期和等待期等因素有关。

最高给付额越高，给付期越长，等待期越短，保费就越高。因而，其交费与给付的相关性很强。美国护理保险一般采用现金（保险金）方式直接给付护理费用，但"管理式看护"正迅速发展，许多保险公司介入护理服务提供市场，将保险人与护理服务提供人的职能结合起来，由此引起实物（护理服务）给付方式的日益增加。[①]

第三节 欧洲居家护理政策的改革

北欧国家在20世纪80年代就承认了非正式护理人员的贡献，并将非正规服务正式纳入国家政策和社区照顾的目标。加上非营利部门和企业部门纷纷加入老年护理市场，打破了原有的国家福利框架结构。

在西欧，法国在1988年的布朗报告中提出财政要向居家护理倾斜。1991年的政府报告更进一步提出，需要弥合医疗卫生体系和社会服务体系之间存在的巨大鸿沟，因为两大体系形成了协调的障碍，并提出政府要支持非正式护理形式，将其作为机构护理和居家护理之外的第三种方式，推到社会予以实施。

德国自20世纪80年代开始，将未被保险覆盖的老年长期护理风险定为政策议题。1988～1991年，出台了医疗卫生服务改革的行动法案、覆盖居家护理的有限医疗卫生保险。1995年，实施了覆盖居家护理、日间护理和康复护理的强制性社会护理保险。

20世纪70年代以后随着老龄化程度加剧、高龄老人对社会服务和医疗卫生依赖加深，欧洲国家的政策制定者开始关心服务的高昂费用。家庭小型化、离婚率上升、迁移流动和妇女薪酬增长，都影响到居家护理的供给。由于对居家护理政策的发展没有统一的认识，欧洲国家的医疗卫生服务与社会服务大多是分开提供的。医疗和社会服务系统分割，是福利体制划分中有待解决的一个问题。[②]

第四节 养老服务国际经验讨论

日本护理保险制度对产业和经济产生了巨大影响。一是扩大了市场需求，

[①] 参见杨红燕《发达国家老年护理保险制度及启示》，《国外医学》卫生经济分册，2004年第21卷第1期（总第81期）。

[②] 参见苏珊·特斯特《老年人社区照顾的跨国比较》，中国社会出版社，2004，第2章、第4章。

从一个方面拉动了经济增长。护理和生活服务需求不断扩大，直接或间接地带动老年用品、养老设施和老年住宅、金融保险、大学教育等多种行业的需求增加，刺激经济增长。二是吸收传统产业富余劳动力，扩大了就业机会。根据计算，老年护理服务业和机构养老业行业，每100亿日元老年护理方面的需求所创出的就业机会可达1785个，而100亿日元基础设施建设等公用事业方面的需求所创出的就业机会仅为994个。到2025年，日本的从业人员将比现在减少5%左右，唯有"老龄社会相关产业"的从业人员要大大增加，其中以老年人为主要对象的服务业更将增加200%以上，大大降低传统产业裁减员对社会经济的冲击。三是振兴地方经济和社区的发展。老年护理和生活服务业、机构养老业以及老年住宅业等，多立足于当地社会，对地方经济和社区发展具有持久性的影响。政府的功能除立法进行制度规定之外，还要承担筹资、审查资格和确定护理等级，以及遴选实施者或运营者。①

日本是亚洲第一个进入老龄社会的发达国家。截至2006年10月1日，日本总人口为1.2777亿，65岁以上的老龄人口为2660万，老龄人口占日本总人口的20.8%，并且在继续加深。"二战"后，在经济和新法的作用下，日本的家庭结构、经济来源、家庭生计和生活理念等都发生了深刻变化，并导致传统家庭经济制度的瓦解，取而代之的是家庭小型化的现代家庭经济制度，主要靠工资和其他投资收入维系家庭生计，传统的家庭养老——由居家儿子奉养儿媳照顾的模式趋于结束，转向社会养老。日本在养老服务方面值得吸取的经验主要是：

第一，立法制度化。从1959年颁布《国民年金法》、1963年《老人福利法》、1982年《老人保健法》，到1997年出台《护理保险法》、2004年"护理保险制度"，从养老保障到老年护理，各项法律制度始终在法制框架下运行，确保其实施的有效性。

第二，培养护理队伍。破除护理工作人人均可胜任观念，注重护理专业人员培训。日本实行"护理福祉士"的培养和认证制度，要求高中以上学历，经过两年的专业学习，共计1650个学时，并经国家二级考试合格后，才能从事护理工作。主要有：人文科学，社会科学，自然科学，外语，社会福祉概论，老人福祉概论，康复学，社会福祉援助技术，社会福祉援

---

① 参见驮田井正、原田康平、王桥《东亚地区少子高龄化与可持续发展——日中韩三国比较研究》，日本株式会社新评论社，2010年3月。

助技术演习，娱乐指导法，老人、残疾人的心理学，家政学概论，家政实习，医学基础，精神卫生，护理概论，护理技术及演习，护理实习，实习指导等课程。日本的《护理保险法》规定，在养老机构里，每3位入住老人必须配备1名已取得护理福祉士资格的专业人员。护理福祉士与护士是不同的专业人员，日本的护理福祉士几乎来自大学或大专社会福祉学科护理专业的毕业生，从而保证了护理的高质量。

第三，协议养老。对需要家庭护理服务的老人，首先要同"居家护理服务中心"签订协议，由中心根据用户需要提供协议规定的服务。这种服务特别适合那些独立居住希望得到专业照护的老人，对护理的项目双方均心中有数。

第四，养老服务机构多元化。日本护理保险制度的实施，使得大批民间企业进入老年护理服务市场，催生出大批的民间营利与非营利性养老机构。通过市场化运行，引导社会组织积极参与，推进了老年护理服务社会化，较大程度解决了社会性老年护理问题。制度实施明确了护理保险服务的提供主体由地方自治公共团体（公营）、社会福利法人（公设民营）、医疗法人、农协、支援者团体等民间非营利组织法人、营利组织法人（民间企业）等构成。1995年，日本全国养老机构总数为5522家。2000年养老机构总数为8650家，比1995年增加56.65%。2005年养老机构发展到13882家，比2000年增加60.49%。[①] 护理服务机构的迅速发展，起到为政府建立长期护理保险制度保驾护航的作用。

欧洲居家护理政策的改革在于融资系统。应该说在所有的体制中，老年人长期护理所需要的资金都存在一定的困难。解决这个问题的主要方法，是减少养老院的机构服务，加大非营利部门的服务比例，并改革医疗卫生和社会照顾的资金系统。但是这些服务的提供以及资金来源的改变，特别是私有化的增长（富人选择更多，穷人选择更少），很有可能使得老年人群中的不平等增加，资金系统的发展趋势和鼓励政策也影响到需要照顾的老人及其护理者，这是欧洲老人长期照护制度改革的一个难点。就整体而言，欧洲国家并没有找到一条道路来实现以费用低廉的服务形式代替机构照顾，既能节约成本提高效益，又能通过正规家庭照顾服务体系满足老年人长期照护服务需求的目标。

---

① 参见日本厚生劳动省统计情报部社会统计课《社会福祉施设等调查结果概况》，2010年12月。

参考文献

1. 何家栋、喻希来：《城乡二元社会是怎样形成的?》，《书屋》2003年第5期。
2. 蔡昉、林毅夫：《中国经济》，中国财政经济出版社，2003。
3. 李强：《农民工与中国社会分层》，社会科学文献出版社，2004。
4. Nee, Victor, "A Theory of Market Transition: From Redistribution to Markets in State Socialism," *American Sociology Review 54*, pp. 663 – 681, 1989.
5. 俞德鹏：《城乡社会：从隔离走向开放——中国户籍制度与户籍法研究》，山东人民出版社，2002。
6. 中国经济改革研究基金会、中国经济体制改革研究会联合专家组：《中国社会养老保险制度改革》，上海远东出版社，2006。
7. 郑秉文、高庆波、于环：《中国计划经济时期社会保障制度的建立和变化》，载陈家贵、王延中主编《中国社会保障发展报告 No.4，2010：让人人享有公平的社会保障》，社会科学文献出版社，2010，第1~52页。
8. 尚晓援：《中国社会保护体制改革研究》，中国劳动社会保障出版社，2007。
9. 国家人口和计划生育委员会流动人口服务管理司编《中国流动人口发展报告2010》，中国人口出版社，2010。
10. 王延中：《构建人人共享的发展型社会保障制度》，载陈家贵、王延中《中国社会保障发展（2010）No.4》，社会科学文献出版社，2010，第53~104页。
11. 林宝：《人口老龄化对企业职工基本养老保险制度的影响》，《中国人口科学》2010年第1期。
12. 宋世斌、申曙光主编《社会保险精算》，中国劳动社会保障出版社，2007。
13. 国家统计局农村司：《2009年农民工监测调查报告》，载蔡昉主编《中国人口与劳动问题报告 No.11》，社会科学文献出版社，2010，第5页。
14. 侯慧丽：《城镇基本养老保险制度的再分配效应》，社会科学文献出版社，2011。
15. 华迎放：《灵活就业群体的社会保障》，《中国劳动保障》2005年第6期。
16. 梁秀丽：《浅谈基本养老保险关系转移接续办法对参保人员的影响》，《科学咨询（科技、管理）》2010年第28期。
17. 肖红梅：《基本养老保险跨省转移：困境与出路》，《北京劳动保障职业学院学报》2010年第4期。
18. 郑功成：《尽快推进城镇职工基本养老保险全国统筹》，《经济纵横》2010年第9期。
19. 高莎：《民政部：我国养老护理员缺口千万目前仅有几万》，2010年11月17日《工人日报》。
20. 杨团、李振刚、石远成：《融入社区健康服务的中国农村老年人照护服务研究》，《湖南社会科学》2009年第1期。
21. 赵立新：《德国养老保险法的发展与改革》，《高校社科动态》2005年第5期。

22. 蒋岳祥:《瑞典政府养老保险制度改革及其启示》,《浙江大学学报(人文社会科学版)》2003 年第 4 期。
23. 杨红燕:《发达国家老年护理保险制度及启示》,《国外医学》卫生经济分册 2004 年第 21 卷第 1 期(总第 81 期)。
24. 苏珊·特斯特:《老年人社区照顾的跨国比较》,中国社会出版社,2004。
25. 驮田井正、原田康平、王桥:《东亚地区少子高龄化与可持续发展——日中韩三国比较研究》,日本株式会社新评论社,2010。
26. 日本厚生劳动省统计情报部社会统计课:《社会福祉施设等调查结果概况》,2010 年 12 月。

第七篇

中国20省区市农民养老经济条件及养老状况调查报告

提　要：在农村人口占很大比重且老龄化日渐加剧的背景下，中国从 2009 年 9 月开始新型农村社会养老保险试点，现在正全面推进。为了解农民养老经济条件及新农保实施的实际状况，我们对辽宁省、北京市、内蒙古自治区等 20 个省区市的农民家庭进行了抽样入户问卷调查，获得了较完整的数据并进行了整理分析。这对于完善农村养老保险体系和提高社会保障水平，扩大内需与拉动农村居民消费，以及刺激经济增长与跨越"中等收入陷阱"，都具有借鉴和参考价值。

关键词：农民　新农保　养老状况　20 省区市调查

2009 年中国开始进行新型农村社会养老保险（以下简称"新农保"）试点，这对于完善农村养老保险体系和提高社会保障水平具有重要作用。为了解农村家庭养老状况及新农保的试点与实施状况，辽宁大学人口研究所课题组在 2010 年 7 月对辽宁、北京、天津、浙江、安徽、贵州、河北、河南、黑龙江、吉林、江苏、甘肃、湖北、湖南、山东、山西、四川、重庆、陕西、内蒙古等 20 个省区市的农村家庭进行了抽样入户调查，获得有效样本数 1350 份，回收率为 95%。本报告主要是对这部分农民群体的问卷调查进行分析。

本报告主要分为以下五个部分：

一是农民的基本状况，主要包括性别与年龄、受教育程度、健康与婚姻、家庭人口结构等状况。二是农民就业及流动状况，主要包括经济活动类型、土地生产时间及承包、农民外出务工、农民工社会保障等状况。三是农民家庭收入与消费状况，主要包括农民家庭总体状况、农民家庭收入与消费等状况。四是农民家庭老年人口供养状况，主要包括农民家庭供养

---

* 本调查报告来源于穆怀中教授主持的国家社会科学基金重大招标项目"完善农村养老保险体系和提高社会保障水平研究，09&ZD023"对全国 20 省区市农民家庭的入户调查。

作者简介：穆怀中，辽宁大学教授、博士生导师、副校长，研究方向：人口、收入分配、社会保障。代表作：（1）《中国社会保障适度水平研究》，辽宁大学出版社，1998。（2）《国民财富与社会保障收入再分配》，中国劳动社会保障出版社，2003。柳清瑞，辽宁大学人口研究所教授、博士生导师、副所长，研究方向：人口与社会保障。代表作：（1）《中国养老金替代率适度水平研究》，辽宁大学出版社，2004。（2）《东北老工业基地统筹城乡社会保障制度研究》，经济科学出版社，2012。课题组成员还有王玥、金刚、宋丽敏、闫琳琳，均为科研人员。

老年人口数、农村老年人口生活费用及来源、农村老年人口医疗费用及来源、农民家庭养老的意愿与态度等状况。五是新型农村社会养老保险的实施状况，主要包括新农保参保比例及意愿、新农保政策认知、新农保个人账户参保缴费、新农保个人账户财政补贴、新农保政策满意度与信任度、农民对新农保实施的意见和建议等。

  本报告在收集和整理大量问卷调查数据的基础上，对农民养老经济条件及养老状况进行了分析，并对新农保试点状况、存在的问题及制约因素进行了详细分析。这对于完善农村养老保险体系和提高社会保障水平，扩大内需和拉动农村居民消费及刺激经济增长从而突破"中等收入陷阱"，具有一定的借鉴意义。

第一章
农民的基本状况

第一节 农民的性别与年龄构成

参与调查的农民中,其性别分布为:男性的百分比为 55.4%、女性的百分比为 44.6%(见图 7-1);其年龄分布为:30 岁以下年龄段的百分比为 15.2%、31~45 岁年龄段的百分比为 29.4%、46~60 岁年龄段的百分比为 38.3%、61 岁及以上年龄段的百分比为 17.1%(见图 7-2)。

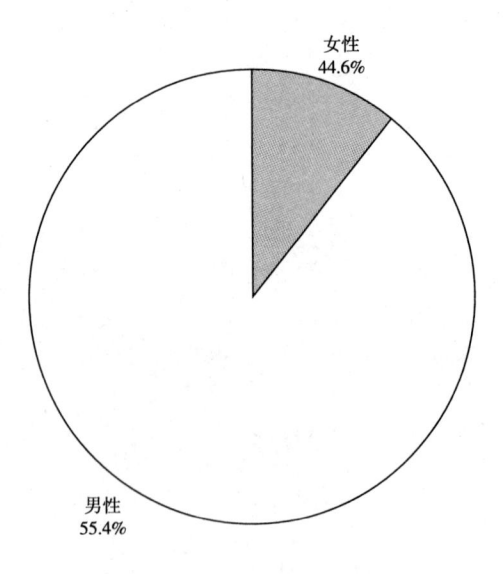

图 7-1 农民性别分布

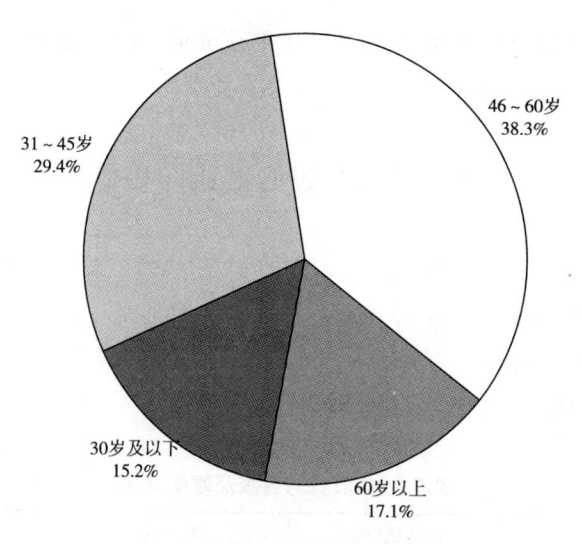

46~60岁 38.3%
31~45岁 29.4%
30岁及以下 15.2%
60岁以上 17.1%

图 7-2 农民年龄分布

第二节 农民受教育程度

参与调查的农民中，小学学历以下的有 120 人，占 8.9%；小学学历的有 322 人，占 23.9%；初中学历的有 604 人，占 44.8%；高中学历的有 225 人，占 16.7%；大专学历以上的有 77 人，占 5.7%（见图 7-3）。总体来看，六

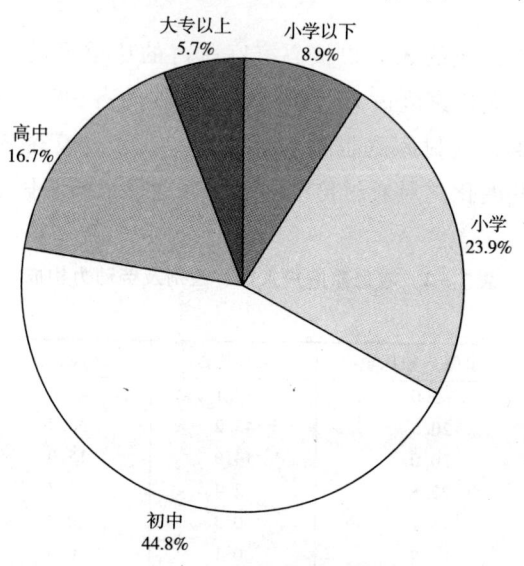

大专以上 5.7%
小学以下 8.9%
高中 16.7%
小学 23.9%
初中 44.8%

图 7-3 农民受教育程度

成以上农民的受教育程度为初中以上水平。可见，随着农村义务教育的不断普及，农民的受教育程度和文化水平正逐步提升。

第三节 农民的健康与婚姻

参与调查的农民中，身体健康状况良好的有 994 人，占 73.7%；身体健康状况一般的有 308 人，占 22.8%；身体健康状况较差的有 47 人，占 3.5%。"已婚"所占比重最高，为 85.6%；"未婚"占 8.9%；"丧偶"占 4.5%；"离婚"占 0.7%；"其他"占 0.3%（见表 7-1）。

表 7-1 农民的健康及婚姻状况

健康状况	百分比(%)	婚姻状况	百分比(%)
良好	73.7	未婚	8.9
一般	22.8	已婚	85.6
较差	3.5	丧偶	4.5
		离婚	0.7
		其他	0.3

第四节 农民家庭人口结构

农村由两代人组成的 3 人户核心家庭所占的比重最高，占 30%；4 人户家庭占 22.5%；2 人户家庭占 20.5%；独自居住的占 3%（见表 7-2）。受计划生育政策的影响，农村家庭也趋于小型化，家庭规模逐渐缩小，子女数量也逐渐减少，这些变化将对农村传统的家庭养老带来不利影响。

表 7-2 农民家庭户人口、性别及劳动力构成

单位：%

家庭户人口	占家庭户数比重	男性比例	女性比例	劳动力比例
1	3.0	39.1	42.4	14.7
2	20.5	43.2	38.7	52.8
3	30.0	14.9	15.0	20.4
4	22.5	2.4	3.3	9.9
5	15.2	0.3	0.3	1.8
6 人及以上	8.8	0.1	0.3	0.5

第二章

农民就业及流动状况

城市化进程加快、产业结构调整及劳动力资源的优化配置,对农民的就业及流动状况产生了重要影响。因此,我们对农民从事的经济活动类型、土地劳动时间与承包、外出务工等状况进行了调查。

第一节 农民从事的经济活动类型

本次调查将农民从事的经济活动类型分为以下几类:"纯务农农民"、"务农农民兼城镇打工"、"务农农民兼乡镇企业工作"、"务农农民兼个体经营"、"只在城镇打工"、"只在乡镇企业工作"、"只在农村做个体经营"、"其他"。调查结果显示:"纯务农农民"所占比例最高,有481人,占35.6%;其次是"务农农民兼城镇打工",有273人,占20.2%;"只在农村做个体经营"的比例最少,只有46人,占3.4%(见表7-3)。

表7-3 农民从事的经济活动类型

类 型	人数	百分比(%)	类 型	人数	百分比(%)
纯务农农民	481	35.6	只在城镇打工	163	12.1
务农农民兼城镇打工	273	20.2	只在乡镇企业工作	68	5.0
务农农民兼乡企工作	108	8.0	只在农村做个体经营	46	3.4
务农农民兼个体经营	138	10.2	其 他	74	5.5

第二节 农民从事农业生产时间及土地承包状况

参与调查的农民中,75.6%的农民每年从事农业生产的时间为半年以下,只有24.4%的农民每年从事农业生产的时间为半年以上。每年从事农业生产时间2个月以下的占52.9%，这两个月内农民主要从事的是播种与收割，剩余时间用于从事其他类型的经济活动（见表7-4）。

表7-4 农民从事农业生产时间

农业生产时间	人数	百分比(%)
0~2个月	703	52.9
2~6个月	302	22.7
半年以上	325	24.4

农民对承包地在家庭经济收入中重要性的认识有较大差异，34.7%的农民认为承包地非常重要，是家庭的命根子；41.4%的农民认为比较重要，是生活基本保障（见表7-5）。86.9%的农民土地由自己耕种，将土地租借他人的比例仅为13.1%。从土地租借的意愿来看，15.9%的农民打算把自己的承包地租借给他人，78.1%的农民不打算将土地租借给他人。从中可以看出，大部分农民不打算将土地租借给他人，表明土地仍是农民谋生和养老的主要依靠。

表7-5 农民土地承包状况

土地重要性	百分比(%)	是否租借	百分比	打算租借	百分比(%)
非常重要,是命根子	34.7	自己耕种	86.9	打算	15.9
比较重要,基本保障	41.4	租借他人	13.1	不打算	78.1
可有可无	19.1			不知道	6.0
没什么用	4.8				

第三节 农民外出务工状况

1. 农村家庭外出打工人口数

农民曾经外出打工的比例为35.5%，这表明农民外出打工比较普遍。农村家庭外出打工人口数受家庭经济状况影响较大。较高收入水平家庭选择不外出打工的比例为55.6%，而中等收入水平家庭和较低收入水平家庭选择不外出打工的比例为52.6%和53.2%（见表7-6）。家庭外出打工人口数还受到农民受教育程度的影响。大专以上学历的农民选择外出打工的比例最大,达到61.8%,分别比高中学历、初中学历、小学学历的外出打工人员高19.3%、18.9%和19.6%。家庭外出打工人口主要集中在21~40岁年龄段,其次是20岁以下人口,再次是41~60岁人口。这表明农民是否选择外出打工主要受家庭收入状况、年龄状况和受教育程度状况等因素的影响。

表7-6 农民家庭外出打工人口数

家庭外出打工人口数		0人	1人	2人	3人	4人	5人	6人	合计
较高收入水平	人数	55	22	15	5	2	0	0	99
	百分比(%)	55.6	22.2	15.2	5.1	2	0	0	100
中等收入水平	人数	480	228	165	28	7	3	1	912
	百分比(%)	52.6	25	18.1	3.1	0.77	0.33	0.11	100
较低收入水平	人数	159	76	54	9	0	1	0	299
	百分比(%)	53.2	25.4	18.1	3	0	0.33	0	100
合计	人数	694	326	234	42	9	4	1	1310
	百分比(%)	53.0	24.9	17.9	3.2	0.7	0.3	0.1	100

2. 农民外出打工地点选择

农民外出打工地点的选择主要受家庭收入状况、健康状况、受教育水平、年龄等因素的影响。农民外出打工更倾向于选择本省城市,此外倾向于选择直辖市、省会城市等经济发展水平较高的城市。健康状况良好的农民对于打工地点的选择依次为本省县城31.8%、本省一般城市29.6%,本省省会城市27.2%,直辖市11.4%,外省省会城市7.5%,外省一般城市5.8%,外省县城1.9%。健康状况较差的农民外出打工选择到直辖市和本省县城的均占40.0%,选择本省一般城市和外省省会城市的均占20.0%,其他城市则不选择(见表7-7)。这反映了身体健康状况较差的农民的就业能力相对较弱,因此比较倾向于选择去大城市打工。年龄也是影响农民外出打工地点选择的一个重要因素,农民年龄越小越倾向于到大城市打工,而中年以上农民则更倾向于在县城或离家较近的小城市打工,兼顾家庭与工作。另外,农民的受教育程度对外出打工地点选择也有一定影响。学历较高的农民首选本省省会城市,其次为本省县城、直辖市等。初中、高中及大专以上学历的农民首选为本省县城，其次为本省一般城市和本省省会城市。可见，受教育程度与农民外出打工的就业竞争力呈正相关，学历较低的农民对打工地点的可选择余地相对较小。

表7-7 农民外出打工地点的选择

单位：%

外出打工地点		直辖市	本省省会城市	本省一般城市	本省县城	外省省会城市	外省一般城市	外省县城
年龄	20岁以下	7.7	46.2	38.5	30.8	23.1	0	0
	21~40岁	13.6	28.4	29.2	30.1	8.5	5.9	0.8
	41~60岁	7.9	26.4	29.2	36.1	5.6	7.4	2.3
	61岁以上	4.3	19.1	17	34	10.6	2.1	4.3
受教育程度	小学以下	4.8	23.8	19	23.8	4.8	0	4.8
	小学	6.3	33.3	30.2	29.2	5.2	9.4	1
	初中	10.9	25.4	32.8	34.4	9	5.5	2.7
	高中	9	23.6	23.6	40.4	7.9	4.5	0
	大专以上	16.3	32.7	14.3	24.5	8.2	8.2	0
健康状况	良好	11.4	27.2	29.6	31.8	7.5	5.8	1.9
	一般	3.1	29.2	22.9	37.5	8.3	7.3	1
	较差	40	0	20	40	20	0	0
家庭收入水平	较高	5.6	36.1	33.3	27.8	11.1	8.3	2.8
	中等	10.6	28.3	25.6	34.4	6.9	5.8	0.8
	较低	11.4	20.4	36.3	30.1	9.7	6.2	3.5

注：本表为多项选择题，被访者可以选多个选项，因此，横向百分比不等于100%。

3. 农民外出打工的行业和职业分类

农民外出打工所从事的工作十分广泛，涉及的行业类别也十分丰富，主要集中在以下几种行业：服务业、公共部门、工业企业、建筑业、个体工商户、渔业和其他。调查显示，农民个体工商户最多，占38.85%。12.41%的农民在建筑行业打工，11.95%的农民在以乡镇企业为主的工业企业打工，10.57%的农民在餐饮、娱乐、服装、保险等服务行业打工，7.59%的农民在医院、学校、机关事业单位等公共部门打工。此外，有一部分农民从事无法明确分类的工作，属于以打短工、零工、散工等为主的灵活就业类型，这部分占18.39%。从事渔业的比重很小，仅为0.23%（见表7-8）。

表 7-8 农民外出打工的行业类别

行业类别	人数	百分比(%)	行业类别	人数	百分比(%)
服务业	46	10.57	个体工商户	169	38.85
公共部门	33	7.59	渔　业	1	0.23
工业企业	52	11.95	其　他	80	18.39
建筑业	54	12.41			

注："其他"是指从事零工、散工等无法区分具体行业类别的打工者。

按照国家统计局对职业的分类标准,大部分农民打工的工种集中在第六大类、第四大类和第二大类中。从事第六大类即生产、运输设备操作人员及有关人员的农民比例最高,占 45.13%；从事第四大类即商业、服务业的比例为 20.90%；从事第二大类即专业技术的比例为 18.29%。从事其余职业类别的农民相对比较少,办事人员和有关人员的农民占 4.04%,农、林、牧、渔水利业生产的农民比例为 2.61%,国家机关、党群组织、企业、事业单位负责人的农民比例为 0.95%,不便分类的职业类别的农民比例为 8.08%,调查中未包括军人(见表 7-9)。

表 7-9 农民外出打工的职业类别

职业类别	人数	百分比(%)
第一大类:国家机关、党群组织、企业、事业单位负责人	4	0.95
第二大类:专业技术人员	77	18.29
第三大类:办事人员和有关人员	17	4.04
第四大类:商业、服务业人员	88	20.90
第五大类:农、林、牧、渔、水利业生产人员	11	2.61
第六大类:生产、运输设备操作人员及有关人员	190	45.13
第七大类:军人	—	—
第八大类:不便分类的其他从业人员	34	8.08

4. 农民外出打工的职业选择

农民外出打工的职业选择因其个人健康状况、年龄状况、受教育程度的差异而有所不同。大多数农民外出打工主要是靠体力来获得收入,从事职业技能工作或自主经营的比例仍处于较低水平。在工人、服务员这一职业类型中,健康状况良好的占 68.2%、健康状况一般的占 67.1%,健康状况较差的占50%。健康状况差的农民对于除工人、服务员以外的其他工作更感兴趣。从年龄分组对打工职业选择的影响来看，41~60岁年龄组的农民外出打工更偏重于选择工人、服务业这一职业类型，占76.6%；从事管理技术工作的农民中，20岁以下组所占比重最高，为23.1%；从事自主经营的农民中，21~40岁年龄组比重高于其他各年龄组。从受教育程度对打工职业选择的影响来看，43.5%的大专以上学历的农民选择管理技术工作（见表7-10）。由此可见，农民外出打工的职业选择主要受自身条件的影响，其中受教育程度、年龄状况和健康状况在很大程度上直接决定了农民外出打工的职业选择。

表7-10 农民外出打工的职业选择

单位：%

职	业	工人、服务员	管理技术	自主经营	老板	其他
年 龄	20岁以下	69.2	23.1	0	0	7.7
	21~40岁	61.8	17.3	5.3	1.8	13.8
	41~60岁	76.6	10.9	3.5	0.5	8.5
	61岁以上	55.6	16.7	2.8	2.8	22.2
受教育程度	小学以下	71.4	0	0	0	28.6
	小 学	79.3	5.7	3.4	2.3	9.2
	初 中	72.1	12.3	4.9	0.8	9.8
	高 中	62.7	18.1	3.6	0	15.7
	大专以上	30.4	43.5	4.3	4.3	17.4
健康状况	良 好	68.2	15	4.1	1.6	11.1
	一 般	67.1	14.1	3.5	0	15.3
	较 差	50	0	25	0	25

5. 农民外出打工获取工作渠道

农民外出打工获得工作的渠道主要有政府组织或介绍、亲戚朋友介绍、企业到家乡招工、中介、以前打工单位同事介绍以及其他方式。按家庭收入状况由高到低呈递增态势，即家庭收入水平越低，越倾向于通过同乡亲戚朋友获得工作。分年龄来看，政府组织或介绍对41~60岁年龄组农民帮助更大，占3.7%（见表7-11）。从健康状况的交叉分析来看，健康状况越好的农民，越倾向于通过政府组织和亲戚朋友介绍的方式来获得打工工作。

表 7-11　农民外出打工获取工作渠道

单位：%

获取工作渠道		政府组织或介绍	亲戚朋友	单位到家乡招工	中介	以前打工同事介绍	其他
性别	男	3.2	63.1	6.4	1.6	15.3	20.1
	女	2.1	59.3	7.2	4.1	11.3	21.5
年龄	20岁以下	0	84.6	7.7	7.7	15.4	15.4
	21~40岁	2.5	64	6.8	1.7	16.5	20.8
	41~60岁	3.7	60.7	7.5	3.7	11.2	20.9
	61岁以上	0	47.8	2.2	0	10.9	20
受教育程度	小学以下	4.8	52.4	0	0	0	14.3
	小学	4.2	69.8	10.4	3.1	12.5	16.7
	初中	2.4	66.5	5.5	2.4	13.8	18
	高中	2.3	55.7	9.1	2.3	20.5	20.7
	大专以上	2	34.7	4.1	4.1	10.2	44.9
健康状况	良好	3.2	62.3	5.1	2.8	12.7	21.8
	一般	1	60.4	13.5	3.1	17.7	15.6
	较差	0	40	0	0	20	20
家庭收入水平	较高	2.8	58.3	8.3	2.8	19.4	25
	中等	3.4	59.8	5.6	3.1	14.2	20.7
	较低	0.9	67.9	9.8	0.9	10.7	19.6

注：本表为多项选择题，被访者可以选多个选项，横向百分比不等于100%。

6. 农民外出打工时间

农民外出打工选择的打工时间长短主要与健康状况、年龄、学历、性别等因素有关。外出打工超过半年的农民中，健康状况良好的占76%，健康状况一般的占72%，健康状况良好的人比健康状况一般的农民选择打工时间更长。从年龄来看，21~40岁的农民是外出打工的主力军，这些人年富力强并有着一定的打工经验。在这类人群中，选择打工超过半年的农民占比达到80%以上，选择全年打工的农民接近40%。另外，随着学历的提高，农民外出打工时间也相应增加，大专以上学历的农民选择全年打工的比例高达57%（见表7-12）。

表7-12 农民外出打工人员每年打工时间

单位：%

打工时间		3个月以下	3~6个月	6~9个月	9~12个月
年　龄	20岁以下	0	0	33.3	66.7
	21~40岁	2.7	14	17.1	66.2
	41~60岁	8.1	25.3	22.7	43.9
	61岁以上	14.7	20.6	14.7	50
受教育程度	小学以下	0	35.7	28.6	35.7
	小　学	10.1	24.7	24.7	40.5
	初　中	5.9	18.8	18.8	56.5
	高　中	2.6	18.2	22.1	57.1
	大专以上	4.4	4.3	8.7	82.6
健康状况	良　好	6.1	17.9	18.5	57.5
	一　般	4.8	22.6	26.2	46.4
	较　差	0	25	25	50

7. 农民外出打工的收入与消费

根据调查，农民外出打工的收入水平与其年龄、性别、健康状况、受教育程度、户口类别等因素有关。从农民打工收入与健康状况的关系来看，健康状况良好的农民月收入集中在1000~2000元，所占比重超过60%，且月收入高于2000元的农民占比接近20%；健康状况一般的农民月收入超过2000元的仅占10%左右。可见，健康状况的好坏直接影响农民外出打工的收入，身体较好的农民平均打工收入高于身体状况较差的农民。家庭经济状况较好的农民打工收入较高，月收入超过2000元的大约占45%，这表明这部分农民可能因为家庭经济条件好倾向于选择更高收入水平的工作。分年龄组来看，21~40岁的农民月收入集中在1000~2000元，占53%，而41~60岁的农民月收入集中在500~1000元，占49%，说明年龄对农民的打工收入影响较大，新生代农民工在城市就业和收入更有优势。从学历来看，农民外出打工的平均收入与学历成正比，学历越高，农民的平均打工收入就越高。分性别来看，男性的平均打工收入要明显高于女性，这表明男性更容易找到工作并获得更高的收入（见表7-13）。

表 7-13 农民外出打工月收入状况

单位：%

打工月收入		500元以下	500~1000元	1001~2000元	2001~3000元	3000元以上
性别	男	3.06	28.23	48.64	13.27	6.80
	女	3.51	49.71	38.01	5.85	2.92
年龄	20岁以下	0.00	41.67	58.33	0.00	0.00
	21~40岁	1.35	30.18	52.70	9.01	6.76
	41~60岁	4.04	48.99	29.80	13.64	3.54
	61岁以上	14.71	26.47	41.18	8.82	8.82
受教育程度	小学以下	7.14	57.14	35.71	0.00	0.00
	小学	4.49	41.57	41.57	10.11	2.25
	初中	4.17	34.17	44.17	11.25	6.25
	高中	0.00	42.86	44.16	7.79	5.19
	大专以上	2.17	17.39	54.35	17.39	8.70
健康状况	良好	2.64	16.62	61.21	11.61	7.92
	一般	4.76	40.48	42.86	8.33	3.57
	较差	25.00	25.00	50.00	0.00	0.00
家庭收入水平	较高	0.00	21.88	34.38	21.88	21.88
	中等	2.79	34.06	47.06	11.15	4.95
	较低	5.56	45.37	40.74	6.48	1.85

农民外出打工人员的消费水平总体不高，消费支出主要用于衣食住行等。从农民家庭经济状况的交叉分析来看，家庭收入水平较高的农民月平均消费水平主要集中在 501~1000 元，占 46.67%；家庭收入水平较低的农民中有 54.9% 月消费在 500 元/月以下。分年龄组来看，20 岁以下的农民月平均消费水平相对较高，58.33% 的农民月平均消费主要集中在 501~1000 元；61 岁以上的农民月平均消费在 500 元以下的居多。从受教育程度来看，大专以上学历的农民有 73.91% 月平均消费集中在 501~2000 元，高中学历的农民月平均消费主要集中在 501~1000 元/月，占 53.42%，初中学历的农民月平均消费主要集中在 500 元以下，占 50.66%，小学及以下学历的农民绝大多数月平均消费在 500 元以下。可见，受教育程度影响农民外出打工者的消费水平，学历越高的农民每月支出除用于基本生活开销外，对自身发展的追求更为显著，在精神文化娱乐上的消费更多。从性别来看，外出打工的农民中，男性的消费水平要高于女性，在 1000~2000 元/月的消费水平中，男性占 11.93%，女性占 6.33%；在 500 元/月以下的消费水平中，男性占 49.83%，女性占 50.63%（见表 7-14）。

表 7-14 农民外出打工月消费状况

单位：%

打工期间月消费		0~200元	201~500元	501~1000元	1001~2000元	2000元以上
性别	男	11.23	38.60	36.84	11.93	1.40
	女	10.76	39.87	42.41	6.33	0.63
年龄	20岁以下	8.33	25.00	58.33	8.33	0.00
	21-40岁	7.76	34.25	42.01	14.61	1.37
	41-60岁	13.11	44.81	36.07	4.92	1.09
	61岁以上	23.33	43.33	26.67	6.67	0.00
受教育程度	小学以下	15.38	53.85	23.08	7.69	0.00
	小学	17.07	54.88	25.61	2.44	0.00
	初中	12.23	38.43	37.99	10.48	0.87
	高中	4.11	34.25	53.42	6.85	1.37
	大专以上	4.35	17.39	50.00	23.91	4.35
健康状况	良好	10.77	36.74	40.61	10.50	1.38
	一般	11.11	46.91	32.10	9.88	0.00
	较差	25.00	50.00	0.00	25.00	0.00
家庭收入水平	较高	10.00	26.67	46.67	13.33	3.33
	中等	10.97	38.71	37.74	11.61	0.97
	较低	11.76	43.14	40.20	3.92	0.98

第四节 农民工社会保障状况

1. 农民工对社会保险政策了解程度

农民工对城市社会保险政策的了解程度，主要受性别、年龄、健康状况、受教育程度、家庭收入水平等因素的影响。从性别来看，男性农民工对政策的了解程度要略高于女性农民工，男性完全了解的占2.7%，比女性高2.1个百分点。从年龄来看，对政策完全了解的农民工中，61岁以上的比例最高，占6.3%，其次为21~40岁（占2.7%）、41~60岁（占0.5%）；对政策了解一些的农民工中，21~40岁的比例最高，占51.6%，其余依次为20岁以下（占46.2%）、61岁以上（占43.8%）、41~60岁（占42.7%），最高与最低的比例相差8.9个百分点。可见，21~40岁的农民工对政策了解的比例最大，他们更关心自己的社会保险权利，而20岁以下和41~60岁这部分打工人员，对政策的关注度较低。从受教育程度来看，大专以上学历的农民工对政策完全了解的比重最高，达到 8.9%，小学以下学历的农民工对政策完全不了解，对社会保险政策了解程度最高与最低比重相差 8.9 个百分点（见表 7-15）。

表 7-15 农民工对打工城市社会保险政策了解程度

单位：%

社会保险政策的了解程度		完全了解	了解一些	不了解
性别	男	2.70	46.60	50.70
	女	0.60	48.00	51.50
年龄	20 岁以下	0.00	46.20	53.80
	21~40 岁	2.70	51.60	45.70
	41~60 岁	0.50	42.70	56.80
	61 岁以上	6.30	43.80	50.00
受教育程度	小学以下	0.00	21.40	78.60
	小学	1.20	33.70	65.10
	初中	0.80	50.40	48.70
	高中	2.50	49.40	48.10
	大专以上	8.90	57.80	33.30
健康状况	良好	2.40	46.10	51.60
	一般	0.00	51.90	48.10
	较差	0.00	50.00	50.00
家庭收入水平	较高	3.00	66.70	30.30
	中等	2.20	46.60	51.20
	较低	0.90	42.10	57.00

2. 农民工社会保险参保状况

在农民工参加的各项社会保险项目中，养老保险和医疗保险的参保比例最高。从家庭收入水平来看，家庭收入水平较高的农民工参加各项社会保险的比例相对较高，尤其表现在养老保险和医疗保险的参保比例上。从健康状况来看，身体健康状况良好的农民工更倾向于参加各类保险，健康状况较差的农民工基本未参加任何保险。分年龄组来看，21~40 岁年龄组的农民工参保比例较高，而 20 岁以下农民工除医疗保险外未参加其他保险项目。从受教育程度来看，受教育程度越高，农民工参加各类保险的比例也越高。其中，大专以上学历的农民工参加养老保险的有 33.3%，参加医疗保险的有 28.9%，参加失业保险的有 13.3%，参加工伤保险的有 22.2%，参加生育保险的有 11.1%，参加住房公积金计划的有 2.7%（见表 7-16）。

表 7-16 农民工社会保险参保状况

单位：%

是否参保		皆未参加	养老保险	医疗保险	失业保险	工伤保险	生育保险	商业保险	企业年金	公积金
年龄	20岁以下	92.3	0	7.7	0	0	0	0	0	0
	21-40岁	77	15.6	14.7	3.1	11.6	2.7	0.9	0	3.1
	41-60岁	86.6	11.4	7.5	1	4	1	0	0.5	0.5
	61岁以上	88.6	2.9	5.7	0	0	0	2.9	0	0
受教育程度	小学以下	100	0	0	0	0	0	0	0	0
	小学	90.7	7	5.8	0	3.5	0	0	0	0
	初中	85.4	8.9	8.1	0.4	5.7	0.4	0.4	0.4	1.6
	高中	72	19.5	15.9	2.4	8.5	2.5	2.5	0	1.2
	大专以上	62.2	33.3	28.9	13.3	22.2	11.1	0	0	2.7
健康状况	良好	80.6	13.5	12.2	2.3	8.5	2.1	0.5	0.3	2.1
	一般	89.2	8.3	4.8	0	1.2	0	1.2	0	0
	较差	100	0	0	0	0	0	0	0	0
家庭收入水平	较高	76.5	17.6	23.5	2.9	8.8	3	0	0	2.9
	中等	80.7	13.5	10.8	2.1	7.5	2.1	0.9	0.3	2.1
	较低	90.6	5.7	5.7	2	5.7	0	0	0	0

注：本表为多项选择题，被访者可以选多个选项，横向百分比不等于100%。

第三章

农民家庭收入与消费状况

第一节 总体状况

从农民家庭收入与消费的总体状况来看,农民家庭年收入的均值约为29984元,年消费剩余的均值约为10128.94元,个人年收入均值为14076.4元,个人年支出均值为6985.06元(见表7-17)。从众数统计结果来看,家庭年收入集中在20000元,家庭年消费剩余集中在0元,个人年收入集中在10000元,个人年支出集中在5000元,这表明农民家庭的总体收入水平和消费剩余较低。

表7-17 农民家庭收入与消费总体状况

单位:元

	家庭年收入	家庭年消费剩余	个人年收入	个人年支出
均 值	29984.08	10128.94	14076.40	6985.06
中 值	25000.00	5000.00	10000.00	5000.00
众 数	20000	0	10000	5000
标准差	24761.319	14995.477	14168.783	7280.289

根据调查,大多数农民家庭的经济状况处于中等或较低水平,百分比为92.5%。其中,家庭经济状况处于中等水平的占69.6%,家庭经济状况处于较低水平的占22.9%,家庭经济状况处于较高水平的仅占7.5%(见表7-18)。

表 7-18　农民家庭的经济状况分类

家庭收入水平	户数	百分比(%)
较高	101	7.5
中等	935	69.6
较低	308	22.9

农民家庭年总收入按不等距分组划分呈现出近似正态分布的特征，较低收入与较高收入家庭占家庭总数的比重较低，中等收入家庭占家庭总数的比重较高。家庭年总收入集中在 8000～50000 元，其中接近一半的家庭收入在 10000～30000 元，收入在 10000～20000 元的家庭占全部家庭的 26.29%，20000～30000 元的家庭占全部家庭的 22.24%。家庭年消费剩余是家庭年收入与家庭年消费支出的差额，家庭年消费剩余是扩大再生产、储蓄及用于老人养老支出等活动的源泉。调查显示，0.69% 的农民家庭年消费剩余为负，21% 的农民家庭年消费剩余基本为 0。按照收入不等距分组统计，家庭年消费剩余也呈现出近似正态分布的特征，低额剩余与高额剩余所占的比重较低，49.8% 的农民家庭消费剩余在 4000～20000 元，其中家庭年剩余 8000～10000 元的比例最大，达到了 14.27%。具体参见表 7-19。

第二节　农民家庭收入状况

农民家庭收入来源主要包括务农收入、打工收入、经商收入、征地补偿款、养老金收入、出租收入和其他收入。根据调查，务农收入和打工收入是农民家庭收入的主要来源，这两部分收入比例合计为 74.48%，其中务农收入占比 39.31%，打工收入占比 35.17%（见表 7-20）。

农民家庭务农收入差距较大，最高年收入在 50000 元以上，最低年收入不足 500 元，大部分农民家庭务农收入在 3000～20000 元。农民家庭种植收入差距较大，最高种植年收入在 5 万元以上，最低年收入不足 500 元。大多数农民家庭种植收入在 1501～20000 元。家庭养殖收入主要集中在 1500～5000 元。大多数农民家庭外出打工年收入在 8000～50000 元，其中 8001～10000 元收入组占 10.4%，10001～20000 元收入组占 30.72%，20001～30000 元收入组占 14.6%，30001～50000 元收入组占 23.01%（见表 7-21）。

表 7-19 农民家庭年总收入与消费剩余

家庭年总收入			家庭年剩余		
金 额(元)	户数	百分比(%)	金 额(元)	户数	百分比(%)
800~1000	5	0.38	≦0	289	22.18
1001~1500	2	0.15	1~500	19	1.46
1501~2000	8	0.6	501~800	4	0.31
2001~5000	55	4.13	801~1000	34	2.61
5001~8000	69	5.18	1001~1500	10	0.77
8001~10000	108	8.11	1501~2000	76	5.83
10001~15000	131	9.84	2001~3000	49	3.76
15001~20000	219	16.45	3001~4000	35	2.69
20001~25000	89	6.69	4001~5000	128	9.82
25001~30000	207	15.55	5001~8000	69	5.3
30001~35000	60	4.51	8001~10000	186	14.27
35001~40000	118	8.87	10001~15000	113	8.67
40001~50000	109	8.19	15001~20000	153	11.74
50001~60000	57	4.28	20001~25000	23	1.77
60001~70000	23	1.73	25001~30000	42	3.22
70001~80000	20	1.5	30001~40000	36	2.76
80001~100000	33	2.48	40001~50000	13	1
100001~150000	11	0.83	50001~80000	14	1.07
150001~200000	7	0.53	80001~以上	10	0.77

表 7-20 农民家庭依据收入来源统计的户数和百分比

收入来源	户数	百分比(%)	收入来源	户数	百分比(%)
务农收入	883	39.31	养老金	115	5.12
打工收入	790	35.17	出租收入	65	2.89
经商收入	211	9.39	其 他	159	7.08
征地补偿款	23	1.02			

注：其他收入包括：(1)银行储蓄增值 (2)工资等固定收入 (3)儿女给予的养老金 (4)最低生活保障金 (5)特殊人员的生活津贴 (6)种地补贴。

根据调查，农民家庭经商年收入主要集中在 10000~50000 元，占 63.68%。其中，10001~20000 元收入组占 31.34%，20001~30000 元收入组

表 7-21 农民家庭年收入

年收入（元）	务农收入		种植收入		养殖收入		打工收入	
	户数	百分比(%)	户数	百分比(%)	户数	百分比(%)	户数	百分比(%)
1~500	16	1.81	16	2.14	8	3.9	1	0.12
501~800	5	0.57	4	0.53	1	0.49	6	0.7
801~1000	25	2.83	26	3.48	21	10.24	4	0.47
1001~1500	8	0.91	10	1.34	5	2.44	0	0
1501~2000	73	8.27	77	10.29	30	14.63	16	1.87
2001~3000	44	4.98	50	6.68	23	11.22	16	1.87
3001~5000	167	18.91	160	21.39	32	15.61	51	5.96
5001~8000	106	12	96	12.83	16	7.8	52	6.07
8001~10000	146	16.53	107	14.3	25	12.2	89	10.4
10001~20000	192	21.74	147	19.65	24	11.71	263	30.72
20001~30000	48	5.44	27	3.61	10	4.88	125	14.6
30001~50000	41	4.64	20	2.67	9	4.39	197	23.01
50000 以上	12	1.36	8	1.07	1	0.49	36	4.21

占 14.43%，30001~50000 元收入组占 17.91%。农民家庭经商年收入在 5000 元以下的占 5.97%，经商年收入在 50000 元以上的占 12.44%。农民家庭经营项目按类别主要可划分为以下几种：商贸、运输、加工制造、修理、建筑、装饰装修、租赁、服务和其他项目。在农民家庭经营的项目中，商贸经营占 56.45%，经营运输占 5.91%，加工制造占 13.98%，修理占 3.76%，建筑占 2.69%，装饰装修占 1.61%，租赁占 0.54%，服务占 10.75%，其他项目占 4.30%（见表 7-22）。

表 7-22 农民家庭经商年收入

年经商收入（元）	百分比(%)	经商类别	百分比(%)
0~5000	5.97	商贸	56.45
5001~10000	17.91	运输	5.91
10001~20000	31.34	加工制造	13.98
20001~30000	14.43	修理	3.76
30001~50000	17.91	建筑	2.69
50001~70000	3.48	装饰装修	1.61
70001 以上	8.96	租赁	0.54
		服务	10.75
		其他	4.30

注："其他"为不能明确分类的项目。

根据调查，1.7%的农民家庭获得过征地补偿。征地补偿的金额波动范围非常大，最高补偿金额在18万以上，最低补偿金额不足800元。大多数农民家庭的征地补偿金额较低，征地补偿金额在1500元以下的占56.52%，其中800元以下的占26.09%，801~1500元的占30.43%（见表7-23）。

表7-23 农民家庭获得征地补偿状况

征地补偿金额(元)	户数	百分比(%)	征地补偿金额(元)	户数	百分比(%)
1~800	6	26.09	20001~50000	1	4.35
801~1500	7	30.43	50001~150000	1	4.35
1501~2000	1	4.35	150001~180000	1	4.35
2001~8000	2	8.7	180000以上	2	8.7
8001~20000	2	8.7			

在农村，农民家庭依靠出租土地、房屋等获得收入越来越普遍。农民家庭出租项目年收入最高在2万元以上，最低不足500元。其中，出租项目年收入在15000元以上的百分比为7.41%，500元以下的百分比同样为7.41%。大部分农民家庭出租项目年收入在3001~10000元之间，占40.74%。在中低出租收入水平上，501~1000元收入组的比例较高，占14.81%；2001~3000元收入组和10001~15000元收入组的百分比均为11.11%。农村出租项目很多，一般是出租生产和生活的器具或物品，按照类别可划分为以下几种：土地、房屋、汽车、机器和养鱼池等。大多数农民的出租项目集中在土地和房屋上，这两部分共计94.12%，其中土地出租占62.75%，房屋出租占31.37%，出租养鱼池、出租汽车和出租机器各自的百分比均为1.96%（见表7-24）。

表7-24 农民出租项目及收入

出租收入(元)	百分比(%)	类别	百分比(%)
100~500	7.41	土地出租	62.75
501~1000	14.81	出租房屋	31.37
1001~2000	7.41	出租养鱼池	1.96
2001~3000	11.11	出租汽车	1.96
3001~5000	20.37	出租机器	1.96
5001~10000	20.37		
10001~15000	11.11		
15001~20000	3.7		
20001以上	3.71		

第三节 农民家庭消费状况

农民家庭年消费支出的差距较大，最高年消费支出超过了 8 万元，最低年消费支出不足 2000 元。大部分农民家庭年消费支出在 8000～20000 元，其中年消费在 8001～10000 元的家庭占 11.36%，年消费在 10001～12000 元的家庭占 4.71%，年消费在 12001～15000 元的家庭占 12.44%，年消费在 15001～20000 元的家庭占 21.95%（见表 7-25）。

表 7-25 农民家庭年消费支出

农村家庭支出		基本生活支出		交通通信支出	
金额（元）	百分比（%）	金额（元）	百分比（%）	金额（元）	百分比（%）
3000 以下	3.4	3000 以下	16.19	1～200	4.63
3001～5000	5.02	3001～6000	24.84	201～500	19.18
5001～8000	8.81	6001～9000	13.89	501～800	7.87
8001～10000	11.36	9001～12000	20.24	801～1200	25.22
10001～15000	17.15	12001～15000	9.44	1201～1500	8.73
15001～20000	21.95	15001～18000	3.1	1501～3000	25
20001～30000	17.77	18001～21000	5.79	3001～5000	6.25
30001～40000	8.5	21001～25000	2.14	5001～8000	0.86
40001～50000	3.01	25001～30000	2.62	8001～10000	1.19
50001 以上	3.02	30000 以上	1.75	10001 以上	1.08

农民家庭的基本生活支出集中在较低水平，75.16% 的农民家庭用于衣食的年支出在 12000 元以下，其中，基本生活支出在 3000 元以下的占 16.19%，3001～6000 元的占 24.84%，6001～9000 元的占 13.89%，9001～12000 元的占 20.24%。仅 24.84% 的农民家庭用于衣食的年支出超过了 12000 元。

农民家庭的年医疗支出集中在较低水平，75.82% 的农民家庭年医疗支出在 3000 元以内。农民家庭年医疗支出在 500 元以下的占 16.65%，501～1000 元的占 26.7%，1001～2000 元的占 20.56%，2001～3000 元的占 11.91%，3001～4000 元的占 5.4%，4001～5000 的占 7.16%。仅 11.63% 的农民家庭年医疗支出超过了 5000 元。

在农民家庭的教育支出中，高教育支出水平和低教育支出水平所占的比重均较小，仅 2% 的农民家庭用于教育的支出超过了 20000 元，4.92% 的农民家庭用于教育支出不足500元。农民家庭用于住房的费用支出也较低。81.74%的农民家庭住房支出在4000元以内,其中500元以下的占12.03%,501~1000元的占19.92%,1001~2000元的占22.41%,2001~3000元的占14.52%,3001~4000元的占12.86%。仅18.26%的农民家庭用于住房支出超过了4000元(见表7-26)。

表7-26 农民家庭医疗、教育及住房支出

支出金额(元)	医疗支出占比(%)	教育支出占比(%)	住房支出占比(%)
1~500	16.65	4.92	12.03
501~1000	26.7	11.37	19.92
1001~2000	20.56	19.05	22.41
2001~3000	11.91	10.29	14.52
3001~4000	5.4	8.45	12.86
4001~5000	7.16	9.83	5.39
5001~8000	5.3	10.75	5.81
8001~10000	3.26	10.14	2.49
10001~20000	3.07	13.21	2.92
20001~50000	—	1.53	0.41
500001以上	—	0.46	1.24

第四章

农民家庭老年人口供养状况

第一节 农民家庭供养老年人口数

根据调查,没有任何养老负担的农民家庭比例为55.2%,供养1位和2位老年人的农民家庭比例为18.3%和20.5%,供养3位以上老年人的农民家庭比例为6%(见表7-27)。

表7-27 农民家庭供养老年人口数

家庭供养老年人口数	户数	百分比(%)
0	733	55.2
1	243	18.3
2	273	20.5
3	40	3.0
4人及以上	40	3.0

第二节 农村老年人口生活费用及来源

农村家庭中每位老年人平均每月所需的生活费用普遍在400元以下,占82.5%。农民家庭老年人每月生活费用在101~200元和201~300元之间的比例最高,分别占27.5.%和26.8%;老年人每月生活费用在400元以上的比例仅占17.5%(见表7-28)。

表7-28 农村老年人口月人均生活费

老年人口人均生活费(元/月)	人数	百分比(%)	老年人口人均生活费(元/月)	人数	百分比(%)
100元以下	79	13.2	501~600	25	4.2
101~200	165	27.5	601~700	7	1.2
201~300	161	26.8	701~800	12	2.0
301~400	90	15.0	801及以上	8	1.3
401~500	53	8.8			

从农村老年人的生活费用来源来看，主要有老人自己储蓄、子女负担、社会养老金、商业人寿保险、政府救助金、土地征用补偿金及其他（农村最低生活保障、新型农村合作医疗、大队补贴和抚恤金等）。从生活费用来源比例来看，老人自己储蓄和子女负担是当前农村家庭老年人生活费用的主要来源，44%的农民表示家庭老年人生活费用的最主要来源是自己储蓄，有38.8%的农民表示子女负担是家庭老年人生活费用的最主要来源。只有0.3%的农民将老年商业人寿保险作为第一生活费用来源。由此可见，农民家庭老年人的生活费用来源主要集中在老年人自己储蓄和子女养老。这表明，家庭养老目前仍是农村比较普遍和重要的方式。

第三节 农村老年人口医疗费用及来源

在调查中，农民家庭老年人每年大约需要的人均日常医疗费用为500元以下的家庭占25.4%，501~1000元的家庭占30%，1001~3000元的家庭占28.5%，3000元以上的家庭所占比例较低（见表7-29）。

农村老年人口医疗费用的报销比例较低（见表7-30）。因此，子女负担是老年人医疗费用的最主要来源，其次为老年人自己储蓄。随着新农保的实施，养老金也是农村老年人医疗费用的主要来源之一（见表7-31）。

表7-29 农村老年人口所需人均医疗费用

老年人口人均医疗费用(元/年)	人数	百分比(%)	老年人口人均医疗费用(元/年)	人数	百分比(%)
500元以下	151	25.4	3001~5000	56	9.4
501~1000	178	30.0	5001~10000	23	3.9
1001~3000	169	28.5	10000元及以上	17	2.9

表 7-30 农村老年人口医疗费用报销比例

老年人口医疗费用报销比例(%)	人数	百分比(%)	老年人口医疗费用报销比例(%)	人数	百分比(%)
0	138	30.5	41~60	77	17.0
1~20	51	11.3	61~80	64	14.1
21~40	107	23.6	81~100	16	3.5

表 7-31 农村老年人口医疗费用主要来源

医疗费用来源	第一来源		第二来源	
	人数	百分比(%)	人数	百分比(%)
老人自己储蓄	238	40	47	16
老人养老金	94	16	83	29
老人商业保险	3	1	5	2
政府救助金	8	1	6	2
土地补偿	13	2	14	5
子女负担	227	38	124	44
其他	12	2	6	2

第四节 农民家庭养老的意愿与态度

根据调查，13.3%的农民认为家庭养老的经济压力非常大，20.3%的农民认为家庭养老的经济压力比较大，32.3%的农民认为家庭养老的经济压力一般，认为家庭养老经济压力一点都不大的仅占8.8%（见表7-32）。

表 7-32 农民家庭养老的经济压力

家庭养老压力	人数	百分比(%)	家庭养老压力	人数	百分比(%)
非常大	80	13.3	不太大	152	25.3
比较大	122	20.3	一点都不大	53	8.8
一般	194	32.3			

从赡养老人的意愿来看，58.13%的农民表示非常愿意赡养老人，比较愿意的比例占34.14%，两者合计百分比高达92.27%（见表7-33），这表明农村普遍存在着"养儿防老"的意识，大多数农民子女愿意承担赡养老人的责任和义务。

表 7-33 农民家庭赡养老人的意愿

赡养老人意愿	人数	百分比(%)	赡养老人意愿	人数	百分比(%)
非常愿意	361	58.13	不太愿意	6	0.97
比较愿意	212	34.14	非常不愿意	2	0.32
一般	40	6.44			

根据调查，57%的农民认为养老负担重是束缚人们履行赡养义务的最主要原因；21%的农民认为在外打工无时间照顾，使得他们无法尽心赡养老人；19%的农民因为子女多，需要照顾和消费的人多，无法在孩子和老人之间平衡；14%的农民认为老人和子女之间的生活习惯差异制约了赡养义务；4%认为老人在财产分配上不公，子女不愿意养老。在"其他"选项中，约4%的群体认为子女不孝是人们不愿意赡养老人的原因。具体见表7-34。

表 7-34 农民家庭不愿意赡养老人的原因

项目	负担重	子女多	无力照顾	生活习惯不同	财产不配不公	其他
人数	357	118	129	86	26	22
百分比	57	19	21	14	4	4

第五章

新型农村社会养老保险的实施状况

第一节 新农保参保比例及意愿

本次调查时,全国各地尚未完全实施新农保政策。因此,本次调查包含了新农保试点已经开始和尚未开始地区的样本。根据调查,19.4%的农民参加了新农保,约占总数的1/5。其中20岁以下年龄组参保比例为11.1%,21~40岁年龄组参保比例为13.1%,41~60岁年龄组参保比例为21.8%,61岁以上年龄组参保比例为24.2%(见表7-35)。

表7-35 农民的新农保参保状况

年龄分组		新农保	
		参保	未参保
20岁以下	人数	2	16
	百分比(%)	11.1	88.9
21~40岁	人数	51	338
	百分比(%)	13.1	86.9
41~60岁	人数	142	509
	百分比(%)	21.8	78.2
61岁以上	人数	54	169
	百分比(%)	24.2	75.8

对于近八成未参保的农民来说,58.3%的农民未参加"新农保"的最主要原因是当地还未实行新农保政策;其次是不太了解怎么去参加新农保(占39.6%);再次是收入低,无力继续支付保险费(占13.6%)。另外,分别有

7.8%和2.2%的农民或者感觉新农保没有作用,不能解决实际问题,或者手中尚有余钱,但是打算等待国家出台更优惠政策(见图7-4)。

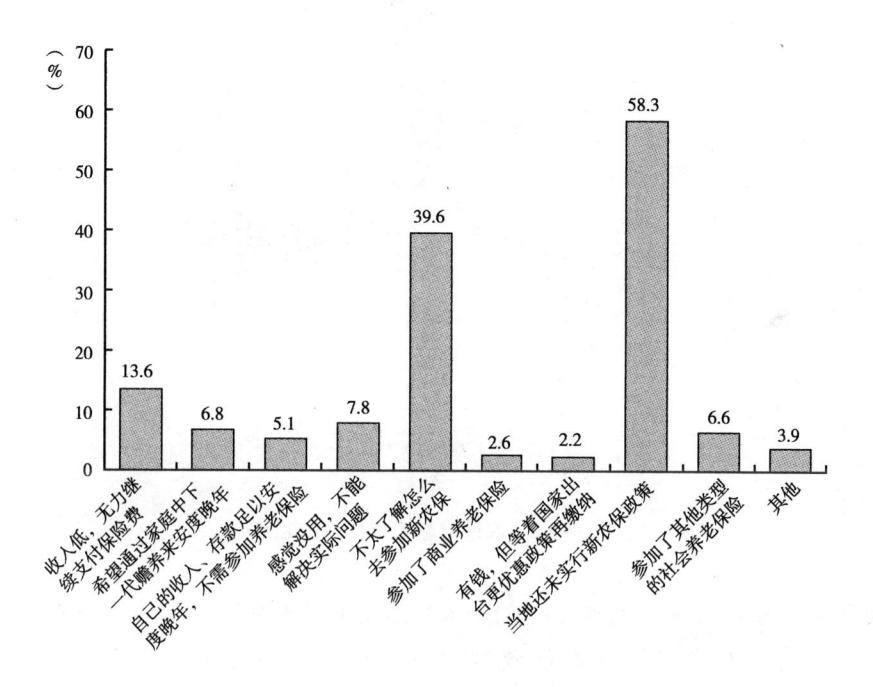

图7-4 农民未参加新农保的原因

第二节 新农保政策的认知状况

根据调查,农民对新农保制度的了解程度较低,非常了解的占2%,比较了解的占9.9%。了解程度最高的年龄组为41~60岁,占14.7%,比均值高出2.8个百分点(见图7-5)。了解程度最低的年龄组为20岁以下,此年龄段的农民普遍为不很了解或者一般了解新农保制度。这与参保起始年龄有关,许多地区形成的缴费习惯是男性45岁开始,女性40岁开始,这在一定程度上影响了年轻人对政策的了解和参保。41~60年龄组的农民最关心新农保政策,因此他们对政策了解相对较多。另外,受教育程度对新农保政策的认知影响较大,受教育程度越高,对新农保政策的了解和认知程度就越高。

农民首先了解新农保的养老保险缴费标准和养老保险待遇发放标准,分别为22.9%和19.5%,其次是养老保险经办机构,占11.6%,再次是政府财

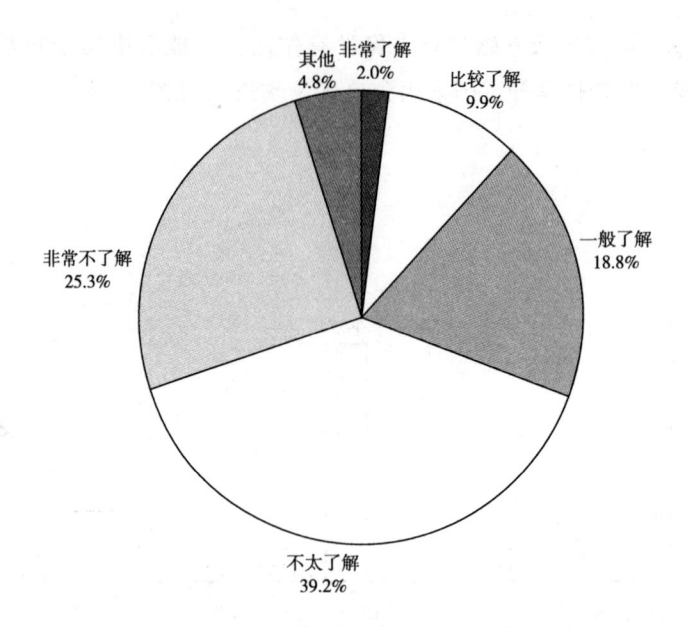

图 7-5 农民对新农保的认知程度

政补贴，占 16.2%（见表 7-36）。农民主要通过电视、村干部宣传和亲朋好友交谈三种方式了解新农保政策的有关信息，所占比例依次为 28.5%、26.2% 和 22.4%。通过广播了解的比例为 6.7%；通过报纸了解的比例为 6.4%；通过网络了解的比例为 2.8%。个别方式还有通过村中下发的文件或者村协管员等来了解新农保政策。根据调查，学历程度越高，越趋向于通过电视、报纸和网络了解政策；学历程度越低，越趋向于通过村干部宣传和新朋好友交谈来了解政策。从未听说过新农保政策的农民达到 28.4%，这可能是因为该地区还没有实施新农保造成的。

表 7-36 农民对新农保制度了解内容及了解渠道

单位:%

政策内容	百分比	了解渠道	百分比
缴费标准	22.89	电视	28.5
发放标准	19.48	广播	6.7
经办机构	11.63	报纸	6.4
政府补贴	16.22	网络	2.8
都不了解	60.3	亲朋好友交谈	22.4
其他	0.81	村干部宣传	26.2

注：本表为多项选择题，被访者可以选多个选项，纵向百分比不等于 100%。

大部分农民对新农保个人账户政策知之甚少。只有2%的农民对个人账户非常了解，有15.4%的农民对个人账户比较了解，了解个人账户的农民仅占所有被访者的17.4%（见图7-6）。

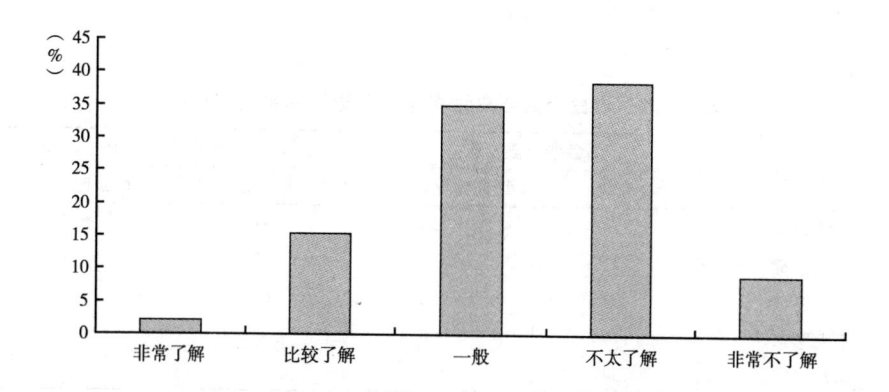

图7-6　农民对个人账户的了解程度

对于个人账户的缴费意愿，有47.2%的农民表示愿意参保缴费，有31.2%的农民对个人账户参保缴费意愿持中立态度，有21.6%的农民表示不愿意个人参保缴费（见表7-37）。

表7-37　农民个人账户参保缴费意愿

缴费意愿	人数	百分比(%)	缴费意愿	人数	百分比(%)
非常愿意	25	10.0	不太愿意	47	18.8
比较愿意	93	37.2	非常不愿意	7	2.8
一　般	78	31.2			

当问到"个人参保缴费累积不满15年不能领取基本养老金，您觉得这一政策是否合理"时，36.4%的农民认为合理，44.8%的农民认为不合理。对于个人缴费年限达到15年后是否继续愿意缴费，大多数农民继续缴费的愿望较低。对累积缴费达到15年，表示"不太愿意"和"非常不愿意"继续缴费的比例为61.2%，表示"非常愿意"和"比较愿意"的仅占24%。分年龄别来看，年龄在21~40岁的农民继续缴费的意愿最强，有31.6%人表示"非常愿意"和"比较愿意"；年龄在41~60岁的农民的意愿次之，占26.3%；年龄在20岁以下的农民意愿最低，没有人愿意

继续缴费。当问及"如果想以后领到比较高的养老金,现在需要更多的个人账户缴费,您愿意吗"时,有47.2%的农民表示"非常愿意"和"比较愿意",有27.2%的农民表示一般,有25.6%的农民表示"不太愿意"和"非常不愿意"(见表7-38)。

表7-38 农民个人账户缴费年限及缴费水平提高意愿

意愿	缴费年限增加		缴费水平提高	
	人数	百分比(%)	人数	百分比(%)
非常愿意	19	7.6	41	16.4
比较愿意	41	16.4	77	30.8
一般	37	14.8	68	27.2
不太愿意	119	47.6	54	21.6
非常不愿意	34	13.6	10	4

大多数农民参加新农保后,对60岁以后能领取多少养老金比较了解。调查显示,有73%的农民知道新农保养老金待遇水平,但有77.4%的农民认为新农保养老金水平不能满足养老开支(见表7-39)。

表7-39 参保农民对养老金能否满足养老开支的态度

态度	人数	百分比(%)	态度	人数	百分比(%)
足够	7	2.8	不太够用	101	40.1
基本够用	22	8.7	根本不够用	94	37.3
勉强够用	28	11.1			

第三节 新农保个人账户参保缴费状况

关于新农保个人账户期望缴费水平,29.2%的农民打算每年缴纳100元养老保险费,15.4%的农民打算缴纳200元,14.5%的农民打算缴纳300元,6.5%的农民打算缴纳400元,15.6%的农民打算缴纳500元,11.9%的农民打算缴纳500元以上。大多数农民通过自己攒钱缴纳保险费,其余依次为家人替缴、社会捐助及财政补贴、年老不需缴费、亲朋替缴、借钱缴费和低保,缴费来源以参保者自筹为主(见表7-40)。

表7-40 农民个人账户的缴费来源

缴费来源		自己攒钱	借钱	亲朋替缴	家人替缴	社会捐助及财政补贴	岁数大不用交费
性别	男	86.3	0.7	0.7	7.9	0.7	3.6
	女	84.5	0.9	0.0	10.3	0.0	4.3
年龄	20岁以下	0.0	0.0	0.0	100.0	0.0	0.0
	21~40岁	93.0	1.8	0.0	5.3	0.0	0.0
	41~60岁	92.7	0.7	0.7	6.0	0.0	0.0
	61岁以上	55.6	0.0	0.0	20.0	2.2	22.2
受教育程度	小学以下	66.7	0.0	0.0	11.1	2.8	19.4
	小学	72.2	1.9	0.0	20.4	0.0	5.6
	初中	98.1	0.0	0.0	1.9	0.0	0.0
	高中	85.7	0.0	2.0	12.2	0.0	0.0
	大专以上	91.7	8.3	0.0	0.0	0.0	0.0
健康状况	良好	89.8	0.5	0.5	7.0	0.0	3.2
	一般	73.8	1.6	0.0	16.4	0.0	8.2
	较差	71.4	0.0	0.0	0.0	14.3	14.3
家庭收入水平	较高	94.4	0.0	0.0	5.6	0.0	0.0
	中等	87.4	0.6	0.6	8.8	0.0	2.8
	较低	75.9	1.9	0.0	11.1	1.9	9.3

关于新农保缴费对于生活的影响，家庭收入水平较高的农民认为没有压力或压力较小，而家庭收入水平较低的农民有38.8%感到压力较大，其中有8.2%的农民感到压力特别大（见表7-41）。

表7-41 农民参加新农保的缴费压力

缴费的压力	家庭收入水平		
	较高	中等	较低
特别大	0	6.1	8.2
比较大	0	7.8	30.6
不太大	50.0	48.6	46.9
没压力	50.0	37.4	14.3

新农保试点过程中实施了"老人领取养老金与子女缴费绑定"的做法。在对此做法的态度上，认为该做法不合理的农民占39%。关于不合理的原因：一是认为新农保是在拿年轻人的钱来养老年人，二是认为违背了自愿

参保的原则。受教育程度对理解这项政策有较大影响,能正确理解政策的主要为大专以上学历人员,占42%,有21%的小学学历及以下人员对政策产生误解,认为老人领取需要子女缴费是"用年轻人的钱来养老"(见表7-42)。

表7-42 农民对"老人领取需子女缴费"政策的态度

学历		合理	违背自愿	在用年轻人的钱发养老金	不理解
小学及以下	人数	34	16	19	22
	百分比(%)	37	18	21	24
初中	人数	40	25	15	21
	百分比(%)	40	24	15	21
高中	人数	15	9	9	14
	百分比(%)	32	19	19	30
大专以上	人数	5	5	2	0
	百分比(%)	42	42	16	0

新农保目前存在"重新增参保、轻续保缴费"的现象。调查显示,约有10%左右的人群有退保的倾向。分年龄组来看,40岁以下年龄组不愿意持续缴费达15.3%(见表7-43),原因是年轻人从现在缴费到60岁以后才能领到基础养老金,缴费后等待领取养老金的时间长达二三十年,时间长,变数大。据农民反映,对二三十年后的情况说不清楚也不太放心,故缴费的积极性不高;同时这个年龄段的农民,认为自己还年轻,离60岁还有几十年,现在为几十年以后的养老问题考虑,为时过早且没有必要。

表7-43 不同年龄组农民的持续缴费倾向

年龄组		持续缴费	不持续缴费	不确定
40岁以下	人数	50	2	7
	百分比(%)	84.7	3.4	11.9
41~60岁	人数	135	10	5
	百分比(%)	90.0	6.7	3.3
61岁以上	人数	44	0	2
	百分比(%)	95.7	0.0	4.3

从农民对新农保参保缴费手续的评价来看，91%的农民对参保缴费程序认可，其中认为参保缴费简便的占64%。认为参保缴费不简便的占7%，认为参保缴费非常烦琐的只占1%（见表7-44）。

表7-44 农民对新农保参保缴费手续的评价

参保缴费项目	认可			不认可	
	非常简便	简便	一般	不简便	非常烦琐
人数	46	118	68	19	3
百分比（%）	18	46	27	7	1

第四节 新农保个人账户财政补贴状况

各地区新农保试点对个人账户的政府补贴力度不同，农民对个人账户政府财政补贴金额合理程度的看法也有所不同，受到农民家庭经济状况、个人健康状况、年龄情况、受教育程度以及性别差异的影响。个人账户政府财政补贴的具体金额在0~600元之间。由于绝大多数农民选择每年100元的缴费档次，因此，个人账户财政补贴对于个人缴费100元/年的比例最大（见表7-45）。政府对个人账户财政补贴事实上与家庭收入状况之间的关系并不显著，较高补贴的出现是由于地区经济发展水平的差距，与农户自身家庭经济状况没有太大相关性。

表7-45 农民个人账户缴费享受政府财政补贴状况

单位：%

政府补贴（元）	家庭收入水平		
	较高	中等	较低
0	22.2	22.5	23.5
0~100	72.2	68.1	70.6
101~200	0	3.9	3.9
201~300	0	0.0	0.0
301~400	0	0.6	0.0
401~500	5.6	4.5	1.9
600	0	0.6	0.0

从个人账户财政补贴的合理性来看，50%家庭收入水平较高的农民认为财政补贴比较合理，而家庭收入水平较低的农民仅有39.1%认为财政补贴非常合理和比较合理。家庭经济状况越好的农民越认同现行的补贴标准，而家庭经济状况较低的农民则希望政府能进一步提高补贴水平。分年龄组来看，60岁以上的农民对现行的补贴政策及标准的认可度最高，认可度最低的是20岁以下的农民。总体来看，年龄在40岁以上的农民对政策的认可度相对较高，而40岁以下的农民对政府的补贴标准主要持中立或期望进一步完善的态度（见表7-46）。从受教育程度来看，受教育程度越高对养老保险缴费和给付标准的需求越高，对政府补贴标准的满意度相对较低。

表7-46 农民对新农保个人账户政府补贴的态度

单位：%

政府补贴合理程度		非常合理	比较合理	一般	不太合理	非常不合理
年龄	20岁以下	0	0	50	50	0
	21~40岁	3.6	34.5	36.4	16.4	9.1
	41~60岁	9.3	37.2	30.2	21.7	1.6
	61岁以上	11.9	40.5	21.4	16.7	9.5
受教育程度	小学以下	9.1	51.5	18.2	18.2	3
	小学	10.2	32.7	32.7	18.4	6.1
	初中	9.8	38	30.4	19.6	2.2
	高中	4.5	34.1	34.1	18.2	9.1
	大专以上	0	10	40	40	10
家庭收入水平	较高	7.1	42.9	28.6	21.4	0
	中等	7.2	39.5	28.7	18.6	6
	较低	13	26.1	34.8	23.9	2.2

从健康状况来看，健康状况较差的人更愿意在没有政府补贴的情况下继续参加新农保，这一比例为85.7%，健康状况一般的为62.7%，健康状况良好的为72.1%（见表7-47）。可见，个人健康状况对农民在没有政府补贴条件下的参保选择影响较大，且高于家庭经济状况对该选择的影响程度。健康状况越差的人越愿意在没有政府补贴的条件下参保，表明了其对未来风险预期要相对较大，更愿意通过新农保分散未来养老风险。

表 7-47　政府补贴对新农保参保的影响

单位：%

无政府补贴是否参保		会继续参保百分比	不会继续参保百分比	不确定百分比
年　龄	20 岁以下	0	100	0
	21～40 岁	64.9	21.1	14
	41～60 岁	73.5	17.7	8.8
	61 岁以上	69.8	18.6	11.6
健康状况	良好	72.1	18.6	9.3
	一般	62.7	22	15.3
	较差	85.7	14.3	0
家庭收入水　平	较高	88.9	11.1	0
	中等	69.7	20.2	10.1
	较低	67.3	19.2	13.5

分年龄组来看，20 岁以下农民 100% 选择在无政府补贴条件下不会继续参保，除此之外，21～40 岁年龄组的农民选择在无政府补贴条件下不会继续参保和保持中立的比例都是相对较大的，分别为 21.1% 和 14%；41 岁以上农民更愿意选择在没有政府补贴的情况下继续参保。可见，年龄相对较小的农民在没有政府补贴的情况下认为新农保的吸引力不大，绝大多数人不会选择继续参保。21～40 岁的农民认为没有政府补贴，参加新农保会增加家庭支出，吸引力也会相对下降，一部分人因此持观望态度；41 岁以上的农民更倾向于选择在没有政府补贴的情况下仍继续参加新农保。

如果政府对农民选择较高档次参保缴费实行更高的财政补贴，而不再实行一刀切相同的财政补贴，一半以上农民愿意选择较高缴费档次参保。根据调查，若实行非一刀切补贴的政策，对新农保表示"非常愿意"和"比较愿意"参加的农民占 54%，不愿意参加的农民占 17.2%（见表 7-48）。可见，对农民个人账户参保缴费档次实行"多缴费多补贴"的激励性财政补贴政策，将有利于提高农民参保缴费的积极性。

表 7-48　农民对实行激励性财政补贴政策的参保意愿

参保意愿	人数	百分比(%)	参保意愿	人数	百分比(%)
非常愿意	30	12.0	不太愿意	37	14.8
比较愿意	105	42.0	非常不愿意	6	2.4
一　般	72	28.8			

根据调查，58%的农民对未来个人账户财政补贴具有信心，而表示"一般"、"不太有信心"和"没有信心"的占42%（见表7-49）。

表7-49 农民对个人账户地方财政补贴的信心

对个人账户财政补贴的信心	非常有信心	有信心	一般	不太有信心	没有信心
人数	23	96	47	32	6
百分比(%)	11	47	23	16	3

第五节 新农保政策满意度与信任度

根据调查，参加老农保、新农保、失地农民养老保险、城镇职工养老保险和城镇居民养老保险的农民对其所参加的养老保险制度持满意态度的人数比例为86%，其中，非常满意为17%，比较满意为39%，一般为30%（见图7-7）。这表明大多数农民对社会养老保险制度接受和认可。

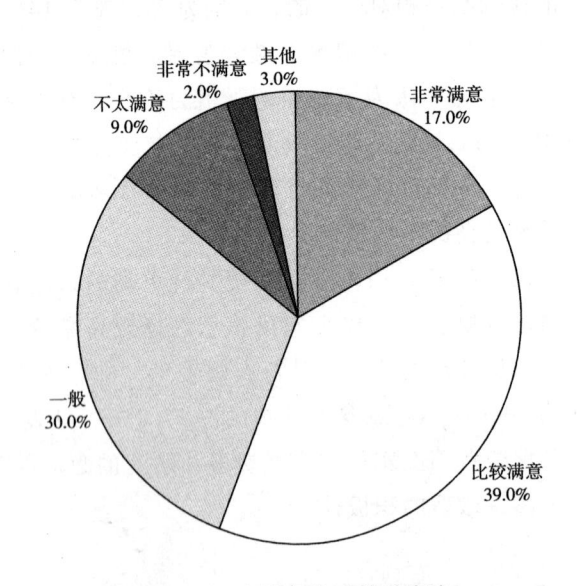

图7-7 新农保的政策满意度

从分年龄段的情况来看，60岁以上的参保农民信任新农保政策的比例达到100%，这主要是因为60岁以上的农民不用缴费，国家直接每人每月发放55元的基础养老金。40岁以下群体对新农保的信任程度最低，主要原因为缴费时间长，变数大。41~60 岁的中老年人，明确表示对新农保信任的比例为 72%，信任程度高于年轻人，低于老年人（见表 50）。从对经办服务的满意程度来看，认为经办服务令人满意的比重最大，约 43%；其次为态度一般的，占 30%。总体表示认可的为 91%（见表 7-51）。

表 7-50 农民对新农保的政策信任度

年龄段		非常信任	信任	一般	不太信任	不信任
40 岁以下	人 数	10	24	19	6	0
	百分比(%)	16.95	40.68	32.20	10.17	0
41~60 岁	人 数	35	71	29	12	1
	百分比(%)	23.65	47.97	19.59	8.11	0.68
61 岁以上	人 数	7	34	6	20	0
	百分比(%)	49.25	50.75	0	0	0

表 7-51 参保农民对经办人员服务质量的认可度

认可度	不认可		认 可		
	非常不满意	不满意	一般	满意	非常满意
人 数	10	12	77	109	45
百分比(%)	4	5	30	43	18

根据调查，44.6% 的农民认为"新农保试点很好，是为农民的利益着想，有利于农民过上幸福生活"，13.5% 的农民认为新农保试点"出台的政策过多，今天一个样明天一个样，对能够按时足额领取养老金缺乏信心"，1.4% 的农民认为新农保试点"没什么用，形式主义严重"（见表 7-52）。

表 7-52 农民对新农保政策的评价

农民对新农保政策评价	人数	百分比(%)
很好，从农民利益着想，让农民过上幸福生活	587	44.6
出台的政策过多，对"按时足额"缺乏信心	178	13.5
没有了解过这些政策，没什么看法	530	40.3
没什么用，形式主义严重	19	1.4

当问到"你认为政府在推行新农保政策时存在的主要问题有什么"时，15.2%的农民认为经办人手不足；35.9%的农民认为政府在推行新农保政策时存在业务不熟、讲解不够详细的问题；31.3%的农民认为政府推广新农保政策时办事效率不高；33.6%的农民认为不需要新农保政策来养老；18.9%的农民认为自己家里有儿有女，有儿女赡养，不需要参加新农保；30.0%的农民认为交不起保费是人们参加新型农村养老保险主要的障碍之一。40.2%的农民对新农保制度没信心，怕参保之后得不到回报，也成了农民参加新农保的障碍。34%的农民认为新农保养老金太少，保障水平太低，不愿意参加新农保（见表7－53）。

表7－53　农民认为新农保政策存在的问题

新农保政策存在问题	人数	百分比(%)	新农保政策存在问题	人数	百分比(%)
人手不足	198	15.2	倾向于家庭养老	246	18.9
业务讲解不熟不细	467	35.9	无力承担参保费用	390	30.0
办事效率不高	408	31.3	担心未来回报	523	40.2
不需要新农保	438	33.6	养老金给付水平过低	442	34.0

注：本表为多项选择题，被访者可以选多个选项，纵向百分比不等于100%。

根据调查，农民普遍认为参加新型农村养老保险对自身有利。78.4%的农民认为参加农村新型养老保险划算，只有21.6%的农民认为参加新型农村社会养老保险不划算（见表7－54）。

表7－54　农民对参加新农保是否划算的态度

是否划算	人数	百分比(%)
划算	1022	78.4
不划算	282	21.6

当问到"你觉得参加新农保、城镇职工基本养老保险和城镇居民养老保险哪个最合算"时，认为"新农保"最划算的农民占26.2%，认为城镇职工基本养老保险最划算的农民占27.6%，认为城镇居民养老保险最划算的农民占8.0%，认为都一样的占38.2%（见表7－55）。

表 7-55 农民认为最划算的养老保险险种

认为何种养老保险更划算	人数	百分比(%)
新农保	336	26.2
城镇职工基本养老保险	355	27.6
城镇居民养老保险	103	8.0
都一样	490	38.2

第六节 农民对新农保实施的意见与建议

本次调查获得开放式提问新农保制度实施过程中的意见共计1002条（见表7-56）。从农民对新农保的意见建议中，可以清楚地看出农民对新农保政策的期望心理与担忧心理交织的一种复杂心态。在新农保制度存在问题方面，农民认为新农保制度实行存在的问题主要有政策讲解不详细，宣传不到位，推进政策慢，制度不健全等问题，农民给出的相应的建议也是以加强新农保制度宣传、提高财政补助、提高待遇水平、完善制度等为主。

表 7-56 农民对新农保政策的意见

意见	人数	百分比(%)
政策讲解不详细,宣传不到位	510	50.90
政府投入力度有限,推行政策慢,上级指示下级不执行	125	12.48
制度设计不健全(农民对政府不信任对制度不认可,覆盖面不广试点少,一些人不符合参保条件,制度衔接,保值增值)	121	12.08
经办机构设置不健全,经办人员不足,效率低	114	11.38
经济来源有限,缴费年限长,缴费困难	52	5.19
保障水平有限	49	4.89
传统观念的制约,文化水平低,缺乏参保意识,年纪大	21	2.10
养老保险政策存在区域性差异	6	0.60
缴费标准不高	4	0.40

经过实地调查，新农保在试点过程中出现的诸多问题，既有政府职能部门宣传不到位的原因，也有政策实施不科学、不合理的因素。新农保政策对中低收入水平、中低学历程度、健康水平低、参保回报时间短的人群有吸引

力；对高收入、高学历、青年劳动力的参保吸引力较差。据此，提出以下政策建议：

一是建立有效的参保激励机制。调整新农保养老金的计发办法，改变现有不分缴费年限长短，领取基础养老金没有差别的政策设计。可以设定连续缴费超过15年的农民，每增加一年缴费，其基础养老金按一定比例上浮。同时可建立基础养老金与个人账户相挂钩的机制，对连续缴费超过15年的农民，建立财政对个人账户的弹性补贴激励机制。另外可以对选择较高档次的个人账户进行较高补贴，但随着档次的提高和幅度的提升，个人账户补贴提升幅度应累退式降低，以达到兼顾个人账户的再分配和缩小收入差距的效应。

二是要培养高素质的专职经办人员队伍，提升宣传服务意识。由于农民对新农保政策认知度低，不清楚新农保政策与老农保政策的区别，造成了对政策的信任度不高。因此，要通过多种媒体方式宣传新农保的参保条件、参保程序、给付水平、缴费标准等信息，切实提高农民对新农保政策的认知水平。充分发挥村级干部的政策宣传优势，通过认真解读新农保政策，向村民普及新农保知识。培养专职经办人员队伍，主抓经办人员的宣传能力和业务素质，提高政策宣传意识，简化"新农保"业务办理流程，使其成为新农保稳步运行的基层代言人。

三是要保证新农保政策实施的可持续性，提高农民对新农保政策的信任度。受传统观念的影响和生存环境的限制，农民更重视短期养老金收益。要加大力度落实新农保补贴政策，加强新农保个人账户监管，做实基础工作，确保各项财政补贴政策的有效落实，保证参保老年农民养老金的顺利发放，切实提高农民对新农保政策的信任程度。

四是建立多种养老保障制度之间的联动机制，实现新农保与城镇居民养老保险的对接，新农保与老农保的对接，这是直接关系到城乡养老保险制度长期持续发展的关键。当前我国城乡居民实行两种不同的养老制度，城镇居民参加城镇居民养老保险制度；在农村从事农业生产则参加新农保。为解决当前养老保险制度碎片化的问题，必须解决城乡养老保险制度的对接问题，可采取不同缴费档次享受不同给付水平，其参保条件、计发办法、调整机制、补贴采取统一标准等措施来实现。

图书在版编目(CIP)数据

人口老龄化与"中等收入陷阱"/田雪原主编.—北京：社会科学文献出版社, 2013.4
（中国社会科学院文库.经济研究系列）
ISBN 978 - 7 - 5097 - 4136 - 8

Ⅰ.①人… Ⅱ.①田… Ⅲ.①人口老龄化 - 影响 - 中国经济 - 经济发展 - 研究报告 Ⅳ.①F124

中国版本图书馆 CIP 数据核字（2012）第 309474 号

中国社会科学院文库·经济研究系列
人口老龄化与"中等收入陷阱"

主　　编 / 田雪原

出 版 人 / 谢寿光
出 版 者 / 社会科学文献出版社
地　　址 / 北京市西城区北三环中路甲29号院3号楼华龙大厦
邮政编码 / 100029

责任部门 / 经济与管理出版中心 （010）59367226　　责任编辑 / 王玉山
电子信箱 / caijingbu@ ssap.cn　　责任校对 / 曹艳浏
项目统筹 / 恽薇　王玉山　　责任印制 / 岳阳
经　　销 / 社会科学文献出版社市场营销中心 （010）59367081　59367089
读者服务 / 读者服务中心 （010）59367028

印　　装 / 北京季蜂印刷有限公司
开　　本 / 787mm×1092mm　1/16　　印　张 / 27.75
版　　次 / 2013 年 4 月第 1 版　　字　数 / 472 千字
印　　次 / 2013 年 4 月第 1 次印刷
书　　号 / ISBN 978 - 7 - 5097 - 4136 - 8
定　　价 / 89.00 元

本书如有破损、缺页、装订错误，请与本社读者服务中心联系更换
版权所有　翻印必究